Mediation im System der außergerichtlichen Streitbeilegung
dargestellt anhand von Patentrechtsstreitigkeiten

Europäische Hochschulschriften
Publications Universitaires Européennes
European University Studies

Reihe II
Rechtswissenschaft

Série II Series II
Droit
Law

Bd./Vol. 4061

PETER LANG
Frankfurt am Main · Berlin · Bern · Bruxelles · New York · Oxford · Wien

Philip Mannhart

Mediation im System der außergerichtlichen Streitbeilegung dargestellt anhand von Patentrechtsstreitigkeiten

PETER LANG
Europäischer Verlag der Wissenschaften

Bibliografische Information Der Deutschen Bibliothek
Die Deutsche Bibliothek verzeichnet diese Publikation in der Deutschen Nationalbibliografie; detaillierte bibliografische Daten sind im Internet über <http://dnb.ddb.de> abrufbar.

Zugl.: Tübingen, Univ., Diss., 2004

D 21
ISSN 0531-7312
ISBN 3-631-53276-8

www.peterlang.de

Meinen Eltern

Vorwort

Die Arbeit lag der Juristischen Fakultät der Universität Tübingen im Sommersemester 2004 als Dissertation vor.

Mein ganz besonderer Dank gilt Herrn Prof. Dr. Fritjof Haft für dessen Unterstützung und Förderung bei der Entstehung der Arbeit. Ihm habe ich es zu verdanken, daß ich durch die Mitarbeit an seinem Lehrstuhl mit den verschiedenen Aspekten der außergerichtlichen Streitbeilegung in Berührung kam. Viele der hieraus gewonnenen Erkenntnisse konnte ich für meine Arbeit verwerten. Für die Übernahme des Zweitgutachtens danke ich Herrn Prof. Dr. H. P. Westermann.

Ich danke insbesondere auch Herrn Prof. Dr. Jörg Eisele, der mich während der Zeit der Erstellung der Arbeit unterstützte und mit dem ich mich über die verschiedensten Fragestellungen austauschen konnte. Ebenso gilt mein Dank meiner Kollegin Lisa Helli für die Durchsicht und Korrektur der Arbeit sowie allen anderen Mitarbeitern vom Lehrstuhl Prof. Dr. Fritjof Haft für deren Unterstützung.

Am meisten danke ich meinen Eltern, ohne deren Hilfe diese Arbeit nicht entstanden wäre. Ihnen ist die Arbeit gewidmet.

Tübingen, im August 2004 Philip Mannhart

Inhaltsverzeichnis

A. Einführung

„Alternativen sind in Mode."[1]

Diese Aussage, die sich auf Alternativen zum Zivilprozeß bezieht, scheint fast schon zeitlosen Charakter bekommen zu haben, obwohl es doch gerade Merkmal einer Modeerscheinung ist, daß sie der kurzfristigen Veränderlichkeit unterworfen ist.[2] Aber über zwanzig Jahre sind nun vergangen, seit *Röhl* das Thema seines Aufsatzes mit dieser Aussage einleitete, und seitdem scheint das Thema nichts an seiner Aktualität eingebüßt zu haben. Im Gegenteil: Nach Jahren, in denen die außergerichtliche Streitbeilegung Dauerkonjunktur hatte, resümiert etwa *Blankenburg*, daß inzwischen von Prozeßvermeidung als Regel und Prozeßführung als Ausnahme gesprochen werden könne.[3] Dann hätte sich freilich der Begriff der „Alternative" zum Gerichtsverfahren bereits erübrigt. Bei der derzeitigen Diskussion handelt es sich demnach doch um mehr als nur um eine Modeerscheinung.[4] Daß auch in aktuelleren Beiträgen immer noch von Mediation als Modethema gesprochen wird,[5] unterstreicht somit nur die anhaltende Aktualität des Themas.

Auch wenn es in vielen Rechtsgebieten vielleicht zu weit gehen würde, von der Prozeßvermeidung als Regel und dem Gerichtsverfahren als Ausnahme zu sprechen, so zeigen sich gerade bei wirtschaftlichen Auseinandersetzungen deutliche Tendenzen in diese Richtung. Hierbei zählen die geistigen Schutzrechte zu den sich am schnellsten entwickelnden Gebieten.[6] Dies hängt mit der besonderen wirtschaftlichen Bedeutung von geistigen Schutzrechten zusammen. Patente sind heute vielfach Faktoren, von denen die Gründung und Entwicklung von Firmen abhängt,[7] weil sie der gewerblichen Wirtschaft als wesentliches Instrument der Sicherung von Innovationen und Investitionen dienen.[8] Daß die

---

[1] *Röhl*, in: Blankenburg/Gottwald/Strempel, Alternativen in der Ziviljustiz, S. 15.

[2] Brockhaus Enzyklopädie, S. 10.

[3] *Blankenburg*, in: Gottwald/Strempel, S. 139 ff. Für diese Behauptung mag sprechen, daß im Zeitraum 1994 bis 1999 die Geschäftsbelastung an den Zivilgerichten leicht rückläufig war. Vgl. die Zahlen aus der Justiz vom Bundesjustizministeriums unter http://www.bmj.de (letzter Zugriff: 13.2.2004).

[4] Vgl. *Haft*, in: FS Söllner, S. 399.

[5] So z.B. *Schütze*, ZVglRWiss 97 (1998), 117; *Risse*, BB Beilage 9, 1999, 1.

[6] *Gurry*, Journal of International Economic Law 1999, 385; *Werner*, Journal of World Intellectual Property 1998, Vol. 1 No. 5, 841.

[7] *Raden*, GRUR 1998, 444.

[8] *Raden*, BB Beilage 9, 1999, 17.

Anzahl der angemeldeten Patente in einem Land durchaus als ein Indikator für die Leistungsfähigkeit einer Volkswirtschaft genommen wird,[9] drückt die wirtschaftliche Bedeutung von Patenten aus. Da Deutschland weltweit an dritter Stelle bei den Patenterstanmeldungen steht, ist somit die wirtschaftliche Bedeutung von effektivem Patentschutz hier besonders groß.[10]

Patentrechte sind aber nur dann von besonderem Wert, wenn es die Möglichkeit gibt, diese Rechte effektiv zu verfolgen und durchzusetzen. Effektiver Rechtsschutz bildet somit die Grundlage für millionenschwere Investitionen in Forschung und Entwicklung. So wichtig diese Rechte aber sind, die dem Patentrecht zuzuordnen sind, *„so schwierig ist es oft, sie zu erwerben, zu erhalten und gegen Verluste zu sichern.“*[11] Hauptaufgabe des gewerblichen Rechtsschutzes ist es somit, den Inhaber von Schutzrechten vor dem unlauteren Kopieren durch Konkurrenten und Mitbewerber zu schützen. Lediglich die Aussicht auf einen abgesicherten Gewinn läßt es in vielen Fällen überhaupt erst als lohnend erscheinen, in teure Entwicklungen zu investieren. Es muß deshalb schnell Rechtssicherheit geschaffen werden, bevor sich die Produktnachfrage nachteilig verändert. Urteile staatlicher Gerichte kommen in dieser Situation oftmals zu spät, weshalb man sich gerade hier um außergerichtliche Wege der Streitbeilegung bemüht. Es dürfte dabei bei der Schiedsgerichtsbarkeit, der Schlichtung und der Mediation das eigentliche Potential zur Ausweitung der außergerichtlichen Konfliktregelung im Bereich des gewerblichen Rechtsschutzes liegen.[12]

Zum Thema Mediation finden sich inzwischen zahlreiche Beiträge, die sich vor allem auf einzelne Felder wie etwa die Familienmediation, Umweltmediation, Mediation bei internationalen Konflikten etc. konzentrieren. Eine gesonderte Beschäftigung mit Mediation bei Patentstreitigkeiten ist dennoch sinnvoll. Neben inhaltlichen Unterschieden zu anderen Anwendungsgebieten der Mediation bestehen weitere Abweichungen, die für den Mediationsprozeß entscheidend sind. So unterscheiden sich Konflikte im Patentrecht hinsichtlich ihrer Struktur, Grenzen, Komplexität, Justiziabilität, der Eindeutigkeit der Rechtsgrundlage und der Konsistenz der Rechtsprechung. Weiter unterscheiden

---

[9] *Osterrieth*, Patentrecht, Rn. 5.

[10] Nach den Zahlen der Patentanmeldungen gerechnet sind Japan, die USA und Deutschland die wichtigsten Länder im internationalen Rahmen. Auf sie entfallen rund 70 % aller Erstanmeldungen weltweit, wobei Deutschland mit rund 53 000 Patentanmeldungen an dritter Stelle steht; siehe Deutsches Patent- und Markenamt Jahresbericht 2001, S. 19.

[11] *Raden*, GRUR 1998, 444.

[12] *Raden*, GRUR 1998, 444 ff.

sich teilweise Patentstreitigkeiten gegenüber anderen Anwendungsbereichen hinsichtlich der Anzahl der am Konflikt beteiligten Parteien, der Anzahl der sinnvollerweise zu beteiligenden Mediatoren, der disziplinären Ausrichtung der Mediatoren, der Dauer des Mediationsverfahrens, der Öffentlichkeit des Konflikts sowie des Mediationsprozesses.[13] Durch die Verknüpfung von rechtlichen und technischen Fragen und durch das besondere Spannungsverhältnis zwischen privaten und öffentlichen Interessen ergeben sich bei Auseinandersetzungen um Patentsachen bestimmte charakteristische Eigenheiten, die sie von allgemeinen Wirtschaftsstreitigkeiten unterscheiden. Damit wird freilich die Frage aufgeworfen, ob man für diese Art der Auseinandersetzungen spezielle Regeln und Abläufe anwenden muß.[14]

Es soll nicht Ziel dieser Arbeit sein, in Form einer „Harmonie-Rhetorik"[15] die Vorzüge der Mediation gegenüber anderen Formen der Streitbeilegung – auch der gerichtlichen – hervorzuheben. Es soll statt dessen dargestellt werden, worin sich Mediation von anderen Verfahren unterscheidet, wann ein Mediationsverfahren als geeignet anzusehen ist und welche Besonderheiten bei Patentsachen zu berücksichtigen sind. Auch wenn ein kritischer Vergleich zwischen gerichtlichen und außergerichtlichen Formen der Streitbeilegung unumgänglich ist, geht diese Arbeit bei der Darstellung der Mediation als Form der außergerichtlichen Streitbeilegung bei Patentstreitigkeiten nicht davon aus, daß die staatlichen Gerichte durch Formen außergerichtlicher Konfliktbeilegung ersetzt werden könnten. Das durch die Gerichte angewandte Recht und die daraus entwickelten Grundsätze werden immer Hintergrund, Rahmen und Voraussetzung für eine schnelle und effektive außergerichtliche Streitbeilegung darstellen.[16]

Im ersten Teil der Arbeit soll untersucht werden, weshalb nach Alternativen zum Zivilprozeß gesucht wird (A.I.). Hierbei soll zunächst der allgemeine Hintergrund (A.I.1.) und anschließend speziell der wirtschaftliche sowie der rechtliche Hintergrund bei Patentstreitigkeiten beleuchtet werden (A.I.2.). In einem nächsten Schritt wird dargestellt, welche Bedeutung verschiedene Formen der außergerichtlichen Streitbeilegung für Patentrechtsstreitigkeiten haben (A.II.).

---

[13] *Montada/Kals*, Mediation, S. 4 f.

[14] *Werner*, Journal of World Intellectual Property 1998, Vol. 1 No. 5, 841.

[15] Siehe hierzu den Aufsatz von *Nader*, The Ohio State Journal on Dispute Resolution 9 (1993), 1-25, die sich sehr kritisch mit der Entwicklung von *ADR* in den USA auseinandersetzt.

[16] *Rölike/Schäfer*, in: Gottwald, AKR-Handbuch, 2.1.3., S. 10. Vgl. auch *Risse*, BB Beilage 9, 1999, 1 ff.

Anschließend werden die verschiedenen Formen der außergerichtlichen Streitbeilegung näher dargestellt und in das System der außergerichtlichen Verfahren eingeordnet (B.). Hierbei soll vor allem versucht werden, den Begriff der Mediation zu erläutern (B.I.3.).

Nach einer konflikttheoretischen Einführung werden die Streitgegenstände bei Patentsachen behandelt (C.I.1.) und nach ihrer Eignung für die Mediation geprüft (C.I.2.). Anschließend soll untersucht werden, unter welchen Umständen der Verfahrensgrundsatz der Vertraulichkeit bei Patenrechtsstreitigkeiten gewährleistet ist (C.II.) und welche Anforderung bei diesen Streitigkeiten an den Mediator zu stellen sind (C.III.). Bei der Darstellung des Mediationsablaufs (C.IV.) soll dann in erster Linie geprüft werden, ob und wie ein Mediationsvergleich auch in anderen Ländern durchgesetzt werden kann. Ferner soll geprüft werden, inwiefern hier Bedarf hinsichtlich einer internationalen Rechtsvereinheitlichung besteht und wie diese aussehen könnte (C.IV.3.). Im Schlußkapitel (D.) sollen die wichtigsten Ergebnisse der Arbeit zusammengefaßt werden.

I. Hintergrund der Suche nach Alternativen zum Zivilprozeß

Die Diskussion um „Alternativen zum Recht" wird in Deutschland seit Mitte der siebziger Jahre vor allem von den Rechtssoziologen geführt.[17] Bereits zuvor entstand aber aus Untersuchungen zu den Themen „Soziologie des Gerichtsverfahrens" oder „Effektivität des Rechts" die Einsicht, daß unter bestimmten Umständen informelle Konfliktlösungen den gerichtlichen bzw. gerichtsnahen Regelungen vorzuziehen seien. Zusammen mit von linksliberaler Seite geäußerter Kritik an der Justiz, die als konservativ, zu teuer, zu unberechenbar, zu förmlich, zu überlastet und zu unflexibel für eine moderne Wirtschaftsordnung wahrgenommen wurde, entstand so in Deutschland die Diskussion um das Thema „Alternativen zum Recht" bzw. „Alternativen zur Justiz".[18] Wesentliche Impulse bekam diese Diskussion nun aus den USA.[19] Dort hatten außergerichtli-

---

[17] Vgl. *Röhl*, in: Blankenburg/Gottwald/Strempel, S. 16. Bei der Schaffung der Voraussetzungen für die aktuelle Alternativendiskussion hat auch die Rechtsanthropologie eine wesentliche Rolle gespielt; *Röhl*, Rechtssoziologie, S. 510 f.

[18] Vgl. *Strempel*, in: Schlieffen/Haft, § 4 Rn. 40 ff.; *Röhl*, Rechtssoziologie, S. 509 ff. *Wassermann* bezeichnet diese Zeit nicht ohne eine gewisse Ironie als den „Reformfrühling der deutschen Justiz", *Wassermann*, NJW 1998, 1685.

[19] Als ein wichtiger Impuls für die Diskussion in den USA könnten wiederum die Äußerungen des ehemaligen *Chief Justice Burger* bewertet werden. *„The notion that ordinary people want black-robed judges and well dressed lawyers and fine courtrooms as settings to resolve their*

che Formen der Streitbeilegung wie etwa Verhandlung, Vermittlung und Schiedsverfahren bereits seit längerem ihren eigenständigen Platz neben den Gerichtsverfahren. Dies kann man etwa an solch traditionsreichen Organisationen wie der *American Arbitration Association* sehen.[20] Von entscheidender Bedeutung für die Diskussion war aber, daß durch die Entwicklung einer interdisziplinären Konflikt- und Verhandlungstheorie das Grundgerüst für eine moderne Form der Streitbeilegung geschaffen wurde.[21]

Obwohl nahezu alle Formen der außergerichtlichen Streitbeilegung mit der Devise *„billiger, besser, schneller und freundlicher als die Gerichte"*[22] antreten, sind es sehr heterogene Kräfte, die sich in ihrem teils diffusen Unbehagen an der Justiz zusammengefunden haben. Um so bemerkenswerter ist es, daß es trotz der teilweise erheblichen ideologischen Differenzen und rechtspolitischen Vorstellungen gelungen ist, über viele Jahre hinweg eine vergleichsweise homogene Diskussion um andere Formen der Konfliktregelung zu führen. Die vielfältigen Interessenslagen und die teils vagen Zielbestimmungen[23] mußten jedoch dazu führen, daß langfristig die Positionen auseinanderstrebten. Und so kann man gerade bei der Diskussion um Mediation inzwischen eine mehr oder weniger starke Differenzierung zwischen den unterschiedlichen Anwendungsgebieten[24] erkennen.

Um die für Patentstreitigkeiten relevanten Aspekte der Diskussion über außergerichtliche Streitbeilegungsformen feststellen zu können, sollen zunächst unterschiedliche Interessen und Ziele innerhalb der Alternativendiskussion dargestellt werden. Sie sind Ausdruck der Kritik am Status quo der Konfliktbehandlung und somit gleichzeitig Maßstab für die Qualität außergerichtlicher Formen der Konfliktbeilegung.[25] Die Kenntnis dieser Hintergründe hilft, im weiteren Verlauf der Arbeit Argumente innerhalb der Diskussion einzuordnen

---

disputes is not correct. People with problems, like people with pains, want relief, and they want it as quickly and inexpensively as possible." Siehe *Blackman/McNeill*, American University Law Review 47 (1998), 1711. Diese Aussage wird von *Nader* als *ADR*-Rhetorik kritisiert, die aus einer falschen Harmonieideologie resultiere; siehe *Nader*, The Ohio State Journal on Dispute Resolution 9 (1993), 6 ff.

[20] *Röhl*, in: Blankenburg/Gottwald/Strempel, S. 15 und Fn. 6.

[21] *Bühring-Uhle*, Arbitration and Mediation, S. 216.

[22] *Röhl*, in: Blankenburg/Gottwald/Strempel, S. 15.

[23] Teils legen die Gestalter, Befürworter und Praktiker der alternativen Streitbeilegung ihre Ziele auch bewußt nicht offen; *Breidenbach*, Mediation, S. 114.

[24] Vgl. oben S. 2.

[25] *Breidenbach*, Mediation, S. 114.

und hinsichtlich ihrer Bedeutung für Streitigkeiten im Patentrecht bewerten zu können. Aus demselben Grund ist im Anschluß daran auf die wirtschaftlichen und rechtlichen Hintergründe bei Patentstreitigkeiten einzugehen und darzustellen, weshalb diese alternative Formen der Konfliktregelung begünstigen.

1. Ziele und Interessen der Alternativendiskussion

Innerhalb der Diskussion um Alternativen zeigen sich mehrere Zielvorstellungen, die je nach Rechtsgebiet und ideologischem sowie professionellem Hintergrund unterschiedlich betont werden.[26] Sie können die konkrete Ausgestaltung des Verfahrens beeinflussen und sollen deshalb kurz dargestellt werden.[27]

a) Justizentlastung auf Grund von Ressourcenknappheit

Oftmals im Vordergrund der Diskussion um außergerichtliche Streitbeilegung steht ein eher technokratisches Interesse von Justiz und Politik an einer Entlastung der Gerichte.[28] Hintergrund ist hierbei die Kritik der Öffentlichkeit an der Dauer von Gerichtsverfahren.[29] Die Prozeßdauer wird als Problem wahrgenommen, obwohl sich die Situation in Deutschland vergleichsweise gut darstellt. In Deutschland ist z.B. die Richterdichte ca. 5 mal höher als in den USA. Während in Deutschland auf 100.000 Einwohner sechsundzwanzig Richter kommen, sind es in den USA gerade mal fünf Richter.[30] Damit hat Deutschland die höchste Richterdichte der Welt. Auch bei der Verfahrensdauer steht Deutschland sehr gut da. So betrug im Jahre 1996 die durchschnittliche Prozeßdauer vor den Landgerichten in 1. Instanz 6,6 Monate. Die Prozeßdauer vor den Oberlandesgerichten als Berufungsinstanz war mit 8,7 Monaten ebenfalls im internationalen Vergleich sehr kurz.[31]

Daß Deutschland hinsichtlich der Verfahrensdauer vergleichsweise gut abschneidet,[32] läßt den Eindruck entstehen, daß es in der Diskussion häufiger um

---

[26] Vgl. *Röhl*, in: Blankenburg/Gottwald/Strempel, S. 15 ff.; *Bühring-Uhle*, Arbitration and Mediation, S. 3 ff.; *Menkel-Meadow*, Mediation, S. XIX f.

[27] *Breidenbach*, Mediation, S. 114.

[28] Vgl. *Wassermann*, NJW 1998, 1685 f.

[29] *Röhl*, in: Blankenburg/Gottwald/Strempel, S. 17 f.

[30] *Strempel*, in: Gottwald, AKR-Handbuch, 2.1.1., S. 1. Allerdings ist das Geschäftsaufkommen an deutschen Zivilgerichten auch fast doppelt so hoch. Siehe den internationalen Vergleich von Gerichtsstatistiken bei *Wollschläger*, in: Soziologie des Rechts, S. 581 ff.

[31] Siehe *Schütze*, ZVglRWiss 97 (1998), 122.

[32] Vgl. *Zimmer*, S. 18 f.

eine Haushalts- als um eine Justizentlastung geht.[33] Und in der Tat steht hinter der als Problem wahrgenommenen Überlastung der Gerichte letztlich eine finanzielle Frage. Das aufwendige Justizsystem in Deutschland bindet ungeheure finanzielle Ressourcen. Es fehlen nicht nur deshalb die Mittel und der politische Wille, eine Entlastung der Gerichte z.B. durch die entsprechende Neueinstellung von Richtern zu erreichen.[34] Deshalb sucht man nach anderen Möglichkeiten, das Gerichtssystem zu entlasten. Hierbei rücken schnell Streitigkeiten in den Vordergrund, die als unwichtig und unbedeutend wahrgenommen werden, und von denen sich die Justiz auf Grund deren massiven Auftretens gerne befreien würde. Beispielhaft hierfür steht der am 15.12.1999 eingeführte § 15a EGZPO, der den Ländern die Möglichkeit gibt, bei bestimmten Streitigkeiten eine obligatorische außergerichtliche Streitschlichtung als Prozeßvoraussetzung einzuführen.[35] Die obligatorische Streitschlichtung ist jedoch auf Streitigkeiten mit einem Streitwert unter 750 € (§ 15a I Nr. 1 EGZPO) und Streitigkeiten wegen Ehrverletzungen (§ 15a I Nr. 3 EGZPO) oder Ansprüchen aus dem Nachbarrecht (§ 15a I Nr. 2 EGZPO) beschränkt. Es sind also die lästigen Nachbarschaftsstreitigkeiten und Bagatellsachen, von denen man die Zivilgerichte durch § 15a EGZPO entlasten möchte.[36]

Bei einer Diskussion, die unter dem Aspekt der Ressourcenknappheit geführt wird, stehen somit Streitigkeiten im Vordergrund, die als Ressourcenverschwendung wahrgenommen werden. Hierzu dürfen nicht Patentstreitigkeiten gehören, da Patente eine besondere wirtschaftliche und damit gesamtgesellschaftliche Bedeutung einnehmen. Eine Diskussion um die Entlastung der Gerichte ist somit für das Patentrecht nur dann interessant, wenn durch ein effizienteres Verfahren im Zivilprozeß die Gerichte entlastet und damit die Verfahrensdauer verkürzt werden soll. Abgesehen davon, daß Änderungen im Zivilprozeß nicht unbedingt eine Effizienzsteigerung, sondern unter Umständen

---

[33] *Ewig*, BRAK-Mitt. 1996, 147.

[34] Vgl. hierzu die Aussage des ehemaligen Präsidenten des Bundesverfassungsgerichts *Benda*, der auf dem Deutschen Richtertag in Essen 1979 von der Rechtsgewährung als „knappem Gut" sprach; *Benda*, in: Kurskorrekturen im Recht, S. 256 ff.

[35] Zur Zielsetzung der Öffnungsklausel § 15a EGZPO siehe *Zimmer*, S. 154 f.; *Ott*, S. 44 ff.; *Maunz*, S. 12 ff. Vgl. auch *Rüssel*, in: Schlieffen/Haft, § 33 Rn. 1 ff.

[36] Vgl. hierzu die Entwicklung in den USA, an deren Anfang auch die Errichtung sog. *Neighborhood Justice Centers* stand; siehe *Breidenbach*, Mediation, S. 12. Kritisch gegenüber der obligatorischen Streitschlichtung, *Wassermann*, NJW 1998, 1685 f.

nur eine Qualitätsreduktion bedeuten können,[37] bewegen wir uns hier bereits außerhalb der Diskussion um Alternativen zum Gerichtsverfahren.

b) Stärkung der Privatautonomie

Unter dem Gesichtspunkt einer Stärkung der Privatautonomie in der Konfliktbeilegung ist zwischen einer ideologischen und einer pragmatischen Ausrichtung der Diskussion zu unterscheiden. Während beim ideologischen Ansatz ein bestimmtes Menschenbild im Vordergrund steht, verbirgt sich hinter dem pragmatischen Ansatz das Interesse der Wirtschaft und von Verbänden an einer Selbstkontrolle und Privatisierung der Konfliktregelung bzw. des Rechts.[38] Beispiele für Entwicklungen, die aus dieser Motivationslage resultieren, sind etwa der Ombudsmann des Bankengewerbes, Schieds- und Schlichtungsstellen des Kfz-Handwerks sowie die zahlreichen verbands- bzw. vereinsinternen Schiedsgerichte.[39] Hier sollen in erster Linie aggressive Verbraucherschutzauseinandersetzungen vermieden und unsaubere Geschäftspraktiken ohne Hilfe von Gerichten geahndet werden, um so das Ansehen der Branche oder der Organisation zu schützen.

Bei dem stärker ideologisch motivierten Ansatz innerhalb der Diskussion kann wiederum zwischen einem individuellen und einem gesamtgesellschaftlichen Ansatz unterschieden werden. Wo das Individuum im Vordergrund steht, resultiert die Forderung nach Privatautonomie aus der Vorstellung, daß es der Natur des Menschen entspreche, Dinge nach eigener Entscheidung zu gestalten und die eigene Persönlichkeit nach bestem Vermögen zu entfalten.[40] Es ist somit das erklärte Ziel, die Parteien stärker am Prozeß zu beteiligen und ihnen die Möglichkeit zu geben, selbst über ihren Konflikt zu entscheiden. Parteien, denen es nicht möglich ist, diese Rolle auszufüllen, soll geholfen werden, mehr Eigenverantwortung zu übernehmen.[41] Die Vision des selbstbestimmten Individuums ist wiederum Grundlage für den gesamtgesellschaftlichen Aspekt der Alternativendiskussion. Danach soll die außergerichtliche Konfliktbeilegung das verwirklichen, was mit den Begriffen „Verantwortungsgesellschaft“ und „Zivilgesellschaft“ gefordert wird.[42] Statt die Konfliktregelung an staatliche

---

[37] Vgl. *Raden*, GRUR 1998, 445.

[38] *Röhl*, in: Blankenburg/Gottwald/Strempel, S. 23 f.

[39] Siehe *Zimmer*, S. 48 ff.

[40] Vgl. *Zippelius*, Rechtsphilosphie, S. 122.

[41] Dieser Ansatz entspricht dem, was bei *Breidenbach* als *Individual-Autonomy*-Projekt der Mediation beschrieben wird; siehe *Breidenbach*, Mediation, S. 123 ff.

[42] *Gottwald*, WM 1998, 1260.

Instanzen zu delegieren, soll der Bürger sich mehr um eine private Beilegung von Auseinandersetzungen bemühen. Vom formalen Rechtsstaat soll der Weg zum informalen Verhandlungsstaat führen,[43] indem das Befehlsmodell des Rechts abgebaut wird und formale, hoheitliche Eingriffe informalen Absprachen und Verhandlungen weichen.

Für die Diskussion um außergerichtliche Streitbeilegung bei Patentstreitigkeiten spielt auch der Aspekt der Selbstregulation und der Selbstkontrolle der Wirtschaft eine Rolle. Die besondere Betonung der Vertraulichkeit von außergerichtlichen Verfahren als Vorteil gegenüber staatlichen Verfahren zeigt, daß der Aspekt der Selbstkontrolle eine nicht unwesentliche Bedeutung hat. Dahingegen dürfte für den Bereich der Wirtschaft die Stärkung der Privatautonomie des Individuums nicht im Vordergrund der Diskussion um Alternativen stehen, weil hier bereits ein sehr hohes Maß an Selbstverantwortlichkeit vorhanden ist. Geht es jedoch um mehr Privatautonomie im gesamtgesellschaftlichen Kontext, so stellt sich weniger die Frage, inwiefern Unternehmen von ihrer Verantwortung Gebrauch machen, sondern in welchen Grenzen der Staat privatautonomes Handeln zuläßt. Denn das Maß an Privatautonomie, das einem Wirtschaftsunternehmen gegeben wird, wird von diesem, wenn es zu seinem Vorteil ist, im Regelfall auch genutzt. Eine Diskussion unter gesamtgesellschaftlichen Vorzeichen müßte sich also eher mit Fragen auseinandersetzen, die sich mit der Ausweitung und den Folgen der Privatautonomie beschäftigen.

c) Stärkung der Gemeinschaft

Innerhalb der Alternativendiskussion hat die Forderung nach einer Stärkung der Gesellschaft, die als zersplittert wahrgenommen wird, im sog. Gemeinschaftsgedanken[44] ihren Ausdruck gefunden und dabei nicht unerhebliche Bedeutung erlangt. Seine stärkste Ausprägung findet dieser Gedanke in der Forderung nach gruppenunmittelbarer Konfliktregelung. Vorbild sind hierbei Erkenntnisse der Sozialanthropologie, die sich auf Konfliktregelungsformen in primitiven Gesellschaften beziehen. Eine schwächere Ausprägung findet der Gemeinschaftsgedanke in der Forderung nach gruppenbezogener bzw. von der Gruppe getragener Konfliktregelung. Dies bedeut, daß die vermittelnden Personen als

---

[43] Vgl. die in der Rechtsoziologie vertretenen Theorie von der Entwicklung vom formalen Rechtsstaat zum informalen Verhandlungsstaat; *Röhl*, Rechtssoziologie, S. 558 ff.

[44] *Röhl*, Rechtssoziologie, S. 517 f.; *Röhl*, in: Blankenburg/Gottwald/Strempel, S. 21 ff. Das von *Breidenbach* für die Mediation beschriebene *Social-Transformation*-Projekt entspricht dem Gemeinschaftsgedanken bei *Röhl*. Vgl. *Breidenbach*, Mediation, S. 132 ff.

Laien der Gemeinschaft angehören (Laienpartizipation[45]). Als Beispiele hierfür wären die Schiedsmannsverfahren in Deutschland oder die *Neighborhood Justice Centers*[46] in den USA zu nennen.

Es ist offensichtlich, daß der hier beschriebene Gemeinschaftsgedanke für den weiteren Verlauf der Arbeit ohne Bedeutung sein wird. Bei Auseinandersetzungen zwischen Unternehmen steht alles andere als die Stärkung der Gemeinschaft im Vordergrund. Selbst außergerichtliche Verfahren in Wirtschaftsverbänden und Organisationen sind weniger Ausdruck des Gemeinschaftsgedankens als vielmehr des Interesses an Selbstregulierung und Selbstkontrolle, das hier bereits dargestellt wurde.[47]

d) Verbesserung des Zugangs zum Recht

Die möglichst kostengünstige und schnelle Streitbeilegung, die man sich von verschiedenen Formen der außergerichtlichen Streitbeilegung verspricht, sollen den Zugang zum Recht verbessern. Dahinter stehen zunächst sozialreformerische Interessen, wonach informelle, schnelle und günstige Verfahren den Zugang zum Recht für sozial Schwache erleichtern sollen.[48] Dieser Ansatz findet seinen Ausdruck z.B. in den amerikanischen *Neighborhood Justice Centers*, bei denen nichtprofessionelle Dritte den Parteien bei der Durchsetzung ihrer Rechte helfen.

Geht es jedoch um Auseinandersetzungen im Patentrecht, dürfte diese Zielvorstellung von geringer Bedeutung sein, weil sich meist Wirtschaftsunternehmen gegenüberstehen, die sich professioneller Rechtsberatung bedienen können oder selbst ausreichende Kenntnisse über die Durchsetzbarkeit ihrer Rechte haben. Interessant ist allenfalls die Frage, inwiefern für kleine und mittlere Betriebe Zugangsbarrieren bei der Durchsetzung ihrer Schutzrechte vorhanden sind und inwiefern durch außergerichtliche Verfahren der Grundgedanke des sozialreformerischen Interesses in diesem Bereich fruchtbar zu machen ist. Eine Überlegung wäre, ob Verfahren der außergerichtlichen Konfliktregelung unter Umständen die Attraktivität des gewerblichen Rechtsschutzes auch für solche Kreise in Wirtschaft und Forschung erhöhen könnte, die bisher aus Angst vor Kosten und Mühen nicht im vollen Umfang Gebrauch von ihren Schutzrechten

---

[45] *Röhl*, in: Blankenburg/Gottwald/Strempel, S. 22 f.

[46] Zum typischen Ablauf eines Mediationsverfahrens bei einem Community Mediation Center, siehe *Odom*, in: Palenski/Launer, S. 5 ff.

[47] Siehe oben S. 8 f.

[48] *Röhl*, in: Blankenburg/Gottwald/Strempel, S. 18 f. Vgl. unter der Bezeichnung als *Access-to-Justice*-Projekt, *Breidenbach*, Mediation, S. 122 f.

gemacht haben.[49] Vor allem kleinere und mittlere Unternehmen verzichten oft auf die Anmeldung ihrer Produkte und Verfahren als Patent. Als ein wesentlicher Grund für die Nichtinanspruchnahme von Patentschutz wurde laut einer europäischen Erhebung[50] vor allem das mangelnde Vertrauen in die Durchsetzbarkeit der Patente genannt. Dies bestätigen Untersuchungen, wonach vor allem der Mittelstand sich oft auf Grund des Risikos vor Prozessen scheut.[51] Doch die Hauptprobleme kleinerer Unternehmen bei der Rechtsdurchsetzung sind wohl eher im Bereich des Patentanmeldeverfahrens und der Produktpiraterie zu finden. Außergerichtliche Streitbeilegungsformen können hier nur wenig helfen, so daß der Aspekt der Verbesserung des Zugangs zum Recht eine eher untergeordnete Bedeutung hat.

2. Wirtschaftlicher und rechtlicher Hintergrund bei Patentstreitigkeiten

Bei Auseinandersetzungen im Bereich des Patentrechts lassen sich eine Reihe von Faktoren finden, die eine außergerichtliche Einigung zwischen den Parteien begünstigen. Neben Aspekten der Zeit- und Kosteneffizienz ist bei Patentsachen die komplexe technische und rechtliche Materie neben einem hohen Maß an Internationalisierung der Wirtschaftsbeziehungen besonders prägend. Die wirtschaftlichen und rechtlichen Probleme, die sich hieraus ergeben, sollen im folgenden dargestellt werden.

a) Zeit- und Kostenfaktor

Patente sind ein schwindendes Wirtschaftsgut. Ihr Wert verbraucht sich mit der Zeit.[52] Trotzdem gibt es Patentstreitigkeiten, die sich über ein Jahrzehnt hinziehen können, bevor die Frage geklärt ist, ob das Schutzrecht verletzt wurde. Doch selbst wenn man von solchen Extremfällen absieht und den Normalfall bei Patentstreitigkeiten betrachtet, wird man nicht selten auf eine Prozeßdauer von einem oder zwei Jahren stoßen.[53] Ein solcher Zeitraum ist aber bezogen auf die

---

[49] Vgl. *Raden*, GRUR 1998, 449.

[50] Erhebung des Roland-Berger-Forschungsinstituts für Markt- und Systemforschung im Auftrag des EPA. Siehe Aktuelle Berichte, GRUR 1995, 112 f. und 260 f.

[51] *Haft*, BB Beilage 10, 1998, 15.

[52] Je nach Anmeldestaat beträgt die Laufzeit eines Patents weniger als zehn oder über zwanzig Jahre. Üblich ist allerdings eine Laufzeit von zwanzig Jahren. Siehe *Schade*, Patent-Tabelle, S. 29 ff.

[53] Laut der Untersuchung von *Stauder*, S. 52, die sich jedoch auf den Untersuchungszeitraum 1972-1974 bezieht und insofern heute nur noch sehr begrenzte Aussagekraft besitzt, waren in Deutschland bereits ein Jahr nach Klageerhebung über 30 % der Patent- und Gebrauchsmusterverfahren beendet. Nach zwei Jahren waren es bereits über 60 % der Verfahren. Anders

Geschäftsplanung von Unternehmen bereits sehr lange, und dabei ist noch nicht einmal die Rede von Branchen, die durch einen besonderen Innovationsdruck und sehr kurze Produktintervalle geprägt sind. Dort, wo die Innovationszyklen immer kürzer werden, gewinnt der Faktor Zeit im gewerblichen Rechtsschutz zusätzlich an Bedeutung.[54] Jede zeitliche Verschiebung einer Entscheidung der Auseinandersetzung kann hier zu nachhaltigen Schäden führen.[55] Gleichzeitig kann aber großer Zeitdruck zu einer Verhandlungsschwäche einer Partei führen,[56] so daß Einigungen, die in bilateralen Verhandlungen erreicht werden, für eine Seite ungünstig ausfallen können.

Auf Grund der Verfahrensdauer finden wir bei Auseinandersetzungen um gewerbliche Schutzrechte oft ein großes Interesse der Parteien daran, sich zu vergleichen.[57] Sechsstellige und noch höhere Streitwerte sind nichts ungewöhnliches, wenn nicht sogar die Regel. Dies hat wiederum hohe Prozeßkosten zur Folge. Wird bei einer Auseinandersetzung auch noch einstweiliger Rechtsschutz begehrt,[58] führt dies dazu, daß Prozesse im schlimmsten Fall über fünf Instanzen

---

stellte sich die Situation jedoch in Großbritannien dar, wo das erstinstanzliche Verfahren durchschnittlich 3,1 Jahre dauerte (S. 79). In Frankreich wurden ca. 50 % der Verfahren nach zwei Jahren beendet, wobei weniger als 14 % nach einem Jahr erledigt waren (S. 108). Im Vergleich der Verfahrensdauer ergaben sich für England durchschnittlich 3,5 Jahre, für Frankreich ein arithmetisches Mittel von 4,6, für Italien 3,1 und für Deutschland 2,6 Jahre (S. 133). Hinsichtlich der Vergleichbarkeit ist jedoch darauf hinzuweisen, daß zum Teil unterschiedliche Erhebungsmethoden verwendet wurden (S. 145). In Deutschland, wo die meisten Patentverletzungsprozesse in Düsseldorf geführt werden, liegt nach Auskunft von Rechtsanwälten ein Urteil in der ersten Instanz meist nach 6-8 Monaten vor; siehe *Rebel*, S. 190.

[54] *Raden*, GRUR 1998, 444; *Frost*, S. 194; *Arnold*, in: Atlas/Huber/Trachte-Huber, S. 238.

[55] *Mills*, Ohio State Journal on Dispute Resolution 11 (1996), 231; *Bühring-Uhle*, Arbitration and Mediation, S. 313.

[56] Vgl. *Goldberg/Sander/Rogers*, S. 19.

[57] Dies zeigt die Justizstatistik, in der die sehr hohen Streitwerte fehlen. Man kann dies darauf zurückführen, daß die Wirtschaft mit den Leistungen der Justiz unzufrieden ist und insofern ab einer gewissen Größe des Konflikts, was sich in der Höhe des Streitwertes wiederspiegelt, Verfahren vor privaten Schiedsgerichten etc. bevorzugt werden. Diese Erscheinung kann aber auch auf bessere Kontaktsysteme und technische Möglichkeiten der Wirtschaft zurückgeführt werden, die eher die Voraussetzungen schaffen, um den Konflikt im Verhandlungsweg beizulegen; vgl. *Röhl*, Rechtssoziologie, S. 489.

[58] *Osterrieth* hält jedoch Verfahren des einstweiligen Rechtsschutzes in Patentverletzungsverfahren im Hinblick auf die Komplexität der technischen Sachverhalte eher für selten; vgl. *Osterrieth*, Patentrecht, Rn. 263. Ausstellungen auf Messen und Fälle des Im- und Exporthandels sind jedoch häufig Anlaß für Anträge auf einstweilige Verfügungen; vgl. *Rebel*, S. 191; *Stauder*, S. 31.

geführt werden müssen, weil zu den drei Instanzen im Hauptsacheverfahren noch zwei Instanzen im vorläufigen Rechtsschutz hinzukommen können. Das Kostenrisiko ist somit für die Parteien entsprechend hoch.[59]

Zusätzlich hohe Kosten können durch eine komplizierte Sachverhaltsermittlung und die Mitwirkung von Patentanwälten entstehen, deren Gebühren unter Umständen selbst im Falle des Obsiegens nicht in voller Höhe erstattet werden, weil die Kostenerstattung nur in den Grenzen des § 146 V PatG möglich ist.[60] Hinzu können teure Sachverständigenanhörungen mit ungewissem Ergebnis kommen. Ob etwa ein Patent verletzt ist oder nicht, kann gegebenenfalls nur ein Sachverständiger beurteilen.[61] Ungeachtet der bisweilen hohen technischen Komplexität der Fälle ist jedoch die Einholung eines technischen Sachverständigengutachtens bei Patentverletzungsprozessen keineswegs die Regel. Ganz im Gegenteil entscheiden auf Grund des eigenen hohen technischen Sachverstands in der Regel die auf derartige Fälle spezialisierten Patentstreitkammern der Landgerichte und der Patentsenate der Oberlandesgerichte in einer relativ geringen Anzahl der Fälle nach Hinzuziehung eines Sachverständigen.[62] Was jedoch für Deutschland gilt, muß nicht unbedingt auch für andere Länder gelten.[63]

Unabhängig von der Vermeidung von Kosten, die im Rahmen eines Gerichtsverfahrens für die Parteien entstehen, geht es für Wirtschaftsunternehmen in erster Linie darum, Transaktionskosten durch Störung des Betriebs und Verlust von Zeit und Energie zu vermeiden.[64] Mit den außergerichtlichen Streitbeilegungsverfahren ist insofern die Hoffnung verknüpft, die Verfahrensdauer bis zu einer Lösung des Streits deutlich zu verkürzen, um so den Schaden der Parteien möglichst gering zu halten. Inwiefern eine schnelle und kostengünstige

---

[59] *Winkler*, in: Büchner, Streitbeilegung, S. 2 f. Rn. 6. Zu den Kosten von Verletzungsverfahren siehe *Rebel*, S. 199 f.

[60] Siehe Schramm/*Schneider*, Patentverletzungsprozeß, S. 380 ff.; *Rebel*, S. 199; *Winkler*, in: Büchner, Streitbeilegung, S. 3 Rn. 6. Zu den Patentanwaltskosten vgl. *Rebel*, S. 56 ff.

[61] *Winkler*, in: Büchner, Streitbeilegung, S. 3 Rn. 6.

[62] *Osterrieth*, Patentrecht, Rn. 260 f.; Schramm/*Schneider*, Patentverletzungsprozeß, S. 329 f. Die Zuziehung eines Sachverständigen steht im pflichtgemäßen Ermessen des Gerichts.

[63] Vgl. etwa die Situation in den USA, wo die Richter keine technisch sachverständigen Fachleute sind und daher die Patentsachverständigen eine viel größere Bedeutung im Verfahren haben; siehe *Rebel*, S. 352 f.; *Balmer*, Risk: health, savety & environment 6 (1995), 145.

[64] *Bühring-Uhle*, Streitbeilegung, in: Gottwald/Strempel, S. 62.

Streitbeilegung durch außergerichtliche Verfahren möglich ist, stellt daher ein wichtiges Kriterium dar, an dem Erfolg und Mißerfolg gemessen werden muß.[65]

b) Qualität der Streitentscheidung

Auch wenn die zeitliche Komponente bei der Streitbeilegung eine wichtige Rolle spielt, so müssen doch die außergerichtlichen Verfahren über die reine Schnelligkeit hinaus eine eigene Qualität haben, um eine ernsthafte Alternative zu den staatlichen Gerichten darstellen zu können. Eine Chance hierfür wird in der Möglichkeit von außergerichtlichen Verfahren gesehen, durch eine Entrechtlichung von sozialen und wirtschaftlichen Beziehungen eine qualitative Verbesserung der Konfliktregelung zu erreichen. Denn die Ergebnisse, zu denen die Gerichte durch die Anwendung der einschlägigen Rechtsvorschriften kommen, müssen für die Streitparteien nicht immer die wirtschaftlich sinnvollsten sein.[66]

Dies zeigt sich zum Beispiel dort, wo komplexe Langzeitverträge zwischen den Parteien bestehen. Hierzu gehören etwa Lizenzverträge, mit denen Unternehmen vermehrt versuchen, den wirtschaftlichen Wert ihrer Schutzrechte zu maximieren.[67] Auf Grund ihrer Dauer und des technischen Hintergrunds können solche Vertragsbeziehungen im Bereich des gewerblichen Rechtsschutzes sehr komplex und risikoreich sein.[68] Komplexe Interaktionszusammenhänge sind jedoch störanfällig, weil ein Geflecht aus gegenseitigen Erwartungen besteht. Werden einzelne Erwartungen dann enttäuscht, kann dies auf Grund der generalisierenden Wirkung von Konflikten das gesamte Verhältnis beeinträchtigen.[69] Es ergeben sich also eine Vielzahl von Konflikten und Auseinandersetzungen, die zwar im Wege eines gerichtlichen Verfahrens gelöst werden könnten. Dies würde allerdings in den meisten Fällen die Geschäftsbeziehungen nachhaltig beeinträchtigen bzw. diese ruinieren.[70] Der Weg vor Gericht birgt für

---

[65] Im Zusammenhang mit Mediation werden Zeit- und Kostenersparnis am häufigsten als Vorteile der außergerichtlichen Konfliktregelung genannt; *Breidenbach*, Mediation, S. 115, 120 f.

[66] *Raden*, GRUR 1998, 445.

[67] *Blackman/McNeill*, American University Law Review 47 (1998), 1730. Zu den wirtschaftlichen Vorteilen, die sich aus der Vergabe von Lizenzen bei Erzeugnispatenten und Verfahrenspatenten ergeben, siehe *Teubener*, S. 17 ff., 102 ff.

[68] Vgl. *Bauer*, in: Nicklisch, S. 219; *Myers*, in: Nicklisch, S. 520 f.; *Bühring-Uhle*, Arbitration and Mediation, S. 6.

[69] *Röhl*, Rechtssoziologie, S. 459.

[70] *Röhl*, Rechtssoziologie, S. 489.

die Parteien das Risiko, daß der Konflikt eskaliert und sich folglich weiter unkontrolliert ausweitet. Klagt etwa eine Partei gegen die vermeintliche Verletzung eines Patents, so kann dies nicht nur dazu führen, daß sie den Rechtsstreit verliert, sondern daß die beklagte Partei im Gegenzug eine Nichtigkeitsklage gegen das Schutzrecht erhebt. Im Ergebnis kann also nicht nur der Rechtsstreit, sondern das ganze Schutzrecht verloren gehen.[71]

Die Ursache dafür, daß es durch die Einschaltung von Gerichten bisweilen zu einer Eskalation von Auseinandersetzungen kommt, wird in der binären Struktur des Rechts gesehen. Mit dem Recht verbindet sich das Postulat der logischen Konsistenz. Zwei Rechtsnormen dürfen nicht im Widerspruch zueinander stehen, so daß letztlich nur eine Norm Geltung haben kann. Ein Vertrag ist also entweder geschlossen oder nicht, ein Verhalten ist entweder rechtswidrig oder nicht. Daraus folgen die für das Recht oft charakteristischen Alles-oder-Nichts-Entscheidungen.[72]

Ein Hauptaugenmerk bei der Diskussion um Alternativen zur Ziviljustiz ist deshalb darauf gerichtet, durch eine Entrechtlichung von Konflikten und eine Fokussierung auf die tatsächlichen Konfliktursachen eine qualitativ bessere Konfliktregelung zu erreichen. Denn eine Beobachtung, die gerade juristische Laien immer wieder machen, ist, daß bei der rechtlichen Diskussion oder Klärung eines Konflikts von vielerlei abgesehen wird, worauf es den Beteiligten besonders ankommt.[73] Der Vorwurf geht also dahin, daß das Recht die wirklichen Konfliktursachen nicht hinreichend berücksichtigt, indem es komplexe Zusammenhänge vereinfacht. Dazu kommt, daß die justizielle Form der Konfliktregelung ihren Fokus auf die Vergangenheit richtet und sich nicht hinreichend mit der Gestaltung der Zukunft beschäftigt.[74]

Bei Patentstreitigkeiten stellt sich jedoch die Frage nach der Qualität der Streitentscheidung darüber hinaus noch unter einem ganz anderen Aspekt. In einem Bereich, in dem es um teils hochkomplexe technische Sachverhalte geht, stellt sich selbstverständlich die Frage nach der fachlichen Kompetenz des Gremiums, das den Streit entscheiden bzw. beilegen soll. Denn bei den inzwischen derart spezialisierten Technologien wird es für die Patentgerichtsbarkeit eine immer größer werdende Herausforderung, hinreichend kompetente

---

[71] *Winkler*, in: Büchner, Streitbeilegung, S. 3 Rn. 7.

[72] *Röhl*, Rechtssoziologie, S. 476.

[73] Bereits *Hegel* hat diesen Aspekt zum Anlaß für seine Kritik am Rechtszustand genommen; siehe *Hegel*, Phänomenologie des Geistes, S. 367 ff. (C. (BB) VI. A. c.).

[74] *Röhl*, in: Blankenburg/Gottwald/Strempel, S. 20; *Zimmer*, S. 20 ff.

Richter für die Streitentscheidung zur Verfügung zu stellen. Hinzu kommt, daß die Entwicklung neuer Technologien immer wieder große Herausforderungen an das geschriebene Recht stellt. Diese Herausforderungen werden zwar von Gerichtsbarkeit und Gesetzgebung angenommen, meist erfolgt dies jedoch mit einer deutlichen zeitlichen Verzögerung.[75] Dennoch ist es die Eigenart der gewerblichen Schutzrechte, daß sie vergleichsweise schwierig zu erfassen sind und immer ein gewisses subjektives Moment enthalten.[76] Es sind schließlich also auch inhaltliche Erwägungen, die neben Zeit- und Kostenaspekten stehen und ein außergerichtliches Verfahren bei Patentstreitigkeiten in Betracht kommen lassen.

c) Globalisierung und Internationalisierung

In den letzten Jahrzehnten ist eine beeindruckende Entwicklung hinsichtlich der Globalisierung der Weltwirtschaft und der Internationalisierung des Handels festzustellen.[77] Internationale Konzerne wie z.B. Sony, Philips oder General Motors machen mehr Umsatz im Ausland als in denjenigen Ländern, in denen sie ihren offiziellen Firmensitz haben.[78] Aber auch kleinere Unternehmen sind zunehmend in internationale Transaktionen eingebunden.[79] Globalisierung und Internationalisierung berühren selbstverständlich auch das Patentrecht.[80] Diese Entwicklungen sind für den Patentschutz sogar besonders prägend.[81] Denn das geistige Eigentum ist nicht greifbar und somit nicht mit dem gewöhnlichen Eigentum vergleichbar, dessen Wert meist im individuellen Besitz der Sache liegt. Der Wert von geistigem Eigentum liegt allein darin, es als Einziger benutzen zu dürfen bzw. den Gebrauch gegen Gebühr zu gestatten.[82] Da das geistige Eigentum im wesentlichen aus Informationen besteht, ist es in Zeiten der Globalisierung, in der die Informationstechnologien einen Entwicklungsstand haben, der überall auf der Welt Kommunikation und Informationstransfer

---

[75] *Mills*, Ohio State Journal on Dispute Resolution 11 (1996), 228.

[76] *Raden*, GRUR 1998, 445; *Arnold*, in: Atlas/Huber/Trachte-Huber, S. 232 ff.

[77] *Green*, Boston University International Law Journal 15 (1997), 175.

[78] *Bühring-Uhle*, Arbitration and Mediation, S. 3 f.; *Risse*, WM 1999, 1870 f.

[79] *Alexander*, Wirtschaftsmediation, S. 151.

[80] Ein Ausdruck dieser starken Internationalisierung speziell im Bereich des gewerblichen Rechtsschutzes ist z.B. der hohe Anteil an ausländischen Klägern vor europäischen Patentgerichten. Vgl. die Untersuchung von *Stauder*, S. 130, wonach 28 bis 44 % der Kläger im Ausland ansässige Unternehmen waren. Seit der Untersuchung, deren Daten 1972-1974 erhoben wurden, dürfte der Anteil ausländischer Kläger noch eher gestiegen sein.

[81] *Gurry*, Journal of International Economic Law 1999, 386 f.

[82] *Mills*, Ohio State Journal on Dispute Resolution 11 (1996), 227.

über alle Grenzen hinweg ermöglicht, besonders gefährdet. Denn geistige Güter sind nach ihrer Veröffentlichung allgegenwärtig. Sie sind also nicht mehr an einen bestimmten Ort oder ein bestimmtes Land gebunden (sog. Ubiquität).[83] Da gleichzeitig die globale Wirtschaft immer mehr von der Entwicklung neuer Technologien selbst abhängt, so daß der Wert des geistigen Eigentums auf der Welt stetig steigt,[84] wurden als Konsequenz dieser steigenden Bedeutung zahlreiche internationale Vereinbarungen getroffen, die einen besseren Schutz der gewerblichen Schutzrechte ermöglichen sollen.[85]

d) Wirtschaftliche Verflechtung bei Patentsachen

Mit Globalisierung und Internationalisierung einher geht ein Prozeß der nationalen und internationalen Verflechtung.[86] Immer kürzer werdende Innovationszyklen verlangen von Unternehmen eine gesteigerte Aktivität im Bereich Forschung und Entwicklung. Gleichzeitig steigen tendenziell die Investitionskosten in diesem Bereich. Deshalb sind selbst große und leistungsfähige Konzerne oftmals nicht in der Lage, die Entwicklung neuer innovativer Produkte alleine zu bewerkstelligen. Um durch Spezialisierung und die Vermeidung von Doppelaufwendungen Kosten einzusparen, werden verstärkt Unternehmenskooperationen eingegangen.[87] Es entstehen gegenseitige Abhängigkeiten, da sich Vertragsbeziehungen oftmals nicht ohne weiteres beenden lassen. Diese Vertragsbeziehungen mit anderen Unternehmen führen jedoch wiederum zu Konflikten und Auseinandersetzungen, deren schnelle Lösung über den Erfolg des gemeinsamen Bestrebens und damit über die Wettbewerbsaussichten der Unternehmen entscheidet. Staatliche Gerichte sind auf Grund ihrer Überlastung hier oftmals nicht in der Lage, die von der Wirtschaft verlangte schnelle Rechtssicherheit zu gewährleisten.[88]

---

[83] *Hubmann/Götting*, § 3 I.

[84] *Frost*, S. 2 f.; *Werner*, Journal of World Intellectual Property 1998, Vol. 1 No. 5, 841.

[85] Zu nennen ist vor allem das TRIPS-Übereinkommen, das nicht nur die Einräumung gewerblicher Schutzrechte nach bestimmten Mindestanforderungen verlangt, sondern auch besonderen Wert auf einen verläßlichen Rechtsschutz legt; *Raden*, GRUR 1998, 444. Eine Übersicht der zahlreichen anderen Staatsverträge im gewerblichen Rechtsschutz und Urheberrecht findet sich bei *Kegel/Schurig*, IPR, S. 81 ff.

[86] Vgl. *Schack*, Int. Zivilverfahrensrecht, Rn. 14.

[87] *Bartenbach*, S. 1 f.; *Raden*, GRUR 1998, 444; *Bühring-Uhle*, Arbitration and Mediation, S. 4 f.

[88] *Raden*, BB Beilage 9, 1999, 18.

Globalisierung und internationale Verflechtung spiegeln sich also in einer steigenden Zahl an komplexen internationalen Verträgen. So ist z.B. die Einführung technisch neuester Produkte auf einem ausländischen Markt meist mit erheblichen Markterschließungskosten verbunden, die sich dann nur durch einen höheren Preis kompensieren lassen, was wiederum die Wettbewerbsfähigkeit des Produkts beeinflußt. Deshalb wird die Markterschließung in vielen Fällen einem dort ansässigen und mit den dortigen Marktverhältnissen vertrauten Alleinvertriebshändler überlassen.[89] Man findet deshalb im Bereich des Patentrechts viele komplexe Vertragsformen – vom internationalen Vertriebsvertrag über *Joint Ventures* bis zu Lizenzverträgen über Hochtechnologie. Diesen komplexen langfristigen Verträgen ist gemein, daß sie mit vielen Unsicherheiten verbunden sind. Zum einen ist es ihr Ziel, die Vertragsrisiken zu verteilen, zum anderen benötigen gerade langfristige Verträge ein gewisses Maß an Flexibilität beim Austausch der Güter. Die Parteien erhoffen sich durch eine Kooperation einen gemeinsamen ökonomischen Vorteil, der von einer gewissen Dauer sein soll. Da die Wahrscheinlichkeit von Konflikten mit der Komplexität und Dauer von Vertragsbeziehungen deutlich zunimmt, hängt schließlich der wirtschaftliche Erfolg einer Kooperation davon ab, inwieweit die Parteien die Zusammenarbeit konstruktiv gestalten und wie sie mit auftretenden Schwierigkeiten umgehen.[90] Mit der Internationalisierung des Geschäftslebens wird dies aber wiederum erschwert. Zum Teil geht dadurch ein Stück weit die soziale Kontrolle über das Verhalten der Akteure im Wirtschaftsleben verloren. Während man in national beschränkten Märkten unter Umständen mehr auf eine gängige Geschäftspraxis und seinen guten Ruf als Unternehmen achten muß, gehen diese Kontrollmechanismen im Zuge der Internationalisierung teilweise verloren.[91] Hinzu kommen rechtliche, wirtschaftliche, sowie sprachliche und kulturelle Unterschiede, durch die internationale Vertragsbeziehungen eine besondere Anfälligkeit für Störungen bekommen.[92]

e) Probleme, internationale Rechtsstreitigkeiten vor nationalen Gerichten auszutragen

Wie soeben dargestellt, findet man im Bereich des Patentrechts ein hohes Maß an Internationalisierung und eine starke wirtschaftliche Verflechtung vor, was wiederum komplexe und damit konfliktträchtige Vertragsformen zur Folge hat.

---

[89] *Osterrieth*, Patentrecht, Rn. 168.

[90] *Bühring-Uhle*, Arbitration and Mediation, S. 5.

[91] *Bühring-Uhle*, Arbitration and Mediation, S. 16 f.

[92] *Bühring-Uhle*, Arbitration and Mediation, S. 9 ff.

Man kann jedoch feststellen, daß den grenzüberschreitenden wirtschaftlichen Aktivitäten kein ebenso grenzüberschreitendes internationales Gericht gegenübersteht, das für Auseinandersetzungen im internationalen Handelsverkehr zuständig wäre. Deshalb müssen auch bei internationalen Handelsstreitigkeiten entsprechende Ansprüche vor den nationalen Gerichten geltend gemacht werden.[93] Der Umstand, daß bei grenzüberschreitenden Auseinandersetzungen verschiedene Rechtsordnungen berührt sind, führt dabei zu einer Vielzahl von Problemen.

(1) Gerichtsstand

Wurde im Vorfeld zwischen den Parteien keine Gerichtsstandsklausel vereinbart oder kann man sich nicht auf einen Gerichtsstand einigen, ist es oftmals schwierig, das zuständige nationale Gericht zu bestimmen. Die internationale Zuständigkeit der nationalen Gerichtsbarkeit ist je nach Rechtsordnung von den unterschiedlichsten Kriterien, wie z.B. dem Firmensitz des Beklagten, der Nationalität des Klägers oder dem Ort, an dem die Verbindlichkeit entstanden ist, abhängig. Grundsätzlich ist kein Staat durch allgemeine Regeln des Völkerrechts darin beschränkt, durch nationale Regelungen die internationale Zuständigkeit seiner Gerichte zu regeln.[94] So können je nach nationalem Recht bereits minimale Anknüpfungspunkte genügen, um die internationale Zuständigkeit einer bestimmten Gerichtsbarkeit zu begründen.[95] Dies führt dazu, daß nicht selten die internationale Zuständigkeit mehrerer Staaten existiert und deshalb oft taktische Erwägungen beim Kläger im Vordergrund stehen, wenn es um die Wahl des Gerichtsstands geht. Dieses systematische Ausnutzen nebeneinander existierender internationaler Zuständigkeiten um bestimmter rechtlicher oder tatsächlicher Vorteile willen, ist unter dem Begriff *forum*

---

[93] *Raden*, GRUR 1998, 445. Man beachte jedoch die Bemühungen der EU durch das Gemeinschaftspatentübereinkommens von 1975, das bislang nicht in Kraft getreten ist, die Verfahren vor nationalen Gerichten zu ersetzen bzw. zu ergänzen (vgl. Streitbeilegungsprotokoll). In dem am 24.06.1997 erschienenen Grünbuch über das Gemeinschaftspatent und das Patentsystem in Europa (KOM (97) 314 DIN) wird von der EU-Kommission eine Bestandsaufnahme über die bisherige Entwicklung und den Stand der Diskussion hinsichtlich der noch offenen Fragen vorgelegt; *Osterrieth*, Patentrecht, Rn. 44; *Dybdahl*, Europäisches Patentrecht, Rn. 12 ff.

[94] *Geimer*, IZPR, Rn. 848 f.; *Schack*, Int. Zivilverfahrensrecht, Rn. 186; *v. Hoffmann*, IPR, S. 69 f. Zwischenzeitlich sind die meisten Staaten aber durch entsprechende Staatsverträge völkerrechtlich gebunden.

[95] Siehe hierzu die sog. exorbitanten Gerichtsstände; *Schack*, Int. Zivilverfahrensrecht, Rn. 195 f.; *Geimer*, IZPR, Rn. 672 f.

shopping bekannt.[96] Auch wenn durchaus lautere Motive[97] bei der Wahl des Gerichtsstands eine Rolle spielen, so kann dies für den Beklagten mit erheblichen Nachteilen verbunden sein.[98]

Gerade um einem *forum shopping* oder identischen bzw. konnexen[99] Gerichtsverfahren vorzubeugen,[100] ist es das zuverlässigste Mittel für beide Parteien, einen ausschließlichen Gerichtsstand zu vereinbaren.[101] Dies wird allerdings nur dann naheliegen, wenn zwischen den Parteien vertragliche Beziehungen bestehen. Ist dies nicht der Fall, handelt es sich bei der Gerichtsstandsvereinbarung um eine eher unrealistische Option. Vertragspartner können jedoch mit einer solchen Vereinbarung sicherstellen, daß die Anrufung eines staatlichen Gerichts möglich ist, das unter rechtsstaatlichen Bedingungen Rechtssicherheit bieten kann und zu einem Urteil führt, das in dem jeweiligen Land vollstreckt werden kann. Doch kann auch durch eine Gerichtsstandsvereinbarung die Gefahr von parallelen Gerichtsverfahren nicht ganz verhindert werden. Unabhängig von entsprechenden Vereinbarungen zwischen den Parteien gibt es die Möglichkeit nationaler Gerichte, sich auf der Grundlage der *forum non conveniens* oder anderer Doktrinen für zuständig oder unzuständig zu erklären.[102]

---

[96] Vgl. *Schack*, Int. Zivilverfahrensrecht, Rn. 220 ff.; *Geimer*, IZPR, Rn. 1095 ff.; *Bühring-Uhle*, Arbitration and Mediation, S. 18; Busse/*Keukenschrijver*, PatG § 143 Rn. 75; *Rebel*, S. 189 ff.

[97] Z.B. niedrigere Verfahrenskosten oder insgesamt kürzere Gerichtsverfahren.

[98] Vgl. unten Seite 22 ff.

[99] Vgl. Art. 22 III EuGVÜ.

[100] Es ist anzumerken, daß die ausländische Rechtshängigkeit nicht irrelevant ist und es häufig Staatsverträge gibt, die zur Anerkennung einer ausländischen Rechtshängigkeit verpflichten (vgl. Art. 21 EuGVÜ). Es sollen dadurch identische Verfahren vermieden und damit ein unwürdiger Wettlauf der Gerichte verhindert werden. Viele ausländische Rechtsordnungen – wie z.B. die der USA und Japan – nehmen jedoch keinerlei Rücksicht auf eine frühere ausländische Rechtshängigkeit, so daß hier identische Gerichtsverfahren möglich sind. In England und den USA gibt es mit den sog. *antisuit injunctions* sogar die Möglichkeit, mit einer gerichtlichen Verfügung dem Kläger zu untersagen, sein im Ausland anhängiges Verfahren fortzuführen. Siehe *Schack*, Int. Zivilverfahrensrecht, Rn. 747 ff.; *Geimer*, IZPR, Rn. 2685 ff.

[101] *Schack*, Int. Zivilverfahrensrecht, Rn. 231.

[102] *Bühring-Uhle*, Arbitration and Mediation, S. 20; *Geimer*, IZPR, Rn. 1073 ff.; Zur Anwendung des *forum non conveniens* im deutschen Recht, vgl. *Schack*, Int. Zivilverfahrensrecht, Rn. 499 ff.

Die Problematik einer konkurrierenden internationalen Zuständigkeit stellt sich jedoch nicht in dieser Form für die Staaten der EU und der EFTA-Länder. Hier sind durch die EuGVÜ und das Parallelübereinkommen von Lugano weitgehende Regelungen hinsichtlich der internationalen Zuständigkeit und der Vollstreckbarkeit von Gerichtsurteilen getroffen worden. Im Vertragsgebiet der EuGVÜ[103] gibt es etwa für den Patentinhaber die Möglichkeit, im Wege einer *Cross Boarder Injunction* gegen den Patentverletzer vorzugehen. Mit *Cross Boarder Injunction* werden im Patentrecht internationale Patentverletzungsverfahren bezeichnet, bei denen der Kläger im Inland die Verletzung eines oder mehrerer ausländischer Patente geltend macht.[104] So kann z.B. ein englischer Patentinhaber eines europäischen Patents, welches mit Wirkung für Deutschland, Frankreich und Italien erteilt wurde, Rechtsverletzungen durch den in Deutschland ansässigen Patentverletzer[105] vor einem deutschen Gericht geltend machen und zwar nicht nur in bezug auf die Patentverletzungen in Deutschland, sondern auch in bezug auf die Patentverletzungen in Frankreich und Italien.[106] Daraus, daß im Grundsatz europaweit der Wohnsitz des Verletzers als Gerichtsstand zulässig ist, folgen jedoch wiederum hinsichtlich des einstweiligen Rechtsschutzes zahlreiche prozessuale Probleme, die oft eine schnelle und praktikable Regelung von Auseinandersetzungen erschweren.[107] Außerdem ist auch hier der Kläger mit einer ihm fremden Verfahrensordnung konfrontiert, was mit zusätzlichen Kosten und Rechtsunsicherheit für ihn verbunden sein kann.

Während es bei Patentverletzungsprozessen unbestritten keinerlei Beschränkung der internationalen Zuständigkeit Deutschlands gibt, soweit Inlandsbeziehung und örtliche Zuständigkeit gegeben sind,[108] ist dies bei schutzrechtlichen Bestandsvernichtungsverfahren, die z.B. die Eintragung oder Erteilung von Patenten oder ihre Nichtigkeit oder Löschung zum Gegenstand haben, anders.

---

[103] Zu den Mitgliedsstaaten siehe *Rebel*, S. 227.

[104] *Osterrieth*, Patentrecht, Rn. 264 ff.; Busse/*Keukenschrijver*, PatG § 143 Rn. 21.

[105] Im Falle einer unerlaubten Handlung kann der Gerichtsort auch nach dem Ort, an dem der Schaden eingetreten ist oder nach dem Ort des ursächlichen Geschehens bestimmt werden (vgl. Art. 5 Nr. 3 EuGVÜ; § 32 ZPO). Dort kann aber nur die Verletzung des jeweiligen nationalen Patents geltend gemacht werden; *Osterrieth*, Patentrecht, Rn. 268.

[106] Vgl. *Geimer/Schütze*, Art. 2 EuGVÜ Rn. 5 ff.; *Osterrieth*, Patentrecht, Rn. 266; *Rebel*, S. 188 f.

[107] Vgl. *Meibom/Pitz*, Mitteilungen der deutschen Patentanwälte 1996, 181 ff.; *Raden*, GRUR 1998, 449; *Schack*, Int. Zivilverfahrensrecht, Rn. 412 ff. Siehe auch *Rebel*, S. 191 f.

[108] *Geimer*, IZPR, Rn. 994 ff.

Hier sind allein die Gerichte der Staaten zuständig, in denen das Patent erteilt wurde (vgl. Art. 16 Nr. 4 EuGVÜ).[109]

Zusammenfassend kann man sagen, daß es auf Grund der teils konkurrierenden Zuständigkeit bei Patentverletzungsverfahren und der ausschließlichen Zuständigkeit bei Bestandsvernichtungsverfahren sehr wahrscheinlich ist, daß die Parteien, die in einer internationalen Auseinandersetzung um gewerbliche Schutzrechte verstrickt sind, vor zehn bis zwanzig verschiedenen Gerichten landen.[110] Dies hängt damit zusammen, daß in aller Regel auf eine Patentverletzungsklage mit einer Nichtigkeitsklage bzw. Gegenklage reagiert wird.[111] In jedem Land sind die Parteien mit den Streitpunkten Rechtsverletzung, einstweiliger Rechtsschutz und Nichtigkeit des Schutzrechts konfrontiert. In manchen Ländern sind unterschiedliche Gerichte für die verschiedenen Streitpunkte zuständig, so daß man bei einer entsprechenden Anzahl von Ländern bald entsprechend viele Gerichtsverfahren anhängig hat.[112] Vorausgesetzt die Parteien einigen sich, können außergerichtliche Formen der Streitbeilegung gerade bei internationalen Auseinandersetzungen den Prozeß deutlich beschleunigen und sogar eine grenzüberschreitende Rechtssicherheit schaffen.[113]

(2) Prozeßführung

Ist ein Verfahren vor einem ausländischen Gericht anhängig, so kann dies für die Partei, die nicht ihren Hauptsitz in dem jeweiligen Staat hat, mit nicht unerheblichen Problemen und Nachteilen verbunden sein, die sich zunächst in zusätzlichen Kosten ausdrücken. Ist z.B. der Gerichtsstand in einem Staat, in dem nur der Kläger seinen Hauptsitz hat, muß vom Beklagten neben den eigenen Anwälten in der Regel noch ein Rechtsberater aus dem jeweiligen Staat bezahlt werden.[114] Weitere – unter Umständen nicht unerhebliche – Kosten

---

[109] *Osterrieth*, Patentrecht, Rn. 264. Andere dagegen betrachten die internationale Zuständigkeit des Schutzstaates nur als konkurrierende neben der des Wohnsitzstaates des Patentinhabers; vgl. *Weigel*, S. 141 ff.; *Kubis*, S. 216; *Geimer*, IZPR, Rn. 1003 ff.

[110] *Lutz*, in: WIPO Conference on rules for institutional arbitration and mediation, S. 134. Z.B. *Epilady* I-XII, siehe unten Fn. 128.

[111] Vgl. allgemein zum gewerblichen Rechtsschutz, *Nieder*, S. 10.

[112] Vgl. *Bühring-Uhle*, Arbitration and Mediation, S. 18 ff.

[113] *Raden*, GRUR 1998, 446.

[114] Da in vielen Ländern die Anwälte auf der Basis des konkreten Zeitaufwands abrechnen (Konzept der „*billable time*"), ist das Kostenrisiko im Vorfeld schwer zu überschauen. Bei durchschnittlichen Stundensätzen zwischen ca. 200-500 USD in den USA und Spitzensätzen von über 250 £ in London können erhebliche Mehrkosten entstehen; vgl. *Weinschenk*, RIW 1990, 437; *Schack*, Int. Zivilverfahrensrecht, Rn. 580b; *Rebel*, S. 257.

können auf Grund der Gerichtssprache durch die Übersetzung von Dokumenten[115] und durch die von der Partei, den Anwälten und event. Zeugen verursachten Reisekosten entstehen.

Bei der Prozeßführung machen sich jedoch weitere Unterschiede zwischen den nationalen Rechtsordnungen bemerkbar, die neben zusätzlichen Kosten auch mit Nachteilen hinsichtlich des Prozeßergebnisses verbunden sein können. Gerade die Feststellung von Tatsachen in Rechtsstreitigkeiten mit Auslandsberührung wirft zahlreiche kollisionsrechtliche Probleme auf. Es gilt im internationalen Zivilprozeßrecht der Grundsatz, daß das staatliche Gericht sein eigenes Verfahrensrecht, d.h. die *lex fori*, anwendet, auch wenn in der Sache nach den Regeln des internationalen Privatrechts ausländisches Recht anzuwenden ist.[116] Folglich erfaßt eine kollisionsrechtliche Verweisung nicht auch das Verfahren. Oftmals bereitet jedoch gerade die Grenzziehung zwischen dem vom IPR berufenen materiellen Recht und dem vermeintlich der *lex fori* unterliegendem Prozeßrecht Probleme.[117] So gibt es im Beweisrecht und anderen Bereichen vielfältige Verbindungen zum materiellen Recht.[118] Dies hängt damit zusammen, daß zahlreiche zivilprozessuale Regeln unmittelbar der Durchsetzung des (nationalen) materiellen Rechts dienen. Weil also alle prozessualen Vorschriften sich mehr oder weniger direkt auf das Ergebnis auswirken,[119] kann es für die ausländische Partei mit Nachteilen verbunden sein, wenn Regeln, die Einfluß auf die Sachentscheidung haben, vom Gericht den rein prozessualen Regeln zugeordnet werden.

Doch auch ohne zusätzliche kollisionsrechtliche Probleme ergeben sich im Beweisrecht zahlreiche Schwierigkeiten. Diese zeigen sich besonders in der unterschiedlichen Praxis der Länder des europäischen Kontinents und Lateinamerika, deren Rechtssysteme auf dem römischen Recht (Corpus Juris Civilis) beruhen und den sog. *Common Law* Ländern, also den anglo-amerikanischen Rechtssystemen. Vor allem die Unterschiede zwischen Europa und den USA

---

[115] Vgl. für das deutsche Recht z.B. §§ 142 III, 144 I ZPO; § 185 GVG. Zu weiteren Probleme, die sich unmittelbar aus einer fremden Gerichtssprache ergeben, siehe *Schack*, Int. Zivilverfahrensrecht, Rn. 572 ff.

[116] Für Deutschland vgl. BGH WM 1977, 793, 794; NJW 1985, 552, 553. Allgemein zum *lex-fori*-Prinzip, siehe *Schack*, Int. Zivilverfahrensrecht, Rn. 40 ff.; *Geimer*, IZPR, Rn. 319 ff.

[117] *Schack*, Int. Zivilverfahrensrecht, Rn. 40 f.

[118] So werden z.B. die Klagbarkeit eines Anspruchs, die Verjährung, die Aufrechnung, die Beweislast und die Auskunfts- und Rechnungslegungsansprüche dem materiellen Recht zugeordnet; vgl. Zöller/*Geimer*, IZPR Rn. 1-35a; *Schack*, Int. Zivilverfahrensrecht, Rn. 48.

[119] *Schack*, Int. Zivilverfahrensrecht, Rn. 656.

gaben in den letzten Jahrzehnten immer wieder Anlaß für Konflikte zwischen den Justizsystemen.[120] Gründe hierfür liegen vor allem in der großzügigen extraterritorialen Anwendung von materiellem Recht durch die USA, so z.B. beim Kartell- und Produkthaftungsrecht. Zudem wird durch die Europäer das streitfördernde Prozeßrecht der USA beklagt, bei dem der Kläger durch die Möglichkeit, Erfolgshonorare zu vereinbaren, ein relativ geringes Kostenrisiko trägt und hohe Schadensersatzbeträge möglich sind. Europäischen Firmen bereitet jedoch vor allem die amerikanische *pretrial discovery* Probleme, bei dem etwa die Beantwortung von umfangreichen mündlichen und schriftlichen Fragebögen verlangt werden kann und sehr viele Dokumente vorgelegt werden müssen. Verletzen die Parteien oder Dritte ihre Mitwirkungspflichten bei der *discovery*, drohen ihnen oft drakonische Strafen. Die sehr zeitraubende und teure *discovery* steht somit im starken Gegensatz zum europäischen Recht, in dem es einen vergleichsweise starken Schutz von Geschäftsgeheimnissen gibt.[121] Diese und andere Umstände führen dazu, daß der Beklagte oft lieber einen für ihn ungünstigen Vergleich akzeptiert, als das Verfahren vor Gericht durchzufechten.[122]

(3) Materielles Recht

Soweit keine vertraglichen Vereinbarungen über das anzuwendende materielle Recht getroffen wurden, muß das zuständige Gericht entscheiden, welches nationale Recht jeweils Anwendung finden soll. Dies birgt für die Parteien zusätzliche Rechtsunsicherheit in sich. Stellt etwa das Gericht fest, daß ausländisches Recht anzuwenden ist, kann dies mit weiteren Kosten und Zeitverlust verbunden sein, weil unter Umständen erst Gesetze und Gerichtsentscheidungen übersetzt und Sachverständige befragt werden müssen.[123] Und selbst dann ist es fraglich, ob das Gericht immer das benötigte Hintergrundwissen von der fremden Rechtsordnung hat, um eine korrekte Entscheidung in der Sache treffen zu können.[124]

---

[120] Zum Justizkonflikt zwischen USA und Europa vgl. *Schack*, Int. Zivilverfahrensrecht, Rn. 734 ff. Zu den Unterschieden zwischen *civil-* und *common-law*-Ländern, siehe ***Bühring-Uhle***, Arbitration and Mediation, S. 23 ff.

[121] Vgl. die Unterschiede bei den Zeugnisverweigerungsrechten und Ausforschungsverboten (vgl. § 384 Nr. 3 ZPO); *Stadler*, Schutz des Unternehmensgeheimnisses, S. 157 f. 367 ff.

[122] *Schack*, Int. Zivilverfahrensrecht, Rn. 735.

[123] Siehe § 293 ZPO.

[124] Vgl. *Schack*, Int. Zivilverfahrensrecht, Rn. 629 ff.; ***Bühring-Uhle***, Arbitration and Mediation, S. 34.

Ein fundamentales Problem besteht bei internationalen rechtlichen Auseinandersetzungen um gewerbliche Schutzrechte in den unterschiedlichen Konzepten, die es in verschiedenen Ländern zum geistigen Eigentum gibt.[125] Neben den unterschiedlichen rechtlichen Konzepten kann man auch eine unterschiedliche Wertigkeit des geistigen Eigentums in verschiedenen Ländern feststellen.[126] So sind zum Beispiel Volkswirtschaften - wie die von Japan - in einem viel stärkeren Maße vom technischen Fortschritt abhängig, als dies in anderen Ländern der Fall ist. Folglich genießt das geistige Eigentum auch einen stärkeren Schutz als in weniger industrialisierten Staaten.[127] Ein einheitlicher Mindestschutz wurde hier allerdings durch das TRIPS-Abkommen erreicht. Doch trotz Angleichung des nationalen Rechts kann selbst innerhalb der EU bei der Auslegung, Ermittlung und Bestimmung des Schutzbereichs eines europäischen Patents der gleiche Sachverhalt unter einem gleichlautenden Schutzrecht in den einzelnen Ländern zu unterschiedlichen Ergebnissen führen.[128]

(4) Anerkennung und Vollstreckung ausländischer Entscheidungen

Wurde ein günstiges Gerichtsurteil erwirkt, stellt sich immer noch das Problem der internationalen Anerkennung und Vollstreckbarkeit ausländischer Gerichtsentscheidungen. Im Grunde haben Gerichtsentscheidungen keine über die Grenzen des jeweiligen Landes hinausgehende Wirkung. Doch sehen zahlreiche Staatsverträge die gegenseitige Anerkennung gerichtlicher Entscheidungen vor. Die wohl wichtigsten Staatsverträge sind auch hier das EuGVÜ und das Parallelübereinkommen von Lugano.[129] Sie stellen die am weitesten fortgeschrittene Stufe internationaler Urteilsanerkennung dar, weil sie ein ungewöhnlich

---

[125] Vgl. *Däbritz*, Patente, Rn. 116 ff. Vgl. auch die Übersicht über das materielle und formelle Recht in zweiundfünfzig verschiedenen Ländern und Organisationen bei *Schade*, Patent-Tabelle, S. 1 ff.

[126] *Mills*, Ohio State Journal on Dispute Resolution 11 (1996), 229.

[127] Hier kann exemplarisch Indien genannt werden; *Mills*, Ohio State Journal on Dispute Resolution 11 (1996), 229.

[128] Vgl. *Brändle*, GRUR 1998, 854 ff.; *Grabinski*, GRUR 1998, 857 ff.; *Brinkhof*, GRUR 2001, 601. Siehe die Entscheidungen zu *Epilady*, GRUR Int. 1990, 471 (Deutschland), 474 (Großbritannien), 477 (Hongkong), 478 (Niederlande); GRUR Int. 1992, 53 (Österreich), 66 (Schweiz), 385 (Belgien); GRUR Int. 1993, 242 (Deutschland), 245 (Großbritannien), 248 (Hongkong), 249 (Italien), 252 (Niederlande).

[129] Zu beachten ist der Wechsel der Rechtsform der EuGVÜ als Übereinkommen zwischen den EU-Staaten in eine EG-Verordnung (EuGVO); siehe *Kropholler*, Europ. Zivilprozeßrecht, Einl. Rn. 15.

hohes Maß an gegenseitigem Vertrauen in die Rechtsprechung der Vertragsstaaten zum Ausdruck bringen.[130]

Im Verhältnis zu vielen anderen Staaten besteht dieses Vertrauen dagegen nicht. Bei der Anerkennung und – damit zusammenhängend – der Vollstreckbarkeit eines ausländischen Gerichtsurteils außerhalb von Europa zeigen sich deshalb unter Umständen erhebliche Schwierigkeiten.[131] So sind etwa die Vereinigten Staaten und andere wichtige Länder nicht Vertragsparteien internationaler Konventionen über die Anerkennung und Vollstreckbarkeit von Gerichtsurteilen anderer Staaten.[132] Die USA stehen hier insgesamt dem Abschluß von Anerkennungs- und Vollstreckungsverträgen reserviert gegenüber, weil dort die Einzelstaaten ihr eigenes Prozeßrecht haben und der Bund den Konflikt mit diesen scheut. Ob also deutsche Urteile in den USA anerkannt werden, hängt im wesentlichen vom Recht des jeweiligen Bundesstaates ab.[133] Auch im Verhältnis zu anderen Staaten wird es stark vom Einzelfall abhängen, ob eine Anerkennung eines Urteils erreicht werden kann, da es neben dem Bestehen von bilateralen Staatsverträgen von einer Reihe weiterer Faktoren abhängt, ob eine Anerkennung erfolgt.[134] Unter Umständen ist also ein mühsam errungenes Urteil außerhalb des Gerichtsstandes wenig wert.

(5) Zusammenfassung

Wie soeben dargestellt, zeigen sich erhebliche Probleme bei der Durchsetzung von Recht bei internationalen Auseinandersetzungen. Deshalb ist gerade hier der Bedarf nach alternativen Streitbeilegungsformen auf Grund der Risiken, Kosten und der Dauer gerichtlicher Verfahren besonders groß.[135] Angespornt von der steigenden Unzufriedenheit mit den inländischen Gerichtsverfahren haben amerikanische Rechts- und Wirtschaftsvereinigungen sich mit großem Einsatz auf die Suche nach Alternativen im internationalen Bereich gemacht.[136] Daß traditionelle Gerichtsverfahren oftmals nicht mehr ohne weiteres geeignet sind, internationale Auseinandersetzungen um gewerbliche Schutzrechte effektiv beizulegen, hat auch dazu geführt, daß in den letzten Jahren vermehrt Schieds-

---

[130] *Schack*, Int. Zivilverfahrensrecht, Rn. 798.

[131] *Bühring-Uhle*, Arbitration and Mediation, S. 34 ff.

[132] *Horn*, in: FS Sandrock, S. 387.

[133] Vgl. *Schack*, ZeuP 1993, 312; *Schack*, Int. Zivilverfahrensrecht, Rn. 906.

[134] Vgl. *Schack*, Int. Zivilverfahrensrecht, Rn. 810 ff.

[135] *Eidenmüller*, in: Breidenbach, Konsensuale Streitbeilegung, S. 87; *Hager*, Konflikt und Konsens, S. 55 f.

[136] *Fischer/Junker*, Journal of International Arbitration 1988, 27 f.

und Mediationsverfahren in den multilateralen Vereinbarungen berücksichtigt wurden.[137]

II. Praktische Bedeutung der außergerichtlichen Streitbeilegung bei Patentstreitigkeiten

Der vertrauliche Charakter der meisten außergerichtlichen Verfahren bedingt, daß es nur wenig repräsentatives Zahlenmaterial darüber gibt, welchen Stellenwert diese Verfahren in der Praxis haben.[138] Darstellungen in der Literatur – soweit sie nicht auf empirischen Untersuchungen beruhen – sind von ihrer Aussagekraft oftmals fragwürdig. Sie hinterlassen den Eindruck, als ob manche Autoren Geschäftsförderung in eigener Sache betreiben, indem sie einen Bedarf behaupten, der real nicht vorhanden ist.[139] Es gibt jedoch für Patentstreitigkeiten in Deutschland spezifische Verfahren der außergerichtlichen Streitbeilegung, die sich hinsichtlich ihres Stellenwerts genauer beurteilen lassen, weil sie an eine staatliche Behörde oder eine Körperschaft des öffentlichen Rechts angebunden sind. Diese sollen, nachdem die allgemeine Bedeutung der außergerichtlichen Streitbeilegung bei Patentstreitigkeiten untersucht wurde, gesondert dargestellt werden.

1. Allgemeine Verfahren der außergerichtlichen Streitbeilegung

Die Frage, welche Bedeutung die außergerichtliche Streitbeilegung bei Patentrechtsstreitigkeiten hat, ist nicht ohne weiteres zu beantworten. Helfen kann zunächst eine Betrachtung der derzeitigen Situation der außergerichtlichen Konfliktregelung in Deutschland, ohne dabei speziell Patentrechtsstreitigkeiten zu berücksichtigen. Hierfür ist zunächst zu präzisieren, was unter außergerichtlicher Streitbeilegung zu verstehen ist. Die Diskussion, die man in Deutschland als Alternativendiskussion der Rechtssoziologie kennt, ist stark durch die Entwicklungen in den USA beeinflußt. Dort gibt es seit nunmehr mehreren Jahrzehnten eine „Bewegung",[140] die in Deutschland unter der Bezeichnung *Alternative Dispute Resolution* bzw. der Abkürzung *ADR* bekannt geworden

---

[137] *Mills*, Ohio State Journal on Dispute Resolution 11 (1996), 227.

[138] Vgl. *Stumpf*, in: FS Büllow, S. 217.

[139] *Rehbinder*, Rechtssoziologie, Rn. 156; bezüglich der nationalen Schiedsgerichtsbarkeit.

[140] Siehe *Mitchard*, in: Martindale-Hubbell 1998, S. 3; *Gottwald*, in: Gottwald, AKR-Handbuch, 4.1., S. 1; *Zimmer*, S. 142 f.; *Pruitt/Kressel*, Journal of Social Issues 1985, Vol. 41, No. 2, 2.

ist.[141] Stellenweise wird angemerkt, daß durch die Verwendung dieser Begrifflichkeit suggeriert wird, daß der Weg vor die staatlichen Gerichte den Normalfall darstellen würde. Deshalb sprechen manche von angemessener Streitbeilegung bzw. *Appropriate Dispute Resolution.*[142] Zu den Grundsäulen von *ADR* gehören *Arbitration* (Schiedsgerichtsbarkeit), *Negotiation* (Verhandlung) und *Mediation* (Vermittlung[143]).[144] Wenn es um die Bedeutung von außergerichtlicher Streitbeilegung geht, bilden diese drei Säulen von *ADR* zunächst den Ausgangspunkt. Ohne auf statistisches Material oder sonstige Belege zurückgreifen zu müssen, kann man behaupten, daß die Verhandlung nach allgemeinem Verständnis die wichtigste Form der Streitbeilegung darstellt. Sie begegnet uns täglich, entzieht sich jedoch auf Grund ihrer Informalität und der Tatsache, daß meist keine dritten Parteien beteiligt sind, einer brauchbaren Erhebung.[145] Daher sollen die formelleren Verfahren von *ADR* – also Mediation und Schiedsgerichtsbarkeit – im Vordergrund der Betrachtung stehen. Doch auch bei den formellen Verfahren ist es kein einfaches Unterfangen, diese hinsichtlich ihrer Bedeutung einzuordnen. Orientiert man sich an der Anzahl deutschsprachiger Publikationen, die zum Thema der außergerichtlichen Streitbeilegung in den letzten Jahren veröffentlicht wurden, kann man den Eindruck gewinnen, daß außergerichtliche Streitbeilegungsverfahren bereits jetzt in der Praxis von großer Relevanz sind. Bei genauerer Sichtung der deutschsprachigen Literatur stellt man jedoch fest, daß Berichte über empirische Untersuchungen und praktische Erfahrungsberichte bisher noch einen sehr kleinen Teil der Veröffentlichungen darstellen. Laut einer Untersuchung, die im Auftrag des Bundesministeriums der Justiz erfolgte,[146] handelt es sich bei einem großen Teil der Publikationen im Bereich der außergerichtlichen Streitbeilegung um sog. „Meinungsliteratur". *ADR* stößt letztlich nicht nur in Deutschland noch immer auf Skepsis und Ablehnung, so daß man trotz der Fülle an Literatur, Vorträgen und Trainingsangeboten davon ausgehen muß, daß mehr von *ADR* gesprochen wird, als solche

---

[141] In Anlehnung an die Abkürzung *ADR* wird in Deutschland Teils die Abkürzung AKR für „Außergerichtliche Konfliktregelung" verwendet, wobei die amerikanische Abkürzung die Gängigere von beiden ist; vgl. *Gottwald*, AKR-Handbuch.

[142] Vgl. *Duve*, Mediation, S. 70 f.

[143] Auf die Problematik hinsichtlich einer Übersetzung von *mediation* als Vermittlung ist später einzugehen; siehe unten S. 70 ff.

[144] *Haft*, in: FS Söllner, S. 391; *Seelmann*, Rechtsphilosophie, S. 24.

[145] Siehe unten S. 52 f.

[146] Siehe PROGNOS-Studie von *Blankenburg*, Sekundäranalyse, S. 5.

Verfahren tatsächlich praktiziert werden.[147] Insgesamt spielt *ADR* in Deutschland derzeit eine untergeordnete Rolle.

Weitet man den Blick über die nationalen Grenzen hinaus, so zeigt sich ein etwas anderes Bild als in Deutschland. Vergleicht man etwa die Entwicklung in den USA, stellt man fest, daß auch dort bis vor sieben Jahren nur vereinzelt Gerichte solche Verfahren angeboten haben. Derzeit sind es aber bereits über die Hälfte der 94 Bundesgerichte, die die Durchführung der Mediation anbieten oder sogar vorschreiben.[148] Umfragen unter Anwälten[149] belegen, daß Mediationsverfahren in den USA in den vergangenen Jahren gegenüber Gerichtsverfahren und gegenüber anderen *ADR*-Formen – z.B. dem Schiedsverfahren – an Akzeptanz und Beliebtheit erheblich zugenommen haben. So ergab etwa in den USA die Befragung von 1000 führenden Unternehmen im Rahmen einer Studie, daß 90 % der Unternehmen die Mediation als kostensparende Alternative schätzen, und daß 88 % sie auch in den letzten drei Jahren genutzt haben.[150] Außerdem haben in den USA 4000 Unternehmen die Absichtserklärung des *Center for Public Resources* (*CPR*)[151] unterschrieben, wonach sie sich verpflichten, zunächst den Weg der außergerichtlichen Streitbeilegung zu gehen. Gleichzeitig haben 1500 Kanzleien und Sozietäten eine entsprechende Vereinbarung für *law firms* unterschrieben. Von einigen Berufsverbänden ist bekannt, daß sie ihren Mitgliedern empfehlen, sich mit den Verfahren der außergerichtlichen Streitbeilegung vertraut zu machen und bestimmte Industrien entwickeln bereits gemeinsame Vorgehensweisen, um Streitigkeiten vor Gericht rechtzeitig zu lösen.[152]

Neben den USA gibt es weitere Staaten, in denen *ADR* bereits jetzt eine wichtige Rolle im System der Streitbeilegung spielt. Zu nennen sind hier etwa Kanada, Argentinien[153], Australien und Neuseeland, wo Mediation teils durch

---

[147] *Mitchard* in: Martindale-Hubbell 1998, S. 4.

[148] *Duve*, Mediation, S. 80 f. Zur Entwicklung in den USA siehe auch *Shailor*, S. 2 ff.

[149] Umfrage der Wirtschaftsprüfungsgesellschaft *Deloitte&Touche* im Jahre 1993 und 1996 sowie der *American Bar Association*; vgl. *Duve*, Mediation, S. 80.

[150] *Hay*, in: Breidenbach, Konsensuale Streitbeilegung, S. 104 Fn. 11.

[151] Zur Tätigkeit von *CPR* siehe *Zimmer*, S. 132.

[152] *Plant*, Intellectual Property Disputes, S. 79.

[153] In Argentinien wurde im April 1996 Mediation als obligatorisches Verfahren vor nahezu jedem Zivilrechtsverfahren und folglich auch für die meisten Streitigkeiten aus dem Bereich des gewerblichen Rechtsschutzes eingeführt. Es wurden jedoch räumliche und zeitliche Grenzen gesteckt. Zwar wurde in einem Dekret die Entwicklung und Förderung der Mediation als Methode der Konfliktlösung zum nationalen Interesse erklärt. Auf Grund der

die Gerichte vorgeschlagen bzw. vorgeschrieben (*court-annexed mediation*) wird, sowie beispielsweise China, Japan und Korea, wo es jeweils ein ausgeprägtes Schlichtungssystem gibt.[154]

Auch für den Bereich der internationalen Handelsstreitigkeiten wird davon ausgegangen, daß die Mediation bereits heute eine beachtliche Bedeutung hat,[155] was auf die Kosten, Dauer und Risiken, die mit gerichtlichen Verfahren in diesen Fällen verbunden sind, zurückgeführt wird. Durch die rasante Entwicklung im Bereich des weltumspannenden elektronischen Geschäftsverkehrs gehen die Einschätzung dahin, daß die Zahl der Mediationsfälle weiter steigen wird. Trotz dieser optimistischen Einschätzung finden wir bei internationalen Handelsauseinandersetzungen teils ernüchternde Belege hinsichtlich der Bedeutung von *ADR* in diesem Bereich. So hatte die Internationale Handelskammer (*ICC*) in den Jahren 1988 bis 1993 lediglich 54 konkrete Anfragen bzgl. der Durchführung eines Schlichtungsverfahrens. Dabei wurde in nur 16 Fällen der Verfahrensvorschlag überhaupt von der Gegenseite angenommen.[156] Berichte anderer Organisationen bestätigen teilweise dieses Bild.[157]

Bezogen auf die allgemeine Bedeutung von *ADR* zeigt sich somit ein heterogenes Bild. Wir können in einigen Staaten eine wachsende Bedeutung von außergerichtlichen Verfahren oder sogar eine Etablierung derselben feststellen. Dagegen ist in Deutschland zwar ein deutlich steigendes Interesse an allen Formen der außergerichtlichen Streitbeilegung zu verzeichnen, es fehlt jedoch an konkreter Erfahrung und es bestehen noch teils große Vorbehalte. Die Rolle, die Schlichtung oder Mediation in einem Land einnimmt, kann dabei in Verbindung mit dem richterlichen Selbstverständnis, das in einem Land

---

fehlenden Gesetzgebungskompetenz konnte jedoch die Mediation nur im Gerichtsbezirk der *Capital Federal* als Zulässigkeitsvoraussetzung für eine nachfolgende Klageerhebung in zivilrechtlichen Streitigkeiten festgeschrieben werden. Es leben in der *Capital Federal* – der Stadt Buenos Aires – jedoch allein 10 % der argentinischen Bevölkerung und mehr als 60 % des Bruttoinlandproduktes werden dort erarbeitet. Die zeitliche Wirkung des Gesetzes wurde auf fünf Jahre beschränkt; *Sievers*, S. 49 f., 55, 83 f.

[154] *Mitchard* in: Martindale-Hubbell 1998, S. 4; *Krapp*, in: Gottwald/Strempel, S. 45 ff., S. 77 ff., S. 85 ff.; *Alexander*, Wirtschaftsmediation, S. 99 ff.; *Schütze*, ZVglRWiss 97 (1998), 118 ff.

[155] *Eidenmüller*, in: Breidenbach, Konsensuale Streitbeilegung, S. 87. Auch *Mitchard*, in: Martindale-Hubbell 1998, S. 3, geht davon aus, daß Mediation die gängigste Form von *ADR* ist.

[156] *Bühring-Uhle*, Arbitration and Mediation, S. 345 f.

[157] Siehe hierzu *Herrmann*, in: ICCA Congress series no. 1, S. 149 f.

vorherrscht, gebracht werden. Es zeigt sich, daß in den Ländern, in denen der Richter eine vergleichsweise passive Rolle im Prozeß einnimmt, die Bereitschaft bisher am größten ist, auf die Dienste eines Dritten bei der Vermittlung zwischen den Parteien zurückzugreifen.[158] Es bleibt jedoch zu bezweifeln, ob in den kommenden Jahren weiterhin ein solcher Zusammenhang hergestellt werden kann oder ob es sich lediglich um einen von vielen Umständen handelt, der die Entwicklung in bestimmten Ländern zeitlich begünstigt hat.

Betrachtet man den Bereich des Patentrechts, so verändert sich das Bild in gewisser Hinsicht. Hier kann man zwar zur Grundannahme gelangen, daß die weitaus überwiegende Zahl an Streitfällen in dem einem Patentanwalt zugewiesenen Bereich des gewerblichen Rechtsschutzes traditionell eine außergerichtliche Einigung erfährt.[159] Dies läßt jedoch noch keine Aussage über die Form und das Verfahren der Streitbeilegung zu. Die meisten Einigungen werden hier wohl durch bilaterale Verhandlungen erreicht. Im Gegensatz zu den USA begegnet man aber in Deutschland eher Vorbehalten gegenüber anderen Alternativen zur gerichtlichen Streitbeilegung. Die Erfahrungen beschränken sich jedoch meist ausschließlich auf die Schiedsgerichtsbarkeit. Die wird dann bei Patentstreitigkeiten häufig nur im Zusammenhang mit Lizenzverträgen mit Auslandsberührung berücksichtigt.[160] Entwicklungen in anderen Ländern hinsichtlich der außergerichtlichen Streitbeilegung und hier speziell der Mediation[161] werden

---

[158] *Stürner*, in: Breidenbach, Konsensuale Streitbeilegung, S. 11 ff.

[159] So *König*, Mitteilungen der deutschen Patentanwälte 1999, 359. Diese Annahme wird durch eine ältere Vollerhebung in der Bundesrepublik Deutschland, Großbritannien, Frankreich und Italien für den Zeitraum 1972-1974 gestützt. Sie ergab, daß bei mindestens 77 % der Patentstreitigkeiten und 82 % der Gebrauchsmustersachen die Klagerücknahme auf einem außerordentlichen Vergleich beruhte. Insgesamt ist die Klagerücknahme mit 41 % der Patentstreitsachen und 47 % der Gebrauchsmusterstreitigkeiten die häufigste Beendigungsform bei Verletzungsprozessen. Daraus ergibt sich, daß der außergerichtliche Vergleich mit ca. 28 % einen hohen Anteil bei der Streitbeendigung bildet. Rechnet man die gerichtlichen Vergleiche hinzu, so endeten 40 % der Patent- und Gebrauchsmustersachen durch Vereinbarung der Parteien; siehe *Stauder*, S. 26 ff. Vgl. für die USA *Quinn*, Marquette Intellectual Property Law Review 3 (1999), 85 f. Siehe auch oben Fn. 57.

[160] *Schäfer*, Mitteilungen der deutschen Patentanwälte 2001, 109; *Wittenzellner*, Mitteilungen der deutschen Patentanwälte 1995, 148. Dies wird indirekt durch eine Untersuchung der *ICC* bestätigt, vgl. *Werner*, Journal of World Intellectual Property 1998, Vol. 1 No. 5, 848 f.

[161] Z.B. Einrichtung des Zentrums für außergerichtliche Schlichtung von Streitigkeiten im gewerblichen Rechtsschutz durch die japanische Patentanwaltsvereinigung, siehe Aktuelle Informationen, GRUR Int. 1997, 483; Absichtserklärung der US-amerikanischen Industrie, sich zunächst auf dem Wege der außergerichtlichen Streitbeilegung zu bemühen, siehe Fn. 152.

aber langfristig auch in Deutschland ihre Wirkung zeigen.[162] Dies dürfte besonders bei Patentstreitigkeiten zutreffen, da hier ein Auslandsbezug eher die Regel als die Ausnahme darstellt.[163] Immer häufiger finden sich daher in Verträgen zwischen deutschen und US-amerikanischen Unternehmen sog. Mediationsklauseln, was langfristig auch in Deutschland zu einer größeren Akzeptanz dieses Verfahrens führen dürfte.

Es gibt eine Reihe von Zahlen, die Hinweise auf die Bedeutung von *ADR* speziell für Streitigkeiten um den Schutz von geistigem Eigentum[164] geben können:

- Laut Informationen des *WIPO Arbitration and Mediation Centers*[165] wurden seit der Gründung dieser Einrichtung 1994 lediglich zwei Fälle im Wege eines *WIPO*-Schiedsverfahrens und zwei Fälle im Wege der Mediation unter den Regeln der *WIPO* durchgeführt.[166] Mediations- und Schiedsverfahren bedürfen allerdings nicht zwingend der Hilfe eines institutionellen Anbieters wie der *WIPO*, so daß diese Fälle in keiner Statistik auftauchen. Die Zahlen des *WIPO Arbitration and Mediation Centers* zeigen jedoch, daß sich die Erwartungen, die man bei der Neugründung dieses Zentrums hinsichtlich des Bedarfs an außergerichtlicher Streitbeilegungshilfe hatte, nicht erfüllt haben können.[167]

---

[162] *Plant*, Intellectual Property Disputes, S. 79.

[163] *Chrocziel/v. Samson-Himmelstjerna*, in: Schlieffen/Haft, § 43 Rn. 12.

[164] Dies heißt, daß nicht nur Patentrechte, sondern z.B. auch Urheberrechte den Streitgegenstand dargestellt haben könnten. Zahlen speziell für Patenstreitigkeiten existieren – soweit ersichtlich – nicht.

[165] Telefonische Auskunft vom 30.5.2001.

[166] Anzumerken ist, daß sich alle vier Verfahren erst in den letzten 1 1/2 Jahren ereignet haben, wobei die beiden Schiedsgerichtsverfahren noch nicht, die beiden Mediationsverfahren jedoch erfolgreich beendet werden konnten. Vgl. auch *Mills*, Ohio State Journal on Dispute Resolution 11 (1996), 236, wonach in den ersten Monaten keine Verfahren bei der *WIPO* durchgeführt wurden.

[167] Vgl. *Werner*, Journal of World Intellectual Property 1998, Vol. 1 No. 5, 842. Anders ist dies bei dem von dem *WIPO Arbitration and Mediation Center* angebotenen Verfahren zur Lösung von Streitigkeiten bei Domain-Namen. Hier sind bereits über 1800 Verfahren durchgeführt worden, bei denen es um über 3000 Domain-Namen ging. Es handelt sich aber hierbei um ein außergerichtliches Verfahren, das nur wenig mit den typischen Formen der außergerichtlichen Streitbeilegung wie Verhandlung, Mediation und Schiedsgericht gemein hat.

- Eine Anfrage bei der *American Arbitration Association* (*AAA*), die wohl weltweit einer der größten Anbieter außergerichtlicher Streitbeilegung ist,[168] ergab, daß im Jahre 2000 von den insgesamt 198 491 Fällen, die durch die *AAA* betreut wurden, 164 Fälle dem Bereich *intellectual property* zugeordnet werden können. Das sind somit 0,1 % der Fälle. Für den Zeitraum 1995 bis 1999 liegt der Anteil dieser Fälle zwischen 0,2 % und 0,4 %.[169]

- Eine Arbeitsgruppe der Internationalen Handelskammer (*ICC*) in Paris hat Mitte der 90er Jahre für das Schiedsgericht der *ICC* die Fälle im Bereich des geistigen Eigentums von 1990 bis 1995 systematisch untersucht.[170] Danach enthielten 1990 bis 1995 11,7 % aller Schiedsfälle, die bei der *ICC* eingereicht wurden, einen signifikanten Aspekt geistigen Eigentums.[171] Es handelte sich um insgesamt 199 Fälle aus dem Bereich des gewerblichen Rechtsschutzes, bei denen fünfzig verschiedene Nationalitäten und mindestens 420 Parteien involviert waren. Bei den Streitigkeiten handelte es sich dabei im ganz überwiegenden Maße um Auseinandersetzungen aus Lizenzverträgen. In den Folgejahren 1996 und 1997 stieg der Anteil auf 14,5 % bzw. 17,3 % der Fälle.[172]

- *JAMS/Endispute*, einer der großen Anbieter von Schieds- und Mediationsverfahren in den USA,[173] hilft jährlich, 20 000 Fälle zu lösen. Von den dabei eingesetzten 360 Schiedsrichtern und Mediatoren sind viele auf Angelegenheiten aus dem Bereich des geistigen Eigentums spezia-

---

168 Siehe *Ochmann*, GRUR 1993, 255; *Schwab/Walter*, S. 424.

169 Im Jahre 1993 bildeten die Fälle aus dem Bereich des geistigen Eigentums einen Anteil von 0,3 % (139 von insgesamt 50 000 Fällen); siehe *Wittenzellner*, Mitteilungen der deutschen Patentanwälte 1995, 148.

170 Siehe *Report of the ICC Commission on International Arbitration*, abgedruckt bei *Werner*, Journal of World Intellectual Property 1998, Vol. 1 No. 5, 844 ff.

171 *Werner*, Journal of World Intellectual Property 1998, Vol. 1 No. 5, 842, geht davon aus, daß es sich hierbei um eine konservative Beurteilung handelt, weil schutzrechtliche Bezüge zwischenzeitlich in einem viel breiteren Segment an Auseinandersetzungen zu finden seien.

172 Siehe *Report of the ICC Commission on International Arbitration* abgedruckt bei *Werner*, Journal of World Intellectual Property 1998, Vol. 1 No. 5, 844 ff.

173 Vgl. *Zimmer*, S. 131.

lisiert.[174] Über die konkrete Anzahl der Patentfälle gibt es allerdings keine Angaben.[175]

- Eine Umfrage von *Quinn*[176], die im Zeitraum November 1997 bis März 1998 bei über einhundert Patentanwälten in den USA durchgeführt wurde, und der Vergleich zu zwei weiteren Untersuchungen aus den Jahren 1981 und 1991,[177] ergaben, daß von 1981 bis 1998 das Interesse an *ADR* bei den Patentanwälten deutlich zugenommen hat. Immer mehr Anwälte wenden sich den *ADR*-Verfahren – und hier besonders der Mediation – zu. *Quinn* stellt dabei fest, daß *ADR* in den USA eine große Rolle bei Streitsachen im Patentrecht spielt und von größerer Bedeutung ist, als dies allgemein bei Zivilstreitigkeiten der Fall ist. 55 % der befragten Patentanwälte gaben an, daß sie bereits Erfahrungen mit formalisierten *ADR*-Verfahren hatten. Dabei gaben von diesen 55 % wiederum 87 % an, daß sie bereits mit Mediation, und 70 %, daß sie mit Schiedsgerichtsverfahren Erfahrungen gesammelt haben. Nach ihrer persönlichen Erfahrung gefragt, gaben ca. 70 % an, daß ihrer Meinung nach große wie kleine Unternehmen[178] in nicht mehr als 30 % ihrer Patentfälle von Mediation bzw. Schiedsgerichtsbarkeit Gebrauch machen. Leider ist dem Beitrag von *Quinn* nicht zu entnehmen, ob die verbleibenden 30 % der Befragten eine optimistischere oder pessimistischere Einschätzung hatten.

Auch für Patentrechtsstreitigkeiten bietet sich somit kein homogenes Bild, was den Gebrauch von formellen *ADR*-Verfahren wie Mediation und Schiedsgerichtsbarkeit angeht. Die Zahlen der institutionellen Anbieter von außergerichtlicher Streitbeilegung zeigen lediglich, daß die Schiedsgerichtsbarkeit in bestimmten Fällen – hier sind Lizenzstreitigkeiten zu nennen – von gewisser Relevanz ist. Ingesamt handelt es sich jedoch um eine geringe Zahl an Fällen, die vor den entsprechenden Schiedsinstitutionen landen.[179] Hinsichtlich der Mediation liegen als einzige verwertbare Angaben die Zahlen der Untersuchung von *Quinn* vor, die zumindest für die USA zu einer positiven Beurteilung der

---

[174] *Goldstein/Wilde*, 1999 Greater New York Metro Edition, S. 57.

[175] Folgt man der Annahme, daß ein großes Angebot u.U. eine größere Nachfrage erzeugt, kann dies dennoch nur ein Indiz für die Bedeutung von *ADR* in diesem Bereich sein.

[176] *Quinn*, Marquette Intellectual Property Law Review 3 (1999), 77 ff.

[177] Siehe bei *Quinn*, Marquette Intellectual Property Law Review 3 (1999), 79 f.

[178] Nach dem Fragebogen handelte es sich ab 500 Angestellten um ein großes Unternehmen.

[179] *Wittenzellner*, Mitteilungen der deutschen Patentanwälte 1995, 148.

Stellung und Perspektive der Mediation im Bereich des Patentrechts führen. Diese ist insofern für Deutschland von Bedeutung, als Entwicklungen auf dem größten Markt der Welt sich langfristig auf europäische Entwicklungen auswirken. Soweit man also die Situation in den USA zugrundelegt, ist in Europa mit einer wachsenden Bedeutung von alternativen Verfahren zu rechnen.[180] Derzeit gibt es sowohl in Deutschland als auch in den USA, wo es etwa ausdrückliche gesetzliche Regelungen zur Patentschiedsgerichtsbarkeit[181] gibt, Bestrebungen, die alternative Streiterledigung in diesem Bereich zu fördern.[182] Es gibt aber für den Bereich des Patentrechts neben privaten Schieds- und Mediationsverfahren weitere Möglichkeiten zur außergerichtlichen Streitbeilegung, auf die im folgenden kurz eingegangen werden soll.

2. Spezielle Verfahren der außergerichtlichen Streitbeilegung bei Patentsachen[183]

In Deutschland existieren für Patentrechtsstreitigkeiten teils staatliche Stellen, die eine außergerichtliche Einigung herbeiführen sollen. Neben der Schiedsstelle für Arbeitnehmererfindungen beim Deutschen Patent- und Markenamt gibt es bei den Industrie- und Handelskammern die Einigungsstellen für Wettbewerbssachen. Bis vor kurzem gab es die Einigungsstelle nach dem Erstreckungsgesetz, die aber inzwischen abgeschafft wurde.

a) Schiedsstelle für Arbeitnehmererfindungen

Um möglichst nicht den Betriebsfrieden und das Verhältnis zwischen Arbeitgeber und Arbeitnehmer durch Auseinandersetzungen vor Gericht zu belasten, wurde 1957 für Streitigkeiten im Bereich des Arbeitnehmererfindungsgesetzes[184] ein Schiedsstellenverfahren eingeführt, §§ 28 ff. ArbEG. Die Schiedsstelle, die beim Bundespatentamt angesiedelt ist, soll also der Erhaltung des

---

[180] *Risse*, WM 1999, 1871.

[181] Siehe 35 U.S.C. (United States Code) § 294 (Patent Act), wonach nun auch die Schiedsfähigkeit von Patentnichtigkeitsstreitigkeiten gegeben ist.

[182] *Frost*, S. 184.

[183] Auf die Streitbeilegung des GATT, auf die Art. 64 des Übereinkommens über handelsbezogene Aspekte der Rechte des geistigen Eigentums (TRIPS) verweist, soll – da hier Streitigkeiten zwischen den TRIPS-Mitgliedern über Zuwiderhandlungen gegen das TRIPS-Übereinkommen erfaßt werden – nicht eingegangen werden. Siehe hierzu *Mills*, Ohio State Journal on Dispute Resolution 11 (1996), 232 ff.

[184] Zu den von § 28 ArbEG erfaßten Tatbeständen siehe *Bartenbach/Volz*, ArbEG § 28 Rn. 21 f.

Arbeits- und Rechtsfriedens dienen.[185] Die Vorteile des Schiedsstellenverfahrens bestehen darin, daß den Parteien keine zusätzlichen Kosten entstehen (§ 36 ArbEG), das Verfahren weitgehend frei gestaltet werden kann und durch die Nichtöffentlichkeit des Verfahrens die Vertraulichkeit gewährleistet ist.[186] Die Schiedsstelle hat keine materielle Entscheidungsbefugnis,[187] sondern besitzt nur streitschlichtende Funktion. Sie soll also das Gerichtsverfahren nicht ersetzen, sondern dabei helfen, dieses zu vermeiden. Der Spruch der Schiedsstelle ist darum nicht bindend. Das Verfahren muß aber bis auf einige Ausnahmen, die in § 37 II ArbEG geregelt sind, als Prozeßvoraussetzung für die Anrufung des Gerichts vorgeschaltet sein, § 37 I ArbEG.[188] Hierin zeigt sich, daß es sich bei dem Verfahren vor der Schiedsstelle für Arbeitnehmererfindungen nicht um ein typisches Schiedsverfahren handelt, da es eine zwingende Verfahrensstufe darstellt, die durchlaufen werden muß, bevor Klage gegen den Arbeitgeber erhoben werden kann. Es handelt sich somit weniger um ein klassisches Schiedsverfahren als vielmehr um ein gerichtsähnliches Verfahren.[189]

Insgesamt kann die Schiedsstelle für Arbeitnehmererfindungen in ihrer über 40-jährigen Geschichte eine gute Bilanz nachweisen. Durchschnittlich über 60 % der Einigungsvorschläge wurden von den Parteien ohne Widerspruch angenommen und traten somit in Kraft.[190] Zu berücksichtigen ist jedoch, daß jährlich nur etwa 100 Anträge an die Schiedsstelle gestellt werden.[191] Tausende von Vergütungsfällen werden von den deutschen Unternehmen intern geregelt, so daß die Schiedsstelle für Arbeitnehmererfindungen nur einen kleinen Teil der Fälle abdeckt.

---

[185] *Bartenbach/Volz*, ArbEG, Einl. § 28 Rn. 1 f.

[186] *Bartenbach/Volz*, ArbEG, Einl. § 28 Rn. 4.

[187] BGH GRUR 1964, 449 (452).

[188] *Raden*, BB Beilage 9, 1999, 19; *Hubmann/Götting*, § 15 VI; *Albrecht*, S. 55 f.

[189] *Chrocziel*, FS Preu, S. 189 f; *Frost*, S. 6 f. Verfassungsrechtliche Bedenken hinsichtlich solcher Vorverfahren äußert *Stadler*. Dadurch, daß der Einigungsvorschlag des Schiedsrichters mit Fristablauf verbindlich wird, würde der Nichtrichter quasi im Wege der Beleihung richterliche Befugnisse erhalten. Dies wolle jedoch Art. 92 GG für die dritte Gewalt ausschließen; siehe *Stadler*, S. 47. Kritisch auch *Preibisch*, Außergerichtliche Vorverfahren, S. 92 ff., der jedoch im Ergebnis die Verfassungsmäßigkeit bejaht. Vgl. auch die ausführliche Auseinandersetzung mit der materiell-verfassungsrechtlichen Zulässigkeit der obligatorischen Streitschlichtung nach § 15a EGZPO, *Jansen*, Obligatorische Streitschlichtung, S. 188 ff., die dieses Verfahren für verfassungsrechtlich unbedenklich hält.

[190] DPMA Jahresbericht 2001, S. 43 f.; *Raden*, in: Gottwald, AKR-Handbuch, 5.2.6., S. 12; *Bartenbach/Volz*, ArbEG, Einl. § 28 Rn. 3; *Raden*, BB Beilage 9, 1999, 20.

[191] Im Jahr 2001 sank die Zahl sogar auf 81 Anträge; siehe DPMA Jahresbericht 2001, S. 44.

b) Einigungsstellen für Wettbewerbssachen

Gem. § 27a I S. 1 UWG sind die Landesregierungen seit 1957 dazu verpflichtet[192], bei den Industrie- und Handelskammern Einigungsstellen einzurichten, die bei bürgerlichen Rechtsstreitigkeiten angerufen werden können, in denen ein Anspruch auf Grund des UWG geltend gemacht wird.[193] Die Einigungsstellen sollen einen gütlichen Ausgleich anstreben (§ 27a VI UWG), haben jedoch keine Streitentscheidungsbefugnis.[194] Für den Bereich des Patentschutzes hat die Einigungsstelle kaum praktische Bedeutung, weil neben dem Sonderrechtsschutz des PatG wenig Raum für die Anwendung des UWG bleibt und zudem der Zuständigkeitsbereich der Einigungsstellen zusätzlich eingeschränkt ist. Aus der Verweisung von § 27a III UWG auf die §§ 13 und 13a UWG ergibt sich eine Zuständigkeit der Einigungsstellen bei Wettbewerbsverstößen aus §§ 1, 3, 4, 6a-6c, 7 und 8 UWG.[195] Damit entfallen bereits aus dem Zuständigkeitsbereich Verstöße gegen die Regelungen der §§ 17 bis 20a UWG, durch die Geschäftsgeheimnisse geschützt werden und die insofern für den Schutz von technischem Know-how Bedeutung haben. Verstöße gegen §§ 3, 4, 6a-6c, 7 und 8 UWG sind für den Bereich der Patentrechte ohne Bedeutung.[196] Damit verbleiben im Zuständigkeitsbereich der Einigungsstellen nur Verstöße gegen die Generalklausel § 1 UWG, die für den Bereich des Patentschutzes unter dem Gesichtspunkt des sklavischen Nachbaus[197] noch von gewisser Bedeutung sein können. Ansprüche aus § 1 UWG kommen aber wiederum nur dann in Betracht, wenn kein Patentschutz nach dem PatG besteht.[198] Das Wettbewerbsrecht greift aber auch dann nicht, wenn der Patentschutz abgelaufen ist.[199] Im Ergebnis ist somit die sachliche Zuständigkeit der Einigungsstellen für den Bereich des Patentschutzes bereits sehr begrenzt. Weiter ist die originäre Zuständigkeit der Einigungsstellen nur bei Wettbewerbsverstößen geben, die den Verkehr mit dem letzten Verbraucher betreffen, § 27a III S. 1 UWG. Hier wird die Zuständigkeit durch Anrufung einer Partei begründet. Geht es jedoch um Wettbewerbshand-

---

[192] Seit der UWG-Novelle 1957 (BGBl. 1957 I S. 172) ist dies obligatorisch.

[193] *Lappe*, Recht ohne Richter, S. 56 f.

[194] *Hubmann/Götting*, § 55 VI. Zu den Einzelheiten des Verfahrens siehe *Nieder*, S. 68 ff.

[195] *Baumbach-Hefermehl*, § 27a UWG Rn. 3; Pastor/Ahrens/*Probandt*, § 20 Rn. 11.

[196] Zu denken wäre allenfalls noch an Verstöße gegen die Regelung über irreführende Angaben, § 3 UWG, unter dem Aspekt der Patentanmaßung; vgl. *Baumbach-Hefermehl*, § 3 UWG Rn. 173.

[197] Siehe *Baumbach-Hefermehl*, § 1 UWG Rn. 462 ff.

[198] *Baumbach-Hefermehl*, § 1 UWG Rn. 573.

[199] *Baumbach-Hefermehl*, § 1 UWG Rn. 574.

lungen vorgeordneter Wirtschaftsstufen, wie dies bei der Verletzung von Erfinderrechten meist der Fall sein dürfte, sind die Einigungsstellen nur zuständig, wenn die Gegenpartei zustimmt, § 27a III S. 2 UWG.[200]

In der Literatur werden überwiegend die Vorzüge des Einigungsstellenverfahrens gegenüber dem gerichtlichen Verfahren betont.[201] In der Praxis wird jedoch dieses Verfahren nur noch in geringem Umfang angenommen. Seit der Einrichtung der Einigungsstellen hat das Verfahren im Verhältnis zu den gerichtlichen Verfahren bei wettbewerbsrechtlichen Streitigkeiten erheblich an Bedeutung verloren.[202] Berücksichtigt man nun weiter die sehr eingeschränkte Zuständigkeit der Einigungsstellen für den Bereich des Patentschutzes, kann man davon ausgehen, daß die Einigungsstellen der Industrie- und Handelskammern in diesem Bereich nahezu keine Bedeutung haben.

c) Einigungsstelle nach dem Erstreckungsgesetz

Für Konfliktfälle, die sich nach der deutschen Vereinigung aus der Erstreckung von vorbestehenden Schutzrechten der beiden deutschen Staaten auf die gesamte Bundesrepublik ergeben haben, ist nach dem Gesetz über die Erstreckung von gewerblichen Schutzrechten (Erstreckungsgesetz) vom 23. April 1992 eine Einigungsstelle eingerichtet worden.[203] Ihre Funktion bestand darin, in Kollisionsfällen zwischen den Parteien zu vermitteln und auf eine gütliche Einigung hinzuwirken. Die Einigungsstelle konnte den Parteien einen schriftlichen Einigungsvorschlag unterbreiten. Das Anrufen der Einigungsstelle war jedoch nicht obligatorisch und nicht Prozeßvoraussetzung.[204] Die Einigungsstelle nach dem Erstreckungsgesetz (§§ 39 bis 46 ErstrG) wurde jedoch aus Mangel an Verfahren zum 31.12.1999 geschlossen.[205] Sie sollte der Entlastung der zivilen Gerichtsbarkeit dienen. Die Streitigkeiten minderer technischer und wirtschaftlicher Bedeutung, auf welche die Einigungsstelle ausgerichtet war,

---

200 Pastor/Ahrens/*Probandt*, § 20 Rn. 13.

201 Vgl. *Köhler*, WRP 1991, 617 m.w.N; Schachner/*Thilo*, Rechtsformularbuch für das Unternehmen, S. 417.

202 Pastor/Ahrens/*Probandt*, § 20 Rn. 4.

203 Eine vergleichbare Einigungsstelle gab es bereits bei der Eingliederung des Saarlandes in die Bundesrepublik; siehe *Raden*, GRUR 1998, 447.

204 *Raden*, in: Gottwald, AKR-Handbuch, 5.2.6., S. 13. Zu den Einzelheiten des Verfahrens siehe *Gaul/Burgmer*, GRUR 1992, 290 f.; *Nieder*, S.88 ff.

205 Zweites Gesetz zur Änderung des Patentgesetzes und anderer Gesetze vom 16. Juli 1998, Art. 7.

werden aber in aller Regel bereits im Rahmen eines anwaltlichen Vergleichs beigelegt, so daß es kaum Interesse an der Einigungsstelle gab.[206]

[206] *König*, Mitteilungen der deutschen Patentanwälte 1999, 359. Es gab Überlegungen, eine Schiedsstelle für allgemeine Erfinderangelegenheiten einzurichten, die ähnlich dem Verfahren vor der Einigungsstelle nach dem Erstreckungsgesetz als fakultatives Verfahren ausgestaltet werden sollte (siehe *Stock/Wolf/Thünte*, S. 46, 92; Mitteilung GRUR 1997, 725 und Stellungnahme der DVGR GRUR 1998, 356). Das geringe Interesse an der Einigungsstelle nach dem Erstreckungsgesetz dürfte mit ein Grund dafür gewesen sein, daß eine Schiedsstelle für allgemeine Erfinderangelegenheiten derzeit nicht mehr zur Diskussion steht.

B. Verschiedene Formen außergerichtlicher Streitbeilegung

Egal, ob es sich um ein einfaches oder ein komplexes soziales System handelt, man kann immer drei Grundformen des Konfliktmanagements feststellen: Gewalt und Zwang (körperlich oder psychisch), verschiedenste Formen des Verhandelns und die Beteiligung einer dritten Person.[207] Signifikantes Unterscheidungskriterium der verschiedenen Verfahren, bei denen Dritte hinzugezogen werden, ist der Einfluß, den die Parteien auf das Endergebnis haben. Andere unterscheiden diese Verfahren danach, inwieweit die Konfliktparteien selbst und nicht deren Anwälte am Prozeß beteiligt sind. Wiederum andere wollen danach unterscheiden, ob es Ziel des Verfahrens ist, die dem Streit zu Grunde liegenden Interessen miteinander zu versöhnen oder den Streit zu entscheiden.[208]

Es gibt also verschiedene Ansätze, die Formen der gerichtlichen Konfliktbeilegung zu kategorisieren, die sich jedoch nicht gegenseitig ausschließen. Die folgende Einteilung soll dazu dienen, die verschiedenen Streitbeilegungsmethoden später einordnen zu können:[209]

- **Bindende** und **nichtbindende** Streitbeilegung: Bindende Verfahren enden mit einem für die Parteien bindenden Ergebnis und ähneln daher sehr den staatlichen Gerichtsverfahren. Dagegen bieten nichtbindende Verfahren den Parteien größere Spielräume bei der Problemlösung, hängen aber von der abschließenden Zustimmung der Parteien ab.[210]

- **Gerichtsorientierte** und **konsensorientierte** Streitbeilegung: Bei manchen Streitbeilegungsformen wird – ähnlich wie bei Gericht – durch einen unabhängigen Dritten eine Entscheidung gefällt, die auf den Vorträgen der Konfliktparteien beruht. Andere Verfahren sind hingegen konsensorientiert, d.h., daß die Parteien selbst zu einer einvernehmlichen Lösung finden sollen.

- **Obligatorische** und **freiwillige** Streitbeilegung: An manchen Verfahren ist die Teilnahme zwingend. Eine solche zwingende Teilnahme wird z.B. in den USA bisweilen durch das Gericht angeordnet. In Deutschland kann eine Teilnahme Voraussetzung für eine spätere Klage sein. So beispielsweise bei der obligatorischen Streitschlichtung nach § 15a EGZPO oder bei Schiedsverfahren vor dem Patentamt.

---

[207] *Bercovitch*, in: Kressel/Pruitt, S. 284. Vgl. auch *Röhl*, Rechtssoziologie, S. 469 ff.

[208] Vgl. *Goldberg/Sander/Rogers*, S. 3 ff.

[209] *Mitchard* in: Martindale-Hubbell 1998, S. 3.

[210] *Blackman/McNeill*, American University Law Review 47 (1998), 1711.

Hiervon unterscheiden sich wiederum Verfahren, bei denen die Teilnahme freiwillig ist.

- **Rechtsorientierte** und **interessenorientierte** Streitbeilegung[211]: Der rechtsorientierte Ansatz unterscheidet sich vom interessenorientierten Ansatz dadurch, daß eine Bewertung der rechtlichen Lage im Vordergrund steht. Es soll also eine Lösung gefunden werden, die weitgehend einer gerichtlichen Entscheidung entsprechen würde. Bei diesem Ansatz stehen rechtliche Argumente für die Konfliktlösung im Vordergrund. Der interessenorientierte Ansatz hingegen berücksichtigt mehr solche Interessen und Bedürfnisse der Parteien, die sonst keinen Ausdruck im anspruchsorientierten Rechtssystem finden könnten. Dies soll kreative Lösungen ermöglichen und zu einer höheren Akzeptanz bei den Parteien führen.

Die soeben gebildeten Kategorien werden durch die verschiedenen Verfahren unterschiedlich betont, was eine Vielzahl an Streitbeilegungsverfahren zur Folge hat. Es lassen sich jedoch die Schiedsgerichtsbarkeit, Verhandlung und Mediation als die drei Grundformen von *ADR* nennen, aus denen sich wiederum verschiedene Mischformen gebildet haben. Im folgenden soll eine Übersicht über die verschiedenen Verfahren gegeben werden, weil diese für die außergerichtliche Streitbeilegung bei Patentrechtsstreitigkeiten von großer Bedeutung sind.

I. Arbitration, Negotiation und Mediation als Grundpfeiler von ADR

Schiedsgerichtsbarkeit, Verhandlung und Mediation bilden die Grundpfeiler von *ADR*.[212] Im folgenden Abschnitt soll zunächst das Schiedsgerichtsverfahren, dann die Verhandlung und anschließend die Mediation dargestellt werden.

1. Schiedsgerichtsbarkeit (*Arbitration*)

Die Schiedsgerichtsbarkeit ist bereits seit Jahrhunderten eine Alternative zu den staatlichen Gerichten. Bereits im 13. Jahrhundert wurden von englischen Händlern Schiedsgerichte eingesetzt, um so eine Streitentscheidung unter

---

[211] Dies entspricht der Einteilung in „problemlösende" und „prognostische" (verrechtlichte) Alternativverfahren bei *Bühring-Uhle*, Streitbeilegung, in: Gottwald/Strempel, S. 61.

[212] *Haft*, in: FS Söllner, S. 391; *Seelmann*, Rechtsphilosophie, S. 24.

Berücksichtigung der Handelsbräuche zu ermöglichen.[213] Zudem konnten Schiedsgerichte im internationalen Handel das Problem, welche Rechtsordnung im Streitfall die ausschlaggebende ist, lösen. Dabei handelt es sich um ein Problem, das sich auch heute noch im internationalen Handelsverkehr stellt und mit zur Entwicklung der internationalen Schiedsgerichtsbarkeit beigetragen hat, die z.B. bei Lizenzstreitigkeiten von Bedeutung ist.[214]

In den USA und anderen Ländern hat das Schiedsgerichtsverfahren (*arbitration*[215]) als eines der bekanntesten und verbreitetsten Verfahren[216] seinen festen Platz in der Diskussion um außergerichtliche Streitbeilegung. Dagegen wird in Europa und speziell in Deutschland in den Schiedsgerichtsverfahren häufig keine wirkliche Alternative gesehen.[217] Hier herrscht häufig die Ansicht, daß eine Alternative sowohl zum Gerichts- als auch zum Schiedsverfahren zu suchen ist.[218] Der Grund hierfür ist wohl darin zu sehen, daß das Schiedsverfahren, das seinem Wesen nach einem Gerichtsverfahren gleicht, nicht als wirkliche Alternative wahrgenommen wird. Während sich das Schiedsverfahren in den USA auf Grund der US-amerikanischen Besonderheiten als deutlichere Alternative präsentiert, wird in Deutschland, wo eine vergleichsweise gut und schnell funktionierende Justiz vorhanden ist, bei den alternativen Formen der Streitbeilegung momentan die Mediation in den Vordergrund gerückt.[219] Bei internationalen Auseinandersetzungen, bei denen es keine vergleichbaren supranationalen Gerichte gibt, stellt sich die Situation jedoch anders dar. Dort handelt es sich bei der Schiedsgerichtsbarkeit meist um die einzige „echte" Alternative[220] zum Gerichtsverfahren. Denn in einigen Fällen wird sich unter

---

[213] *Goldberg/Sander/Rogers*, S. 199. Zitate von *Demosthenes* und *Aristoteles* belegen jedoch, daß bereits sehr viel früher gewisse Rechtsstreitigkeiten von einem Schiedsrichter anstelle eines staatlichen Richters entschieden werden durften; siehe *Ochmann*, GRUR 1993, 255.

[214] Vgl. die Zahlen der *ICC* oben S. 33.

[215] *Arbitration* kann keinesfalls mit Schlichtung übersetzt werden, wie dies *Glenewinkel* (S. 47) in seiner Arbeit macht.

[216] *Blackman/McNeill*, American University Law Review 47 (1998), 1712.

[217] Vgl. *Walter*, ZZP 103 (1990), 142; *Bühring-Uhle*, Arbitration and Mediation, S. 261. Es wird teilweise sogar abgelehnt, daß die Schiedsgerichtsbarkeit eine Teilmenge von *ADR* ist. Statt dessen wird eine Unterscheidung zwischen gerichtlichen – seien es nun staatliche oder private Verfahren – und außergerichtlichen Verfahren vorgeschlagen; so *Lionnet*, Journal of International Arbitration 1987, 72.

[218] Vgl. *Mitchard* in: Martindale-Hubbell 1998, S. 3. Siehe auch die Einordnung nach *Burton* und *Dukes*, siehe *Tidwell*, Conflict resolved?, S. 20.

[219] Zu den Gründen vgl. die Hintergründe der Alternativendiskussion oben S. 6 ff.

[220] Siehe *Schäfer*, Mitteilungen der deutschen Patentanwälte 2001, 109.

Umständen die Frage nach einem Verfahren vor einem nationalen Gericht schon gar nicht mehr stellen, da ein Gerichtsurteil nicht einem Schiedsspruch vergleichbar international vollstreckt werden kann.[221] Während somit die Nützlichkeit von rein nationalen Schiedsgerichten teilweise bezweifelt wird,[222] stellen diese auf internationaler Ebene praktisch die Regel dar, da es kein internationales Gericht für Wirtschaftssachen gibt.[223] Deshalb belaufen sich Schätzungen dahin, daß 80-90% aller grenzüberschreitenden Wirtschaftsverträge eine Schiedsvereinbarung enthalten.[224] Das Interesse am Ausschluß der staatlichen Gerichte ist jedoch weniger mit dem Vertrauen zur internationalen Schiedsgerichtsbarkeit als mit dem Mißtrauen gegenüber fremden Gerichten zu erklären.[225]

a) Formen der Schiedsgerichtsbarkeit

Im Bereich der Schiedsgerichtsbarkeit gibt es verschieden Formen, die voneinander zu trennen sind. Man kann zwischen dem Normalfall eines Schiedsgerichts und dem Schiedsgutachten unterscheiden. Teils wird eine Unterscheidung zwischen *binding* und *non-binding arbitration* gemacht,[226] wobei unter nichtbindender Schiedsgerichtsbarkeit ein Verfahren verstanden wird, an dessen Ende eine für die Parteien unverbindliche Entscheidung steht, der sie zustimmen können oder nicht. Solche Verfahren kommen vor allem in Ländern vor, die vorsehen, daß Gerichte die Durchführung eines Schiedsgerichtsverfahren anordnen dürfen. Fraglich ist freilich, inwieweit solche Verfahren überhaupt noch der Schiedsgerichtsbarkeit zuzuordnen sind. Das typische Merkmal der Schiedsgerichtsbarkeit, daß der Schiedsspruch *einem*

---

[221] So werden beispielsweise in England in bestimmten Bereichen weitaus häufiger Schiedsgerichte als staatliche Gerichte in Anspruch genommen; *Brown/Marriott*, ADR, Rn. 4-001.

[222] *Rehbinder* geht sogar davon aus, daß in der Literatur die Schiedsgerichtsbarkeit verschönt dargestellt wird, weil es sich hierbei um eine gesuchte Nebeneinnahme von Richtern, Anwälten und Rechtslehrern handelt. Zum einen kämen vereinbarte Schiedsgerichte seltener vor als man annehme, zum anderen seien alle in der Literatur gepriesenen Vorzüge gegenüber staatlichen Verfahren empirisch nicht nachzuweisen. Schiedsgerichte seien weder schneller noch billiger oder gar entscheidungskompetenter; *Rehbinder*, Rechtssoziologie, Rn. 156.

[223] *Mitchard* in: Martindale-Hubbell 1998, S. 4.

[224] So die Einschätzung von *Berger*, RIW 1994, 12. Schätzungen dieser Art sind jedoch kritisch zu sehen, vgl. oben Fn. 222.

[225] Vgl. MünchKommZPO-*Münch*, vor § 1025 Rn. 10. Zu den Gründen vgl. oben S. 22 ff.

[226] Siehe *Plant*, Intellectual Property Disputes, S. 16; *Hehn*, in: Schlieffen/Haft, § 6 Rn. 41; *Bühring-Uhle*, Arbitration and Mediation, S. 273 f.

rechtskräftigen gerichtlichen Urteil (§ 1055 ZPO) entspricht, entfällt gerade. Lediglich die Teilnahme an einem solchem Verfahren ist bindend, was aber gerade kein Merkmal der Schiedsgerichtsbarkeit ist. Verfahren, die als *non-binding arbitration* bezeichnet werden, entsprechen damit im Grunde den Verfahren, die in Deutschland unter der Bezeichnung *(obligatorische) Streitschlichtung* bekannt sind.[227] Diesen Verfahren fehlen jedoch – wie dargestellt – wesentliche Merkmale der Schiedsgerichtsbarkeit, weshalb sie an dieser Stelle nicht darzustellen sind.

(1) Private Schiedsgerichte

Bei den privaten Schiedsgerichten kann man neben der Unterscheidung zwischen nationaler und internationaler Schiedsgerichtsbarkeit[228] auch zwischen institutionellen und *ad hoc* Schiedsgerichten unterscheiden. Beim *ad hoc* Schiedsgericht (sog. Gelegenheitsschiedsgericht[229]) erstellen die Parteien entweder selbst eine Verfahrensordnung für das Schiedsgericht oder sie legen – wie in der Praxis üblich –die *UNCITRAL*[230]-Schiedsordnung zugrunde und modifizieren diese unter Umständen nach den spezifischen Bedürfnissen. Treffen sie keine näheren Bestimmungen über die Bildung des Schiedsgerichts, so findet das subsidiär geltende nationale Recht Anwendung.[231] Entscheiden sich die Parteien hingegen für die institutionelle Schiedsgerichtsbarkeit („ständiges" Schiedsgericht[232]) wird durch Verweisung in der Schiedsvereinbarung die Schiedsordnung einer Institution einbezogen.[233] Diese Schiedsordnungen enthalten oftmals Ergänzungen zum Mindestinhalt der Schiedsvereinbarung. Durch die Verweisung wird die Institution meist dazu ermächtigt, das Schiedsgericht zu bilden, wenn eine Partei ihren diesbezüglichen Mitwirkungspflichten nicht nachkommt. Darüber hinaus wird von den Institutionen in mehr oder weniger großem Umfang auch eine administrative Tätigkeit geleistet.[234] Dies erleichtert insgesamt das Verfahren für die Parteien, die bei einem *ad hoc* Schiedsgericht viel größere Kooperationsbereitschaft zeigen müssen, damit das

---

[227] So *Bühring-Uhle*, Arbitration and Mediation, S. 274 Fn. 39. Siehe zur obligatorischen Streitschlichtung oben S. 6 ff.

[228] Siehe hierzu *Mitchard*, in: Martindale-Hubbell 1998, S. 4 f.

[229] *Schwab/Walter*, S. 6.

[230] *United Nations Commission on International Trade Law.*

[231] *Schwab/Walter*, S. 6 f.

[232] *Schwab/Walter*, S. 7.

[233] *Schäfer*, Mitteilungen der deutschen Patentanwälte 2001, 115.

[234] *Mitchard*, in: Martindale-Hubbell 1998, S. 5 f.; *Schwab/Walter*, S. 7.

Verfahren erfolgreich durchgeführt werden kann. Die Expertise der internationalen, institutionellen Anbieter von Schiedsgerichtsbarkeit, durch die für die Parteien auch gewisse Qualitätsstandards bei der Streitentscheidung gewährleistet werden, hat aber ihren Preis. So sind institutionelle Verfahren in der Regel deutlich teuer als Verfahren vor einem *ad hoc* Schiedsgericht.[235]

(2) Schiedsgutachten

Vom eigentlichen Schiedsgericht, das eine endgültige Entscheidung herbeiführen soll, ist das Schiedsgutachten zu unterscheiden.[236] Beim Schiedsgutachten geht es im Gegensatz zum Verfahren vor dem Schiedsgericht nur darum, ein Element des Falles zu begutachten und diesen Einzelaspekt für die Parteien verbindlich zu klären. Gegenstand des Schiedsgutachtens wird hauptsächlich die Feststellung von Tatsachen oder Elementen einer Entscheidung sein, kann aber auch die rechtliche Einordnung dieser Tatsachen einschließen.[237] Verkürzt kann man sagen, daß der Schiedsgutachter nicht über die Rechtsfolgen entscheidet, sondern Tatbestandsmerkmale feststellt.[238] Gegenstand eines Schiedsgutachtens kann daneben aber auch die Bestimmung einer Leistung (§ 317 BGB) oder die Anpassung bestehender Vertragsverhältnisse an veränderte Umstände sein.[239] Ein Schiedsgutachten kann sich bei Patentstreitigkeiten hervorragend für die außergerichtliche Streitbeilegung eignen, wenn es etwa um die Klärung einer einzelnen technischen Frage geht.[240] Dieses Instrument kann meist sehr gut mit anderen Verfahren kombiniert werden.

b) Ablauf und Merkmale des Schiedsgerichtsverfahrens

Schiedsverfahren bei Wirtschafts- und Handelssachen gliedern sich in zwei Abschnitte. In einem ersten Schritt muß ein Schiedsgericht vereinbart und gebildet werden. D.h. die Parteien müssen sich darüber einigen, ob ein Schiedsgerichtsverfahren stattfindet und was Gegenstand sowie Voraussetzun-

---

[235] So *Mitchard*, in: Martindale-Hubbell 1998, S. 6. Vgl. hier auch die Verwaltungskosten und Schiedsrichterhonorare der *ICC* bei *Schwab/Walter*, S. 650 f.

[236] Zur str. Frage der Rechtsnatur des Schiedsgutachtenvertrags, siehe *Duve*, Mediation, S. 414 ff.; *Walter*, ZZP 103 (1990), 151 ff.

[237] *Walter*, ZZP 103 (1990), 148; *Schwab/Walter*, S. 8.

[238] So *Pohle*, MDR 1958, 86; *Schwab/Walter*, S. 9.

[239] *Walter*, ZZP 103 (1990), 147 ff.; *Schwab/Walter*, S. 9 f.

[240] *Blessing*, in: WIPO Conference on rules for institutional arbitration and mediation, S. 125; *Mitchard*, in: Martindale-Hubbell 1998, S. 10; *Brown/Marriott*, ADR, Rn. 4-023.

gen des Verfahrens sein sollen.[241] Erst danach kann dann das eigentliche Schiedsgerichtsverfahren beginnen.

(1) Schiedsgerichtsverfahren als konsensuales Verfahren

Bei der Bildung des Schiedsgerichts zeigt sich, daß es sich beim Schiedsverfahren um eine Form der Streitbeilegung handelt, die auf beiderseitigem Einverständnis beruht, da ohne eine vorhergehende Einigung der Weg in das private Schiedsverfahren nicht beschritten werden kann. Dabei kann die Schiedsvereinbarung für sich alleine stehen oder in einem Vertragswerk als Vertragsklausel eingebaut sein (vgl. § 1029 II ZPO). Bestehen bis zum Zeitpunkt der Auseinandersetzung keinerlei Vertragsbeziehungen, kann ein entsprechendes Verfahren nur durch eine isolierte Schiedsvereinbarung eingeleitet werden. Vereinbarungen, die im Vorfeld einer Auseinandersetzung getroffen werden, sind natürlich weitaus einfacher auszuhandeln, als dies bei einer Vereinbarung der Fall ist, die erst nach Entstehung des Streits getroffen werden soll. Obwohl es sich bei Auseinandersetzungen im Bereich des gewerblichen Rechtsschutzes meist als sehr schwierig gestalten wird, schon im Vorfeld der Streitigkeit eine detaillierte Vereinbarung über ein mögliches Schiedsgerichtsverfahren zu treffen, wird doch zunehmend versucht, bereits im Vorfeld möglichst präzise Vereinbarungen zu erzielen. Kommen zum Streit in der Sache negative Emotionen hinzu, wie dies nach der Entstehung einer Streitigkeit meist der Fall ist, gestaltet es sich schwierig, Regelungen hinsichtlich des Verfahrens zu treffen.[242] Daher wird unter Umständen einer Partei ein gehöriges Maß an Engagement abverlangt, um die gegnerische Partei nach Entstehung der Streitigkeit überhaupt zu einer Vereinbarung eines Schiedsgerichtsverfahrens zu bewegen.[243] Die Schiedsgerichtsbarkeit stellt sich zwar in weiten Teilen als ein anerkanntes Verfahren dar, so daß der Vorschlag, den Streit vor einem Schiedsgericht beizulegen, in den wenigsten Fällen als Zeichen der Schwäche interpretiert werden dürfte. Dennoch wird es Überwindung kosten, auf die gegnerische Seite persönlich zuzugehen.[244] Dies mag ein Grund dafür sein, daß in den meisten Fällen, in denen Schiedsgerichte angerufen werden, die Parteien längerfristig miteinander verbunden

---

[241] Z.B. Anzahl und Benennung der Schiedsrichter, Schiedsort, Verfahrenssprache und anwendbarem Recht; siehe *Lörcher/Lörcher*, in: Büchner, S. 484 ff.

[242] *Plant*, Intellectual Property Disputes, S. 15.

[243] *Plant*, Intellectual Property Disputes, S. 26.

[244] Dieser schwierige Schritt wird zum Teil von den institutionellen Anbietern einer Schiedsgerichtsbarkeit (z.B. WIPO, ICC, AAA) den Parteien abgenommen.

sind.[245] Folglich sind sie gezwungen aufeinander zuzugehen und an der Lösung des Problems mitzuwirken.

Zusammenfassend kann gesagt werden, daß das Engagement und die Kreativität der Parteien dafür entscheidend sind, ob die Beteiligten das Schiedsgerichtverfahren beginnen, darin bleiben und es befriedigend abschließen können. Nur wenn die Parteien bereit sind, in einem gewissen Umfang miteinander zu kooperieren, können durch die Schiedsgerichtsbarkeit Kosten- und Zeitvorteile erzielt werden.[246] Dadurch, daß bei der Schiedsgerichtsbarkeit ein gewisser Grundkonsens vorhanden sein muß, sind diejenigen Fälle, die sich für ein solches Verfahren eignen, oftmals identisch mit Fällen, die auch für die Mediation geeignet wären.[247] Da sich die Durchführung eines Mediationsverfahrens und eines Schiedsgerichtsverfahrens nicht zwingend ausschließen, was durch verschiedene Mischformen[248] belegt wird, kann nicht von einer Konkurrenz beider Verfahren gesprochen werden. Vielmehr können sich die beiden Verfahren durchaus sinnvoll ergänzen.[249]

(2) Das Schiedsgerichtsverfahren als richterliches Verfahren

Das Grundgesetz behält dem Staat nicht ein Rechtsprechungsmonopol vor.[250] Soweit es die Parteien vereinbaren, ersetzt die Schiedsgerichtsbarkeit die staatliche Gerichtsbarkeit (vgl. § 1055 ZPO). Es besteht somit eine Gleichwertigkeit von staatlicher Gerichtsbarkeit und Schiedsgerichtsbarkeit, weshalb diese ihrer Funktion und Wirkung nach als Rechtsprechung angesehen wird.[251] Ein Schiedsgericht ist zwar ein privates Gericht[252], das sich nach den Regeln der Parteien richtet, jedoch auf der Basis eines bestimmten Normenkatalogs eine Entscheidung über eine Rechtsfrage trifft. Ähnlich wie vor einem staatlichen Gericht wird im Schiedsverfahren durch eine neutrale dritte Person eine

---

[245] *Gottwald*, in: Breidenbach, Konsensuale Streitbeilegung, S. 32.

[246] *Plant*, Intellectual Property Disputes, S. 26 f.

[247] Vgl hierzu die Eignungskriterien für die Schiedsgerichtsbarkeit bei *Plant*, Intellectual Property Disputes, S. 19, und für die Mediation siehe unten S. 110 ff.

[248] Siehe hierzu unten S. 88.

[249] *Schiffer*, in: Gottwald, AKR-Handbuch, 2.2.3.1., S. 1 ff.

[250] *Walter*, ZZP 103 (1990), 143 f.

[251] BGHZ 51, 255; 65, 59 (61); *Walter*, ZZP 103 (1990), 147; *Lörcher/Lörcher*, in: Büchner, S. 479 Rn. 10 ff.

[252] Nach *Schwab/Walter*, S. 1, sind Schiedsgerichte Privatgerichte aus einem oder mehreren Schiedsrichtern, denen die Entscheidung bürgerlicher Streitigkeiten an Stelle staatlicher Gerichte durch private Willenserklärung übertragen ist; BGHZ 65, 59 (61).

Verhandlung geleitet, in der Argumente angehört werden, eine Beweisaufnahme erfolgt und zum Schluß ein Urteil ergeht. Obwohl das Schiedsverfahren den Konfliktparteien die Freiheit gibt, das Verfahren in großen Teilen nach ihren Vorstellungen zu gestalten, werden oftmals die Verfahrensordnungen staatlicher Gerichte übernommen. Als Folge erleben die Parteien unter Umständen die gleiche Ineffizienz, die an staatlichen Gerichtsverfahren kritisiert wird.[253] Im Ergebnis stellt das Schiedsgerichtsverfahren häufig ein ebenso formalisiertes Verfahren wie das Gerichtsverfahren dar. Denn auch hier sind Beweisanträge, Verhandlungen etc. nötig, so daß eine Verbesserung der Situation durch einen schnelleres, effizienteres und kostengünstigeres Verfahren oftmals nicht erreicht wird.

(3) Besonderheiten der Schiedsgerichtsbarkeit gegenüber staatlichen Verfahren

Gegenüber zivilgerichtlichen Verfahren ergeben sich für die Schiedsgerichtsbarkeit eine Reihe von weiteren Besonderheiten, die Kosten, Kompetenz, Verfahrensdauer und Akzeptanz des Verfahrens betreffen.

Unter dem Aspekt der Kosten ist für die Schiedsgerichtsbarkeit kennzeichnend, daß die abschließende und bindende Entscheidung meist in einer Instanz erfolgt.[254] Die Parteien können jedoch vereinbaren, daß nach Beendigung des Schiedsverfahrens Rechtsmittel bei einem Oberschiedsgericht eingelegt werden können.[255] Dadurch kann jedoch der Kostenvorteil, den sich die Parteien unter Umständen vom Verfahren vor einem Schiedsgericht gegenüber einem zivilrechtlichen Verfahren versprochen haben, verloren gehen. Dieser Vorteil geht ferner dann verloren, wenn Aufhebungs- oder Vollstreckbarerklärungsverfahren mit zwei Instanzen (OLG[256] und Rechtsbeschwerde zum BGH) durchgeführt werden müssen.[257] Zumindest für Deutschland kann man sagen, daß das Schiedsgerichtsverfahren nur dann billiger ist, wenn der Instanzenzug fortfällt.[258] Dies gilt selbstverständlich nur für den Fall, daß sich ein gerichtliches Verfahren über mehrere Instanzen erstrecken würde.

---

[253] Die Besonderheiten des Schiedsverfahrens werden häufig für zusätzliche Unsicherheiten sorgen, mit der Folge, daß sich das Verfahren weiter verzögert und die Verfahrenskosten steigen. Über die Folgen, zu denen mißverständliche Vorstellungen hinsichtlich des Schiedsverfahrens führen können, siehe *Karrer*, in: FS Sandrock, S. 465 f.

[254] *Schäfer*, Mitteilungen der deutschen Patentanwälte 2001, 112.

[255] Vgl. *Schwab/Walter*, S. 234 ff.

[256] Siehe § 1062 I Nr. 4 ZPO.

[257] *König*, Mitteilungen der deutschen Patentanwälte 1999, 361.

[258] *Schwab/Walter*, S. 5.

Eine weitere Besonderheit der Schiedsgerichtsbarkeit ist, daß das Schiedsgericht bei seinem Schiedsspruch in Übereinstimmung mit den Bestimmungen des Schiedsvertrages zu entscheiden hat. Nach § 1051 I ZPO steht bei der Wahl des anwendbaren materiellen Rechts die Privatautonomie der Parteien im Vordergrund. Dies geht sogar soweit, daß nicht nur die Gesamtrechtsordnung eines bestimmten Staates, sondern auch nur die Wahl einzelner Rechtsvorschriften vereinbart werden kann.[259] Wenn die Parteien das Schiedsgericht ausdrücklich vorher ermächtigt haben, kann es auch nach Billigkeit entscheiden (§ 1051 III ZPO).[260] Für eine Billigkeitsentscheidung stehen die Begriffe *ex aequo et bono* oder *amiable compositeur.*[261] Dahinter steht der Schlichtungsgedanke, der auch im internationalen Bereich an Bedeutung gewinnt.[262] So bietet z.B. die Internationale Handelskammer in Paris (*ICC*) nicht nur ein Schiedsgerichtsverfahren, sondern auch seit geraumer Zeit ein Schlichtungsverfahren an.[263]

Ein wichtiges Merkmal des Schiedsverfahrens ist, daß die Parteien selbst bestimmen können, wem sie die Entscheidung übertragen. Die Bestimmung von Experten in bestimmten technischen und rechtlichen Bereichen als Schiedsrichter, also die Möglichkeit einen *Richter nach Maß* zu wählen, kann die Kompetenz des Verfahrens deutlich erhöhen, was wiederum zu einem größeren Vertrauen der Parteien in das Verfahren führen kann.[264] Gerade dieser Umstand, daß in einem Schiedsrichtergremium einzelne Schiedsrichter von einer Partei bestimmt werden, führt aber wiederum zu Abhängigkeiten, die oftmals an der Neutralität der Schiedsrichter zweifeln lassen. Dies ist insofern besonders problematisch, als das Schiedsverfahren durch den Wegfall der Rechtsmittelinstanz ein gewisses Risiko birgt. Solche Unsicherheiten können zusätzlich dadurch verstärkt werden, daß es an einer Einheitlichkeit der schiedsrichterlichen Rechtsprechung mangels Veröffentlichungen einschlägiger Entscheidungen fehlt.[265]

---

[259] *Schwab/Walter*, S. 539.

[260] *Schäfer*, Mitteilungen der deutschen Patentanwälte 2001, 117.

[261] Siehe hierzu *Brown/Marriott*, ADR, Rn. 4-053 ff.

[262] *Schwab/Walter*, S. 221. Zu den Verbindungen, die zwischen Schiedsgerichtsbarkeit und Schlichtung hergestellt werden können, siehe *Sanders*, in: FS Sandrock, S. 823 ff.

[263] Siehe oben S. 30.

[264] *Stumpf*, in: FS Büllow, S. 221 f.; *Blackman/McNeill*, American University Law Review 47 (1998), 1717.

[265] *König*, Mitteilungen der deutschen Patentanwälte 1999, 361.

Auch hinsichtlich der Verfahrensdauer ergeben sich für die Schiedsgerichtsbarkeit meist nur dann Besonderheiten gegenüber zivilgerichtlichen Verfahren, wenn – wie dies normalerweise der Fall ist – lediglich ein einstufiges Schiedsverfahren ohne Instanzenzug vorgesehen ist. Die besondere Gestaltungsfreiheit der Parteien bietet jedoch zusätzlich die Möglichkeit, das Verfahren deutlich zu beschleunigen, indem etwa auf bestimmte Formalitäten verzichtet wird.[266] Andererseits ergeben sich wegen der fehlenden Sanktionsmöglichkeiten des Schiedsgerichts zusätzliche Optionen für die Parteien, das Verfahren zu verzögern und zu verschleppen. Dennoch kann man davon ausgehen, daß in den meisten Fällen die Schiedsgerichtsverfahren schneller Entscheidungen erzielen.[267] Doch kommen die Vorteile der Schnelligkeit und Effizienz des Schiedsverfahrens nicht bei allen Streiterledigungsfällen gleichermaßen zum Zuge. Dies gilt besonders für Konflikte im Zusammenhang mit komplexen internationalen „*long-term*" Verträgen. Hier dauern die Verfahren teilweise Jahre und lassen auf Grund der anwachsenden Komplexität und Aktenmenge oft keine effiziente und sachgerechte Entscheidungsfindung mehr zu.[268]

Die besondere Akzeptanz, welche die Schiedsgerichtsbarkeit genießt, wird vor allem im internationalen Bereich deutlich. Bei der internationalen Schiedsgerichtsbarkeit sind zwei Aspekte von außerordentlicher Bedeutung: Die Anerkennung von Schiedsvereinbarungen und von ausländischen Schiedssprüchen sowie deren Vollstreckbarkeit. Diese zwei Aspekte sind in der *New York Convention*[269] geregelt, die 1959 in Kraft getreten ist und der ungefähr 120 Staaten beigetreten sind.[270] Insgesamt ist es dadurch deutlich leichter, mit einem Schiedsspruch einen Vollstreckungstitel in anderen Ländern zu erwirken, als dies mit einem Gerichtsurteil der Fall ist.[271] Im Bereich der gewerblichen Schutzrechte ist jedoch die Frage zu beachten, inwiefern Rechte, die in vielen Ländern durch den hoheitlichen Akt der Eintragung verliehen werden,

---

[266] Das Verfahren kann z.B. ganz oder teilweise schriftlich geführt werden, es können spezielle Beweisaufnahmeregeln vereinbart werden etc.

[267] *Schwab/Walter*, S. 5.

[268] *Köpe*, in: Beiträge zu Grenzfragen des Prozeßrechts, S. 68; *Holtwick-Mainzer*, S. 38 f.; *Weick*, in: FS Coing, S. 556.

[269] New Yorker UN-Übereinkommen über die Anerkennung und Vollstreckung ausländischer Schiedssprüche v. 10.6.1958, BGBl. 1961 II, S. 121. Siehe § 1061 I ZPO.

[270] Hierunter sind alle wichtigeren Industriestaaten; *Schäfer*, Mitteilungen der deutschen Patentanwälte 2001, 114. Vgl. auch *Schwab/Walter*, S. 438 ff.

[271] *Schwab/Walter*, S. 6. Nach Angaben der *ICC* in Paris werden jedoch mehr als 90% der Schiedssprüche freiwillig erfüllt; vgl. *Stumpf*, in: FS Büllow, S. 223 f.

Gegenstand einer Schiedsvereinbarung sein können und ob Schiedssprüche in dem Land vollstreckt werden können. Artikel V Nr. 2 a) und b) der *New York Convention* regelt dabei, daß die Anerkennung und Vollstreckbarkeit von Schiedssprüchen seine Grenze findet, wenn das nationale Recht dem Schiedsspruch entgegensteht. Dies ist dann der Fall, wenn der Inhalt der Vereinbarung nicht zur Disposition der Parteien steht, also nicht Gegenstand der Privatautonomie ist. Einige Länder in Lateinamerika, Südkorea, Südafrika und Israel haben traditionell eine starke Einschränkung der Schiedsfähigkeit bei Auseinandersetzungen um gewerbliche Schutzrechte.[272] Werden die nationalen Bestimmungen nicht oder ungenügend berücksichtigt, kann sich dies auf die Vollstreckbarkeit des ganzen Schiedsspruchs auswirken.[273] Deshalb ist in Fällen, in denen eine Auseinandersetzung um ein gewerbliches Schutzrecht einen untergeordneten Bestandteil einer großen Wirtschaftsstreitigkeit darstellt, besondere Vorsicht geboten, da bei Mißachtung der nationalen Bestimmungen die Vollstreckbarkeit des gesamten Schiedsspruchs gefährdet sein kann.[274] Trotz dieser Besonderheiten bei Patentsachen genießt mit der *New York Convention* die Schiedsgerichtsbarkeit eine besondere internationale Akzeptanz. Durch Mitwirkung der „eigenen" Schiedsrichter und durch die Vertraulichkeit des Verfahrens,[275] was auch die Identität der Parteien einschließt,[276] hat das Schiedsgerichtsverfahren gerade bei Handelsstreitigkeiten oft eine größere Akzeptanz als die zivilgerichtlichen Verfahren. Eine Umfrage[277] unter US-amerikanischen Patentanwälten ergab, daß zwei Drittel der Anwälte auch in der Zukunft Schiedsgerichtsverfahren als Alternative zu staatlichen Verfahren

---

[272] *Plant*, Intellectual Property Disputes, S. 32. Auch die USA hatten bis 1983 die Schiedsgerichtsbarkeit bei Patentstreitigkeiten verboten, weil man bei den Patentrechten das öffentliche Interesse berührt sah. Es bestand die Ansicht, daß der Staat die Pflicht hätte, bei privaten Patentstreitigkeiten in Form des staatlichen Gerichtssystems beteiligt zu sein, um so das öffentliche Interesse wahrnehmen zu können; *Mills*, Ohio State Journal on Dispute Resolution 11 (1996), 228.

[273] Zur Schiedsfähigkeit verschiedener Streitigkeiten aus dem Bereich des geistigen Eigentums vgl. *Plant*, Intellectual Property Disputes, S. 32 ff.

[274] *Plant*, Intellectual Property Disputes, S. 38 f. Siehe hierzu ausführlich unten S. 191 ff.

[275] Bei dem Verfahren auf Vollstreckbarerklärung eines inländischen Schiedsspruchs gem. § 1060 ZPO handelt es sich allerdings um ein Erkenntnisverfahren, in dem das staatliche Gericht wiederum Inhalt und Ablauf des Verfahrens erörtert. Das Verfahren ist gem. § 169 GVG grundsätzlich der Allgemeinheit zugänglich und kann zudem in juristischen Publikationen erscheinen; *Geiben*, S. 35. Vgl. auch *Schwab/Walter*, S. 283 f.; *Quinn*, Marquette Intellectual Property Law Review 3 (1999), 96.

[276] *König*, Mitteilungen der deutschen Patentanwälte 1999, 362.

[277] *Quinn*, Marquette Intellectual Property Law Review 3 (1999), 97.

verwenden würden. Interessant ist jedoch, daß diejenigen Anwälte mit einer über zehnjährigen Berufserfahrung dem Schiedsgerichtsverfahren deutlich weniger abgewinnen konnten als Anwälte mit weniger Berufserfahrung. Dies könnte bedeuten, daß die Patentanwälte eher schlechte Erfahrungen mit diesem Verfahren machen.

Nach der Darstellung der wichtigsten Aspekte der Schiedsgerichtsbarkeit kann man im Ergebnis – unter Berücksichtung der oben gebildeten Kategorien[278] – zu folgender Einordnung kommen: Es handelt sich beim Schiedsgerichtsverfahren um eine bindende, gerichtsorientierte, freiwillige und rechtsorientierte Form der Streitbeilegung. Der Schiedsspruch hat die Wirkung eines rechtskräftigen gerichtlichen Urteils (vgl. § 1055 ZPO). Die Parteien müssen sich dabei zunächst über die Zuständigkeit eines Schiedsgerichts einigen, und materielles Recht bildet die Entscheidungsgrundlage des Schiedsgerichts. Zwar sind beim Schiedsgerichtsverfahren auch interessenorientierte Ergebnisse in Form einer Entscheidung nach billigem Ermessen denkbar. Doch wird dies eher die Ausnahme darstellen, so daß man von einem rechtsorientierten Verfahren sprechen muß. Es wurde jedoch oben festgestellt, daß es sich zumindest hinsichtlich der Bildung des Schiedsgerichts um ein konsensorientiertes und nicht um ein gerichtsorientiertes Verfahren handelt, da sich die Parteien zunächst über das Ob und Wie des Verfahrens verständigen müssen. Damit ein Schiedsgerichtsverfahren die erhofften Kostenvorteile bringt, muß hier bei den Beteiligten eine gewisse Kooperationsbereitschaft vorhanden sein. Auf eine solche generelle Kooperationsbereitschaft baut aber auch die Mediation auf. Damit wird deutlich, daß sich die Verfahren von ihren Ausgangsvoraussetzungen her durchaus ähneln. Stellt man folglich fest, daß es bei Patentstreitigkeiten einen Bedarf an außergerichtlicher Streitbeilegung durch Schiedsgerichte gibt, so dürfte auch Potential für Mediation vorhanden sein.

2. Verhandlung (*Negotiation*)

Das Verhandeln ist sowohl im Privat- als auch im Berufsleben ein alltägliches Verfahren, mit dem die meisten Konflikte und Auseinandersetzungen in einer informellen Art und Weise gelöst werden.[279] Man kann behaupten, daß das Verhandeln die Grundform aller Streitbeilegungsformen ist,[280] wenn man einmal

---

278 Siehe oben S. 40 f.

279 *Röhl*, Rechtssoziologie, S. 473; *Goldberg/Sander/Rogers*, S. 17; *Eidenmüller*, in: Henssler/Koch, § 2 Rn. 2.

280 *„This is the fundamental key to all consensual ADR activity.*", *Brown/Marriott*, ADR, Rn. 6-001; vgl. auch *Bercovitch*, in: Kressel/Pruitt, S. 284. Auch bei Verfahren vor staatlichen

von einer Streitbeilegung durch Gewalt bzw. absolute Macht absieht. Im Bereich des Patentrechts werden Verhandlungen zwischen den betroffenen Parteien meist der Ausgangspunkt für eine außergerichtliche Streitbeilegung sein, da es sich auch allgemein um die gebräuchlichste Form der Konfliktbeilegung handelt.[281] Auf Grund der Besonderheiten bei Patentstreitigkeiten müßte hier die Anzahl der Streitbeilegungen durch Verhandlungen sogar deutlich höher liegen[282] als in vielen anderen Bereichen des Wirtschaftslebens.[283] Gerade auf Grund des besonderen Kosten- und Prozeßrisikos bei Auseinandersetzungen um gewerbliche Schutzrechte empfiehlt es sich, zunächst abzuklären, inwieweit die gegnerische Partei tatsächlich gewillt ist, es auf ein förmliches Verfahren ankommen zu lassen, oder ob der Konflikt nicht auch z.B. durch das Aushandeln einer entsprechenden Unterlassungserklärung beigelegt werden kann.[284]

So gebräuchlich der Verhandlungsweg auch in vielen Bereichen sein mag, handelt es sich doch um eine sehr komplexe Form der menschlichen Interaktion. Der Prozeß von Kommunikation, Überzeugung und Entscheidung beinhaltet die Verwendung von sehr persönlichen, schwer greifbaren Fähigkeiten. Die Mischung aus Scharfsinn und Intuition scheint aus dem Verhandeln mehr eine Kunst als einen brauchbaren Gegenstand wissenschaftlicher Untersuchungen zu machen. Aus diesem Grunde stehen gerade erfahrene Verhandlungsführer allen Versuchen, den Verhandlungsprozeß in ein wissenschaftliches Konzept von Regeln und Theorien zu fassen, sehr skeptisch gegenüber. Es gibt wiederum

---

Gerichten oder privaten Schiedsgerichten bildet die formalisierte Verhandlung das Hauptelement; *Röhl*, Rechtssoziologie, S. 473 f.

281 *Goldberg/Sander/Rogers*, S. 3; Nach *Alexander* werden in Australien ca. 90% aller Rechtsfälle durch Verhandlungen erledigt. Auch wenn man diese Einschätzung instinktiv für richtig halten mag, findet man keinen Beleg für diese Zahl; siehe *Alexander*, Wirtschaftsmediation, S. 18. Für diese Annahme könnte jedoch sprechen, daß in Deutschland jährlich nur ca. 500 Rechtsstreitigkeiten in Patentsachen vor Gericht verhandelt werden. Dies ist angesichts der Zahl der in Deutschland eingetragenen Patente eine verhältnismäßig geringe Zahl. Siehe *Hase*, Mitteilungen der deutschen Patentanwälte 1993, 290. Vgl. auch *Stauder*, S. 21; *Rebel*, S. 197.

282 So *Raden*, BB Beilage 9, 1999, 20. Vgl. Fn. 281.

283 Laut einer Untersuchung liegt bei allgemeinen zivilrechtlichen Streitigkeiten die außergerichtliche Streitbeilegungsquote durch die Anwaltschaft bei ca. 70%. Hierzu trägt neben der Rechtsberatung vor allem die Verhandlungsführung durch die Anwaltschaft bei. Es ist jedoch anzumerken, daß, sobald beide Seiten durch einen Anwalt vertreten sind, sich das Bild umkehrt und die Streitbeilegungsquote auf ca. 30% sinkt; siehe *Wasilewski*, S. 36; *Stock*, in: Gottwald/Strempel, S. 124; Hartung/*Holl*, Anwaltliche Berufsordnung, § 18 Rn. 19.

284 *Winkler*, in: Büchner, Streitbeilegung, S. 24 Rn. 77.

eine wachsende Anzahl an teils interdisziplinären Untersuchungen, die sich mit dem Verhandlungsprozeß auseinandersetzen. Alle gehen davon aus, daß die Theorie nicht die praktische Erfahrung des Verhandelns ersetzen kann, es jedoch durch theoretische Erkenntnisse möglich ist, das Wissen um Verhandlungsabläufe zu verbessern und so eine Basis für systematisches Training und Ausbildung, die die Praxiserfahrung ergänzt und erweitert, zu schaffen. Untersuchungen in den USA anhand simulierter Verhandlungsrunden zeigen, daß Verhandlungstheorie und Training sehr wohl einen Unterschied bewirken, und daß allein Erfahrung ohne ein Fundament an theoretischem Grundwissen nicht unbedingt den besseren Verhandlungsführer ausmacht. Ein direkter Vergleich zwischen Wirtschaftsstudenten belegte, daß diejenigen, die eine theoretische Ausbildung im Verhandeln erhalten hatten, deutlich überdurchschnittliche Ergebnisse erzielten. Auch ein simulierter Verhandlungsmarathon zwischen unerfahrenen, aber entsprechend ausgebildeten MBA-Studenten auf der einen und erfahrenen Führungskräften aus Wirtschaft und Verwaltung auf der anderen Seite, machte deutlich, daß eine theoretische Ausbildung die fehlende praktische Erfahrung ausgleichen kann.[285] Es lohnt sich folglich eine theoretische Auseinandersetzung mit dem Verhandeln. Da das Verhandeln wiederum Grundlage für die Mediation ist,[286] – es wird nur zusätzlich eine neutrale dritte Partei in die Verhandlungen eingebunden[287] – soll deshalb ein Überblick über die Verhandlung und mögliche Verhandlungsstrategien gegeben werden. Das Hauptaugenmerk wird dabei dem kooperativen Verhandeln gelten, da die Mediation insbesondere auf Elementen dieser Strategie beruht.

a) Allgemeine Begriffsbestimmung

Definieren kann man das Verhandeln als einen informellen Prozeß, in dem zwei oder mehr Parteien Diskussionen mit dem Versuch führen, hierdurch eine Einigung bzw. Vereinbarung über einen Gegenstand zu finden, der für beide Seiten von Bedeutung ist bzw. über den Streit herrscht.[288] Hieraus ergeben sich

---

[285] *Bühring-Uhle*, Arbitration and Mediation, S. 223 ff.

[286] *Haft*, Verhandlung, S. 243; *Eidenmüller*, in: Henssler/Koch, § 2 Rn. 1; *Brown/Marriott*, ADR, Rn. 6-001; *Risse*, ZEV 1999, 206.

[287] *Goldberg/Sander/Rogers*, S. 3. Vgl. hierzu auch die Verwendung des Begriffs „*unassisted negotiation*" für Verhandlung; *Hehn*, in: Schlieffen/Haft, § 6 Rn. 40.

[288] *Mitchard* in: Martindale-Hubbell 1998, S. 15; *Goldberg/Sander/Rogers*, S. 17; *Alexander*, Wirtschaftsmediation, S. 17; *Breidenbach*, Mediation, S. 43. *Maddux* (S. 5) definiert Verhandeln als „*the process we use to satisfy our needs when someone else controls what we want.*" Diese Definition steht jedoch nicht im Widerspruch zu der obigen. *Bühring-Uhle* (Arbitration and Mediation, S. 222.) versucht hingegen die Definition von Verhandlung

wiederum – abhängig von der Art der Auseinandersetzungen – zwei grundsätzliche Ausrichtungen, die eine Verhandlung haben kann. Geht es bei der Verhandlung vornehmlich um die Bedingungen einer zukünftigen Zusammenarbeit, z.B. ein gemeinsames *Joint-venture* oder einen Geschäftsabschluß, z.B. den Erwerb von Schutzrechten, so spricht *Sander/Rogers*[289] von *deal-making negotiation* („prospektives" Verhandeln[290]). Solche Verhandlungen werden in der Regel stärker interessenorientiert sein, da sie auf die Zukunft ausgerichtet sind und zu einer Vereinbarung führen sollen. Hiervon zu unterscheiden sind Verhandlungen, die der Regelung bzw. Beilegung von Streitigkeiten über bereits vergangene Geschehnisse dienen, z.B. der Verstoß gegen Vertragsklauseln. Solche Verhandlungen werden von *Sander/Rogers* als *dispute settlement negotiation* („retrospektives" Verhandeln[291]) bezeichnet.[292] Sie richten ihr Hauptaugenmerk auf die Vergangenheit und haben deshalb die Tendenz, ihren Blick stärker auf die bestehende Rechtslage zu richten, sie sind also rechtsorientiert. Diese Verhandlungen sind sehr viel schwieriger, da sie im Gegensatz zu den *deal-making negotiations* zunächst keine Perspektive für eine Wertsteigerung für beide Parteien bieten, sondern in der Regel auf ein Nullsummenspiel hinauslaufen, also ein Zugewinn der einen Seite automatisch zu Lasten der anderen Seite geht.[293] Deshalb können manche Auseinandersetzungen, die aus einer Vereinbarung resultieren, am besten gelöst werden, indem man versucht, eine neue Vereinbarung zu formulieren. Auf diesem Wege wird *dispute settlement negotiation* in *deal-making negotiation* umgewandelt.[294]

---

weiter zu fassen, indem er *negotiation* als *„communication directed at achieving a joint decision"* definiert. *„Communication"* soll entgegen der Diskussion auch die non-verbale Kommunikation erfassen. *„Joint decision"* soll entgegen der hier verwendeten Bezeichnung „Einigung bzw. Vereinbarung" zum Ausdruck bringen, daß eine gemeinsame Aktion von statten geht, ein *„meeting of minds"* stattfindet. Da zwischenmenschliche Aktionen nicht so präzise beschrieben und definiert werden können, mag die Definition von *Bühring-Uhle* hier als Ergänzung dienen.

289 Siehe in *Goldberg/Sander/Rogers*, S. 66.

290 So die Bezeichnung von *Leonhard*, BB Beilage 9, 1999, 13.

291 Siehe Fn. 290.

292 So auch *Eisenberg*, der zwischen *dispute-settlement negotiation* und *rulemaking negotiation* unterscheidet; *Eisenberg*, Harvard Law Review 89 (1976), 637 f.

293 Eine Zusammenfassung der Unterschiede zwischen *dispute settlement negotiation* (DSN) und *deal-making negotiation* (DMN) findet sich bei *Goldberg/Sander/Rogers*, S. 68.

294 Obwohl DMN und DSN recht gut voneinander zu unterscheiden sind, wird es oft ein symbiotisches Wechselspiel zwischen diesen zwei Ausrichtungen geben; *Goldberg/Sander/Rogers*, S. 66 f.

b) Verhandlungsstrategien

Innerhalb einer Verhandlung wird im Normalfall zwischen verschiedenen Verhandlungsstrategien hin und her gewechselt. Welche Strategie oder Strategiekombination gewählt wird, hängt von Persönlichkeitsmerkmalen[295], Interaktionsmerkmalen[296] und Merkmalen der konkreten Situation[297] ab.[298] Für welche Strategie man sich dann entscheidet, hängt also etwa davon ab, ob die Beziehung zum Verhandlungspartner oder das Interesse am Verhandlungsergebnis im Vordergrund stehen.[299] Ausgehend von der Orientierung an persönlichen Zielen oder an der Beziehung zum Verhandlungspartner kann zwischen unterschiedlichen Konfliktstilen unterschieden werden[300], die den hier dargestellten Verhandlungsstrategien[301] entsprechen. Haben sowohl die persönlichen Ziele als auch die Beziehungen zu einer anderen Person einen hohen Stellenwert, so spricht man von einem *problemlösenden Konfliktstil* (kooperatives Verhandeln). Werden die persönlichen Ziele höher bewertet, spricht man von einem *durchsetzenden Konfliktstil* (kompetitives Verhandeln). Werden sie niedriger als die Beziehung bewertet, spricht man von einem *nachgebenden Konfliktstil* (Anpassungsstrategie). Haben sowohl die persönlichen Ziele als auch die Beziehung einen niedrigen Stellenwert, wird ein *vermeidender Konfliktstil* (Vermeidungsstrategie) angenommen.[302] Im folgenden sollen diese verschiedenen Strategien dargestellt werden.

(1) Kooperatives Verhandeln

Die Unterscheidung zwischen interessenorientiertem und rechtsorientiertem Verhandeln bildet den Ansatzpunkt für eine kooperative Verhandlungsstrategie.[303] Diese Verhandlungsstrategie wird auch als prinzipiengeleitetes, integratives, rationales, problemorientiertes, interessenorientiertes, oder *„win-*

---

[295] Z.B. Fähigkeiten, Wertvorstellungen und Motivation der Konfliktpartei.

[296] Z.B. das Bestehen von Beziehungen zwischen den Parteien und die sich hieraus ergebenden Erfahrungen der Vergangenheit.

[297] Z.B. der soziale Kontext oder Instruktionen von anderen.

[298] Siehe *Fischer/Wiswede*, Sozialpsychologie, S. 594.

[299] *Lewicki/Hiam/Olander*, S. 61 ff.; *Ponschab/Bauriedel*, in: Gottwald, AKR-Handbuch, 4.3., S. 2 ff.

[300] Siehe etwa *Blake/Mouton*, Verhaltenspsychologie im Betrieb, S. 25 ff.; *Rubin/Pruitt/Kim*, Social Conflict, S. 29 f.

[301] Siehe unten S. 56 ff.

[302] Siehe *Fischer/Wiswede*, Sozialpsychologie, S. 595.

[303] *Eidenmüller*, in: Henssler/Koch, § 2 Rn. 16.

win" Verhandeln bezeichnet.[304] Bekannt ist diese Strategie durch den Bestseller „*Getting to Yes*" von *Roger Fisher* und *William Ury* und dem darin vertretenen sog. Harvard-Konzept[305]. Das Buch von *Fisher/Ury* enthält mehrere Kernaussagen, die für die von ihnen vertretene Verhandlungsmethode[306] stehen:

- **In Verhandlungen soll vermieden werden, Positionen einzunehmen und zu verteidigen.**[307] In den meisten Verhandlungen werden Positionen in Form von Forderungen eingenommen. Der Lizenzinhaber will z.B. nur eine Lizenz über fünf Jahre erteilen, wohingegen der Verhandlungspartner eine Lizenzdauer von mindestens zehn Jahren fordert. Beide nehmen mit ihren Forderungen eine Position ein. Bei Positionen handelt es sich jedoch um Wunschvorstellungen für die Zukunft,[308] die mit den Wunschvorstellungen anderer selten übereinstimmen. Aus dieser Unvereinbarkeit entsteht ein „Gerangel" um Positionen, das oft zu unklugen Einigungen führt, ineffizient ist und künftige Beziehungen nachhaltig belastet.[309]

- **Menschen und Probleme sind getrennt voneinander zu behandeln.**[310] Da sich nie vollkommen rationale Verhandlungsteilnehmer gegenüberstehen, spielen negative Emotionen in Form von Ärger, Zorn und Abneigung, aber auch positive Emotionen in Form von Vertrauen und Zuneigung immer eine Rolle. Treten negative Emotionen auf, so sind vor der Lösung der Sachprobleme zunächst die Probleme auf emotionaler Ebene zu lösen.

- **Konzentration auf Interessen und nicht auf Positionen.**[311] Während es bei Positionen darum geht, was man will, geht es bei Interessen darum, warum man es will. Die Konzentration auf Interessen kann das Vorliegen

---

304 Siehe *Goldberg/Sander/Rogers*, S. 36; *Haft*, in: Schlieffen/Haft, § 8 Rn. 12 ff; *Riskin*, Harvard Negotiation Law Review 1 (1996), 15 f.; *Bühring-Uhle*, Harvard Project, in: Gottwald/Strempel, S. 75.

305 Siehe Buchtitel der deutschen Übersetzung von „Getting to Yes", *Fisher/Ury/Patton*, Das Harvard Konzept, Frankfurt New York 2000; Zum *Harvard Negotiation Project* siehe *Bühring-Uhle*, Harvard Project, in: Gottwald/Strempel, S. 75.

306 Es ist hier zu betonen, daß es sich bei dem Harvard-Konzept nicht um eine Verhandlungtheorie handelt, sondern lediglich um eine Methode, die theoretische Erkenntnisse nutzt.

307 *Fisher/Ury*, S. 3 ff.

308 *Haft*, in: Schlieffen/Haft, § 2 Rn. 12.

309 *Fisher/Ury*, S. 5 f.

310 *Fisher/Ury*, S. 17 ff.

311 *Fisher/Ury*, S. 41 ff.

von gemeinsamen oder sich ergänzenden Interessen offenlegen, die eine Einigung möglich machen. So besteht oft ein bedeutendes Interesse beider Verhandlungsteilnehmer daran, eine lange und gute Geschäftsbeziehung aufrechtzuerhalten. Bei einer kompetitiven Verhandlungsstrategie spielen diese Beziehungen eine untergeordnete Rolle oder fallen dieser Strategie sogar ganz zum Opfer.

- **Bevor Entscheidungen getroffen werden, sind mehrere Entscheidungsmöglichkeiten zu entwickeln, vor allem solche zum beiderseitigen Vorteil.**[312] Verhandlungen müssen nicht automatisch mit einem Verteilungskampf verbunden sein, bei dem jede Partei versucht, sich auf Kosten der anderen Partei einen möglichst großen Anteil an dem zu verteilenden Gut zu sichern. Ganz im Gegenteil sind oft Verhandlungslösungen denkbar, bei denen sogar die Interessen beider Parteien gefördert werden und somit ein Mehrwert für beide entsteht.[313] Solche Lösungen sind jedoch nur möglich, wenn die Parteien zunächst erkennen, daß es unter Umständen mehr als nur das strittige Recht zu verteilen gibt. Dies ist wiederum nur möglich, wenn die Parteien den Blick für Alternativen weiten und sich nicht allein auf den Streitgegenstand konzentrieren.

- **Es sind objektive und faire Kriterien für eine Verhandlungslösung zu etablieren.**[314] Manche Gegenstände von Verhandlungen sind für einen Ansatz, der für beide Seiten eine vorteilhafte Lösung sucht, nicht geeignet. Zum Beispiel sind reine Preisverhandlungen meist einer sog. *Win-Win*-Lösung nicht zugänglich, da jede Veränderung des Preises automatisch für eine Partei mehr und für die andere Partei weniger Geld bedeutet.

---

312 *Fisher/Ury*, S. 58 ff.

313 Zur Erläuterung des Prinzips von *Win-Win*-Lösungen wird oft das Beispiel der zwei Schwestern bemüht, die sich um eine Orange zanken, wobei eine im Grunde nur das Fruchtfleisch und die andere nur die Schale zum Backen braucht, *Fisher/Ury*, S. 59; *Klinger/Bierbrauer*, in: Schlieffen/Haft, § 10 Rn. 52 ff. Ein weiteres Beispiel, das noch nicht so überstrapaziert wurde wie die Orangengeschichte, ist die Allegorie von den zwei Besuchern einer Bibliothek, die sich darum streiten, ob ein Fenster geöffnet oder geschlossen werden soll. Wenn sie feststellen, daß die Person, die gegen das Öffnen des Fensters ist, nur nicht im direkten Luftzug sitzen möchte, aber nichts gegen frische Luft hat, kann dadurch, daß im Nebenraum ein Fenster geöffnet wird, die Situation für beide zufriedenstellend gelöst werden. Dieses Beispiel veranschaulicht ebenfalls, daß durch Erweiterung der Streitperspektive neue, für beide befriedigende Lösungen gefunden werden können. Hätten die beiden Besucher den Streit auf das Öffnen oder Schließen des einen Fensters reduziert, wäre statt dessen nur ein Nullsummenspiel möglich gewesen.

314 *Fisher/Ury*, S. 84 ff.

Damit eine solche Situation möglichst nicht in einem ineffizienten Feilschen bzw. in einem Scheitern der Verhandlungen endet, schlagen *Fisher* und *Ury* vor, daß die Verhandlungsteilnehmer sich auf objektive Kriterien konzentrieren, um so weiterhin die Kontrolle über den Ausgang der Verhandlungen zu behalten. Geeignet sind Kriterien, die unabhängig vom Willen beider Seiten sind. Dies können Gutachten, Marktpreise, Gerichtsurteile oder auch moralische Erwägungen[315] sein, um hier nur einige denkbare Kriterien zu nennen. Selbst wenn die Parteien sich nicht darüber einigen können, welches Kriterium das maßgebliche sein soll, so führt doch die Konzentration auf objektive Faktoren zu einer Rationalisierung der Verhandlung und macht somit ein Scheitern weitaus unwahrscheinlicher.

- **Die Verhandlungsteilnehmer müssen ihre beste Alternative zu einer Verhandlungsübereinkunft kennen.**[316] Eine Verhandlung macht nur dann einen Sinn, wenn man dadurch ein besseres Ergebnis erzielen kann als das, das man bei einem Verzicht auf Verhandlungen erreichen würde. Um zu wissen, ob sich die Fortführung einer Verhandlung mit dem Verhandlungsgegner noch lohnt, muß man wissen, welche Alternativen es zu einer Verhandlungsübereinkunft gibt. Kennt man diese Ausstiegsalternative nicht, läuft man Gefahr, sich auf eine Einigung einzulassen, die für einen selbst nachteilig ist, bzw. einen Einigungsvorschlag auszuschlagen, der das beste Ergebnis für einen selbst dargestellt hätte.[317]

---

[315] Zur Problematik, wenn als Kriterium Gerechtigkeit verwendet wird, siehe *Montada/Kals*, Mediation, S. 131 f.

[316] *Fisher/Ury*, S. 101 ff.; siehe auch *Lax/Sebenius*, S. 48 ff. *Fisher/Ury* bezeichnen dieses Konzept als „*the best alternative to a negotiated agreement*“ (BATNA).

[317] Ergänzend hierzu nennt *Haynes* (*Haynes/Haynes*, S. 11) einen weiteren Entscheidungsmaßstab, „*the Worst Alternative to a Negotiated Agreement*“ (WATNA), also die schlechteste Alternative zu einer Verhandlungsübereinkunft. Verhandlungsteilnehmer sollten sowohl die beste als auch die schlechteste Ausstiegsalternative für sich selbst und – wenn möglich – für den Verhandlungsgegner kennen. Nach *Haynes* muß das Konzept des BATNA auch deshalb um das Konzept des WATNA ergänzt werden, weil die Menschen oftmals durch ihre schlimmsten Befürchtungen mehr motiviert werden als durch ihre größten Hoffnungen. Wichtig ist der „WATNA“ z.B. dann, wenn die einzige Alternative zu einer Verhandlungslösung die Entscheidung vor Gericht ist, der Ausgang hier jedoch ungewiß ist. Kennt man nicht Kosten etc., die entstehen, wenn man – ausgehend vom schlimmsten Fall – den Prozeß verliert, kann man nicht beurteilen, wann eine außergerichtliche Einigung sinnvoll ist. Siehe hierzu *Brown/Marriott*, ADR, Rn. 6-013.

An *Fisher* und *Ury's „Getting to Yes"* wird kritisiert, daß dem Konzept ein zu harmonisches Bild von möglichem menschlichem Zusammenleben zugrunde liegt und ein Verhandler, der diese Strategie verfolgt, kaum Chancen gegen das kompetitive Verhandeln anderer hat.[318] Gegen den letztgenannten Vorwurf richtet sich *Ury* mit seinem Buch *„Getting Past No"*, dessen neuere Ausgabe den Untertitel *„Negotiating with Difficult People"* trägt.[319] Hierin entwickelt er eine Methode, nach der auch bei schwierigen bzw. kompetitiv ausgerichteten Verhandlungspartnern auf Kooperation nicht verzichtet werden muß und trotzdem nicht die Gefahr besteht, ausgenutzt zu werden.[320]

White[321] kritisiert an *Fisher/Ury*, daß die in ihrem Buch aufgestellten Richtlinien nur dann hilfreich sein können, wenn es in der Verhandlung die Möglichkeit eines gemeinsamen Zugewinns gibt. Unbrauchbar sei ihre Verhandlungsstrategie jedoch dann, wenn es in einer Verhandlung nur einen Zugewinn der einen Seite auf Kosten der anderen Seite geben kann (Nullsummenspiel), weil keine Zugaben zur Hauptsache zu verteilen sind.[322] Die Vorstellung von *Fisher/Ury*, daß ein geschickter Verhandler jede Verhandlung hin zu einer problemlösenden und interessenorientierten Verhandlung lenken kann, wird in diesem Zusammenhang als unrealistisch und naiv bezeichnet. Der Umgang mit Konflikten würde durch die Darstellung insgesamt trivialisiert, was jedoch der Konfliktbeilegung, die sich meist als ein sehr komplexer Prozeß darstellt, nicht gerecht würde.[323]

In der Tat wird es viele Verhandlungen geben, bei denen das Konzept von *Ury/Fisher* nicht aufgehen wird. Das sind mit Sicherheit in erster Linie diejenigen Verhandlungen, bei denen es nur um die Verteilung von Gütern geht, und kein darüber hinausgehender Zugewinn für beide Parteien zu erzielen ist. Hierfür sieht jedoch *Ury/Fisher* die Entwicklung von objektiven Kriterien vor,

---

318 Siehe *Tidwell*, Conflict resolved?, S. 26; *Goldberg/Sander/Rogers*, S. 37 f.

319 *Ury*, Getting Past No – Negotiating with Difficult People, New York 1991.

320 *Ury* nennt diese Methode *„breakthrough negotiation"*. Die in fünf Schritte eingeteilte Methode beginnt damit, daß man sich zunächst nicht auf die Taktiken der Gegenseite einläßt. In den weiteren Schritten geht es zunächst darum, Fronten abzubauen und dann den Weg von einer positionsorientierten zu einer problemorientierten Verhandlung zu finden.

321 *White*, Journal of Legal Education 34 (1984), 115 ff.

322 *Goldberg/Sander/Rogers*, S. 45.

323 *„[T]hey trivialize conflict, routinize methods of handling conflict, and undervalue the role that situation and context play in handling conflict."* *Tidwell*, Conflict resolved?, S. 25.

die helfen sollen, eine sachgerechte Entscheidung zu finden.[324] Dem wird von *White* entgegengesetzt, daß es keine rein objektiven Kriterien gibt, sondern daß auch diese vermeintlich objektiven Kriterien einem dynamischen Prozeß unterliegen. Dies wird jedoch in dem Buch „*Getting to Yes*" auch nicht behauptet. Hier dienen die Kriterien lediglich dazu, die Verhandlung effizient und sachbezogen führen zu können, ohne jedoch eine Unanfechtbarkeit beanspruchen zu wollen. Daß es Verhandlungen gibt, bei denen das Harvard-Konzept nicht aufgehen mag, so zum Beispiel in Fällen, in denen Sach- und Beziehungsaspekte nur schwer voneinander zu trennen sind,[325] wird auch von den Autoren nicht bestritten, sondern lediglich nicht hinreichend betont.[326] Dadurch wird von *Ury/Fisher* der Eindruck vermittelt, daß z.B. emotionales Verhalten – das ja gerade Verhandlungen erheblich negativ beeinflussen kann – entweder keine Rolle spielt oder leicht zu kontrollieren ist. Dem ist aber nicht so. Ist der Konflikt eskaliert und sind die Parteien folglich auch stark emotional am Streit beteiligt, so wird es auch mit dem Konzept von *Ury/Fisher* meist keine Verhandlungslösung geben. Insofern muß man hier der Kritik von *White* teilweise zustimmen. Man muß jedoch auch sehen, daß mit dem problemorientierten Ansatz von *Ury/Fisher* für viele Verhandlungen eine klare Alternative zu den bekannten Verhandlungsmustern aufgezeigt wird.

(2) Kompetitives Verhandeln

Diese Verhandlungsstrategie wird auch als intuitives oder konkurrenzorientiertes Verhandeln sowie als Basarmethode bezeichnet.[327] Wie der Name schon sagt, wird bei dieser Strategie die Konkurrenzsituation zwischen den Verhandlungsgegnern besonders betont. Diese Strategie geht von der Annahme aus, daß jeder eigene Gewinn automatisch auf Kosten der anderen Partei geht, insofern also nur ein feststehender Wert zu verteilen ist. Bei diesem Verteilungskampf spielen deshalb die Faktoren Stärke und Macht eine besonders wichtige Rolle. Ein guter Verhandler ist nach diesem Konzept derjenige, der es besonders gut versteht, den eigenen Gewinn zu steigern, wobei zwangsläufig in Kauf

---

[324] Es sollte beachtet werden, daß die Verhandlungsstrategie, Menschen und Probleme getrennt voneinander zu behandeln, in anderen Kulturen die Wahrscheinlichkeit eines Scheiterns der Verhandlungen deutlich erhöhen kann; vgl. *Bierbrauer*, in: Schlieffen/Haft, § 11 Rn. 4; *Tidwell*, Conflict resolved?, S. 2.

[325] So *Schöpflin*, JA 2000, 159 f. Wobei die Basarmethode, wenn man hierunter das Feilschen faßt, auch kooperative Elemente enthalten kann, *Lewicki/Hiam/Olander*, S. 153.

[326] Vgl. den Kommentar von *Fisher* zur Rezension von *White*, Journal of Legal Education 34 (1984), 120 ff.

[327] Siehe *Schöpflin*, JA 2000, 158.

genommen wird, daß die andere Seite im Gegenzug verliert. Die kompetitive Verhandlungsstrategie ist deshalb allenfalls dann zu empfehlen, wenn es keine Rolle spielt, ob hierdurch die Beziehung zwischen den Parteien belastet und gefährdet wird. Daß die Beziehung zur anderen Partei keine Bedeutung hat, kann mehrere Gründe haben. So kann es sich um eine einmalige Verhandlung ohne zukünftige Beziehungen handeln oder der Verhandlungsgegner gilt als harter, unehrlicher Verhandlungspartner und man versucht, sich mit dieser Strategie vor einer Übervorteilung zu schützen. In manchen Situationen mag eine konkurrenzorientierte Strategie sinnvoll oder unvermeidlich sein. Insgesamt überwiegen jedoch die Nachteile dieser Strategie.[328]

(3) Weitere Verhandlungsstrategien

Weitere Verhandlungsmethoden sind die Anpassungs- und Vermeidungsstrategie.[329] Eine Anpassungsstrategie wird angewendet, wenn die persönliche Beziehung wichtiger ist als das Verhandlungsergebnis.[330] Hier gibt eine Seite zunächst einseitig nach, um z.B. Vertrauen aufzubauen, Respekt vor der anderen Person auszudrücken oder die Intensität der Beziehung zu beeinflussen.[331] Oftmals wird ein Verhandlungsteilnehmer, der sich in einzelnen Punkten den Wünschen des Verhandlungsgegners anpaßt, im Gegenzug erwarten, daß auch dieser sich zu einem späteren Zeitpunkt für das eigene Entgegenkommen erkenntlich zeigt. Charakteristisch für die Anpassungsstrategie ist also nicht unbedingt ein Machtgefälle zwischen den Verhandlungsteilnehmern, das eine Partei zu einem weitgehenden Nachgeben zwingt. Meist wird ein Muster von Geschenken und darauf folgenden Gegengeschenken vorliegen, da sich das einseitige Ausnutzen einer Person nur selten dauerhaft aufrechterhalten läßt.

Bei der Vermeidungsstrategie lehnt eine Partei es ab, zu verhandeln (aktive Vermeidung). Sie erscheint erst gar nicht zu einer Verhandlung oder erhebt während einer Verhandlung keinerlei Einwände (passive Vermeidung).[332] Dieser

---

[328] Vgl. *Schöpflin*, JA 2000, 159.

[329] *Lewicki/Hiam/Olander* (S. 61 ff.) stellen zusätzlich die Kompromißstrategie als eine Mischform der verschiedenen Verhandlungsstrategien dar. Ihnen gelingt es jedoch nicht, eine präzise Abgrenzung zu anderen Strategien vorzunehmen. Da sowohl der Wertzugewinn durch die Verhandlung als auch das Maß des Entgegenkommens keine brauchbaren Abgrenzungskriterien bilden und auch der Sinn einer eindeutigen Abgrenzung nicht einleuchtet, soll hier lediglich darauf hingewiesen werden, daß die einzelnen Strategien selten in Reinform vorliegen. Auf eine gesonderte Darstellung der Kompromißstrategie wird jedoch verzichtet.

[330] Vgl. oben S. 56 f.

[331] *Lewicki/Hiam/Olander*, S. 135.

[332] *Lewicki/Hiam/Olander*, S. 137.

„introvertierte Verhandlungsstil“ kann für eine Person dann sinnvoll sein, wenn für sie kein Interesse auf der Beziehungsebene sowie an dem Verhandlungsergebnis besteht und Verhandlungen eventuell mit zusätzlichem Aufwand in Form von Zeit und Geld verbunden sind.[333] Es kann durchaus zweckmäßig sein, auf eine Verhandlung zu verzichten, wenn die eigenen Bedürfnisse auch ohne Verhandlung befriedigt werden können oder wenn es sehr gute Alternativen gibt.[334] Weiterhin ist die Vermeidung von Verhandlungen z.B. dann sinnvoll, wenn man sich hierfür auf ein fachfremdes Gebiet wagen müßte und somit eine geringe Chance besteht, ein gutes Verhandlungsergebnis zu erzielen, weil die nötigen Kenntnisse fehlen.

Bis auf die Strategie der Vermeidung kann man wohl alle hier dargestellten Verhandlungsstrategien auch im Rahmen eines Mediationsverfahrens antreffen, da es sich bei der Mediation ja um nichts anderes als Verhandlungen mit der Unterstützung eines neutralen Dritten handelt.[335] Der Erfolg eines Mediationsverfahrens hängt aber schlußendlich – wie bei bilateralen Verhandlungen auch – von der Kooperationsbereitschaft der Parteien ab, so daß sich vielleicht die Frage nach dem zusätzlichen Nutzen der Mediation gegenüber bilateralen Verhandlungen stellen mag. Dieser kann nur darin liegen, daß durch die Einschaltung eines neutralen Dritten eine höhere Kooperationsbereitschaft bei den Parteien erreicht wird. Dies gilt es im folgenden darzustellen.[336]

3. Mediation

Der Begriff der Mediation und die ihm zugrundeliegende Methode wurde 1977 durch einen Beitrag der amerikanischen Wissenschaftler *Felstiner* und *Williams* bei einer Rechtssoziologen-Tagung erstmals in Deutschland vorgestellt.[337] Dieser Umstand und die Betonung der USA als Ursprungsland der Mediation durch die Literatur[338] legen die Vermutung nahe, daß es sich bei dem Begriff der Mediation um einen Anglizismus handelt, der auch in die deutsche Rechtssprache seinen Eingang gefunden hat. Als Begriff wird die Mediation jedoch bereits

---

[333] *Lewicki/Hiam/Olander*, S. 65 f.

[334] Zu den Gründen, die für einen Rückzug aus einer Verhandlung bzw. einer Vermeidung sprechen, siehe auch *Röhl*, Rechtssoziologie, S. 471 f.

[335] Siehe oben S. 54.

[336] Vgl. hierzu die Einigungsbarrieren bei Verhandlungen unten S. 123 ff.

[337] *Strempel*, in: Schlieffen/Haft, § 4 Rn. 40 ff.

[338] Vgl. z.B. *Risse*, WM 1999, 1865 f.; *Weigand*, BB 1996, 2106.

im 17. Jahrhundert in der deutschen Rechtssprache verwendet.[339] Doch auch wenn es sich um keinen ganz neuen Begriff handelt, scheint doch weitgehend Einigkeit darüber zu bestehen, daß das dahinter stehende Konzept, das die Mediation derzeit zu einer der am schnellsten wachsenden Formen der außergerichtlichen Streitbeilegung in der Welt macht,[340] neu ist.

Im folgenden soll versucht werden, eine Begriffsbestimmung der Mediation vorzunehmen. Es erweist sich jedoch als schwierige Aufgabe, Begriff und Wesen der Mediation darzustellen, da es bei der Mediation zunächst keine fest umrissenen Grenzen zu geben scheint, die eine präzise Begriffsbestimmung zulassen. Deshalb vertritt etwa *Glasl* die Ansicht, daß es sich bei dem Konzept der Mediation, das ursprünglich aus der Diplomatie stammt, auf Grund der zahlreichen abgewandelten Formen, in denen es heute eingesetzt wird (Familienmediation, Täter-Opfer-Ausgleich, etc.), um einen „Containerbegriff" handelt, in den alles Mögliche hineinprojiziert werden kann.[341]

Auch nach *Breidenbach*[342] erlaubt die Mediation nur eine Basisdefinition als Ausdruck der äußerst begrenzten Gemeinsamkeiten zwischen den unterschiedlichen Erscheinungsformen. Nach dieser Definition handelt es sich um Mediation, wenn ein neutraler Dritter ohne Entscheidungsgewalt oder Zwangsmittel versucht, den Parteien auf dem Weg zu einer Einigung zu helfen. Eine darüber hinausgehende, präzisere Definition werde durch die Vielfalt der Verfahrensalternativen, die unter der Bezeichnung Mediation angeboten werden oder die eine Mediationskomponente enthalten, unmöglich gemacht. Fraglich ist jedoch, ob eine solche Basisdefinition ausreicht, um dem Begriff der Mediation eine hinreichende Aussagekraft zu verleihen.[343] Ob eine darüber hinausgehende

---

339 Der Begriff „*Mediationswerk*" findet sich in den Protokollen und Relationen des brandenburgischen Geheimen Rates aus der Zeit des Kurfürsten Friedrich Wilhelm insbesondere für eine Vermittlungstätigkeit im politischen Bereich; siehe *Speer* (Bearb.), Deutsches Rechtswörterbuch, Bd. 9, S. 395.

340 So jedenfalls *Mitchard* in: Martindale-Hubbell 1998, S. 11.

341 *„Ein genaues Studium der als Mediation angebotenen Methoden und Verfahren erweist, dass es sich dabei um sehr unterschiedliche Ansätze handelt, nämlich um Moderation, Prozesskonsultation, klassische Vermittlung (Mediation) und Conciliation."* *Glasl*, Konfliktmanagement, S. 366. Auch andere stellen fest, daß es sich um einen sehr unscharf verwendeten Begriff handelt; so etwa *Schäfer*, Mitteilungen der deutschen Patentanwälte 2001, 109 Fn. 1.

342 *Breidenbach*, Mediation, S. 137.

343 Siehe hierzu *v. Schlieffen*, in: Schlieffen/Haft, § 7 Rn. 18 ff; *Riskin*, Harvard Negotiation Law Review 1 (1996), 9.

Begriffsbestimmung möglich ist, soll im folgenden untersucht werden. Hierfür soll zunächst in einem ersten Schritt negativ bestimmt werden, was Mediation *nicht* ist. Allerdings ist dies allein nicht ausreichend, um Mediation hinreichend begrifflich zu bestimmen.

a) Negative Begriffsbestimmung

§ 18 Berufsordnung der Rechtsanwälte (BORA) enthält die Regelung, daß der Rechtsanwalt den Regeln des anwaltlichen Berufsrechts unterliegt, wenn er als Vermittler, Schlichter oder Mediator tätig wird. Eine Unterscheidung, die im folgenden untersucht und um das „Richten" ergänzt werden soll. Denn trotz dieser gesetzlichen Unterscheidung wird zum Teil die Ansicht vertreten, daß die Begriffe des „Vermittelns", „Schlichtens" und „Mediierens" nicht voneinander abgrenzbar und auch nicht abgrenzungswürdig seien.[344]

(1) Richten

Die Unterscheidung zwischen Gerichtsbarkeit – ob nun privat in Form eines Schiedsgerichts oder staatlich – und Mediation fällt vergleichsweise leicht, auch wenn es Gemeinsamkeiten gibt. So ist sowohl der Mediator als auch der Richter zur Neutralität bzw. Unparteilichkeit verpflichtet und beide übernehmen Funktionen der Prozeßsteuerung. Ähnlich einem Mediator soll gem. § 278 I ZPO der Richter sogar jederzeit auf eine gütliche Beilegung des Rechtsstreits bedacht sein und auch ein Schiedsrichter wird in aller Regel vergleichsfördernd agieren (vgl. § 1053 ZPO). Scheitern jedoch diese Bemühungen, so muß der Richter eine rechtsverbindliche Entscheidung treffen.[345] Dieser Umstand beeinflußt das Verfahren nachhaltig, da für eine Entscheidung eine objektive Entscheidungsrichtlinie notwendig wird. Diesen Bewertungsmaßstab bilden in der Regel Rechtsnormen. Natürlich wird auch beim Mediationsverfahren das Recht nicht ausgeblendet. Jedoch geht es im Gegensatz zum Gerichtsverfahren im Kern nicht um die *Rechtsanwendung*, sondern vielmehr um die *Rechtsverwendung*, also um die Gestaltung von Lebensverhältnissen.[346] Die Gerichtsbarkeit ist somit im Ergebnis im Gegensatz zur Mediation zum einen ein bindendes Verfahren und zum anderen eine stärker rechtsorientierte Form der Streitbeilegung.

---

[344] Hartung/*Holl*, Anwaltliche Berufsordnung, § 18 Rn. 16. Jedoch wird auch hier die Beobachtung gemacht, daß seit einigen Jahren die Mediation mit zunehmender Geschwindigkeit an Profil gewinnt.

[345] *Eidenmüller*, in: Henssler/Koch, § 2 Rn. 22 ff.; *Risse*, WM 1999, 1864 f.

[346] *Bono-Hörler*, S. 110 f.; *Rehbinder*, Rechtssoziologie, Rn. 8.

(2) Schlichten

Schon im Jahre 1960 wurde durch den späteren Justizminister *Günther Jahn* die Frage aufgeworfen, ob sich das Schiedsmannswesen beleben läßt.[347] Auch Tagungen, die sich im Anschluß mit dieser Frage beschäftigten und Broschüren des Bundesjustizministeriums konnten jedoch nichts daran ändern, daß selbst Schiedsstellen, die auf eine langjährige Tradition zurückblicken konnten,[348] immer stärker an Bedeutung einbüßten.[349] Sollte es keinen deutlichen Unterschied zwischen Schlichtung und Mediation geben, so müßte die Entwicklung im deutschen Schiedsmannswesen – auch wenn es hier Besonderheiten zu berücksichtigen gilt – zumindest Anlaß zur Sorge geben, daß es sich auch bei der Mediation um ein Auslaufmodell handeln könnte.

In der Tat wird von einigen die Ansicht vertreten, daß eine eindeutige Abgrenzung zur Mediation nicht möglich ist und Unterschiede auch nicht vorhanden sind.[350] In der US-amerikanischen Literatur werden etwa die Begriffe *conciliation* – dies kann am ehesten mit Schlichtung übersetzt werden[351] – und *mediation* als geradezu inhaltsgleiche Begriffe verwendet.[352] Teilweise wird jedoch *conciliation* auch für die Bezeichnung eines informelleren Verfahrens als das Mediationsverfahren bzw. für ein Verfahren, bei dem der neutrale Dritte eine weniger aktive Rolle einnimmt, verwendet.[353]

Walter[354] definiert das Schlichtungsverfahren als ein Verfahren zur Herbeiführung einer vergleichsweisen Einigung der Parteien. Aufgabe eines Schlichters ist es demnach, durch Erforschung der Streitlage einen akzeptablen Einigungsvor-

---

347 *Jahn*, Schiedsmannszeitung 1960, 103 ff. Das Schiedsmannswesen entspricht der Schlichtung und ist insofern von der Schiedsgerichtsbarkeit abzugrenzen; siehe *Stix*, S. 118 ff.

348 Z.B. die Öffentlichen Rechtsauskunftsstellen in Hamburg und Lübeck in ihrer Funktion als Schlichtungsstellen.

349 Vgl. *Blankenburg*, Sekundäranalyse, S. 17 f.; *Zimmer*, S. 35 ff.

350 *Bühring-Uhle*, Streitbeilegung, in: Gottwald/Strempel, S. 63; Vgl. auch Fn. 344.

351 Siehe *Bühring-Uhle*, Arbitration and Mediation, S. 273 f. Fn. 39; *Dietl/Moss/Lorenz*, Rechtswörterbuch, S. 147.

352 Vgl. *Hay*, in: Breidenbach, Konsensuale Streitbeilegung, S. 110; *Bühring-Uhle*, Arbitration and Mediation, S. 216; *Fischer/Junker*, Journal of International Arbitration 1988, 25; *Fuller*, Southern California Law Review 44 (1971), 308; *Duve*, Mediation, S. 83; *Haft*, Verhandlung, S. 244; *Brown/Marriott*, ADR, Rn. 7-002 f; *UNCITRAL* Working Group II (Arbitration and Conciliation), A/CN.9/WG.II/WP.108 (14.1.2000), S. 5.

353 Vgl. *Fischer/Junker*, Journal of International Arbitration 1988, 25; MünchKommZPO-*Münch*, Vor § 1025 Rn. 12.

354 *Walter*, ZZP 103 (1990), 155.

schlag zu erarbeiten, der dann die Grundlage der zwischen den Parteien zu schließenden Vereinbarung bildet. Damit ist sowohl dem Schlichter als auch dem Mediator gemein, daß sie Dritte ohne Entscheidungskompetenz sind, die von den Verhandlungsbeteiligten gemeinsam gebeten werden, sie bei der Streitbeilegung zu unterstützen.[355] Die Schlichtung ist jedoch darauf ausgerichtet, daß ein für beide Seiten akzeptabler Einigungsvorschlag des Schlichters erarbeitet wird. Am Ende steht also ein Schlichterspruch, den beide Parteien annehmen oder ablehnen können. Die Unterschiede, die sich daraus zur Mediation ergeben, werden am deutlichsten bei der Darstellung der mit der Schlichtung verbundenen Nachteile,[356] die man bei der Mediation gerade zu vermeiden versucht:

- Bei der Schlichtung geht den Parteien die bilaterale Kontrolle über das Ergebnis des Verfahrens regelmäßig verloren. Denn sie unterwerfen sich in gewisser Hinsicht der Entscheidung eines Schlichters, indem sie einen Schlichtungsvorschlag als Einigungsvorschlag erwarten.[357] Damit wird der Schlichter quasi zum „Richter ohne Robe."[358] Dies kann jedoch im Ergebnis zu einer geringeren Akzeptanz des Schlichtungsspruchs führen. Ein Umstand, der wiederum zusätzliche Kosten und Belastungen bedeutet, wenn er eine geringere Kooperationsbereitschaft bei der Umsetzung der Einigung zur Folge hat.

- Bei der Schlichtung zeigt sich, daß diese oft einen Ernüchterungseffekt für beide Seiten mit sich bringt. Die Parteien halten sich vielleicht mit Kompromissen zurück, damit sie bei der Schlichtung nichts verlieren. Dies werden sie vor allem dann machen, wenn sie vorhersehen, daß der Schlichter dazu tendieren wird, zwischen den beiden Positionen den Mittelwert als Lösungsvorschlag zu wählen. Man wird in dieser Situation ein günstigeres Ergebnis erzielen, wenn man alle Konzessionen ablehnt, weil dann der Mittelwert näher an der eigenen Position liegt.

- Gewöhnen sich die Parteien nach mehreren Schlichtungsverfahren daran, daß der Schlichter die Lösungssuche für die Parteien übernimmt, werden die Parteien unter Umständen passiv und übernehmen dadurch weniger Verantwortung für sich selbst und für die selbständige Kon-

---

[355] *Eidenmüller*, in: Henssler/Koch, § 2 Rn. 25.

[356] Siehe hierzu *Lewicki/Hiam/Olander*, S. 199 ff.

[357] *Proksch*, in: Krabbe, Scheidung ohne Richter, S. 178; *Bono-Hörler*, S. 100 f.; *Gottwald*, Streitbeilegung, S. 39.

[358] *Lewicki/Hiam/Olander*, S. 199.

fliktlösung. Daraus folgt wiederum eine immer geringere Zufriedenheit mit den Ergebnissen.

- Bei schweren Konflikten wird der Schlichter sehr schnell dem Verdacht ausgesetzt sein, daß er eine Entscheidung getroffen hat, die eine Seite gegenüber der anderen begünstigt. Da es dem Schlichter in solchen Fällen nur sehr schwer gelingen wird, eine Lösung zu finden, die beide Seiten zufriedenstellt, wird der Vorwurf der Befangenheit nicht selten den Erfolg einer Schlichtung verhindern.

Die Ausrichtung des Verfahrens auf einen Einigungsvorschlag des Schlichters reicht jedoch unter Umständen für die Abgrenzung zur Mediation nicht aus. Denn die Verwendung von Lösungsvorschlägen hat einige Vorteile,[359] die dieses Instrument für viele Mediatoren interessant macht.[360] So kann durch das Unterbreiten einer klaren Lösung durch einen als fair und kompetent angesehenen Schlichter eine Konfliktausweitung verhindert und zusätzlichen Kosten vermieden werden. Auf Grund dieser Vorteile besteht alles andere als Einigkeit darüber, inwieweit der Mediator in Form von Lösungsvorschlägen in den Prozeß eingreifen darf. In der Mediation versucht man jedoch tendenziell, mit wenigen solcher Eingriffe auszukommen. Es werden meist nur Teillösungsvorschläge gemacht und nicht wie beim Schlichtungsspruch eine Gesamtlösung angeboten. Trotz dieser Differenzierung ist die Verwendung von Einigungsvorschlägen als Abgrenzungskriterium problematisch, weil es im Einzelfall kein sicheres Unterscheidungskriterium darstellt.

Für die Abgrenzung von Schlichtung zur Mediation kann die Unterscheidung von *Tidwell*[361] zwischen *conciliation* und *mediation* hilfreich sein. Er sieht den Unterschied darin, daß der *conciliator* zwar neutral gegenüber den streitenden Parteien ist, jedoch mit seinem Handeln die Förderung eines öffentlichen Gutes verfolgt und hinsichtlich dessen auch nicht neutral ist. Hier wird ein Abgrenzungskriterium verwendet, wie es auch *Röhl* für die Unterscheidung zwischen Schlichtung und Vermittlung benutzt. *Röhl* grenzt die Schlichtung von der Vermittlung dadurch ab, daß er bei jeder Einschränkung der Freiwilligkeit hinsichtlich der Teilnahme am Verfahren sowie bei der Annahme des Ergebnisses von Schlichtung bzw. Rechtsprechung oder anordnender Verwaltung

---

359 Vgl. *Lewicki/Hiam/Olander*, S. 199.

360 Siehe z.B. *Bühring-Uhle*, Arbitration and Mediation, S. 300; *Touval/Zartman*, in: Kressel/Pruitt, S. 127 f.

361 *Tidwell*, Conflict resolved?, S. 21.

spricht.[362] Nach ihm beginnt die Schlichtung, sobald der Druck der sozialen Umwelt auf die Streitenden einsetzt. Es liegen dann neben den Interessen der Parteien auch eigene Interessen des Schlichters oder Systeminteressen vor (z.B. Entlastung der Justiz etc.), die berücksichtigt werden.[363] Das Verfahren ist dann nicht mehr frei von äußeren Wertungsmaßstäben und die Parteiinteressen stehen nicht alleine im Vordergrund. Eine Einigung, auch wenn diese nicht den Interessen der Parteien entspricht, bekommt eine eigene Bedeutung bzw. einen selbständigen Wert, wenn es eben auch das Ziel des Verfahrens ist, z.B. die Gerichte zu entlasten oder die Gesellschaft vor den wirtschaftlichen Folgen eines Streiks zu bewahren. Hier ist der neutrale Dritte hinsichtlich des Verfahrensergebnisses nicht mehr neutral, wie dies bei der Mediation zumindest der Fall sein sollte.

Daß es sich hierbei um ein zusätzliches Abgrenzungskriterium zwischen Schlichtung und Mediation handelt, kann man bei Betrachtung der bisher in Deutschland bekannten Schieds- und Schlichtungsstellen überprüfen. Die Entstehung der Stellen geht entweder auf einen gesetzlichen Auftrag zurück (Schieds- und Schlichtungsstellen bei Ärztekammern, Handelskammern etc.), sie haben einen branchenspezifischen Hintergrund (Marketing und Selbstreinigung bestimmter Branchen steht im Vordergrund, z.B. Schiedsstellen des Gebrauchtwagenhandels, der Banken[364]) oder die Entlastung der Gerichte steht im Vordergrund (Schieds- und Schlichtungsstellen, die durch die öffentliche Hand getragen werden, z.B. öffentliche Rechtsauskunfts- und Vergleichsstellen).[365] Man kann also feststellen, daß in all diesen Fällen ein in irgendeiner Form geartetes, über die Interessen der Parteien hinausgehendes Interesse von Bedeutung ist. Nach der hier verwendeten Unterscheidung handelt es sich somit jeweils um Schlichtungsverfahren und nicht um Mediation.

Liegt Schlichtung vor, sobald der Druck der sozialen Umwelt auf die Streitenden einsetzt, also neben den Interessen der Parteien auch Interessen des Schlichters oder gesellschaftliche bzw. verbandsspezifische Interessen gegeben sind, dann erleichtert dies auch die Einordnung der obligatorischen Streitbeilegung (vgl. § 15a EGZPO). Dort ist die Teilnahme nicht freiwillig und es liegt zumindest der Verdacht nahe, daß die Entlastung der Gerichte im Vordergrund

---

[362] *Röhl*, Rechtssoziologie, S. 478 ff.

[363] *Röhl*, Rechtssoziologie, S. 475.

[364] Vgl. oben S. 8.

[365] Vgl. Einteilung bei *Weiß*, in: FS Rolland, S. 399.

steht.[366] Diese Verfahren, die in der englischsprachigen Literatur teils als *non-binding arbitration*[367] bezeichnet werden, sind somit der Schlichtung zuzuordnen. Dies betrifft auch Verfahren vor der Schiedsstelle für Streitigkeiten im Bereich der ArbErfG, weil diese als Prozeßvoraussetzung nicht freiwillig sind.[368]

Zusammengefaßt handelt es sich bei der Schlichtung im Gegensatz zu der Mediation um ein Verfahren, das darauf ausgerichtet ist, daß der Schlichter einen akzeptablen Gesamteinigungsvorschlag erarbeitet und neben den Interessen der Parteien auch eigene Interessen des Schlichters oder Systeminteressen Berücksichtigung finden. Neben diesen Kriterien liegt jedoch der wesentliche Unterschied zwischen Mediation und herkömmlicher Schlichtung im konzeptionellen Ansatz und in der Technik des Vorgehens. Zum einen steht die Mediation auf einem breiten konflikttheoretischen Fundament. Zum anderen gibt es in der Mediation einige klare Regeln und ein methodisches Vorgehen in bestimmten Phasen.[369] Im Gegensatz hierzu ist die Schlichtung weitgehend methodisch offen. Zwar kann eine Schlichtung ähnlich einer Mediation erfolgen, sie kann aber auch nach der Intuition des Schlichters oder gar im Stile eines Quasi-Gerichts geführt werden. Auf Grund dieser konzeptionellen Offenheit sind Schlichter häufig nicht in Techniken der Gesprächs- und Verhandlungsführung geschult, wie dies etwa von Mediatoren erwartet wird.[370]

(3) Vermitteln

Vermittlung und Mediation werden teils als Synonyme verwendet[371] und gelegentlich werden Vorwürfe laut, daß es sich bei Mediation um nichts anderes als Vermittlung „*in einem neuen Gewand handelt*".[372] In der Tat handelt es sich bei Mediation um Vermittlung. Jedoch ist nicht jede Vermittlung auch Mediation. Ähnlich wie bei der Schlichtung gibt es hier Unterschiede im

---

366 Siehe hierzu oben S. 6 f.

367 Ein „nichtbindendes Schiedsgerichtsverfahren" scheint zunächst als Begriff paradox, weil es ja gerade Wesensmerkmal der Schiedsgerichtsbarkeit ist, daß für die Parteien eine bindende Entscheidung getroffen wird. Die Verwendung dieses Begriffes ist jedoch Ausdruck dessen, daß es teils erhebliche Schwierigkeiten bereitet, zwischen rein freiwilligen und de facto bindenden Verfahren abzugrenzen. Vgl. oben S. 43 f.

368 *Jansen*, Obligatorische Streitschlichtung, S. 151 f.

369 Siehe unten S. 171 ff.

370 *Blankenburg*, Sekundäranalyse, S. 35.

371 Vgl. *Proksch*, in: Krabbe, Scheidung ohne Richter, S. 176.

372 *Lionnet*, Journal of International Arbitration 1987, 70.

konzeptionellen Ansatz und in der Technik des Vorgehens, so daß Vermittlung lediglich ein allgemeiner Oberbegriff für die Tätigkeit in der Mediation sein kann. Der entscheidende Unterschied zu allgemein praktizierten Verhandlungstechniken findet in den wenigsten Definitionen entsprechenden Ausdruck. Die Mediation beruht im Gegensatz zur formlosen Vermittlung auf der Anwendung von Techniken, die aus Erkenntnissen der Kommunikationswissenschaften, Verhaltenspsychologie und der Übertragung von Erkenntnissen aus der Kybernetik und der Systemtheorie auf menschliche Beziehungen resultieren.[373] Auf Grund des breiten konflikttheoretischen Fundaments ist es deshalb für einen Mediator Voraussetzung, daß er mit diesen Techniken vertraut ist und deren theoretischen Hintergrund kennt.[374] Die Vermittlung ist hingegen konzeptionell offen und ist deshalb eine Form der Konfliktbeilegung für „jedermann".

Warum der Begriff Mediation dem Begriff Vermittlung im Rahmen der außergerichtlichen Streitbeilegung vorzuziehen ist, hängt auch damit zusammen, daß Vermittlung teilweise in einem anderen Zusammenhang verwendet wird, der mit außergerichtlicher Streitbeilegung nichts (z.B. Vermittlungsverträge von Eheanbahnungsinstituten, Arbeitsvermittlung etc.) oder wenig gemein hat.[375] So ist schon seit langem im gerichtlichen Bereich die Vermittlung Gegenstand der richterlichen Tätigkeit gewesen.[376] § 86 I FGG sieht z.B. vor, daß das Nachlaßgericht auf Antrag *„zwischen den Beteiligten zu vermitteln"* hat. Doch hat die Tätigkeit und Stellung des vermittelnden Richters mit der Tätigkeit und Stellung eines Mediators nicht mehr viel gemein und so macht die Verwendung unterschiedlicher Begrifflichkeiten durchaus Sinn.[377]

---

[373] Hier ist etwa das Konfliktlösungsmodel von *Deutsch* zu nennen. *Deutsch*, der aus der Sozialpsychologie kommt, untersuchte in seinem Buch *„The Resolution of Conflict"* konstruktive und destruktive Konfliktlösungsprozesse und entwickelte hieraus kooperative Konfliktlösungsmuster, die im wesentlichen dem, was wir unter Mediation verstehen, ähneln. Vgl. *Diez/Krabbe*, in: Krabbe, Scheidung ohne Richter, S. 110; *Proksch*, in: Krabbe, Scheidung ohne Richter, S. 177.

[374] *Schäfer*, Mitteilungen der deutschen Patentanwälte 2001, 111.

[375] *Duve*, Mediation, S. 83, Fn. 52.

[376] Vgl. *Koch*, in: Henssler/Koch, § 1 Rn. 5 f.; *Zimmer*, S. 101.

[377] Die Tatsache, daß viele Gerichtsverfahren in Form eines Prozeßvergleichs beendet werden, würde zwar für eine grundsätzlich konsensuale Streitbeilegung durch den Richter sprechen. Dies erscheint aber auf Grund des „Vergleichsdruck", unter dem Richter und Anwälte stehen, in einem etwas anderen Licht. So geht es dem Richter meist um eine Arbeitsersparnis, ohne die der einzelne Richter sein Pensum gar nicht bewältigen könnte. Siehe für die Schweiz *Egli*, Vergleichsdruck im Zivilprozeß, S. 43 ff.; vgl. auch *Holtwick-Mainzer*, S. 46 ff.

Dementsprechend macht etwa *Bühring-Uhle*[378] einen Unterschied zwischen „*judicial mediation*", „*traditional mediation*" und „*modern mediation*". Dabei ist unter *judicial mediation* das Vermittlungsbemühen von Richtern und Schiedsrichtern zu verstehen, wohingegen unter *traditional mediation* das Vermitteln im allgemeinen Sinne verstanden werden kann. Der Begriff *modern mediation*[379] steht hingegen für das, was in dieser Arbeit und in großen Teilen der öffentlichen Diskussion unter Mediation verstanden wird: Ein Verfahren, das im Unterschied zur „normalen" Vermittlung nicht hauptsächlich mäßigend auf die Konfliktparteien einwirkt, sondern eine systematische, aktive und kreative Form der Konfliktbeilegung darstellt.[380] Folglich unterscheidet sich die Mediation vor allem durch ihr Verfahren.

Während also andere die Mediation in einer über tausendjährigen Tradition sehen,[381] soll hier die Ansicht vertreten werden, daß die Geburtsstunde der Mediation mit der Geschichte der modernen Sozialwissenschaften des 20. Jahrhunderts einhergeht. Im Gegensatz zu den Vermittlungsbemühungen Dritter, die es zweifelsfrei seit Menschengedenken gibt, basiert Mediation in ihren Grundsätzen auf etablierten Regeln und Verfahren, die im folgenden noch dargestellt werden sollen.

b) Positive Begriffsbestimmung

Der direkte Vergleich der Mediation mit dem gerichtlichen Verfahren ergab, daß es sich bei der Mediation zunächst um ein nichtbindendes, konsensorientiertes und nicht rechtsorientiertes Verfahren handelt. Es wurde angenommen, daß im Gegensatz zur Schlichtung bei der Mediation die Parteien eine größere Kontrolle über das Verfahren haben, keine sog. Systeminteressen bzw. Drittinteressen berücksichtigt werden und das Verfahren zwar Lösungsvorschläge einschließen kann, jedoch nicht auf einen Gesamteinigungsvorschlag durch den neutralen Dritten ausgerichtet ist. Durch diese zunehmende Eigenverantwortlichkeit der Parteien, die bei der Mediation verlangt wird, kann der Rückschluß gezogen werden, daß hier das Interesse an einer Einigung größer sein muß, als dies etwa beim Richten oder Schlichten der Fall ist. Gleichzeitig wird dadurch, daß die Parteien eine größere Rolle bei der Lösungsfindung spielen, in den meisten

---

378 *Bühring-Uhle*, Arbitration and Mediation, S. 274 ff.

379 Andere verwenden die Bezeichnung „formale Vermittlung" als Synonym für Mediation, um diese von einer informellen Form der Vermittlung abzugrenzen. Siehe *Lewicki/Hiam/Olander*, S. 201 ff.

380 *Wittschier*, S. 103.

381 Siehe z.B. *Hehn*, in: Schlieffen/Haft, § 6 Rn. 2.

Fällen die Bedeutung von fixierten Normen für das Ergebnis abnehmen. Hieraus ergibt sich die folgende grobe Einordnung der Mediation in das System der Streitbeilegungsverfahren:[382]

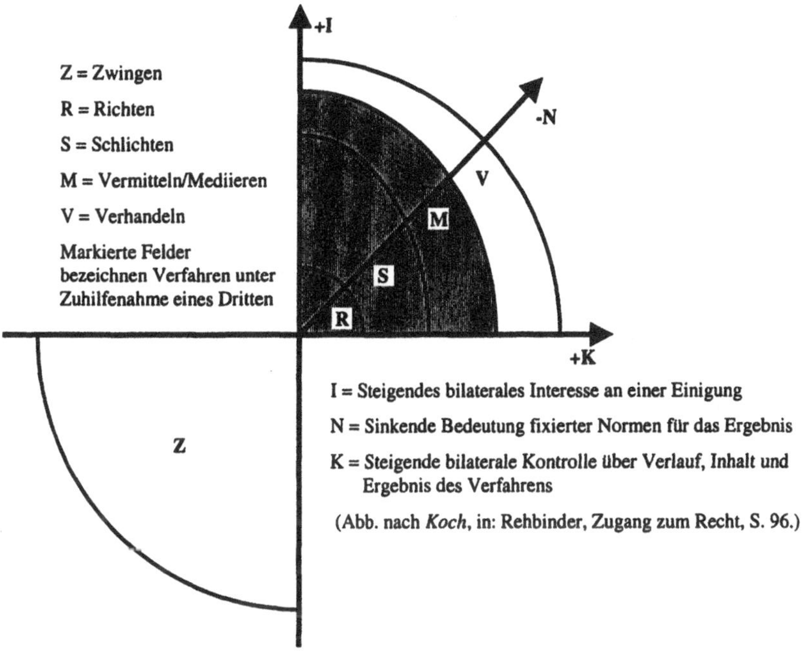

(Abb. nach *Koch*, in: Rehbinder, Zugang zum Recht, S. 96.)

Trotz der groben Einordnung der Mediation bleiben innerhalb dieses Systems große Variationsmöglichkeiten, so daß eine weitere Präzisierung nötig ist. Es zeigt sich jedoch eine große sprachliche Verwirrung bei der Definition von Mediation,[383] was darauf zurückzuführen ist, daß es bisher keine Einigkeit darüber zu geben scheint, was im einzelnen unter Mediation zu verstehen ist.[384] Eine Basisdefinition, wonach Mediation ganz einfach ein durch Dritte unter-

---

[382] Mediation und Vermittlung besetzen in der Grafik das gleiche Feld, weil das Modell keine Unterscheidung beim Grad der Förmlichkeit durch Regeln und methodisches Vorgehen macht. Auf eine solche zusätzliche Achse wird hier verzichtet, weil sowohl Vermittlung als auch Schlichtung demnach weniger „förmlich" wären und insofern eine grafische Darstellung der Unterschiede nicht mehr möglich wäre.

[383] Vgl. *Hacke*, ADR-Vertrag, S. 22 ff.

[384] Vgl. schon oben S. 64.

stütztes Verhandeln ist, bei dem die Verfahrensgestaltung und die Verfahrensform dem Einzelfall angepaßt wird und die Mediation somit stark individuelle Züge trägt,[385] drückt hierbei die Offenheit einer solchen Begriffsbestimmung aus.

Tatsächlich könnte die Verwendung des Begriffs Mediation suggerieren, daß es sich hierbei um ein einheitliches Verfahren handelt. Doch in Wirklichkeit verbergen sich hinter dem Begriff der Mediation – wie oben dargestellt – ganz unterschiedliche Ansätze.[386] Dies hängt zunächst mit dem Ursprung der Mediation zusammen. Neben dem Bereich der internationalen Beziehungen und der Friedensbewegung haben auch die Bereiche der Organisationslehre, Managementlehre sowie eine gerichtlich orientierte Bewegung eine wesentliche Rolle gespielt.[387] Dies bedingt, daß Mediation oftmals mit einer bestimmten Ideologie oder Geisteshaltung einherzugehen scheint.[388]

Weil aber Mediation nicht nur eine Geisteshaltung, sondern vor allem ein Verfahren für die Praxis der Streitbeilegung ist, gibt es viele Kontroversen darüber, was die passende Definition, die richtige Form und die Grenzen der Mediation sind.[389] *Riskin* warnt auf Grund der unterschiedlichen Ziele und

---

[385] *Plant*, Intellectual Property Disputes, S. 19 Fn. 13.

[386] Siehe oben S. 6 ff.; vgl. auch *Brown/Marriott*, ADR, Rn. 7-005.

[387] *Tidwell*, Conflict resolved?, S. 8 ff.

[388] *Menkel-Meadow* schreibt hierzu: *„In its simplest and purest form, mediation is a process of facilitated negotiation among two or more parties, assisted by a third-party neutral, to resolve disputes, manage conflict, plan future transactions or reconcile interpersonal relations and improve communications. Behind this functionalist definition, however, lies a rich body of ideological claims, understandings and justifications about how societies, groups and individuals ought to approach each other, live together and handle the inevitable conflicts that exist when human beings engage with each other. Mediation, in this larger sense, represents a political theory about the role of conflict in society, the importance of equality, participation, self-determination and a form of leaderless leadership in problem-solving and decision-making."* *Menkel-Meadow*, Mediation, S. XIII. Siehe auch *Bono-Hörler*, S. 34, nach der Mediation vom Menschenbild demokratischer und aufgeklärter Gesellschaften ausgeht, in welchem Individualität, Autonomie und Selbstbestimmung an die Stelle von Kommunität, Abhängigkeit und Fremdbestimmung tritt.

[389] *„Because mediation is seen as both an ideology (of peace-seeking, transformative conflict-resolving human problem-solving) and a practice (of task-oriented, communication enhancing dispute settlement) there are many controversies about its appropriate definitions, forms and boundaries."* *Menkel-Meadow*, Mediation, S. XVII.

Methoden, die vertreten werden, vor einer Generalisierung.[390] Die Vielfalt der vertretenen Definitionen weise auf die Vielschichtigkeit von gesellschaftlichen Differenzen und der damit verbundenen Vielschichtigkeit beim Umgang mit diesen Konflikten hin.[391] Auch wenn diese Aussage dem Grunde nach stimmt, ist dennoch darauf hinzuweisen, daß im US-amerikanischen Sprachgebrauch die Mediation ein weiteres Spektrum an Konfliktlösungsverfahren umfaßt als in Deutschland. Während etwa in Deutschland bereits eine sprachliche Differenzierung zwischen Schlichtung, Vermittlung und Mediation besteht, wird unter dem englischen Begriff *mediation* nicht nur Mediation, sondern auch Vermittlung und Schlichtung im oben genannten Sinne verstanden.[392] Obwohl also in den USA die Diskussion um alternative Formen der Streitbeilegung bereits viel früher begonnen hat, kann man behaupten, daß in Deutschland die Mediation stärker inhaltlich eingegrenzt ist.[393]

Dennoch wird auch in Deutschland die Art und Weise, wie das Mediationsverfahren im einzelnen durchgeführt wird, davon abhängen, in welchem institutionellen und kulturellen Kontext das Verfahren stattfindet und welchen ideologischen Hintergrund die beteiligten Personen haben. Trotzdem findet man eine allgemeine Übereinstimmung über die groben Umrisse der Mediation.[394] Man kann die folgenden Grundsätze nennen, die sich in allen verschiedenen Formen von Mediation finden lassen.

---

390 „[I]*n real mediations, goals and methods vary so greatly that generalization becomes misleading.*" *Riskin*, Harvard Negotiation Law Review 1 (1996), 11.

391 *Kovach*, Mediation, S. 16 f; *Riskin*, Harvard Negotiation Law Review 1 (1996), 9 ff.; *Love*, Florida State University Law Review 24 (1997), 946 f.

392 Vgl. *Bühring-Uhle*, Arbitration and Mediation, S. 273 f.

393 A.A. *Hacke*, ADR-Vertrag, S. 23 f., der davon ausgeht, daß es sich in Deutschland eher um eine Begriffshülle handelt, weil das Wort Mediation in Deutschland keine originäre sprachliche Bedeutung hat.

394 *„Although there is general agreement about the broad outlines of mediation (as distinguished from other forms of conflict resolution), the specific of the process and the ways it is enacted are highly variable. In particular, the way mediation is carried out will be shaped by the institutional context and culture in which it occurs and the ideology of its practitioners.*" *Kolb*, in: Kressel/Pruitt, S. 91 f.

(1) Grundsätze der Mediation

Es lassen sich mehrere Grundsätze[395] formulieren, die nahezu allen Formen der Mediation gemein sind und die Mediation als Verfahren von den dahinterstehenden Ideen abgrenzt[396]:

Einsatz eines Mediators:[397] Es handelt sich um eine banale Feststellung, daß eine Mediation nicht ohne die Hilfe eines Mediators stattfinden kann. Dennoch handelt es sich um das wichtigste Element der Mediation, da durch den neutralen Dritten eine neue Dynamik geschaffen wird, die in bilateralen Verhandlungen zumeist nicht erreicht werden kann. Gleichzeitig handelt es sich um einen Aspekt, der von vielen Parteien und Parteivertretern nur schwer zu akzeptieren ist.[398]

Unparteilichkeit des Mediators:[399] Es gehört zu den Grundsätzen der Mediation, daß der Mediator keine eigenen Interessen am Ergebnis hat[400] und auch nicht mit einer der Parteien derart verbunden ist, daß ein Interessenkonflikt

---

[395] *Brown/Marriott*, ADR, Rn. 7-006 ff.

[396] Nach *Mähler/Mähler* ist zwischen Mediation als Methode und Mediation als Institution zu unterscheiden. Auf Grund der fehlenden Unterscheidung meinen Angehörige verschiedener Berufsgruppen, die sich gelegentlich mediativer Elemente bedienen, also Mediation als Methode verwenden (etwa Richter, Anwälte, Berater), daß sie schon immer Mediation betrieben hätten. Dies ist dann falsch, wenn man Mediation auch als Institution begreift. D.h., daß neben der inhaltlichen Ebene auch Verfahrensgrundsätze bestehen, die Mediation kennzeichnen. Während etwa auf inhaltlicher Ebene der Grundsatz des interessenorientierten Verhandelns (vgl. S. 56) anzusiedeln ist, sind bei den Verfahrensgrundsätzen die Neutralität des Mediators oder die Freiwilligkeit des Verfahrens zu sehen; *Mähler/Mähler*, in: Duss-von Werdt, Mediation, S. 44 ff.; *Bono-Hörler*, S. 31 ff.; *Möller/Reitzmann*, in: FS Söllner, S. 783 ff.

[397] Vgl. *Hehn*, in: Schlieffen/Haft, § 6 Rn. 3.

[398] Z.B. *Lionnet*, Journal of International Arbitration 1987, 73.

[399] Die Unparteilichkeit des Mediators wird meist unter dem Begriff der Neutralität behandelt. Die Verwendung dieses Begriffes wird teilweise abgelehnt, weil es impliziere, daß der Mediator frei von vorgefaßten Meinungen, Einstellungen und subjektivem Glauben sei. Dies würde jedoch eine illusorische Vorstellung darstellen (vgl. *Alexander*, Wirtschaftsmediation, S. 39 f.; *Röhl*, Rechtssoziologie, S. 480; *Kovach*, Mediation, S. 101). Andere sprechen hinsichtlich der Neutralität sogar von einem „Mythos der Mediation" (so *Montada/Kals*, Mediation, S. 38 ff.), da sie die wichtigste Funktion des Mediators gerade nicht in dessen Neutralität, sondern in der aktiven und allparteilichen Teilnahme am Streitbeilegungsprozeß sehen. Trotz dieser Unterscheidungen sollen im folgenden die Begriffe Neutralität und Unparteilichkeit als Synonyme verwendet werden.

[400] Vgl. oben S. 68 f.

zu befürchten ist.[401] Teils findet dieser Grundsatz schon in den Berufsordnungen der als Mediatoren tätigen Berufsgruppen[402] oder in anderen gesetzlichen Bestimmungen[403] ihren Ausdruck. Neben dieser persönlichen Unparteilichkeit des Mediators steht jedoch bei der Mediation vor allem die Unparteilichkeit des Verfahrens im Mittelpunkt des Interesses.

Fehlende Entscheidungskompetenz: Es wäre nicht mit den Grundsätzen der Mediation vereinbar, wenn der Mediator eine für die beteiligten Parteien bindende Entscheidung in der Streitsache treffen könnte. In der Funktion der Verfahrensleitung darf er jedoch Entscheidungen treffen, soweit diese den eben genannten Grundsatz nicht berühren.

Autorität durch Zustimmung der Parteien: Der Mediator hat nur so viel Autorität oder Macht, wie ihm durch die beteiligten Konfliktparteien gegeben wird. Entschließt sich eine der Parteien, diese dem Mediator zu entziehen, so bedeutet dies das Ende der Mediation. Sanktionen, mit denen die Parteien unter Druck gesetzt werden, sich zu einigen, sind dem Mediationsverfahren fremd.

Konsenslösung: Nur wenn alle beteiligten Konfliktparteien zustimmen, kann am Ende der Mediation ein verbindliches Ergebnis stehen. Ist eine solche Einigung nicht möglich, steht es allen offen, den Rechtsweg zu wählen.

Ziel einer Verhandlungslösung: Mediation hat als primäres Ziel die Lösung der zwischen den Konfliktparteien bestehenden Differenzen durch eine Einigung im Wege der Verhandlung. Die Mediation zielt dabei darauf ab, daß durch die Parteien eine Lösung erarbeitet wird, die ihren Interessen am meisten entspricht (Stichwort *Win-Win*-Lösung[404]).

Förderung der Verhandlung: Die Hauptrolle des Mediators ist es, den Parteien bei ihren Verhandlungen zu assistieren, indem er sie mit seinen Kommunikations-, Verhandlungs- und anderen Fähigkeiten unterstützt. Er verhandelt also weniger mit den Parteien, als daß er ihnen dabei hilft, miteinander zu verhandeln.

---

[401] Siehe etwa zur Problematik bei Großsozietäten, *Plant*, Intellectual Property Disputes, S. 89 f.

[402] Z.B. Verbot der Vertretung widerstreitender Interessen, § 4 BerufsO der Patentanwälte; § 39a IV und § 41 PatAnwO; § 14 I S. 2 BNotO.

[403] Z.B. Parteiverrat, § 356 StGB.

[404] Vgl. oben S. 56.

Gewährleistung einer günstigen Verhandlungsumgebung: Bei der Mediation sollte eine Umgebung geschaffen werden, die sich positiv auf die Verhandlungen und die Erörterung von Einigungsoptionen auswirkt. Neben eher äußerlichen Arrangements sieht dies auch vor, daß grundlegende Verfahrensregeln getroffen werden. Den Parteien muß die Möglichkeit geschaffen werden, frei zu verhandeln, d.h. ohne Angst oder äußeren Druck.

Stärkung der Eigenverantwortlichkeit der Parteien: Im Gerichtsverfahren liegt die Streitbeilegung meist bei den Anwälten. In der Mediation soll die Fähigkeit der Parteien gestärkt werden, eigene Entscheidungen zu treffen und dementsprechend ihre Abhängigkeit von Dritten zu reduzieren. Die Stärkung der Eigenverantwortlichkeit ist ein wichtiger Teil von *ADR*, spielt jedoch z.B. bei Wirtschaftsstreitigkeiten oftmals eine untergeordnete Rolle, weil sich die Parteien hier meist für eine Vertretung durch einen Anwalt auch im Mediationsverfahren entscheiden.[405]

Vertraulichkeit: Zu den Verfahrensgrundsätzen der Mediation gehört, daß es sich um ein privates und vertraulich zu handhabendes Verfahren handelt, auch wenn die Parteien natürlich die Öffentlichkeit des Verfahrens vereinbaren können.

Kein Ersatz für unabhängige Beratung: Unabhängig von der Form der Mediation wird der Mediator für gewöhnlich keine Partei – weder einzeln noch gemeinsam – über die Zurverfügungstellung von Informationen hinaus beraten. Die Parteien sind für ihre Entscheidungen selbst verantwortlich und können – wenn nötig – sich von unabhängiger Seite beraten lassen. Allerdings schließt dies den Mediator aus.

Deeskalierende Wirkung: Während andere Verfahren zu einer kompetitiven Verhaltensweise und einer konfrontativen Kommunikation neigen, tendiert man in der Mediation dazu, die Parteien zu einem Weg der gemeinsamen Lösungsfindung zu ermutigen. Die Kommunikation zwischen den Parteien wird wiederhergestellt und unterstützt, so daß Emotionen in einer kontrollierten und konstruktiven Form in den Prozeß eingebracht werden können. Hierdurch wird versucht, in der Mediation eine Ausweitung des Konflikts zu verhindern.

Auf der Grundlage der soeben beschriebenen Grundsätze läßt sich nun die folgende Definition für alle Formen der Mediation formulieren:

---

[405] Siehe ausführlich zu der unter dem Begriff „*empowerment*" geführten Diskussion, *Shailor*, S. 6 ff.

Mediation ist ein vertrauliches Verfahren, bei dem ein neutraler Dritter (Mediator) ohne eigene Entscheidungskompetenz die Konfliktparteien mit deren Zustimmung bei ihren Verhandlungen unterstützt, indem er bei der systematischen Isolierung der bestehenden Konfliktpunkte hilft, um auf dieser Grundlage mit den Parteien neue Lösungsoptionen zu entwickeln. Hierfür werden durch den Mediator günstige Rahmenbedingungen für die Verhandlungen geschaffen und er versucht, eine Ausweitung des Konflikts zu verhindern. Ziel ist es, den Parteien auf dem Weg zu einer eigenverantwortlichen Einigung auf der Basis ihrer Interessen zu helfen.

Diese Definition bringt das systematische Vorgehen bei der Mediation und die wichtigsten Verfahrensgrundsätze zum Ausdruck. Sie ist damit anderen Definitionen vorzuziehen, die dies nicht bzw. nicht hinreichend tun[406] und damit Unterschiede zu anderen Verfahren nicht entsprechend deutlich machen.

(2) Einsatzmöglichkeiten und methodische Unterschiede

Trotz der soeben beschriebenen Gemeinsamkeiten der verschiedenen Formen von Mediation hängt der eigentliche Charakter des Verfahrens davon ab, in welchem institutionellen sowie kulturellen Kontext das Verfahren stattfindet und welchen ideologischen Hintergrund die Beteiligten Personen haben. Man kann hier zunächst zwischen den praktischen Einsatzmöglichkeiten der Mediation unterscheiden, die wesentlichen Einfluß auf den Charakter des Verfahrens haben. Es haben sich hier verschiedene Bereiche herauskristallisiert, in denen Mediation eingesetzt wird. Zu nennen sind Zivil- und Wirtschaftsstreitigkeiten, familienrechtliche Auseinandersetzungen, Streitigkeiten aus dem Arbeitsrecht, Nachbarschaftsstreitigkeiten, Täter-Opfer-Ausgleich im Strafrecht, Konflikte im

---

[406] Vgl. *Breidenbach*, Mediation, S. 137, „Ein neutraler Dritter ohne Entscheidungsgewalt oder Zwangsmittel versucht, den Parteien auf dem Weg zu einer Einigung zu helfen."; *Riskin*, Harvard Negotiation Law Review 1 (1996), 8, „*A process in which an impartial third party who lacks authority to impose a solution, helps others resolve a dispute or plan a transaction.*"; *Fischer/Junker*, Journal of International Arbitration 1988, 25, „*A voluntary process in which a neutral third party, who lacks authority to impose a solution, helps participants reach their own agreement for resolving a dispute.*"; *Mitchard*, in: Martindale-Hubbell 1998, S. 11, „*Mediation is negotiation facilitated by the introduction into the dispute of a neutral intermediary.*"; *Bühring-Uhle*, Arbitration and Mediation, S. 273, „*Mediation is the non-binding intervention by a neutral third party who helps the disputants negotiate an agreement.*" *Folberg/Taylor*, S. 7, „*[A] process by which the participants, together with the assistance of a neutral person or persons, systematically isolate disputed issues in order to develop options, consider alternatives, and reach consensual settlement that will accommodate their needs.*"

Umweltrecht und internationale sowie nationale politische Auseinandersetzungen.[407]

Je nachdem in welchem Bereich ein Mediationsverfahren stattfinden soll, ergeben sich unterschiedliche Schwerpunkte hinsichtlich des Verfahrens und der Rolle, die der Mediator zu erfüllen hat.[408] Es lassen sich deshalb unterschiedliche Mediationsstile[409] beschreiben, die im wesentlichen durch Unterschiede in folgenden Punkten[410] geprägt sind:

Unterschiede in Rechtskultur und Praxis: Besonderheiten der verschiedenen Mediationsbereiche sind oftmals Ausdruck einer unterschiedlichen Rechtskultur und Praxis. So wird die Art und Weise wie man im traditionellen Kontext z.B. mit familienrechtlichen Auseinandersetzungen umgeht, Einfluß auf die Mediation in diesem Bereich haben. Ist es hier üblich, daß erst nach einer Offenlegung aller Vermögensverhältnisse eine Entscheidung der Parteien erwartet wird und die Parteien sich durch einen Anwalt vertreten lassen müssen, so wird meist auch der Mediator auf eine Offenlegung bestehen und den Parteien empfehlen, sich mit einem Anwalt zu beraten, bevor sie einer Vereinbarung zustimmen. Dahingegen würde ein Wirtschaftsmediator nicht darauf bestehen, daß eine Partei alle relevanten Fakten offenlegt und wäre vermutlich sogar verwundert, wenn sie es dennoch täte.[411] Er würde ferner davon ausgehen, daß die Parteien ohne Rechtsberatung eine für sie bindende Entscheidung treffen können. So gibt es für alle Mediationsbereiche – und zusätzlich innerhalb dieser Bereiche – eine Reihe von Unterschieden in der

---

407 *Brown/Marriott*, ADR, Rn. 7-022 ff. Ergänzt werden kann diese Aufzählung durch Versuche, Mediationsverfahren in Organisationen wie z.B. Schulen zu etablieren.

408 Zur Bandbreite und Vielfalt der denkbaren Rollen, die durch einen neutralen Dritten eingenommen werden können, siehe *Rubin/Pruitt/Kim*, Social Conflict, S. 199 ff.

409 Siehe z.B. bei *Riskin* die Unterteilung nach den Mediationsstilen Sachbeurteilung (*evaluative-narrow*), Sachmoderation (*facilitative-narrow*), Umfassende Beurteilung (*evaluative-broad*) und Umfassende Moderation (*facilitative-broad*), die sich aus einer Kombination der Problemdefinition und des Rollenverständnisses innerhalb des von ihm entworfenen Koordinatenkreuzes ergibt; siehe *Riskin*, Harvard Negotiation Law Review 1 (1996), 24 ff., und die Darstellung bei *Duve* in: Henssler/Koch, § 4 Rn. 7 ff.; *Duve*, Mediation, S. 220 ff. *Alexander* unterscheidet zwischen evaluierender, kompromißorientierter, interessenorientierter und therapeutischer Mediation; *Alexander*, Wirtschaftsmediation, S. 33 ff.

410 *Brown/Marriott*, ADR, Rn. 7-045 ff.

411 Kommt der Mediator jedoch z.B. aus dem US-amerikanischen Rechtraum, kann sich dies auf Grund der dort bestehenden Möglichkeiten der *discovery* bereits anders darstellen.

Rechtskultur und Praxis, die sich auf ein Mediationsverfahren in eben diesen Bereichen auswirken.

Rein fördernde Funktion und evaluative Komponenten: Die Unterscheidung zwischen einer rein unterstützenden Form der Mediation und einer evaluativen Mediation gehört zu den wesentlichsten Unterscheidungen, durch die verschiedene Mediationsmodelle voneinander getrennt werden. Bei genauer Betrachtung sind jedoch die jeweils vertretenen Ansätze nicht so weit voneinander entfernt, wie teilweise der Eindruck vermittelt wird. Dabei besteht jede Form der Mediation zunächst darin, daß der Mediator die Kommunikation und Verhandlung zwischen den Parteien fördert, damit diese eine Lösung auf der Basis ihrer Interessen finden können. Mediation kann aber auch eine bewertende Komponente beinhalten, wenn der Mediator neben seiner verhandlungsfördernden Tätigkeit im Einzelfall eine eigene Bewertung zu den Belangen der Parteien oder zu anderen Aspekten der Auseinandersetzung äußert. Zwar ist eine solche Bewertung für die Parteien nicht verbindlich, wird sie aber unter Umständen in der eigenen Bewertung der Stärken und Schwächen ihrer Position beeinflussen. Andererseits können jedoch völlig überzogene Vorstellungen, welche die Parteien von einer gerechten Lösung haben, korrigiert werden, was wiederum den Weg zu einer Einigung ebnet. Inwieweit eine Bewertung des Falles durch den Mediator mit dessen Rolle vereinbar ist, ist umstritten.[412] Die Lösung dieses Meinungsstreits hängt unmittelbar mit der folgenden Frage zusammen, bis zu welchem Grad Interventionen in das Mediationsverfahren zulässig sind.[413]

Grad der Intervention: Anhand der Intensität der Eingriffe in das Verfahren kann man zwischen einer aktiven und passiven Form der Mediation unterscheiden.[414] Wie stark ein Mediator in das Geschehen eingreift, hängt von der jeweiligen Situation, seiner Ausbildung, dem beruflichen Hintergrund und nicht zuletzt von der Persönlichkeit des Mediators ab.[415] Es gibt allerdings unter-

---

[412] Vgl. z.B. *Montada/Kals*, Mediation, S. 41 ff.; *Kracht*, in: Schlieffen/Haft, § 15 Rn. 105 ff.

[413] Obwohl die Bewertung einzelner Problempunkte durch den Mediator natürlich auch eine Intervention in das Verfahren darstellt, macht eine Unterscheidung der beiden Aspekte dennoch Sinn. Ein Mediator, der auf jegliche Bewertung oder Stellungnahme hinsichtlich der Streitpunkte verzichtet, kann trotzdem stark in das Verfahren eingreifen und muß dies sogar auch.

[414] Vgl. *Breidenbach*, Mediation, S. 149 ff.; *Haft*, in: FS Söllner, S. 398.

[415] Z.B. hängt die Verfahrensführung davon ab, welches Verständnis der Mediator von der Auseinandersetzung hat. Wenn er die Verhandlungen überwiegend als einen distributiven Prozeß versteht, also einem Prozeß, bei dem es jeder Partei um die Nutzenmaximierung zu Lasten der anderen Partei geht (dies wird von *Lax/Sebenius*, S. 155, als eine *„Getting Yours*

schiedliche Ansichten darüber, welche Eingriffe noch mit der Rolle des Mediators vereinbar sind. Es gibt eine minimalistische Ansicht, nach der die Rolle des Mediators darauf beschränkt sein soll, die Rahmenbedingungen für erfolgreiche Verhandlungen zwischen den Parteien zu schaffen. Am anderen Ende des Spektrums befinden sich diejenigen Mediatoren, die auch sehr aggressive Interventionen verwenden, um eine Einigung der Parteien zu erreichen. Dies kann bedeuten, daß die Parteien unter Druck gesetzt oder sogar Manipulationstechniken eingesetzt werden. Gegen ein solch aggressives Vorgehen gibt es jedoch einige Vorbehalte. Zum einen gehört es zu den Grundsätzen der Mediation, daß die Parteien weitgehend die Kontrolle über das Verfahren haben und eigenverantwortlich eine Einigung erarbeiten. Starke Eingriffe in das Verfahren erinnern angesichts dieses Hintergrundes eher an traditionelle Gerichtsverfahren, bei denen den Parteien gesagt wird, was sie tun oder lassen sollen. Weiter bietet der Einsatz eines neutralen Dritten die Chance, daß eine neue Dynamik in die Beziehung der Parteien gebracht wird, indem die Wahrnehmung der Parteien verändert wird. Dies ist aber gleichzeitig mit dem Risiko des Mißbrauchs verbunden, selbst wenn der Mediator hier unbewußt handelt. Je stärker der Grad der Intervention, um so größer ist dann auch dieses Risiko. Letztlich ist gegen starke Interventionen einzuwenden, daß es in der Mediation – im Gegensatz zu einem Gerichtsverfahren – keine festen Standards oder Sicherungsmaßnahmen gibt, die den neutralen Dritten in seinen Handlungen beschränken. Es besteht demnach die Gefahr, daß sich der Mediator seine eigenen Regeln schafft. Diese Gefahr ist dann besonders groß, wenn der Mediator besonders großes Ansehen und Autorität genießt. Deshalb ist die Gefahr, die hieraus resultiert, um so geringer, je weniger starke Eingriffe in das Verfahren akzeptiert werden. Auf der anderen Seite erwarten die Parteien, die sich für ein Mediationsverfahren entscheiden, daß sie in einem effektiv geführten Verfahren näher an eine Einigung herangeführt werden.[416] Sie akzeptieren Interventionen des Mediators, weil sie selbst nicht in der Lage sind, das Problem allein zu lösen, und suchen deshalb nach professioneller und kompetenter Hilfe durch einen Mediator, der sie unterstützt. Deshalb halten viele Mediatoren den minimalistischen Ansatz für nicht effektiv genug. Letztlich sollten aber die Parteien bestimmen, ob sie eine aktive Rolle des Mediators

---

and Most of Theirs Too" Philosophie bezeichnet), so wird er sich um einen gerechten Vergleich bemühen. Die Verteilung des Kuchens steht somit im Vordergrund. Im Gegensatz dazu wird der Mediator, der Verhandlungen als einen integrativen Prozeß versteht, um die Maximierung des gemeinsamen Nutzens für alle Parteien bemüht sein. Hier wird der Mediator dazu tendieren, die Verhandlungen zu moderieren; siehe *Duve*, Mediation, S. 216 ff.

[416] Vgl. *Montada/Kals*, Mediation, S. 41 ff.

wünschen oder nicht. Dies können sie durch die Wahl eines entsprechenden Mediators und durch Regelungen im Mediatorvertrag tun.

Ergebnisorientierter und therapeutischer Ansatz: Gerade bei Wirtschaftsstreitigkeiten steht der funktionale Aspekt der Mediation im Vordergrund. Mediation ist das Mittel zum Zweck, um eine schnelle und billige Konfliktlösung zu erzielen. Dahingegen hat bei der therapeutisch orientierten Mediation bereits das Verfahren eine wesentliche Funktion. Es soll helfen, Kommunikation und Verständnis zwischen den Parteien herzustellen. Den Parteien soll dabei geholfen werden, größere persönliche Wirkungskraft und mehr Eigenverantwortlichkeit zu entwickeln. Hierfür wird sehr stark auf die Probleme und Interessen der Parteien eingegangen und der Äußerung von Gefühlen wird mehr Platz eingeräumt. Dieser zeitintensive Mediationsansatz hat ebenso wie der ergebnisorientierte Ansatz seine Vor- und Nachteile. Dennoch wird sich eine solche therapeutische Ausrichtung des Verfahrens nur bei Auseinandersetzungen anbieten, bei denen zwischenmenschliche Probleme im Vordergrund stehen (z.B. Familienmediation).

Disziplinärer Hintergrund des Mediators: Einfluß auf den Charakter des Mediationsverfahrens hat neben der Mediationsausbildung vor allem der disziplinäre Hintergrund des Mediators. In der Wirtschaftsmediation finden sich Mediatoren, die aus den unterschiedlichsten Branchen kommen und neben den rechtlichen auch den wirtschaftlichen oder technischen Disziplinen zuzuordnen sind. In anderen Mediationsbereichen sind wiederum auch Psychologen, Sozialarbeiter, Bewährungshelfer oder Laien als Mediatoren tätig. Je nach disziplinärem Hintergrund kann das Mediationsverfahren durch Fachkenntnis, Erfahrung und Fähigkeiten des Mediators aufgewertet werden. Jedoch muß der Mediator zwischen seiner Rolle als neutraler Dritter und der Rolle, die er in seinem eigentlichen Beruf einnimmt, trennen. So sollte ein Anwalt, der als Mediator tätig ist, zwar sein Wissen in das Verfahren einbringen, jedoch nicht in seine traditionelle Rolle zurückfallen, indem er den Parteien Anweisungen oder Ratschläge gibt.

Gemeinsame Verhandlungen oder Einzelgespräche: Ob im Rahmen der Mediation neben den gemeinsamen Gesprächen mit allen Beteiligten auch Einzelgespräche mit dem Mediator durchgeführt werden, ist umstritten. Hinter dieser Streitfrage stehen unterschiedliche ideologische bzw. konzeptionelle Ansätze. Gerade in der Familienmediation werden teilweise Einzelgespräche ganz abgelehnt, da hier gerade die gemeinsame Problembearbeitung von entscheidender Bedeutung ist.[417] Hingegen werden Einzelgespräche in der Wirtschaftsmediation sogar als wesentlicher Bestandteil des Mediationsverfahrens angesehen. Folglich werden hier die Vorteile dieses Instruments besonders betont.[418] Zwar können Einzelsitzungen zu einer weiteren Polarisierung zwischen den Parteien führen und Vorbehalte gegenüber der anderen Partei verstärken. Andererseits kann hierdurch das Verhandlungsdilemma[419] aufgelöst und auch fortgeschrittene Konflikte bearbeitet werden.[420] Innerhalb der Wirtschaftsmediation, wo die Effizienz der Streitbeilegung im Vordergrund steht, dürften die Vorteile von Einzelgesprächen überwiegen.[421]

Verfahrensordnungen und Regeln: Schließlich ist darauf hinzuweisen, daß es derzeit eine Reihe verschiedener Organisationen gibt, die Mediationsverfahren anbieten und sich mehr oder weniger durch die vorgegebenen Verfahrensordnungen und Regeln für das Verhalten des Mediators unterscheiden.

Trotz der oben formulierten Grundsätze, die allen Mediationsformen mehr oder weniger gemein sind, konnten einige Faktoren festgestellt werden, in denen sich die Mediationsarten teils deutlich voneinander unterscheiden. Da hier teilweise kein Konsens zwischen den Mediatoren festzustellen ist, wird immer wieder die Frage aufgeworfen, was nun „echte" Mediation ist.[422] Je nach Bereich – hier bilden die Wirtschaftsmediation und die Familienmediation besondere Gegenpole – wird diese Frage unterschiedlich beantwortet. Hier wird die Ansicht vertreten, daß es neben den allgemein geltenden Grundsätzen der Mediation viele Nuancen gibt und geben muß, so daß der Versuch, die Frage zu

---

[417] Vgl. oben den therapeutischen Mediationsansatz, S. 83.

[418] Vgl. *Bühring-Uhle*, Arbitration and Mediation, S. 284 ff. Auch die Verfahrensordnungen der *WIPO*, *AAA*, *CPR*, *Beijing Conciliation Center* und der *UNCITRAL* sehen Einzelgespräche vor; siehe *Gurry*, in: WIPO Conference on Mediation, S. 39 f.

[419] Siehe unten Fn. 636.

[420] Ist der Konflikt bereits weiter fortgeschritten, so wird der direkte Kontakt zwischen den Parteien meist nur dann zur Konfliktbewältigung beitragen, wenn die Parteien durch den Mediator zunächst in die Methode der effektiven und konstruktiven Gesprächsführung eingewiesen wurden. Dies belegt auch eine Untersuchung von *Krauss/Deutsch*, Journal of Personality and Social Psychology, Vol. 4 (1966), 572 ff. Vgl. auch *Rubin/Pruitt/Kim*, Social Conflict, S. 203 f.

[421] Zu den Vor- und Nachteilen vgl. *Duve/Zürn*, ZKM 2001, 108 ff.; *Duve*, Mediation, S. 307 ff.; *Anderson*, Tex. Intellectual Property Law Journal, Vol. 3, No. 23, 1994, 29 f.; *Brown/Marriott*, ADR, Rn. 7-089 ff.

[422] Vgl. *Brown/Marriott*, ADR, Rn. 7-118 ff.

klären, was nun eigentlich genau unter Mediation zu verstehen ist, nicht weiterführt.

II. *Hybride Verfahren und andere Streitbeilegungsformen*

Die Übergänge zwischen den dargestellten *ADR*-Verfahren sind oftmals fließend und so ergeben sich die unterschiedlichsten Kombinationsmöglichkeiten.[423] Ausgehend von der Annahme, daß es bei der außergerichtlichen Streitbeilegung in erster Linie um die besonderen Bedürfnisse der Konfliktparteien geht, lohnt sich eine kurze Darstellung der verschiedenen Möglichkeiten. Bei genauer Betrachtung einzelner Streitbeilegungsverfahren, die zwischenzeitlich unter ihren englischsprachigen Bezeichnungen in der deutschsprachigen Literatur Einzug gefunden haben,[424] stellt man jedoch fest, daß es nur geringfügige Unterschiede zu den hier bereits behandelten Formen der Streitbeilegung gibt. *Neutral evaluation*[425], *neutral fact finding*[426], *adjudication*[427] und weitere

---

[423] *Duve*, Mediation, S. 113.

[424] Siehe *Günther/Hoffer*, in: Henssler/Koch, § 11 Rn. 9 ff.; *Risse*, BB Beilage 2, 2001, 16 ff.; *Hilber*, BB Beilage 2, 2001, 22 ff.; *Duve*, Mediation, S. 91 ff.; *Eidenmüller*, RIW 2002, 7 ff.

[425] *Neutral evaluation* bzw. *early neutral evaluation* ist eine präventive oder prozeßbegleitende Form der Streitbeilegung und wurde ab 1983 in dem *United States District Court* für den nördlichen *District of California* entwickelt. Es steht bei der *neutral evaluation* die Auffassung des hinzugezogenen Dritten im Vordergrund. Nachdem der Dritte sich die Vorträge der Parteien angehört hat, gibt er eine unverbindliche Beurteilung des Rechtsstreits und damit der Sach- und Rechtslage ab. Durch dieses Verfahren wird erreicht, daß die Parteien zu einem relativ frühen Zeitpunkt miteinander kommunizieren und so die Sach- und Rechtslage erörtern können. Zudem kann die Beurteilung durch den Dritten eine Konzentration der Parteien auf die wirklich problematischen Punkte bewirken und so zu einer Effizienzsteigerung hinsichtlich der anschließenden Vergleichsverhandlungen oder des Gerichtsverfahrens führen. Solche Verfahren werden deshalb vor allem bei wirtschaftlich oder technisch schwierigen Sachverhalten durchgeführt. Bei genauer Betrachtungsweise sind jedoch die Grenzen zwischen *neutral evaluation* und Mediation fließend bzw. nicht vorhanden, weshalb hier auch von einer „bewertenden" Form der Mediation gesprochen wird. Vgl. *UNCITRAL* Working Group on Arbitration, A/CN.9/WG.II/WP.110 (22.9.2000), S. 28; *Thompson/Sacksteder*, Journal of World Intellectual Property 1998, Vol. 1 No. 4, 643 ff.; *Plant*, Intellectual Property Disputes, S. 24; *Hilber*, BB Beilage 2, 2001, 23 ff.; *Brown/Marriott*, ADR, Rn. 16-083; *Duve*, Mediation, S. 91 ff.; *Mitchard*, in: Martindale-Hubbell 1998, S. 19 f.; *Günther/Hoffer*, in: Henssler/Koch, § 11 Rn. 24 ff.; *Sander/Duve*, in: Gottwald, AKR-Handbuch, 3.3.3.1., S. 6.; *Duve*, in: Gottwald, AKR-Handbuch, 3.3.3.3., S. 8 ff.; *Zimmer*, S. 136 f. Eine empirische Analyse des Programms im nördlichen *District of California* findet sich bei *Rosenberg/Folberg*, Stanford Law Review 46 (1994), 1487 ff.

[426] Bei diesem Verfahren wird ein unabhängiger Dritter herangezogen, um eine bestimmte Frage sachverständig zu beurteilen. Es kann bei Auseinandersetzungen, bei denen vor allem

Verfahren, die für den Bereich des Patentrechts nicht von Bedeutung sind,[428] sollen deshalb hier nicht berücksichtigt werden.

1. Final-Offer-Arbitration

Final-offer-arbitration[429] ist ein Verfahren, daß erstmals 1966 vorgeschlagen wurde.[430] Es wird angewendet, wenn es in einer Verhandlung etwa nur noch um die Höhe eines Geldbetrages geht. Der Verhandlungsleiter, der theoretisch auch ein Mediator sein kann, läßt beide Parteien ein letztes Angebot abgegeben. Dieses kann geheim gegenüber dem Schiedsrichter oder aber auch offen abgegeben werden. Das Angebot, daß der Schiedsrichter für dasjenige hält, das am ehesten einer gerechten Lösung entspricht, wird vom Schiedsrichter für verbindlich erklärt.[431] Dieses Verfahren hat den entscheidenden Vorteil, daß die

---

technische Fragen im Vordergrund stehen, nützlich sein, um durch eine erste Klärung von Fakten die Grundlage für eine Verhandlungslösung zu schaffen. *Duve* versteht unter *Joint Fact-Finding* eine gemeinsame Sachverhaltsaufklärung mit Hilfe des Mediators. Es handelt sich somit lediglich um ein Werkzeug des Mediators oder um eine Phase innerhalb der Mediation. Mit der üblichen Phase der Sachverhaltsermittlung kann dieser Schritt wohl aber nicht verglichen werden. Es geht immerhin darum – so zumindest beim *Agent Orange* Beispiel von *Duve* –, daß ein Sachverhalt, der für beide Parteien unbekannt ist, mit gemeinsamer Unterstützung erörtert wird. Dennoch handelt es sich hierbei nicht um ein eigenständiges Verfahren, sondern um eine Form der Mediation oder um eine Art nichtbindendes Schiedsgutachten. Vgl. *Duve*, Mediation, S. 244 ff.; *Bühring-Uhle*, Arbitration and Mediation, S. 312 ff.; *Mitchard* in: Martindale-Hubbell 1998, S. 17; *Brown/Marriott*, ADR, Rn. 16-093 ff.

[427] *Adjudication* kann einfach als Entscheid bzw. Entscheidung, aber auch als Gerichtsbeschluß übersetzt werden. In diesem Zusammenhang liegt die Bedeutung des Wortes auf der einfachen Entscheidung, die durch einen Sachverständigen (nicht Richter) getroffen wird. Hierbei handelt es sich um ein schnelles Verfahren, das mehr und mehr im Baugewerbe für die Beilegung von bestimmten Streitigkeiten Einsatz findet. Es handelt sich um ein sehr informelles Verfahren, bei dem ein neutraler Dritter eine Streitentscheidung trifft. In Großbritannien wurde zu diesem Verfahren bereits 1998 ein entsprechendes Gesetz erlassen. Im wesentlichen handelt es sich bei *adjudication* um eine schnelle Form des Schiedsgutachtens. Vgl. *Brown/Marriott*, ADR, Rn. 4-027 ff.; *Mitchard* in: Martindale-Hubbell 1998, S. 25 f.

[428] Z.B. Verfahren vor einem Ombudsmann.

[429] Teils werden auch die Bezeichnungen *last-offer-arbitration, pendulum arbitration,* und *flip-flop-arbitration* verwendet. Da das Verfahren häufig bei Gehaltsverhandlungen zwischen Spielern und Vereinsführungen der amerikanischen Baseball-Liga eingesetzt wurde, spricht man teilweise auch von *baseball-arbitration*. Vgl. *Brown/Marriott*, ADR, Rn. 4-065; *Risse*, BB Beilage 2, 2001, 17; *Günther/Hoffer*, in: Henssler/Koch, § 11 Rn. 14.

[430] Siehe *Rubin/Pruitt/Kim*, Social Conflict, S. 217.

[431] *Schäfer*, Mitteilungen der deutschen Patentanwälte 2001, 112.

typische Basarsituation aufgelöst wird, indem nun die Parteien nicht mehr versuchen, ein möglichst niedriges, sondern ein möglichst realistisches Angebot abzugeben. Dies geschieht aus Angst, daß der Schiedsrichter sich sonst für das Angebot der gegnerischen Partei entscheiden könnte.[432] Durch diese Situation können Verhandlungen eine ganz andere Dynamik bekommen.

Fraglich ist jedoch, ob dieses Verfahren geeignet ist, eine Situation sinnvoll zu befrieden. Ist der Konflikt vorher nicht entsprechend erörtert worden, so werden die Vorstellungen der Parteien von einem fairen, realistischen Angebot in vielen Fällen weit auseinanderliegen. Psychologische Untersuchungen zur *final-offer arbitration* haben gezeigt, daß die Beteiligten Parteien immer wieder die Wahrscheinlichkeit überschätzen, daß der Schiedsrichter mit ihrer Position übereinstimmt und folglich ihr letztes Angebot akzeptieren wird.[433] Liegen jedoch die letzten Angebote zu weit auseinander, wird die Entscheidung des Schiedsrichters unter Umständen die Beziehung zwischen den Parteien weiter belasten. Denn divergieren die Angebote beider Parteien noch sehr stark voneinander, ist das Verlustrisiko des einzelnen inakzeptabel hoch.[434] Muß sich der Schiedsrichter zwischen zwei Angeboten entscheiden, die beide weit entfernt von einem fairen Ergebnis sind, so muß er sich für das Angebot entscheiden, das – wenn auch nur geringfügig – näher an einem solchen fairen Ergebnis ist. In einem solchen Fall wird und muß sich die andere Seite auf Grund der großen Verluste als Verlierer fühlen. Es ist also wichtig, daß ein Verfahren wie die *final-offer-arbitration* nicht für sich alleine, sondern am Ende eines vorangegangenen Verfahrens (Verhandlungen, Mediation etc.) steht, weil es nur dann denkbar ist, daß sich im Laufe der Verhandlungen die Vorstellungen beider Parteien von einem fairen Ergebnis angenähert haben können.[435]

Jedoch ist auch die *final-offer-arbitration* am Ende eines Verfahrens nicht vollkommen unproblematisch. Geht man z.B. davon aus, daß am Ende eines Mediationsverfahrens nur noch einzelne Konditionen für eine Patentlizenz strittig sind, und dieser Streit durch eine *final-offer-arbitration* entschieden

---

432 *Blackman/McNeill*, American University Law Review 47 (1998), 1714; *Bühring-Uhle*, Arbitration and Mediation, S. 327 f.

433 *Bühring-Uhle*, Arbitration and Mediation, S. 241.

434 *Risse*, BB Beilage 2, 2001, 19.

435 Aus diesem Grund gibt es bereits ein gemischtes Verfahren namens MEDALOA. Es beinhaltet Elemente von Mediation und *Last-Offer-Arbitration*. Steht am Ende eines Mediationsverfahrens z.B. nur noch die Höhe eines Geldbetrages nicht fest, kann dies in Form einer *Last-Offer-Arbitration* entschieden werden. Siehe *Mitchard* in: Martindale-Hubbell 1998, S. 15; *Günther/Hoffer*, in: Henssler/Koch, § 11 Rn. 15; *Risse*, BB Beilage 2, 2001, 19 f.

werden soll, so wird sich im vorangegangenen Verfahren nicht selten schon abzeichnen, was aus Sicht des Schiedsrichters eine moderate Lösung darstellen würde. In einem solchen Fall werden die Parteien nicht dazu motiviert, ein faires, sondern ein den Vorstellungen des Schiedsrichters entsprechendes Angebot abzugeben. Solche strategischen und taktischen Überlegungen, zu denen das Verfahren geradezu einlädt,[436] können jedoch leicht zu Mißstimmungen führen, die sich wiederum negativ auf die Durchführung anderer Teile der Vereinbarung auswirken. Auf Grund dieser Merkmale der *final-offer-arbitration* wird sich aber vermutlich bereits im Vorfeld des Verfahrens die ohnehin sehr schwierige Bestimmung eines Schiedsrichters noch erheblich verkomplizieren. Dieser ist wie bei einer Entscheidung nach Billigkeit nicht durch rechtliche Maßstäbe unmittelbar verpflichtet. Er ist lediglich an die von den Parteien abgegebenen Angebote gebunden. Die Gründe, weshalb sich der Schiedsrichter für eines der Angebote entscheidet, werden somit noch weniger transparent sein als bei einem Schiedsspruch, der auf der Grundlage materiellen Rechts ergeht. Damit wird der Schiedsrichter fast zwangsläufig dem Vorwurf der Parteilichkeit unterworfen sein.

Im Ergebnis kann gesagt werden, daß *final-offer-arbitration* allenfalls am Ende eines Verfahrens einen Sinn macht, wenn die Parteien eine einigermaßen realistische Sichtweise der Auseinandersetzung gewonnen haben. Hier kann das typische Verhandlungsdilemma auf eine sinnvolle Art und Weise aufgelöst werden. Doch selbst in solchen Fällen wird dieses Verfahren nur selten praktikabel und empfehlenswert sein.

2. Kombiniertes Mediations- und Schiedsverfahren (*med-arb*)

Final-offer-arbitration hat nur noch wenig gemein mit der eigentlichen Schiedsgerichtsbarkeit.[437] Die Verbindung dieses Verfahrens mit einem Mediationsverfahren wirft daher wenige Probleme auf. Bei internationalen Patentstreitigkeiten stellt sich jedoch die Frage, ob das Mediations- und das Schiedsgerichtverfahren auch im vollen Umfang – also ohne starke Modifizierungen der Verfahren wie z.B. bei der *final-offer-arbitration* – miteinander kombiniert werden können.[438]

---

[436] Vgl. *Bühring-Uhle*, Arbitration and Mediation, S. 328; *Eidenmüller*, RIW 2002, 9.

[437] Vgl. oben S. 43 ff.

[438] Vgl. hierzu die Beiträge von *Plant*, Intellectual Property Disputes, S. 105 ff.; *Houzhi*, in: WIPO Conference on Mediation, S. 75 ff.; *Gurry*, in: WIPO Conference on Mediation, S. 41 ff.; *Gurry*, Journal of International Economic Law 1999, 388.

Die Kombination von Mediations- und Schiedsverfahren ist unter der englischsprachigen Abkürzung *med-arb* bekannt.[439] Bei *med-arb* handelt es sich um ein zweistufiges Verfahren, bei dem nach dem Scheitern des Mediationsverfahrens der Mediator in die Rolle eines Schiedsrichters wechselt und in dieser Funktion eine verbindliche Entscheidung für die Parteien trifft.[440] In Fällen, in denen sich die Streitparteien auf ein solches Vorgehen vorher einigen, muß der neutrale Dritte beide Verfahren kennen und beherrschen. Teils wird jedoch auch unter *med-arb* ein Verfahren beschrieben, bei dem Mediator und Schiedsrichter unterschiedliche Personen sind. Hierbei handelt es sich jedoch um kein gemischtes, sondern um zwei voneinander unabhängige Verfahren.[441]

Mit der Kombination aus Mediation und Schiedsgerichtsbarkeit versucht man, die Vorteile beider Verfahren zu nutzen.[442] Das *med-arb* Verfahren eignet sich in Fällen, in denen die Parteien ohne großen Zeitverlust zu einem Ergebnis kommen wollen, ob nun selbständig oder in Form einer verbindlichen Entscheidung. In solchen Fällen bietet es sich an, den Mediator, der sich in den Streitfall eingearbeitet hat und nicht erst mit den Fakten vertraut gemacht werden muß, bei einem Scheitern des Mediationsverfahrens als Schiedsrichter zu bestimmen. Diese scheinbar geschickte Verknüpfung führt allerdings zu Problemen, die das *med-arb* Verfahren nur eingeschränkt als brauchbar erscheinen lassen. Kritisch zu sehen ist, daß durch die Möglichkeit einer späteren Verwandlung in einen Schiedsrichter, der den Streit verbindlich entscheiden muß, der Mediator meist nicht das volle Vertrauen der Parteien genießen wird, da diese mit einer nachteiligen Verwertung von vertraulich zu behandelnden Informationen rechnen müssen. Dies hat zur Folge, daß das Mediationsverfahren von Beginn an belastet wird, da für ein erfolgreiches Verfahren zumindest gegenüber dem Mediator ein gewisses Maß an Offenheit aufgebracht werden muß.[443] Wird die Vertraulichkeit dann verletzt, indem der Mediator vertrauliche Informationen

---

[439] Vgl. Fn. 424.

[440] *Rubin/Pruitt/Kim*, Social Conflict, S. 218 f.; *Mitchard* in: Martindale-Hubbell 1998, S. 17 ff.; *Schäfer*, Mitteilungen der deutschen Patentanwälte 2001, 112. Auf die Frage, inwieweit ein Mediationsverfahren im Schiedsverfahren zulässig ist, soll später eingegangen werden; vgl. dazu *Eidenmüller*, in: Breidenbach, Konsensuale Streitbeilegung, S. 83-87.

[441] Deshalb verwendet *Mitchard* für den Fall, daß es sich bei Mediator und Schiedsrichter um unterschiedliche Personen handelt, den Begriff *Med-then-Arb;* siehe *Mitchard* in: Martindale-Hubbell 1998, S. 18. Echte Variationen des Verfahrenstyps *med-arb* finden sich auch bei *Brown/Marriott*, ADR, Rn. 7-114 ff.; *Eidenmüller*, RIW 2002, 10.

[442] *Gurry*, Journal of International Economic Law 1999, 389; *Houzhi*, in: WIPO Conference on Mediation, S. 77.

[443] Siehe ausführlich zum Verfahrensgrundsatz der Vertraulichkeit unten S. 135 ff.

der Parteien im Rahmen seiner Entscheidung als Schiedsrichter verwendet, birgt dies wiederum die Gefahr, daß der Schiedsspruch durch Rechtsbehelf angegriffen wird (§ 1059 ZPO). Andererseits kann der Mediator, der zur Vertraulichkeit verpflichtet ist, unter Umständen nicht das Schiedsverfahren durchführen, weil er seiner Pflicht zur Gewährung rechtlichen Gehörs insoweit nicht nachkommen kann und wohl auch als befangen angesehen werden müßte.[444] Aus diesen Gründen kann ein kombiniertes Verfahren nur dann empfohlen werden, wenn es sich um Streitigkeiten von einem geringeren Ausmaß handelt, die Parteien dringend eine Beendigung des Streits wünschen, keine einseitigen Vertraulichkeitsabreden für Informationen bestehen, die in Einzelgesprächen erlangt wurden, oder die Parteien sehr großes Vertrauen in die Unparteilichkeit des Dritten haben.

Auf Grund der Nachteile des *med-arb* Verfahrens stehen einige Schiedsrichter diesem Verfahren eher skeptisch gegenüber. Andere sind wiederum der Meinung, daß der Rollenkonflikt des Mediators/Schiedsrichters durch die Professionalität des neutralen Dritten überwunden werden kann.[445] Es zeigen sich aber auch kulturelle Unterschiede, was die Akzeptanz eines Rollentauschs des Mediators angeht. In asiatischen Ländern, in denen man teils auf eine lange Tradition der Schlichtung und Vermittlung zurückblicken kann, hat man keine Bedenken, Elemente der Mediation in das Schiedsgerichtsverfahren zu integrieren.[446] In zahlreichen Schlichtungs-, Mediations- und Schiedsordnungen verschiedener westlicher Organisationen finden sich jedoch Regelungen, die eine Tätigkeit des Mediators als Schiedsrichter nur für den Fall vorsehen, daß sich die Parteien ausdrücklich hierfür entscheiden.[447] Maßgeblich ist somit die

---

[444] So *Eidenmüller*, Wirtschaftsmediation, S. 50 f.

[445] Siehe hierzu die Interviews bei *Bühring-Uhle*, Arbitration and Mediation, S. 201 ff.

[446] Siehe hierzu den Beitrag des *Vice-Chairman, China International Economic and Trade Arbitration Commission (CIETAC)*; *Houzhi*, in: WIPO Conference on Mediation, S. 75 ff. Vgl. auch *Sanders*, in: FS Sandrock, S. 828 ff.

[447] Z.B. Art. 20 WIPO Mediation Rules: "*Unless required by a court of law or authorized in writing by the parties, the mediator shall not act in capacity whatsoever, otherwise than as a mediator, in any pending or future proceedings, whether judicial, arbitral or otherwise, relating to the subject matter of the dispute.*"; Art. 19 *UNCITRAL* Conciliation Rules: "[...] *the conciliator will not act as an arbitrator* [...] *in any arbitral* [...] *proceedings in respect of a dispute that is the subject of the conciliation proceedings.*"; Art. 10 ICC Rules of Conciliation: "*Unless the parties agree otherwise, a conciliator shall not act in any judicial capacity or arbitration proceeding relation to the dispute* [...] *as an arbitrator, representative or counsel of a party.*"

Zustimmung der Parteien.[448] Auch wenn diese für den Fall des Scheiterns der Mediation ein nachgeschaltetes Schiedsverfahren vereinbaren, sollten sie erst nach dem Mediationsverfahren festlegen, ob der Mediator auch als Schiedsrichter tätig werden soll. So müssen die Parteien während des Mediationsverfahrens weniger Befürchtungen haben, Informationen preiszugeben, da sie die Möglichkeit haben, einen parteiischen Mediator als Schiedsrichter abzulehnen.

In den USA, wo *med-arb* hauptsächlich Verwendung findet, wird es häufig bei Auseinandersetzungen zwischen Arbeitnehmern und Management verwendet.[449] Auch bei Patentstreitigkeiten kommt es häufig zu einer Kombination beider Verfahren, auch wenn die zeitliche Reihenfolge nicht immer so eindeutig ist wie bei *med-arb*. Ein viel diskutierter Fall, in dem die Schiedsrichter zeitweise die Rolle eines Mediators übernommen haben, was gleichzeitig den Durchbruch bei der Streitlösung bedeutete, war der Streitfall *IBM-Fujitsu,* bei dem es um die Nutzung von Systemsoftware ging.[450] Aber auch andere Fälle sind dokumentiert.[451]

3. Private Vergleichskonferenz (*minitrial*)

Entgegen der Namensgebung handelt es sich beim *minitrial* nicht um ein kleines bzw. verkürztes Gerichtsverfahren, sondern um einen weiteren, nicht bindenden Mechanismus zur Förderung von Vergleichsverhandlungen.[452] Das Verfahren, das zumindest in seiner klassischen Form nichts anderes als eine Variation des Mediationsverfahrens darstellt,[453] ist 1977 in einer komplexen, patentrechtlichen Streitigkeit entwickelt worden. Es handelte sich um eine Auseinandersetzung zwischen *TRW, Inc.* und *Telecredit, Inc.*, die in einer 6 Mio. USD schweren

---

[448] *Duve*, Mediation, S. 373.

[449] *Fischer/Junker*, Journal of International Arbitration 1988, 27; *Brown/Marriott*, ADR, Rn. 7-116.

[450] Siehe *Bühring-Uhle*, Arbitration and Mediation, S. 385. Dazu, daß Computerprogramme trotz § 1 II Nr. 3 PatG unter das Patentrecht fallen können, wenn sie die Funktionsfähigkeit einer Datenverarbeitunganlage verbessern, vgl. BGHZ 115, 21 „Seitenpuffer".

[451] Siehe *Plant*, Intellectual Property Disputes, S. 112 f.

[452] *Duve*, Mediation, S. 96; *Sander/Duve*, in: Gottwald, AKR-Handbuch, 3.3.3.1., S. 5 f. Daher wird das *minitrial*-Verfahren oft als *structured settlement negotiation* definiert. Siehe *Fischer/Junker*, Journal of International Arbitration 1988, 26.

[453] *Bühring-Uhle*, Arbitration and Mediation, S. 304; *Arnold*, in: Atlas/Huber/Trachte-Huber, S. 244.

Klage wegen einer vermeintlichen Patentverletzung mündete.[454] Die Parteivertreter verständigten sich darauf, in Anwesenheit des Top-Managements einen Informations- und Argumentationsaustausch zu organisieren. Nach sorgfältiger Vorbereitung und zweitägigen Parteivorträgen dauerte es dann nicht einmal eine halbe Stunde, bis die Parteien sich auf einen Vergleich verständigten.[455]

Das Ziel des *minitrial* besteht darin, durch die Einbeziehung der Entscheidungsträger aus den betroffenen Unternehmen zu verhindern, daß sich eine aus dem Wirtschaftsleben stammende Auseinandersetzung zu einem unübersehbaren juristischen Gefecht verselbständigt. Statt dessen sollen, ähnlich wie bei der Mediation, die der juristischen Auseinandersetzung zugrundeliegenden wirtschaftlichen Probleme gelöst werden. Hierfür tragen üblicherweise jeweils die Anwälte beider Seiten einem Kreis von Personen, der sich aus Personen der oberen Führungsebene der beteiligten Unternehmen und einem neutralen Dritten zusammensetzt, in komprimierter Form den Fall vor. Dabei sollen Informationen und Dokumente ausgetauscht, Zeugen gehört und Beurteilungen abgegeben werden. Der Kreis aus dem neutralen Dritten und dem Management der Unternehmen darf hierbei zu jeder Zeit Fragen stellen. Im ganzen soll sich aus dem Verfahren eine Zusammenfassung aller Fakten sowie der Stärken und Schwächen des Falls ergeben, was wiederum Diskussionsgrundlage für die direkt folgenden Verhandlungen zwischen den Managern der Unternehmen sein soll. Diese sollten vor dem *minitrial* nicht mit der konkreten Auseinandersetzung befaßt gewesen sein[456] und müssen eine Vollmacht zum Vergleichsabschluß haben.[457] Der neutrale Dritte unterstützt die Parteien bei ihren Verhandlungen.[458]

---

[454] *Plant*, Intellectual Property Disputes, S. 23; *Summer*, in: ADR Handbook, S. 85. Eine ausführliche Beschreibung des Falls findet sich bei *Bühring-Uhle*, Arbitration and Mediation, S. 305 f.

[455] *Sander*, in: Gottwald, AKR-Handbuch, 4.5., S. 4 f.; *Duve*, Mediation, S. 96, Fn. 91; *Leonhard*, BB Beilage 9, 1999, 16.

[456] *Bühring-Uhle*, Arbitration and Mediation, S. 304.

[457] *Günther/Hoffer*, in: Henssler/Koch, § 11 Rn. 18; *Duve*, in: Gottwald, AKR-Handbuch, 3.3.3.3., S. 12; *Mitchard* in: Martindale-Hubbell 1998, S. 16 f.

[458] Um eine US-amerikanische Besonderheit handelt es sich beim simulierten Geschworenenverfahren (*summary jury trial*). Bei dieser Verfahrensform wird das *minitrial* um die Komponente einer Jury-Entscheidung ergänzt. Vgl. *Mitchard* in: Martindale-Hubbell 1998, S. 21 f.; *Duve*, Mediation, S. 98 f.; *Günther/Hoffer*, in: Henssler/Koch, § 11 Rn. 18. Es ist auch denkbar, ein Verfahren ohne die Beteiligung eines neutralen Dritten durchzuführen, was jedoch nicht den Regelfall eines *minitrial* darstellen dürfte; siehe *Bühring-Uhle*, Streitbeilegung, in: Gottwald/Strempel, S. 72.

Ähnlich einem Schiedsgerichtsverfahren handelt es sich beim *minitrial* um ein vergleichsweise aufwendiges Verfahren, weil eine entsprechende Vorbereitung erforderlich ist und viele Personen beteiligt sind. Gleichzeitig handelt es sich aber bei entsprechender Vorbereitung um eine sehr schnelle – und damit in gewisser Hinsicht wiederum kosteneffektive – Form der Konfliktlösung.[459] Die Auseinandersetzung muß aber dennoch von einigem Gewicht sein, um die Kosten und die Beteiligung von hochrangigen Führungskräften der Unternehmen zu rechtfertigen.[460] Aus diesem Grund ist die Zahl derjenigen, die von einem solchen Verfahren Gebrauch machen können, relativ klein. Doch gerade bei Patentstreitigkeiten handelt es sich beim *minitrial* um ein vergleichsweise bekanntes Verfahren.[461] Dies hängt weniger mit der Vorgeschichte als mit den sehr hohen Streitwerten und der Beteiligung von großen Unternehmen zusammen. Erst unter diesen Umständen erscheint dieser Verfahrenstypus als praktikabel.

Über die Häufigkeit und den Erfolg des *minitrial*-Verfahrens können wenige konkrete Aussagen gemacht werden, da meist Vertraulichkeit vereinbart wird.[462] Es ist jedoch bekannt, daß in den USA dieses Verfahren in einer Reihe von Fällen erfolgreich durchgeführt wurde, an denen zahlreiche namhafte Unternehmen beteiligt waren. Auch bei großen internationalen Wirtschaftsstreitigkeiten hat man hier positive Erfahrungen gesammelt.[463] Außerhalb der USA ist dieser Verfahrenstyp wohl wenig verbreitet.[464] Dies mag wohl damit zusammenhängen, daß dieses Verfahren recht neu, kostenintensiv und „personenintensiv" ist. In Europa wird allerdings das *minitrial*-Verfahren bereits durch das *Zurich Chamber of Commerce*[465] sowie das *Netherlands Arbitration Institute* angeboten[466] und in Hong Kong wird das Verfahren in der Bauwirtschaft immer gebräuchlicher.[467]

---

[459] *Sander*, in: Gottwald, AKR-Handbuch, 4.5., S. 4 f.

[460] *Mitchard* in: Martindale-Hubbell 1998, S. 14; *Zimmer*, S. 136.

[461] *Plant*, Intellectual Property Disputes, S. 23; *Schäfer*, Mitteilungen der deutschen Patentanwälte 2001, 112.

[462] *Fischer/Junker*, Journal of International Arbitration 1988, 27.

[463] *Mitchard* in: Martindale-Hubbell 1998, S. 16.

[464] Vgl. *Eidenmüller*, RIW 2002, 7; *Bühring-Uhle*, Arbitration and Mediation, S. 305.

[465] Zum Ablauf des *minitrial* der Zürcher Handelskammer siehe *Walter*, ZZP 103 (1990), 157 f.; *Köpe*, in: Beiträge zu Grenzfragen des Prozeßrechts, S. 83 f.

[466] *Fischer/Junker*, Journal of International Arbitration 1988, 28 f.; *Mitchard* in: Martindale-Hubbell 1998, S. 15; *Duve*, in: Gottwald, AKR-Handbuch, 3.3.3.3., S. 12 Fn. 46.

[467] *Bühring-Uhle*, Arbitration and Mediation, S. 262 f.

C. Mediation im Patentrecht

Im folgenden soll zunächst untersucht werden, welche Patentrechtsauseinandersetzungen sich für die Mediation eignen. Danach soll auf Besonderheiten eingegangen werden, die sich bzgl. des Mediationsverfahrens ergeben.

I. Anwendungsbereich

Nicht jeder Konflikt eignet sich für die Mediation. Zudem resultieren aus den Unterschieden hinsichtlich der Strukturiertheit, Abgegrenztheit oder Komplexität der verschiedenen Konflikte wiederum Abweichungen zwischen den verschiedenen Inhaltsfeldern der Mediation.[468] Es soll daher zunächst in einem konflikttheoretischen Teil um den Begriff und die unterschiedlichen Erscheinungsformen sozialer Konflikte[469] gehen. Danach sollen typische Konflikte im Bereich des Patentrechts dargestellt werden und es soll untersucht werden, inwiefern sich diese für die Mediation eignen.

1. Konflikttheoretische Grundlagen der Mediation

Wie bereits oben dargestellt wurde, sind die Erkenntnisse der verschiedensten Sozialwissenschaften zum menschlichen Konfliktverhalten das Fundament der Mediation und damit gleichzeitig das wesentliche Abgrenzungskriterium zu anderen Formen der außergerichtlichen Konfliktbeilegung.[470] Wichtige Erkenntnisse der Konfliktforschung für die Konfliktdiagnose und Konfliktsteuerung sollen deshalb kurz dargestellt werden.[471]

---

[468] Vgl. oben S. 79 ff.

[469] Das Gegenteil hiervon ist der sog. intrapersonelle Konflikt (sog. Entscheidungskonflikt), der allerdings schwerwiegende soziale Konsequenzen auslösen kann, so daß soziale Konflikte aus Entscheidungskonflikten resultieren können. Die Arbeit beschränkt sich jedoch auf eine Darstellung der sozialen Konflikte, weil diese als äußere Erscheinungsform für die Konfliktregelung von größerem Interesse sind. Vgl. zur Unterscheidung zwischen Intra- und Intersystem- bzw. sozialen Konflikten *Galtung*, in: Bühl, Konflikt und Konfliktstrategie, S. 113; *Fischer/Wiswede*, Sozialpsychologie, S. 590; *Montada/Kals*, Mediation, S. 60; *Rubin/Pruitt/Kim*, Social Conflict, S. 5 f.

[470] Vgl. oben S. 71 ff.

[471] *„Skilled facilitators who understand both the sociology of conflict and the social psychology of conflict can help parties diagnose different kinds of conflict (manifest, latent, displaced, right-based, needs- or interest-based, values, resources) and use different strategies for management or resolution of different kinds of conflict within various taxonomies of conflict (relational, resource-driven, legal, political, intrapersonal and so on).“* *Menkel-Meadow*, Mediation, S. XV.

Neben der Beschreibung von Konflikten für die Diagnose einer Konfliktlage ist jedoch auch eine kurze Begriffsbestimmung notwendig. Sieht etwa eine Vertragsklausel ein Mediationsverfahren für den Fall vor, daß ein Konflikt auftritt,[472] so sollte geklärt sein, ab wann dies der Fall ist. Es ist zumindest die Situation denkbar – und bei Schiedsverfahren auch bereits öfters vorgekommen[473] –, daß eine Partei eine Konfliktlage annimmt, während die andere Partei das Bestehen eines Konflikts leugnet. Auch wenn eine solche Situation im Falle einer Schiedsklausel weitaus problematischer sein dürfte, weil die prozeßhindernde Wirkung einer Schiedsklausel eine ganz andere ist,[474] so kann doch auch eine Mediationsklausel unter Umständen eine prozeßhemmende Wirkung haben.[475] Daher sollte zumindest geklärt sein, ab wann eine solche Klausel überhaupt einschlägig ist. Dafür ist zu bestimmen, ab wann man von einem Konflikt sprechen kann.

Da es sich allerdings bei Konflikten um eine komplexe Thematik handelt, kann man selbst bei einer ausführlichen Darstellung dem Thema nur unzureichend gerecht werden.[476] Daher soll lediglich ein kurzer thematischer Überblick gegeben werden.

a) Begriff und Funktion des Konflikts

Die Art und Weise wie man den Konfliktbegriff definiert, hat merklichen Einfluß darauf, welchen Weg man bei der Konfliktbeilegung beschreitet.[477] Wird etwa ein Konflikt als unabwendbar wahrgenommen, so gibt es keinen Grund, zu versuchen, ihn zu lösen oder beizulegen. Konflikte sind jedoch weder

---

[472] Siehe die Klauselvorschläge bei *Hacke*, ADR-Vertrag, S. 110 ff., nach denen mit Auftreten eines Konflikts der Vertragsfall gegeben ist.

[473] Vgl. *Brown/Marriott*, ADR, Rn. 1-009 ff.

[474] Vgl. *Schwab/Walter*, S. 58 ff.

[475] Siehe hierzu *Eidenmüller*, in: Breidenbach, Konsensuale Streitbeilegung, S. 54 ff.; *Heß/Sharma*, in: Schlieffen/Haft, § 26 Rn. 55 ff. Zur vergleichbaren Problematik bei der Schlichtung siehe *Walter*, ZZP 103 (1990), 158 ff.

[476] Die verschiedensten Menschen haben ihr Leben lang versucht, den Prozeß von Konflikten zu beschreiben und zu verstehen. *Karl Marx* – um hier nur ein Beispiel zu nennen – verbrachte Jahre, in denen er versuchte, Ursprung und Einfluß des Klassenkonflikts zu verstehen. Dahingegen scheinen heute Autoren von populärwissenschaftlichen Büchern ohne Schwierigkeiten die Antworten auf Konflikte parat zu haben. Einfache Lösungen und Erklärungen gibt es jedoch in den meisten Fällen nicht. Zu den unterschiedlichen konflikttheoretischen Ansätzen siehe *Röhl*, Rechtssoziologie, S. 443 ff.; *Tidwell*, Conflict resolved?, S. 28, 32 ff.

[477] *Tidwell*, Conflict resolved?, S. 32.

grundsätzlich negativ noch positiv zu bewerten. Obwohl Konflikte mit unangenehmen Erfahrungen in Verbindung gebracht werden, bieten sich durch sie erst Entwicklungschancen.[478] Die destruktive Kraft von Konflikten äußert sich jedoch in *„Friktionsverlusten, Verschwendung von Ressourcen, Desintegrationstendenzen, Polarisierung, Emotionalisierung, Eskalation von Gegensätzen, Unterminierung der Solidarität, Durchsetzen des Stärkeren.“*[479]

Doch ab wann wird von einem Konflikt gesprochen. Nach *Deutsch*[480] kommt es dann zum Konflikt, wenn nicht zu vereinbarende Handlungstendenzen aufeinanderprallen. Von *Rubin*, *Pruitt* und *Kim*[481], die sich ebenfalls am sozialen Konflikt, also dem Konflikt mit anderen Personen oder Gruppen,[482] orientieren, wird das Konfliktgeschehen als *„perceived divergence of interest or belief that the parties' current aspirations cannot be achieved simultaneously“* beschrieben. Deutlich ausführlicher bestimmen *Montada* und *Kals* den sozialen Konflikt, indem sie den Konfliktanlaß mit in ihre Begriffsbestimmung einbeziehen:

„Ausgangspunkt eines Konflikts ist die wahrgenommene Beeinträchtigung, Verletzung oder Gefährdung eines der Anliegen eines Subjekts A (einer Person, einer Gruppe, einer Institution) durch ein anderes Subjekt B. A macht B verantwortlich dafür. A fordert B auf, die Beeinträchtigung, Verletzung oder Gefährdung des Anliegens zu unterlassen bzw. wieder gutzumachen. B kommt dieser Aufforderung nicht nach, so daß die Beeinträchtigung, Verletzung oder Gefährdung des Anliegens fortbesteht, ohne dies mit legitimen Gründen zu

---

478 Nach *Dahrendorf* (S. 170 ff.) ist etwa eine Lösung von Konflikten und erst recht eine konfliktfreie Gesellschaft weder möglich noch wünschenswert. Nicht wünschenswert, weil Konflikte mit sozialem und technischem Fortschritt unmittelbar verbunden sind. Konflikte offenbarten Unzulänglichkeiten auf den verschiedensten Ebenen und seien somit oftmals der Auslöser für positive und notwendige Veränderungen. Es ginge daher nicht darum, Konflikte zu lösen, sondern Konflikte so zu regeln, daß sie nicht ihre destruktive Kraft entfalten können; siehe auch *Röhl*, Rechtssoziologie, S. 454. Zur Unterscheidung zwischen funktionalen und dysfunktionalen Konflikten siehe das Werk von *Simmel* und *Coser*; vgl. *Simmel*, in: Bühl, Konflikt und Konfliktstrategie, S. 65 ff.; *Coser*, The Functions of Social Conflict. Eine Einordnung nach funktionalen und dysfunktionalen Konflikte erweißt sich jedoch meist als äußerst schwierig, weil die Einordnung nach subjektiven Bewertungsmaßstäben erfolgen muß.

479 *Fischer/Wiswede*, Sozialpsychologie, S. 591.

480 *Deutsch*, The Resolution of Conflict, S. 10.

481 *Rubin/Pruitt/Kim*, Social Conflict, S. 5.

482 Siehe Fn. 469.

rechtfertigen, ohne die Verantwortlichkeit mit einsehbaren Gründen zu bestreiten und ohne um Verzeihung zu bitten.“[483]

Gemeinsam ist den verschiedenen Definitionen, daß sie von einem subjektiven Konfliktbegriff ausgehen.[484] Nach der objektiven Konfliktdefinition besteht ein Konflikt bereits dann, wenn aus objektiver Sicht unvereinbare Verhaltensweisen angelegt bzw. objektive Interessengegensätze vorhanden sind, wie dies zum Beispiel bei Herr und Knecht oder sonstigen Interessendivergenzen der Fall ist. Nach der subjektiven Konfliktdefinition kann man jedoch erst dann von einem Konflikt sprechen, wenn der objektiv vorhandene Interessengegensatz von einem Beteiligten wahrgenommen wird, und er sein Handeln danach ausrichtet (Konflikt im engeren Sinne bzw. „Streit“).[485] Die Unterscheidung zwischen objektiver und subjektiver Ebene von Konflikten wirkt sich vor allem darauf aus, was als Konfliktursache ausgemacht wird. In der Regel sind nicht die objektiven Umstände Ursache des Konflikts, sondern die Art und Weise wie die objektiven Umstände wahrgenommen werden.[486] Für die Streitbeilegung ist somit in erster Linie ein subjektiver Konfliktbegriff maßgeblich.

b) Typologie nach Erscheinungsformen

Von jeher kommen aus den unterschiedlichsten wissenschaftlichen Disziplinen Bemühungen, Typen von Konflikten zu unterscheiden, die für die Theorienbildung oder für die praktische Konfliktbehandlung nützlich sein sollen. Ökonomen wie *Boulding*[487], Soziologen wie *Simmel*[488] und *Coser*[489], Psychologen wie

---

483 *Montada/Kals*, Mediation, S. 67.

484 Aus der Definition von *Deutsch* geht dies nicht unmittelbar hervor, kann aber seinen Arbeiten entnommen werden. Vgl. die Zusammenfassung seiner Forschungsergebnisse im Buch „*The Resolution of Conflict*“, 1973.

485 Der subjektive Konfliktbegriff wird teilweise als zu weit empfunden, weshalb hier weiter zwischen Konflikt und Konkurrenz unterschieden wird (so etwa *Röhl*, Rechtssoziologie, S. 453 f.; *Deutsch*, The Resolution of Conflict, S. 10 f.; *Montada/Kals*, Mediation, S. 68). Konkurrenz soll demnach einen Konflikt im weiteren Sinne darstellen, bei dem zwar die Interessendivergenz von den Parteien wahrgenommen wird, diese aber nicht ihre Handlungen danach ausrichten. Dem entspricht mehr oder weniger eine Unterscheidung zwischen Konflikt und Streit. In der deutschsprachigen Literatur werden jedoch Konflikt und Streit als Synonyme verwendet (siehe *Breidenbach*, Mediation, S. 5). Nur in der englischsprachigen Literatur wird teilweise zwischen *conflict* und *dispute* – also Konflikt und Streit – unterschieden (vgl. z.B. *Brown/Marriott*, ADR, Rn. 1-001 ff. und *Alexander*, Wirtschaftsmediation, S. 105 ff., die sich in ihrer Arbeit auf englischsprachige Literatur bezieht).

486 Vgl. *Tidwell*, Conflict resolved?, S. 31 ff.

487 Siehe *Boulding*, Journal of Conflict Resolution, vol. 1, 1957, 122 ff.

Lewin[490] und *Deutsch*[491], aber auch Spieltheoretiker wie *Rapoport*[492] haben ganz wesentliche Beiträge zur Systematisierung von Konflikten geliefert.[493] Der praktische Nutzen einer interventionsorientierten Konflikttypologie liegt etwa darin, daß sie bereits in den allerersten Stadien der Konfliktsituation demjenigen, der in das Konfliktgeschehen eingreift, ein grobmaschiges Orientierungssystem geben kann, um Grundentscheidungen hinsichtlich der allerersten Schritte in Richtung einer Konfliktbehandlung zu treffen.[494] Durch eine erste Typenbestimmung wird also vorläufig abgesteckt, in welchem Maß und in welchem Bereich Interventionen sinnvoll und nicht schädlich sind.[495]

Im folgenden sollen Konflikttypen nach ihren Erscheinungsformen unterschieden werden. Wie bereits erwähnt, gibt es eine Fülle unterschiedlicher Ansätze,

---

488 Siehe *Simmel*, in: Bühl, Konflikt und Konfliktstrategie, S. 65 ff.

489 Siehe *Coser*, The Functions of Social Conflict, London 1956.

490 *Kurt Lewin* (1890-1947) hatte entscheidenden Einfluß auf die Sozialpsychologie in den USA und Europa. Sein wohl wichtigster Beitrag zur Konfliktforschung ist die Entwicklung der sog. Feldtheorie und deren Übertragung auf Gruppen. Das Besondere an *Lewin's* Werk ist, daß er versucht, Erklärungen für individuelles Verhalten in einen sozialen Kontext zu integrieren. Siehe *Tidwell*, Conflict resolved?, S. 65; *Graumann*, in: Stoebe/Hewstone/Stephenson, S. 17 f.

491 Eine Zusammenfassung seiner Forschungsergebnisse findet man in *Deutsch*, The Resolution of Conflict, 1973.

492 Siehe den ins Deutsche übersetzten Beitrag aus dem Jahre 1966: *Rapoport*, Kataklysmische und strategische Konfliktmodelle, in: Bühl, Konflikt und Konfliktstrategie, S. 264 ff.

493 *Glasl*, Konfliktmanagement, S. 47. Vgl. auch *Bühl*, Theorien sozialer Konflikte, S. 18 ff.

494 *Glasl*, Konfliktmanagement, S. 54; *Alexander*, Wirtschaftsmediation, S. 54.

495 An einer Kategorisierung von Konflikten wird jedoch kritisiert, daß damit der Glaube verbunden sei, daß man nur den Konflikt richtig einordnen muß, um modellhaft einen Lösungsweg anbieten zu können. Das Recht würde hierdurch seinen Nachfragern jedoch nicht gerecht, denn „*Konflikte, mit denen Instabilitäten sozialer Arrangements indiziert sind, treten in Gestalt divergierender Interessen-, Wert- und Ordnungsvorstellungen, mithin als Deutungskonflikte über bislang mehr oder weniger selbstverständlich geltende und geteilte Deutungs- und Regelschemata auf.*" (*Eidmann*, S. 19). Dem ist insofern zuzustimmen, als es sich bei Konflikten um eine höchst individuelle Materie handelt, die sich in ihrer Komplexität einer sinnvollen interventionsorientierten Kategorisierung zunächst entziehen mag. Die Unterstellung, daß man sich genügend in den Konflikt vertieft haben muß, um seinen wahren Charakter erkennen zu können, ist jedoch nicht haltbar, da sie in der Praxis kaum verwirklicht werden kann. Hierfür müßte es nämlich möglich sein, einen Konflikt von Anfang an umfassend und objektiv erfassen zu können. Dies ist aber bereits bei nur halbwegs komplexen Sach- und Beziehungslagen nicht möglich. Man muß deshalb zunächst an die äußere Erscheinung des Konflikts anknüpfen, weil dies das Konfliktgeschehen und das Verhalten der Konfliktparteien prägt. Vgl. *Glasl*, Konfliktmanagement, S. 55 ff.

so daß hier eine Konzentration auf einige wesentliche Punkte erfolgen muß. Auch ist darauf hinzuweisen, daß die hier beschriebenen Konfliktformen nur selten in ihrer Reinform vorkommen werden. Meist kommt es zu einer Kombination verschiedener Konflikttypen. Verschiedene Konfliktebenen können sich zu einem Konfliktkomplex verbinden.[496]

(1) Interessenkonflikt und Wertkonflikt

Eine Unterscheidung zwischen zwei Konflikttypen, dem Interessenkonflikt und dem Wertkonflikt, wurde durch *Aubert*[497] eingeführt. Als Interessenkonflikt wird von ihm der Konflikt beschrieben, der aus einer Knappheit des durch die Beteiligten begehrten Objekts entspringt. Ausgangspunkt ist bei diesem Konflikttyp zunächst die gemeinsame Wertschätzung sozialer Objekte, wobei es sich hier um Geld, Waren, aber auch um Macht und Ansehen handeln kann. Der Interessenkonflikt ist somit ein Verteilungskonflikt um knappe Güter, bei dem allerdings die Parteien ähnliche Ziele und Bedürfnisse haben.[498]

Als einen Wertkonflikt bezeichnet *Aubert* Meinungsverschiedenheiten über Tatsachen, Normen oder Werte. Fälle von Produktpiraterie – also bei einer vorsätzlichen Schutzrechtsverletzung – können als Wertkonflikte beschrieben werden, da z.B. hinter solchen Konflikten das Gebot steht, daß man nicht stehlen darf. Wertkonflikte sind aber auch dann gegeben, wenn etwa um die Anwendbarkeit bestimmter Normen oder über das Vorliegen eines bestimmten Sachverhalts gestritten wird.

Das Problematische an Wertkonflikten ist, daß sie prinzipiell den Charakter von Nullsummenspielen haben, d.h. der Gewinn einer Partei entspricht dem Verlust der anderen.[499] Entweder eine Schutznorm ist verletzt oder nicht. Entweder ein Sachverhalt ist gegeben oder nicht. Sobald es etwa um Meinungsverschiedenheiten über Tatsachen geht, ist ein Kompromiß nicht mehr möglich, weil die Wahrheit ungeteilt ist und keinen Kompromiß erlaubt. Auch Normen und Werte werden oft mit einem ähnlichen Absolutheitsanspruch vertreten. Sie werden nur selten in Frage gestellt. Daher sind auch hier Kompromisse nur schwer möglich,

---

[496] Vgl. *Wittschier*, S. 37 f.

[497] Siehe *Aubert*, in: Bühl, Konflikt und Konfliktstrategie, S. 178 ff. Diese Unterscheidung entspricht weitgehend der Einteilung in zweckrationales und wertrationales Handeln bei *Max Weber*; siehe *Weber*, Wirtschaft und Gesellschaft, S. 12 f.

[498] *Glasl*, Konfliktmanagement, S. 48 f.; *Röhl*, Rechtssoziologie, S. 461.

[499] *Röhl*, Rechtssoziologie, S. 456 u. 463.

weil man nicht mit Werten handeln kann und Kompromissen daher „der Geruch des Unerlaubten“ anhaftet.[500]

Interessenkonflikte sind insofern einfacher zu lösen, da sie sich meist als ein Verhandlungsspiel darstellen lassen, also eine Situation, in der durch die Einigung der Parteien neue Werte in Form eines Kooperationsgewinns erzielt werden können, um dessen Verteilung die Beteiligten dann streiten können.[501] Da die Parteien Nachteile vermeiden und Vorteile für sich selbst erzielen möchten, sind sie bereit, Kompromisse einzugehen. Doch kann auch ein Verteilungskonflikt sich als Nullsummenspiel darstellen, wenn die Summe der zu verteilenden Güter gleichbleibend ist und nicht durch Kooperationsgewinne erweitert werden kann. Wenn jedoch rechtliche Gesichtspunkte zum Konflikt hinzukommen, gibt es für die Beteiligten wiederum zusätzliche Möglichkeiten, die Situation des Nullsummenspiels aufzubrechen und einen fiktiven Zugewinn für beide zu erreichen. Dies geschieht durch die Nötigung durch Normen und andere Drohungen. Es kann jetzt z.B. durch die Aussicht auf ein kurzes Gerichtsverfahren ein zusätzlicher Anreiz zur Einigung geschaffen werden. Ein Interessenkonflikt wird aber unter Umständen erst dadurch zum schwer lösbaren Wertkonflikt, weil eine Verrechtlichung des Konflikts stattfindet. Es werden Normen hinzugezogen, die ein Verhalten untersagen.[502]

Wie soeben dargestellt, gibt es keine klare Trennung zwischen Interessen- und Wertkonflikten, sondern beide Konflikttypen stehen vielmehr in einer vielschichtigen Beziehung zueinander. Meinungsverschiedenheiten entstehen oft erst dadurch, daß bestimmte Interessen verfolgt werden und Meinungen vorgebracht werden, um damit Interessen durchzusetzen oder zurückzuweisen. Teilweise wird sogar angenommen, daß jeder Wertkonflikt auf einen Interessenkonflikt zurückgeht, also auf einen Verteilungskonflikt zurückzuführen ist. Es ist jedoch empirisch nachgewiesen worden, daß die Häufigkeit und das Gewicht von Eigeninteressen als Handlungsmotiv deutlich überschätzt wird, so daß nicht vom Interessenkonflikt als dominierendem Konflikttyp auszugehen ist.[503] Aus den bestehenden Wechselbeziehungen zwischen den beiden Konflikttypen resultiert aber die Erkenntnis moderner Verhandlungstheorie und damit auch der

---

[500] *Aubert*, in: Bühl, Konflikt und Konfliktstrategie, S. 183 f.

[501] *Röhl*, Rechtssoziologie, S. 456.

[502] *Aubert*, in: Bühl, Konflikt und Konfliktstrategie, S. 190 ff.; *Röhl*, Rechtssoziologie, S. 461 ff.

[503] Siehe *Montada/Kals*, Mediation, S. 49 ff., wonach die Verfolgung kollidierender Eigeninteressen nur ein Konflikttyp unter vielen anderen ist.

Mediation, daß man den Fokus der Parteien auf die Interessen richten und eine rechtliche Betrachtung, die zu einem Wertkonflikt führt, zunächst vermeiden soll.[504]

(2) Personenbezogene, rollenbezogene und normenbezogene Konflikte

Die Komplexität einer sozialen Beziehung beeinflußt den Ablauf des Konflikts.[505] Nach *Luhmann*[506] entsteht die Komplexität einer Beziehung durch die gegenseitigen Verhaltenserwartungen. Dabei gibt es drei Kategorien, auf die sich die Erwartungen der Umwelt hinsichtlich des Verhaltens der anderen Person beziehen können. Zu unterscheiden ist zwischen Verhaltenserwartungen gegenüber der Person selbst, hinsichtlich einer bestimmten Rolle und in bezug auf einzelne Normen. In dieser Reihenfolge nimmt die Komplexität sozialer Konflikte ab.[507]

Wenn sich Parteien im Wirtschaftsleben immer wieder begegnen, entwickelt sich aus gemeinsamen Erlebnissen eine gemeinsame Geschichte, die entsprechende Erwartungen bei den Parteien entstehen läßt und so zu einem komplexen Beziehungsgeflecht führt. Entstehen bei solchen komplexen Beziehungen Probleme, weil eine Partei in ihren Erwartungen enttäuscht wurde, besteht die Gefahr für den weiteren Verlauf des Konflikts, daß dieser sich auf Bereiche der Beziehung ausweitet, die im Grunde im Einklang miteinander stehen würden.[508] Dies ist auf die generalisierende Wirkung von Konflikten zurückzuführen.[509]

Neben diesem Effekt haben jedoch komplexe soziale Beziehungen auch die Wirkung, daß die rasche Beilegung von Konflikten begünstigt wird, da man auf Gemeinsamkeiten, die einen vorher verbunden haben, aufbauen kann.[510] Zudem werden Unvereinbarkeiten von Zielen erst dann als Problem wahrgenommen, wenn wichtige Anliegen davon betroffen sind. Je enger und vielfältiger die Beziehungen zwischen den Subjekten sind, um so problematischer sind jedoch dann Unvereinbarkeiten ihrer wichtigen Anliegen.[511] Immer dann, wenn der Streit von einer oder beiden Parteien als personenbezogener Konflikt verstanden

---

[504] Vgl. oben S. 56 ff.

[505] *Röhl*, Rechtssoziologie, S. 459.

[506] *Luhmann*, Rechtssoziologie, S. 31 ff. Daran anknüpfend *Gessner*, S. 170 ff.

[507] *Luhmann*, Rechtssoziologie, S. 85 ff.

[508] *Röhl*, Rechtssoziologie, S. 459.

[509] *Luhmann*, Legitimation durch Verfahren, S. 101.

[510] *Röhl*, Rechtssoziologie, S. 460 f.

[511] *Montada/Kals*, Mediation, S. 69.

wird, muß ein Gerichtsprozeß zu unbefriedigenden Ergebnissen führen, weil die Verrechtlichung der sozialen Beziehung dem eigentlichen Konfliktinhalt nicht gerecht werden kann.[512]

Zwischen Konflikten, die sich auf die Person oder auf einzelne Normen beziehen, steht der Konflikt hinsichtlich der Erwartungen gegenüber einer bestimmten Rolle, die jemand einnimmt. Die Konflikte gehen zwar nicht soweit, daß sie die ganze Person einbeziehen. Die Verhaltenserwartungen lassen jedoch auch nicht einen isolierten Handlungsvollzug wie beim normenbezogenen Konflikt zu. Vielmehr wird die Person in ihrer sozialen Position angesprochen. An diese werden weniger Verhaltenserwartungen gekoppelt, als wenn es um die Person selbst geht, so daß sich für Konflikte aus diesem Bereich auch eine geringere Komplexität ergibt.

Treffen sich jedoch die Personen unter der Anforderung sozialer Normen, die nur eine einzige spezifische Erwartung begründen, so ist von einer niedrigen Komplexität der sozialen Beziehung auszugehen.[513] Solche Normen sind etwa einfache Verhaltensvorschriften, wie z.B. die Regel, daß man die erhaltene Ware zahlt. Damit ist der sozialen Norm schon entsprochen. Entsprechend klar sind die Verhaltenserwartungen und dementsprechend gering die Komplexität solcher Konflikte. Wie oben bereits dargestellt, führen solche Konflikte mit geringer Komplexität meist zu Nullsummenkonflikten.[514] Wenn nicht rechtliche Gesichtspunkte zum Konflikt hinzukommen, die den Beteiligten wiederum zusätzliche Möglichkeiten geben, die Situation des Nullsummenspiels aufzubrechen, bieten sich solche Konflikte eher für eine gerichtliche Streitbeilegung an.

(3) Emotionale Konflikte

Die meisten Auseinandersetzungen kommen nicht ohne eine emotionale Komponente aus. Selten wird sie durch interessenorientiertes und werteorientiertes Handeln der Beteiligten ganz verdrängt. Dabei wird ein emotionales Verhalten der Beteiligten meist in einer abwertenden Art und Weise mit einem irrationalen Verhalten gleichgesetzt, welches einer rationalen, sachlichen Bewertung und Bewältigung einer Situation im Wege steht.[515] Emotionen sind jedoch in erster Linie *„subjektive, ganzheitliche Stellungnahmen, mit denen der Mensch die Bedeutung von Personen, Sachen und Sachverhalten für sich selber*

---

[512] *Röhl*, Rechtssoziologie, S. 468.

[513] *Röhl*, Rechtssoziologie, S. 459.

[514] Siehe oben S. 99.

[515] *Montada/Kals*, Mediation, S. 135.

zum Ausdruck bringt."[516] Sie müssen damit keineswegs der rationalen Einschätzung eines Sachverhalts zuwiderlaufen. Reagiert jemand z.B. mit Ärger auf einen Fehler, so ist dies ein adäquates und insofern auch rationales Verhalten.

Die emotionale Komponente eines Konflikts muß bei der Konfliktregelung beachtet werden, weil jeder Emotion die subjektive Erkenntnis und Einschätzung über Anlaß des Konflikts und Handlungsmöglichkeiten bzw. -beschränkungen inne wohnt.[517] Für die Steuerung der Konfliktregelung ist es daher unerläßlich, auch die emotionale Seite eines Konflikts in die Konfliktbearbeitung mit einzubeziehen.

(4) Eskalationsentwicklung

Konflikte können eskalieren. Gründe für die Eskalation von Konflikten werden darin gesehen, daß der Konflikt sich selbst verstärkende Prozesse der Wettbewerbshaltung verursacht,[518] die zu einer Verarmung der Kommunikation führen. Dies kann wiederum zu Fehlurteilen und Mißverständnissen führen. Am Ende wird ein Nachgeben dann häufig als unerträglicher Gesichtverlust empfunden.[519]

Im Prozeß der Eskalation gibt es nach *Glasl*[520] verschiedene Konfliktstufen. Das Erreichen einer neuen Eskalationsstufe und damit die Intensivierung des Konfliktniveaus wird nach ihm durch das Überschreiten bestimmter Schwellen bewirkt.[521] Diese Wendepunkte bewirken neben der Intensivierung des Konflikts auch, daß der Weg zurück auf ein niedrigeres Konfliktniveau nur noch schwer möglich ist.[522] Ein Beispiel ist die Verwendung einer Drohung mit Gewalt oder anderen Zwangsmitteln, was eigentlich den Effekt des Nachgebens der anderen

---

[516] *Röhl*, Rechtssoziologie, S. 466.

[517] *Montada/Kals*, Mediation, S. 136 f.

[518] *Deutsch* kommt etwa auf Grund seiner Untersuchung zu der Erkenntnis, daß jeder Prozeß zur Selbstverstärkung neigt, so daß die Erfahrungen der Kooperation eine Spirale wachsender Kooperation erzeugen, während der Wettbewerb zu einer Spirale sich verdichtender Konkurrenz führt; *Deutsch*, The Resolution of Conflict, S. 47. Man kann im Bereich der Sozialpsychologie eine tiefgehende Beschreibung von relevanten Bestandteilen einer Konfliktepisode und den Verlaufsformen finden. Siehe etwa die Darstellung bei *Fischer/Wiswede*, Sozialpsychologie, S. 595 ff.

[519] *Deutsch*, The Resolution of Conflict, S. 352 ff.

[520] *Glasl*, Konfliktmanagement, S. 211 ff.

[521] Vgl. *Rubin/Pruitt/Kim*, Social Conflict, S. 72 ff., die mit drei verschiedenen Erklärungsmodellen für die Eskalation von Konflikten arbeiten (*aggressor-defender model, conflict spiral model, structural change model*).

[522] Vgl. *Rubin/Pruitt/Kim*, Social Conflict, S. 98 ff.

Partei haben soll, tatsächlich aber in den meisten Fällen zu einer Beschleunigung der Eskalation führt.[523] Typisch hierfür sind etwa Einwände und Widerklagen bei Zivilprozessen.[524]

Die typischen Veränderungen, die im Zuge der Eskalation eines Konflikts erfolgen, werden von *Pruitt, Rubin* und *Kim*[525] in fünf Transformationstypen unterteilt:

Leicht → Heftig: Im Laufe der Eskalation werden anfänglich leichte Taktiken, wie etwa der Versuch, die andere Partei zu überzeugen, durch heftigere Taktiken ersetzt. Dies kann etwa die Äußerung von Drohungen und das Setzen eines Ultimatums sein.

Klein → Groß: Innerhalb der Konflikteskalation zeigt sich die Tendenz, daß Streitigkeiten sich ausweiten. Es zeigt sich auch die Tendenz, daß die Parteien und auch andere Beteiligte mehr und mehr vom Konflikt vereinnahmt werden. Die Auseinandersetzung wird auch auf Nebenschauplätzen ausgetragen, die mit dem eigentlichen Konflikt nichts mehr zu tun haben.

Spezifisch → Generell: Wie bereits oben dargestellt, werden bei der Eskalation von Konflikten spezifische Streitfragen durch generelle ersetzt.[526] Dies führt zu einer allgemeinen Ablehnung und generellen Intoleranz gegenüber anderen.

Individuelle Orientierung → Gewinnen → Verletzen: In einer frühen Phase der meisten Konflikte sind die Parteien meist darauf aus, sich so gut wie möglich um sich selbst zu kümmern bzw. ihre Sache gut zu machen. Welche Erfolge oder Mißerfolge andere erzielen, spielt zunächst keine Rolle. Im Zuge der Eskalation des Konflikts wird diese individuelle Orientierung durch ein kompetitives Ziel ersetzt. Seine Sache gut zu machen, bedeutet jetzt, den anderen auszustechen. Bei der weiteren Eskalation steigen die Kosten für die Parteien, so daß es zu einer weiteren Veränderung im Verhalten der Parteien kommt. Wenn man schon nicht gewinnen kann, so gilt es zumindest, dem

---

523 Interessant hierzu die Untersuchung von *Deutsch* und *Krauss*, wonach es auch bei nur einseitig vorhandenem Drohpotential zu Verlusten bei allen Beteiligten kommt; *Deutsch/Krauss*, Journal of Abnormal and Social Psychology, Vol. 61 (1961), 181 ff.; siehe hierzu auch *Deutsch*, The Resolution of Conflict, S. 124 ff., 215 ff. Kritisch *Fischer/Wiswede*, Sozialpsychologie, S. 608 f.; *Montada/Kals*, Mediation, S. 92 ff.

524 Siehe zu den Einwänden des Patentverletzers, *Osterrieth*, Patentrecht, Rn. 214 ff.

525 *Rubin/Pruitt/Kim*, Social Conflict, S. 70 f.

526 Siehe oben S. 101.

Gegner einen möglichst großen Schaden zuzufügen. Ziel ist nun, daß die gegnerische Partei größeren Schaden nimmt als man selbst.

Wenige → Viele: Sind am Anfang des Konflikt die Bemühungen, die gegnerische Partei durch die zur Verfügung stehenden Mittel zu bezwingen, erfolglos, suchen sich die meisten Parteien Verbündete, mit deren Hilfe sie das Ziel zu erreichen versuchen. Durch die so geformten Allianzen werden nunmehr immer mehr Staaten, Firmen, Organisationen oder einzelne Personen involviert.

Zusammenfassend kann man feststellen, daß die Eskalation häufig mit einer Personalisierung (bestimmte Personen werden verantwortlich gemacht), mit einer Generalisierung (der Konflikt weitet sich auf andere Gebiete aus), der Polarisierung (die Standpunkte werden – im Sinne stereotyper Systeme – extremisiert) und der Etikettierung (der Gegner wird „abgestempelt" und in eine „Schublade" verortet) einhergeht.[527]

Glasl[528] beschreibt ein Modell, das im wesentlichen die oben beschriebenen Transformationstypen enthält, jedoch aus neun fest definierten Eskalationsstufen besteht. Es reicht von „Verhärtung" (1. Stufe) über „Gesichtverlust" (5. Stufe) bis zu „Gemeinsam in den Abgrund" (9. Stufe). Mit jeder Stufe werden die Handlungsmöglichkeiten der Beteiligten weiter eingeschränkt. Deshalb sieht er nur für die ersten drei Eskalationsstufen die Möglichkeit einer sog. *Win-Win*-Lösung vor. Ab der vierten Stufe („Sorge um Image und Koalition") geht es den Parteien bereits um Sieg und Niederlage (*win-lose*) und mit der siebten Stufe („Begrenzte Vernichtungsschläge") tritt nun das ein, was oben als „Verletzen" beschrieben wurde: Es werden selbst schmerzhafte Verluste in Kauf genommen, wenn man die Gewißheit haben kann, daß der Schaden für die Gegenseite noch um einiges größer sein wird (*lose-lose*).

Mit dem Erreichen höherer Eskalationsstufen wird die Konfliktintervention nicht unbedingt schwieriger. Durch die eingeschränkten Handlungsspielräume scheiden jedoch zunehmend Formen der Konfliktintervention aus, die auf Freiwilligkeit und Kooperationsbereitschaft der Parteien basieren. Statt dessen müssen ab einem gewissen Punkt Konfliktlösungen – z.B. durch staatliche Akte – erzwungen werden. Es wird noch zu prüfen sein, ab und bis zu welcher Eskalationsstufe ein Mediationsverfahren geeignet ist. Zunächst sollen aber die verschiedenen Streitgegenstände, die man im Patentrecht vorfindet, dargestellt werden.

---

[527] *Fischer/Wiswede*, Sozialpsychologie, S. 597 f.

[528] *Glasl*, Konfliktmanagement, S. 215 ff.

c) Streitgegenstände bei Patentsachen

Bei den Streitgegenständen, die im Zusammenhang mit Patenten stehen, kann man zwischen Vertragsverletzungen, Schutzrechtsverletzungen, Schutzrechtsinhaberschaft, der Wirksamkeit von Schutzrechten und der Erteilung von Zwangslizenzen unterscheiden.[529]

(1) Vertragsverletzungen

Bei den streitrelevanten Verträgen kann man zunächst zwischen Lizenzverträgen, Vereinbarungen hinsichtlich der Übertragung von Patentrechten und Arbeits- und Forschungsverträgen unterscheiden. Natürlich können auch Auseinandersetzungen zwischen Vertragsparteien eine Schutzrechtsverletzung oder die Wirksamkeit des Schutzrechts zum Gegenstand haben. Während sich aber etwa der Streit um die Gültigkeit von Schutzrechten zumindest im Bereich des Patentrechts als eine Auseinandersetzung mit einem Schwerpunkt auf technischen Aspekten darstellt, rücken bei Auseinandersetzungen zwischen Vertragsparteien oftmals die technischen Probleme eher in den Hintergrund und es stehen meist Probleme der Vertragsauslegung im Vordergrund.[530] Dies ist vor allem bei Auseinandersetzungen um Lizenzverträge der Fall.

(a) Lizenzverträge

Lizenzverträge sind vermutlich die größte einzelne Quelle für vertragsbezogene Auseinandersetzungen um Patente. Allen Patentlizenzverträgen ist das Ziel gemein, den Lizenznehmer dazu zu autorisieren, das fragliche Schutzrecht zu verwerten, ohne dabei Maßnahmen des Lizenzgebers befürchten zu müssen, die ihn hieran hindern könnten. Die genaue Zweckbestimmung, der Gegenstand, die Form und die Bedingungen der Lizenzverträge können jedoch sehr stark variieren, weshalb auch zwischen verschiedenen Inhaltsformen unterschieden wird.[531] Lizenzverträge können lediglich Teil eines viel weitergehenden wirtschaftlichen Vorhabens sein, z.B. Teil einer Franchise- oder Vertriebsvereinbarung. Ein Lizenzvertrag kann aber auch eine Möglichkeit sein, eine Auseinandersetzung um eine Schutzrechtsverletzung beizulegen und damit Rechtssicherheit für beide Seiten zu erlangen. Es kann sich um einen einmaligen Vertrag oder um ein Standardformular handeln, die Vertragslaufzeit kann kurz

---

[529] Vgl. *Frost*, S. 11 f.; *Raden*, GRUR 1998, 446.

[530] *Blackman/McNeill*, American University Law Review 47 (1998), 1730.

[531] Z.B. Entwicklungs- und Nachbaulizenzen, Herstellungs- und Vertriebslizenzen, einfache und ausschließliche Lizenzen; vgl. *Henn*, Patentlizenzvertrag, S. 79 ff.; *Osterrieth*, Patentrecht, Rn. 182; *Pagenberg*, S. 5 ff. *Rebel*, S. 141 f.

oder aber auch so lange wie das Schutzrecht selbst dauern. Nicht selten spielen bei Lizenzverträgen auch wettbewerbsrechtliche Aspekte eine Rolle.

Trotz der Vielfalt der verschiedenen Lizenzverträge und obwohl sich die Auseinandersetzungen, die aus Patentlizenzverträgen resultieren, im Einzelfall stark voneinander unterscheiden, kreisen doch die meisten Konflikte um ein paar Problempunkte. Fragen über Gebührenzahlungen, zulässige Verwertungshandlungen, Vertriebsverpflichtungen, Gewährleistungspflichten des Lizenzgebers und allgemeine Fragen des Vertragsabschlusses und der Vertragsbeendigung sind häufige Streitgegenstände aus Lizenzverträgen. Weitere Streitpunkte sind, welche Entschädigung im Falle eines Vertragsbruchs zu leisten ist und welche Auswirkungen die vermeintliche Verletzung von zwingenden gesetzlichen Anforderungen – wie z.B. Wettbewerbsregeln – hat.[532]

(b) Vereinbarungen hinsichtlich der Übertragung von Patentrechten

Bei den meisten Firmenübernahmen gibt der Verkäufer vertragliche Zusicherungen über den Umfang und die Inhaberschaft der firmeneigenen Schutzrechte, über den Umfang und die Bedingungen der Lizenznahme bzw. Lizenzvergabe und über den Status wichtiger Patentanmeldungen und Patenteintragungen. Dies sind häufig wichtige Vermögenswerte bei dem zugrundeliegenden Rechtsgeschäft. Ein Vertrag über eine Firmenübernahme wird daher meist zu einem späteren Zeitpunkt eine Nachbesserung des Verkaufspreises vorsehen, wenn sich die Zusicherungen als falsch erweisen. Solche Vertragsbestimmungen sind oft die Quelle für Auseinandersetzungen zwischen den Beteiligten, auch wenn die Firmenübernahme bereits vollzogen wurde.[533]

(c) Arbeits- und Forschungsverträge

Es ist üblich, daß in Arbeits- und Forschungsverträgen ausdrückliche Regelungen darüber getroffen werden, wem die Nutzungsrechte an Patenten zustehen, die aus dem Arbeitsverhältnis resultieren. Dies ist besonders für solche Industriezweige wichtig, deren Erfolg im besonders hohen Maße von technischen Neuentwicklungen abhängt. Obwohl die meisten Länder Regelungen darüber getroffen haben, zu wessen Gunsten von einer Inhaberschaft des Schutzrechtes auszugehen ist und wie der Arbeitgeber die Arbeitnehmererfindung zu vergüten hat, kann das Fehlen ausdrücklicher vertraglicher Regelungen zu einer Reihe von Auseinandersetzungen führen. Denn allein der Umstand, daß

---

[532] Siehe *Frost*, S. 11; *Osterrieth*, Patentrecht, Rn. 187 ff. Zu vergleichbaren Problemen bei Technologie-Transfer-Verträgen, siehe *Bauer*, in: Nicklisch, S. 207 ff.

[533] *Werner*, Journal of World Intellectual Property 1998, Vol. 1 No. 5, 847.

eine Partei für die Entwicklung eines Patents gezahlt hat, ist nicht entscheidend. Viele Auseinandersetzungen rühren daher, daß keine klaren Bestimmungen darüber getroffen werden, wem unter welchen Umständen das Schutzrecht zusteht. Vor allem bei Forschungs- und Entwicklungsaufträgen, an denen etwa auch Mitarbeiter des Auftraggebers bei der Entwicklung beteiligt sind, stellt sich häufig die Frage, wem das Patent gehört bzw. in welchem Umfang der Auftraggeber die Nutzungsrechte erlangt.[534]

(2) Schutzrechtsverletzungen

Im Normalfall werden Patente respektiert. Vorsätzliche Patentverletzungen sind relativ selten,[535] da die Konkurrenz schließlich erwartet, daß ihre eigenen Patente ebenfalls respektiert werden. Die meisten Patentverletzungen erfolgen somit fahrlässig, z.B. aus Unkenntnis über das Bestehen eines Schutzrechts oder auf Grund einer Fehleinschätzung der Rechtslage. Die meisten Gerichtsprozesse im Patentrecht dürften eine Schutzrechtsverletzung zum Gegenstand haben. Hier sind die wichtigsten Klageanträge vor deutschen Gerichten in über 90 % der Verfahren der Unterlassungsanspruch, der Anspruch auf Feststellung der Schadensersatzpflicht sowie der Anspruch auf Rechnungslegung.[536] Zentraler Streitpunkt von gerichtlichen Verletzungsverfahren ist dabei die Auslegung des Schutzumfangs des Klageschutzrechts im Hinblick darauf, ob die Verletzungsform in das Schutzrecht eingreift. In Patentstreitigkeiten wurde laut einer 1989 veröffentlichten Untersuchung in 51 % der Verfahren über den Schutzbereich gestritten. Dahingegen stellen im durchschnittlichen Verletzungsprozeß die tatsächliche Feststellung der Verletzungshandlung sowie die Verschuldensfrage selten einen wesentlichen Streitpunkt dar.[537]

Wesentliche Fragen bei Schutzrechtseingriffen sind, in welcher Form und in welcher Höhe Schadensersatz zu leisten ist, ob in Anbetracht der Schutzrechtsverletzung bzw. der widerrechtlichen Verwendung Sanktionen oder Strafen angemessen sind und welchen Umfang diese haben sollten.[538]

---

[534] Siehe *Bartenbach*, S. 65 ff.; *Werner*, Journal of World Intellectual Property 1998, Vol. 1 No. 5, 847 f.

[535] *Däbritz*, Patente, Rn. 158 f.

[536] *Stauder*, S. 11

[537] *Stauder*, S. 32 ff.

[538] *Plant*, Intellectual Property Disputes, S. 12. Zu den Ansprüchen aus, und den Folgen von Patentverletzungen, siehe *Hubmann/Götting*, § 26 f.; *Rebel*, S. 398 ff.; *Bernhardt/Krasser*, S. 621 ff.

Im Gegensatz zu Auseinandersetzungen, bei denen Vertragsbeziehungen zwischen den Streitparteien bestehen, haben wir es bei der reinen Schutzrechtsverletzung nicht mit einer Komplexität der Beziehungen, sondern vielmehr mit einer Komplexität des technischen Sachverhalts zu tun. Die Komplexität resultiert also nicht aus der Erwartungshaltung gegenüber Personen. Vielmehr haben wir es im Grunde mit einem normenbezogenen Konflikt von geringer Komplexität zu tun.[539] Weil die technischen Sachverhalte aber entsprechend komplex sind, ist eine Normverletzung selten offensichtlich. Das Prozeßrisiko, das aus dieser unklaren Situation folgt, eröffnet wiederum Möglichkeiten der außergerichtlichen Einigung.

(3) Schutzrechtsinhaberschaft

Bei Auseinandersetzungen um die Schutzrechtsinhaberschaft beanspruchen mehrere Parteien die Inhaberschaft oder die Nutzungsrechte am Ausschließlichkeitsrecht. Derartige Fälle können im Zusammenhang mit Unternehmenskäufen oder Firmenübertragungen, bei Verträgen über die Entwicklung von geistigen Eigentumsrechten oder im Arbeitsverhältnis auftreten, also bei Vertragsbeziehungen wie sie bereits oben dargestellt wurden.[540]

(4) Wirksamkeit des Schutzrechts

Die Wirksamkeit eines Schutzrechts ist häufig Streitgegenstand in einem Verletzungsprozeß. Fast die Hälfte der Verletzungsklagen wird mit einer Nichtigkeitsklage beantwortet.[541] Es handelt sich damit um ein klassisches Mittel der Verteidigung,[542] da ein nichtiges Schutzrecht auch nicht durch den Beklagten verletzt werden kann. Bei Patensachen kann vorgebracht werden, das Patent sei nichtig, weil die zugrundeliegende Erfindung nicht neu, naheliegend oder nicht gewerblich anwendbar ist (siehe § 1 I PatG).

Ohne vorausgehenden Verletzungsprozeß dürften Angriffe auf ein Schutzrecht wohl eher selten sein, weil sie meist weitere Verfahren nach sich ziehen, und so die Auseinandersetzung plötzlich auf den verschiedensten Ebenen stattfindet. Bevor also Verfahren vor dem Patentamt, Patentgericht, Landgericht oder höheren Instanzen riskiert werden, was mit einer entsprechenden Verfahrensdauer und Anwaltskosten verbunden ist, wird ein solcher Schritt sorgfältig

---

539 Siehe oben S. 101 ff.

540 Siehe oben S. 107.

541 *Rebel*, S. 205.

542 Vgl. BPatG GRUR Int. 1997, 634.

überlegt. Es wird hier also eher zu Versuchen kommen, sich zunächst außergerichtlich zu einigen.[543]

Obwohl also bei Patentstreitigkeiten primär wirtschaftliche Interessen im Vordergrund stehen, was die Vermutung nahe legen würde, daß Emotionen bei solchen Konflikten eine untergeordnete Rolle spielen, finden wir in diesem Bereich ebenso viel, wenn nicht sogar mehr emotionalen Zündstoff als bei anderen Konflikten.[544] Geistiges Eigentum kann im Einzelfall mit einer starken Identifizierung eines Unternehmens verbunden sein. Gerade wenn der Erfolg eines Unternehmens auf einer bestimmten Erfindung beruht, ist mit dem Schutzrecht ein hoher Grad an Stolz und Firmenidentität, aber auch Angst um die wirtschaftliche Überlebensfähigkeit verbunden. Wird die Wirksamkeit eines Patents dann in Frage gestellt, führt dies somit zu entsprechend heftigen Gegenmaßnahmen.

(5) Erteilung von Zwangslizenzen

Auseinandersetzungen um die Erteilung einer Zwangslizenz dürften von geringer praktischer Relevanz sein. Seit Bestehen der BRD wurden weniger als 100 Anträge gestellt und bisher wurde nur eine einzige Zwangslizenz erteilt.[545] Es kann jedoch davon ausgegangen werden, daß durch die Möglichkeit, eine Zwangslizenz zu beantragen, die allgemeine Bereitschaft zur freiwilligen Lizenzierung gefördert wird.[546] Auseinandersetzungen stellen sich hier also vielmehr als Streitigkeiten um gewöhnliche Lizenzverträge dar, wie sie bereits oben beschrieben wurden.[547]

2. Eignung von bestimmten Konflikten für die Mediation

Nicht in allen Fällen ist ein Mediationsverfahren für die Beilegung einer Auseinandersetzung sinnvoll.[548] Doch die Bandbreite der Fälle, in denen Mediation bei Patentstreitigkeiten erfolgreich eingesetzt wurde, ist groß. Sie

---

[543] *Rebel*, S. 205.

[544] *Plant*, Intellectual Property Disputes, S. 88.

[545] BPatG GRUR 1994, 98; aufgehoben durch BGH GRUR 1996, 190 „Polyferon". Im Ausland können jedoch Zwangslizenzen eine größere Rolle spielen. Dies gilt insbesondere für Entwicklungs- bzw. Schwellenländer; *Rebel*, S. 142.

[546] *Bernhardt/Krasser*, S. 612 f.; *Rebel*, S. 142.

[547] Siehe oben S. 106.

[548] *„Third party intervention is like a strong medicine that may have undesirable side effects, and that should therefore be employed with caution and some reluctance." Rubin/Pruitt/Kim*, Social Conflict, S. 198.

reicht vom großen komplexen Fall bis zur einfachen Auseinandersetzung, vom Fall der sich in einem frühen Stadium der Auseinandersetzung befand bis zum Fall der bereits über Jahre vor staatlichen Gerichten ausgetragen wurde. Mediation hat in Fällen funktioniert, in denen die Parteien deutlich auf Kooperation aus waren, aber auch in Fällen, in denen sie sich offen feindselig gegenüberstanden.[549] Damit wird klar, daß es den Konflikt oder Streit, der eindeutig nicht für die Mediation geeignet ist, in dieser Deutlichkeit nicht gibt.[550] Viele Faktoren innerhalb eines Konflikts spielen eine Rolle, so daß es schlußendlich ein Gemenge verschiedener Aspekte ist, das dem Konflikt und dem Konfliktverhalten der Parteien sehr individuelle Züge verleiht. Dennoch lassen sich eine Reihe von Kriterien benennen, die eine Lösung im Wege der Mediation begünstigen oder auch behindern, wenn nicht sogar unmöglich machen.

Wie in der Einführung bereits dargestellt wurde, gibt es bei Patentstreitigkeiten eine Reihe von Faktoren, die eine außergerichtliche Streitbeilegung zwischen den Parteien besonders begünstigen.[551] Zur Bestimmung, ob nun die Mediation die adäquate Regelungsform für einen Konflikt ist, empfiehlt es sich zunächst, zu analysieren, welche objektiven Kriterien für ein Mediationsverfahren bei Patentstreitigkeiten sprechen. Dann ist zu prüfen, welche Ziele die Parteien verfolgen und inwiefern die Mediation geeignet ist, bei der Erreichung dieser Ziele zu helfen. Um für den Einzellfall zu entscheiden, ob sich ein Mediationsverfahren anbietet, ist in einem letzten Schritt zu überlegen, welche Hindernisse einer konsensualen Streitbeilegung entgegenstehen könnten und inwiefern diese durch den Mediator überwunden werden können.[552]

a) Objektive Eignungskriterien

Im folgenden sollen verschiedene Eignungskriterien für die Mediation untersucht werden. Einzelne Kriterien – wie z.B. die Verfahrenskosten und die Dauer des Verfahrens – ließen sich ebenso als subjektive Eignungskriterien darstellen, wenn sie das Hauptmotiv bei der Wahl der Verfahrensform darstellen. Ebenso ließe sich das Interesse an Vertraulichkeit als objektives und nicht als subjektives Kriterium darstellen. Nachdem aber Verfahrenskosten und –dauer unmittelbar damit zusammenhängen, ob die Mediation Erfolg hat, was

[549] Siehe *Plant*, Intellectual Property Disputes, S. 20.

[550] Vgl. hierzu die Untersuchung von *Henderson*, Ohio State Journal on Dispute Resolution 11 (1996), 108 ff.

[551] Siehe oben S. 11 ff.

[552] *Sander*, in: Gottwald, AKR-Handbuch, 4.5., S. 25.

am Anfang von den Parteien noch nicht beurteilt werden kann, ist es sinnvoller, diese Kriterien als objektive Kriterien einzuordnen. Dahingegen handelt es sich bei der Vertraulichkeit um einen Faktor, der durch die Verfahrensgrundsätze weitgehend gesichert ist[553] und auf den sich die Parteien folglich von Anfang an verlassen. Damit ist das Kriterium der Vertraulichkeit geeignet, ein wesentliches Motiv der Parteien darzustellen. Damit erscheint eine Einordnung als subjektives Kriterium gerechtfertigt.

(1) Beschaffenheit der Auseinandersetzung

Ob sich die Mediation für einen Fall eignet, kann zunächst danach bemessen werden, was Gegenstand einer Klage wäre, wenn die Parteien die Auseinandersetzungen auf dem gerichtlichen Wege austragen würden. Geht es etwa um eine einfache Geldforderung oder um einen einfachen Schadensersatz, ohne daß es einen hoch spezialisierten oder technisch komplizierten Sachverhalt zu ermitteln gäbe, so ist unter Umständen ein Verfahren vor einem Gericht oder Schiedsgericht für die Beteiligten die bessere Lösung, weil diese Verfahren sich auf die Voraussetzungen einer Anspruchsgrundlage konzentrieren und somit bei einfachen Fällen oft die effektivere Form der Streitbeilegung darstellen. Häufig werden sich die Parteien ohnehin auch ohne Hinzuziehung eines Dritten einigen.[554]

Sind der Sachverhalt und die Rechtslage ausnahmsweise so eindeutig, daß sich eine Partei sicher sein kann, das Gerichtsverfahren zu gewinnen, so wird sie entsprechend kompromißlos hinsichtlich eines Vergleichs sein.[555] Wenn es gelingt, der gegnerischen Partei die Prozeßniederlage vor Augen zu führen, so werden sich die Parteien wohl in den meisten Fällen in bilateralen Verhandlungen einigen. Gelingt dies nicht, wird bei einer solchen Konstellation meist der Weg vor die Gerichte beschritten.[556] Liegt eine eindeutige Schutzrechtsverletzung vor, und muß der Verletzer z.B. mit der Geltendmachung von Auskunftsansprüchen (§140b PatG) oder Vernichtungsansprüchen (§ 140a PatG) rechnen, sind die Verhandlungspositionen meist so ungleich, daß mit einer Regelung im Wege von bilateralen Verhandlungen zu rechnen ist. Hier bleibt dem Verletzer meist nichts anderes übrig, als den Forderungen des Schutzrechtsinhabers nachzugeben. Wird z.B. eine geschützte Vorrichtung in patentverletzender Weise hergestellt und diese an einen Dritten veräußert, der seinerseits die

---

[553] Vgl. unten S. 134 ff.

[554] *Sander*, in: Gottwald, AKR-Handbuch, 4.5., S. 2 f. Vgl. auch oben S. 52 f.

[555] *Eidenmüller*, ZZP 113 (2000), 19.

[556] *Duve*, in: Henssler/Koch, § 4 Rn. 33 ff.

Vorrichtung gebraucht, kann diesem nach § 9 S. 2 Nr. 1 PatG der Gebrauch der Vorrichtung durch den Patentinhaber untersagt werden. Hatte der Dritte offensichtlich keine Kenntnis von der Schutzrechtsverletzung, ist unter Umständen eine gütliche Einigung mit dem Pateninhaber denkbar. Liegt aber eine eindeutige, vorsätzliche Rechtsverletzung vor, ist von Seiten des Patentinhabers mit wenig Kooperationsbereitschaft zu rechnen. In Fällen sog. Produktpiraterie wird man wohl kaum die Bereitschaft der Parteien finden, die Auseinandersetzung im Wege eines Mediationsverfahrens zu lösen. Ein Indiz hierfür ist, daß in solchen Fällen auch keine Schiedsgerichtsverfahren stattfinden.[557] Hier wird es meist zum Verfahren vor einem staatlichen Gericht kommen, und es können strafrechtliche Sanktionsmaßnahmen folgen.[558]

Auch für die Klärung signifikanter Rechtsfragen, wie z.B. die Bestimmung des relativen Schutzbereichs eines Patents, bietet sich ein Verfahren vor einem staatlichen oder privaten Gericht an. Der Konflikt stellt sich dann als Wertkonflikt dar.[559] Erscheint aber der Streitgegenstand als unteilbar, was eine Beilegung des Konflikts durch Kompromiß, d.h. gegenseitiges Nachgeben, nicht zuläßt, so ist dies zwar ein Grund, eine dritte Partei hinzuzuziehen. In solchen Fällen ist jedoch nicht eine Moderation zwischen den Parteien, sondern mehr eine Entscheidung durch die dritte Partei gefragt.[560] Teilweise lassen sich zwar auch Wertkonflikte als Interessenkonflikte darstellen, wo dies aber nicht möglich ist, muß entweder eine Partei nachgeben, oder es muß eine Entscheidung durch einen Dritten gefällt werden.

Verfolgen die Konfliktparteien allerdings Interessen, die nur in gewissem Umfang rechtlich verfolgt werden können, wie etwa die Wiederherstellung der Firmenreputation, so werden die Parteien nur durch direkte Verhandlungen oder Mediation ein befriedigendes Ergebnis erzielen können. Es zeigt sich aber auch bei direkten Verhandlungen, daß die wirklichen Interessen der Parteien oft gar nicht zur Sprache kommen, weil sich die Beteiligten aus taktischen Gründen zurückhalten oder sich ihrer eigenen Interessen bzw. Interessenschwerpunkte nicht bewußt sind. Gerade bei Wirtschaftsstreitigkeiten werden die Verhandlungsparteien darauf bedacht sein, möglichst wenige Informationen an den Gegner preiszugeben. Hier kann ein Mediator die Parteien besser unterstützen, als dies Parteivertreter und -berater könnten, weil diese einseitig den Interessen

---

557 Siehe *Frost*, S. 10.

558 Es werden jedoch nur selten entsprechende Strafanträge gestellt; siehe *Rebel*, S. 401.

559 Siehe oben S. 99 ff.

560 *Holtwick-Mainzer*, S. 76 ff.

einer Partei verpflichtet sind und somit einen begrenzten Handlungsspielraum haben. Ein Mediator kann hingegen bewirken, daß die Interessen der Parteien ihren Ausdruck finden, identifiziert und entsprechend berücksichtigt werden. Dadurch besteht bei der Mediation die Möglichkeit, mehr Lösungsmöglichkeiten zu entwickeln.[561]

Ob die Mediation erfolgreich und damit das geeignete Verfahren bei einer Patentauseinandersetzung ist, wird im wesentlichen davon abhängen, inwieweit sich die Parteiinteressen voneinander unterscheiden. Untersuchungen zeigen, daß Mediationsverfahren in Fällen, bei denen die Interessen der Parteien stark divergieren und folglich nur geringe Chancen für einen beiderseitigen Zugewinn vorhanden sind, weit seltener zum Erfolg führen.[562] Hier kann man die Kritik[563] an der Verhandlungsmethode von *Ury* und *Fisher* aufgreifen. Danach wurde eine kooperative Verhandlungsstrategie nur in den Fällen für geeignet gehalten, in denen ein entsprechender Zugewinn für beide Parteien zu erzielen ist. Da die Mediation auf einer kooperativen Verhandlungsstrategie aufbaut, könnte demzufolge auch ein Mediationsverfahren ungeeignet sein, wenn sich der Streit als Nullsummenspiel darstellt. Neben den in diesem Zusammenhang genannten Argumenten kann ergänzt werden, daß es selten reine Nullsummenspiele gibt, weil selbst im Rahmen reiner Verteilungskonflikte, die sich eigentlich als reine Nullsummenspiele darstellen lassen müßten, durch die Nötigung durch Normen und andere Drohungen ein fiktiver Zugewinn zu erzielen ist.[564] Demnach dürfte auch in einem Fall, bei dem zwei Parteien die Patentinhaberschaft beanspruchen – wobei es sich eigentlich um ein Nullsummenspiel handelt – eine Einigung möglich sein, wenn es den Beteiligten wichtig ist, zusätzliche Kosten durch ein Gerichtsverfahren zu vermeiden. Liegt jedoch der alleinige Zugewinn in der Vermeidung von Gerichtskosten, kann es sein, daß der fiktive Zugewinn erst ab Anhängigkeit der Klage – also mit der realen Bedrohung – überhaupt als Zugewinn von den Parteien realisiert wird. Diese Fälle enden dann meist auch ohne Mediationsverfahren mit einem Prozeßvergleich. Die Eignung der Mediation wird also im wesentlichen davon abhängen, wie groß der mögliche Zugewinn für beide Parteien insgesamt ist. Die Kostenersparnis durch Vermeidung eines Gerichtsverfahrens kann dabei je nach Wert des Patents nur eine geringe Bedeutung haben.

---

[561] *Duve*, in: Henssler/Koch, § 4 Rn. 61 ff.

[562] *Lind/Tyler*, S. 14.

[563] Siehe oben S. 60.

[564] Vgl. oben S. 100.

(2) Bestand von Beziehungen

In zahlreichen Beiträgen wird immer wieder betont, daß alle Auseinandersetzungen, die aus langfristigen Vertragsbeziehungen resultieren, wie geschaffen sind für *ADR*-Verfahren und speziell für die Mediation.[565] Zu nennen wären im Patenrecht vor allem Lizenzverträge, die meist Dauerschuldverhältnisse darstellen. Auch Projekte der Forschungs- und Entwicklungszusammenarbeit, die auf Grund von Divergenzen ins Stocken geraten, sind besonders für die Mediation geeignet.[566]

Daß sich solche Konflikte im besonderen Maße für eine kooperative Konfliktbeilegung anbieten, hängt damit zusammen, daß in den meisten Fällen die Beziehungen nicht einfach abgebrochen werden können, sondern auch in Zukunft eine vernünftige Zusammenarbeit möglich sein muß. Damit handelt es sich hier sehr oft um prospektive Verhandlungen,[567] die stärker interessenorientiert sind, da es um die Neugestaltung der zukünftigen Zusammenarbeit bzw. Beziehung geht. Es kann aber ebenso Ziel der Mediation sein – man siehe hier insbesondere das Beispiel der Familienmediation – eine langfristige Beziehung endgültig zu beenden.[568] Auch wenn es um die Beendigung von Vertragsbeziehungen geht, kann Mediation das geeignete Verfahren sein. Dies hängt wiederum damit zusammen, daß im Laufe der Zeit ein Beziehungsgeflecht entsteht, das verschiedene Aspekte und Ebenen umfaßt und deshalb oft sehr schwer zu entwirren ist.[569] So müssen z.B. Verträge rückabgewickelt werden, Arbeitsverträge gekündigt oder die Inhaberschaft an gemeinsamen Patenten geklärt werden. Eine gerichtliche Auseinandersetzung kann hier großen Schaden bewirken, wenn versucht wird, das Beziehungsgeflecht gewaltsam zu durchtrennen. Eine Verrechtlichung einer sozialen Beziehung – auch wenn sie wirtschaftlicher Natur ist – wird von den Beteiligten meist als Belastung im Konfliktverlauf wahrgenommen. Dahingegen verfügen die Betroffenen selbst über das entsprechende Hintergrundwissen über den Konflikt, so daß es sinnvoll ist, die Beteiligten stärker an der Lösungsfindung zu beteiligen bzw. eine Lösung selbst entwickeln zu lassen,[570] ohne dabei rechtliche Gesichtspunkte in den Vorder-

---

565 Siehe z.B. *Blessing*, in: WIPO Conference on rules for institutional arbitration and mediation, S. 125; *Duve*, in: Henssler/Koch, § 4 Rn. 52 ff.; *Sander/Goldberg*, Negotiation Journal 10 (1994), 52.

566 *Schäfer*, Mitteilungen der deutschen Patentanwälte 2001, 111 f.

567 Siehe hierzu oben S. 55 f.

568 *Fuller*, Southern California Law Review 44 (1971), 308.

569 Vgl. oben S. 101.

570 *Hager*, Konflikt und Konsens, S. 52.

grund zu rücken. Diese Funktion erfüllt die Mediation, da sie die Parteien bei der Moderation und Strukturierung der Verhandlungen unterstützt.

Mediation ist jedoch nicht auf Auseinandersetzungen begrenzt, bei denen Beziehungen zwischen den Parteien bestehen. Sie wird sehr oft auch bei Problemlagen eingesetzt, bei denen keine solchen Beziehungen bestehen.[571] Daß das Bestehen von Beziehungen zwischen den Konfliktparteien allein kein Garant für den Erfolg des Verfahrens ist, zeigt auch die statistische Auswertung der obligatorischen Streitschlichtung in Argentinien. Hier war die Einigungsquote auch bei Fällen, in denen vorher keine Beziehungen zwischen den Parteien bestanden, genau so hoch wie bei Auseinandersetzungen, bei denen Beziehungen zwischen den Parteien bestanden.[572] Dies kann damit erklärt werden, daß eine soziale Beziehung auch durch negative Erfahrungen geprägt sein kann, wohingegen bei unbekannten Personen keine oder zumindest eine weniger umfassende Erwartungshaltung vorhanden ist, die enttäuscht werden könnte.[573] Antipathie, vorhergegangene Ereignisse event. krimineller Natur, also ein fehlendes Mindestmaß an Vertrauen, können unter Umständen sogar einen Ausschlußgrund für die Mediation darstellen.[574] Dennoch kann man zusammenfassend sagen, daß bestehende und künftige Beziehungen den Mediationsprozeß eher begünstigen.

(3) Umfang und Komplexität

Der Umfang und die Komplexität eines Konflikts sind ein wichtiges Eignungskriterium für die Mediation. Gerade in sehr komplexen Fällen mit mehreren Parteien, einem schwierigen Sachverhalt und bei denen es um Streitwerte in Millionenhöhe geht, haben sich *ADR*-Verfahren und vor allem auch die Mediation bzw. Mischformen als effektive Verfahrensarten erwiesen. Als Beispiele mögen hier die patentrechtliche Auseinandersetzung zwischen *TRW, Inc.* und *Telecredit, Inc.* dienen, wo eine private Vergleichskonferenz stattfand,[575] und der *IBM-Fujitsu*-Fall, ein sehr umfangreiches Verfahren, bei dem es um die Nutzung von Systemsoftware ging.[576] Zwar war auch in diesen Fällen die

---

[571] *Brown/Marriott*, ADR, Rn. 2-005; *Duve*, in: Henssler/Koch, § 4 Rn. 54 ff.

[572] Vgl. *Sievers*, S. 162 f.

[573] Siehe oben S. 101 ff.

[574] *Duve*, in: Henssler/Koch, § 4 Rn. 46 ff.

[575] Siehe oben S. 88.

[576] Beim *IBM-Fujitsu*-Fall bildete zwar ein Schiedsgerichtverfahren den Rahmen, während der jahrelangen Auseinandersetzungen wurden aber die unterschiedlichsten ADR-Verfahren eingesetzt, wobei der Einsatz von Mediation zum Durchbruch bei den Verhandlungen geführt

Aufklärung des Sachverhalts theoretisch möglich, praktisch aber kaum zu leisten. Damit sind solche Auseinandersetzungen zwar rechtlich entscheidbar, ein rechtsförmiges Verfahren vor staatlichen oder privaten Gerichten ist aber häufig zu beschwerlich.[577] Hier kann die Mediation ein deutlich einfacheres Verfahren darstellen. Dies wird vor allem dort deutlich, wo man sog. „polyzentrische" Konflikte vorfindet. Diese zeichnen sich dadurch aus, daß ein Eingriff an der einen Stelle zu Auswirkungen an verschiedenen anderen Stellen führt.[578] Besteht ein solcher Zusammenhang zwischen verschiedenen Konflikten, in die eine oder beide Parteien involviert sind, kann dies bilaterale Verhandlungen sehr verkomplizieren, weil die Parteien immer die Auswirkungen auf andere Konflikte berücksichtigen müssen. Ein Beispiel für eine solche Situation ist der Konflikt zwischen Lizenzgeber und Lizenznehmer. Durch diesen Konflikt hat der Lizenznehmer u.U. weitere Konflikte mit Unterlizenznehmern, Gläubigern oder Auftraggebern zu befürchten. Bei der Mediation kann hier der Mediator helfen, den Zusammenhang zwischen verschiedenen Konflikten zu verdeutlichen.[579] Wenn nötig, können auch weitere Parteien in den Prozeß mit eingebunden werden. Damit ist es leichter für die Parteien, eine Gesamtlösung zu entwickeln, so daß unter Umständen im Ergebnis mehrere Gerichtsprozesse in einem Mediationsverfahren zusammengefaßt werden können.

(4) Grad der Konflikteskalation

Mediation eignet sich nur bei Konflikten, die eine gewisse Eskalationsstufe noch nicht erreicht haben. Ist eine Situation erst soweit eskaliert, daß massive Drohungen geäußert werden und diesen Gegendrohungen folgen, und wird der Schaden bei der gegnerischen Partei als eigener Gewinn angesehen, so ist es unter Umständen zu spät, um noch sinnvoll einen Mediator einzusetzen.[580] Hier ist der Konflikt bereits zu emotional geladen. Die Auseinandersetzung wird persönlich genommen und eine Verhärtung zwischen den Parteien ist eingetreten. In dem Fall, in dem der Konflikt bereits einen solchen Eskalationsverlauf genommen hat, bei dem eine sehr starke Polarisierung zwischen den Parteien stattgefunden hat, muß ein vermittelnder Dritter fast zwangsläufig zwischen die

---

hat. Siehe *Bühring-Uhle*, The American Review of international Arbitration 2 (1991), 116 f. Siehe auch oben Fn. 450.

[577] *Hager*, Konflikt und Konsens, S. 55.

[578] *Hager*, Konflikt und Konsens, S. 53.

[579] *Sander*, in: Gottwald, AKR-Handbuch, 4.5., S. 20.

[580] Siehe zu den Eskalationsstufen *Glasl*, Konfliktmanagement, S. 215 ff. Vgl. auch oben S. 103 ff.

Fronten geraten. Egal wie er sich verhält, wird ihm der Vorwurf der Parteilichkeit gemacht.[581] Hinzu kommt, daß der Spielraum für Kooperationsgewinne schwindet.[582] In einem solchen Umfeld kann ein Mediator nicht sinnvoll in den Konflikt intervenieren. Deshalb sollte hier eher ein Schiedsgerichtsverfahren angestrebt oder der Weg vor die staatlichen Gerichte beschritten werden, wo dann der Streit entschieden wird.

(5) Privatautonomer Rahmen

Ist der Streitgegenstand der Dispositionsbefugnis der Parteien entzogen, kommt eine Mediation nicht mehr in Betracht.[583] Eine Vereinbarung zwischen den Parteien kann nur dort erfolgen, wo die Grenzen der Privatautonomie nicht überschritten werden. Bei Patentstreitigkeiten kann man hinsichtlich der Dispositionsbefugnis der Parteien zwischen Streitigkeiten über die Nichtigkeit oder die Zurücknahme von Schutzrechten sowie über die Erteilung von Zwangslizenzen und anderen allgemeinen Schutzrechtsstreitigkeiten unterscheiden.[584] Soweit es um Ansprüche aus bestehenden Schutzrechten geht, ist die Vergleichsfähigkeit weitgehend uneingeschränkt gegeben, denn über ein bestehendes Patentrecht kann der Inhaber grundsätzlich frei verfügen. Ansprüche aus einer Patentverletzung können somit Gegenstand eines Vergleichs zwischen den Parteien sein. Problematisch ist jedoch, wenn die Gültigkeit bzw. Durchsetzbarkeit eines Patents in Frage steht. Die Erteilung bzw. Beschränkung eines Patents geschieht in Deutschland durch staatlichen Hoheitsakt. Eine Einigung zwischen den Parteien hat somit keine Wirkung auf den Rechtsbestand eines Patents. Der Rechtsbestand eines Patents kann nur durch rechtsgestaltendes Urteil geändert werden.[585] Die Entscheidung über die Nichtigkeit eines Patents ist nach § 81 PatG in der ersten Instanz dem Bundespatentgericht vorbehalten und somit der Parteidisposition grundsätzlich entzogen. Damit ist jedoch nicht ausgeschlossen, daß der Patentinhaber sich im Rahmen eines

---

[581] *Rubin/Pruitt/Kim*, Social Conflict, S. 215.

[582] Siehe oben S. 105 f. Zu den Auswirkungen fehlender Zugewinnsmöglichkeiten siehe oben S. 114.

[583] *Duve*, in: Henssler/Koch, § 4 Rn. 26.

[584] Siehe *Raden*, in: Gottwald, AKR-Handbuch, 5.2.6., S. 4.

[585] *Schulte*, PatG, § 81 Rn. 177. Geht es bei der Streitigkeit um die Erteilung einer Zwangslizenz, so stellt sich auch hier die Frage, inwiefern dies Gegenstand eines Vergleichs sein kann. Erklärt sich der Patentinhaber jedoch im Rahmen einer Mediation dazu bereit, eine Lizenz zu erteilen, so liegt keine Weigerung mehr i.S.v. § 24 I S. 1 PatG vor. Daher ist hier vielmehr die Erteilung einer normalen Lizenz Gegenstand des Vergleichs, auch wenn diese zu den Bedingungen einer Zwangslizenz erteilt wird.

materiellrechtlichen Vergleichs dazu verpflichtet, auf sein Recht zu verzichten (§ 20 I PatG)[586] oder eine Lizenz zu erteilen (§ 15 II PatG). Grundsätzlich wird ein solcher Vergleich nach deutschem Recht nur eine Wirkung *inter partes* haben. Absolute Wirkung hat jedoch nur ein gestaltendes Urteil, in dem etwa die Nichtigkeit des Schutzrechts festgestellt wird.[587]

Die Parteien können sich folglich im vollen Umfang über die Ausübung ihrer Befugnisse einigen.[588] Es bestünde somit die Berechtigung zum Vergleichsschluß. Unter Umständen ist jedoch die Vollstreckbarkeit einer Einigung, die den Bestand eines Schutzrechts zum Gegenstand hat, problematisch.[589] Auf die Probleme, die sich hinsichtlich der Vollstreckbarkeit ergeben können, soll aber später eingegangen werden.[590] Man kann aber bereits feststellen, daß der Bestand eines Schutzrechts als Streitgegenstand noch keinen Ausschlußgrund für ein Mediationsverfahren darstellen muß.

(6) Ungewißheit hinsichtlich des Prozeßrisikos

Bei einer Auseinandersetzung im Patenrecht wird es häufig Ungewißheit hinsichtlich des Sachverhalts und der Rechtslage bei den Parteien geben. Je nachdem können nur sehr vage Vermutungen darüber gemacht werden, wie die Erfolgsaussichten im streitigen Verfahren sind. In den meisten Fällen wird das Prozeßrisiko von den Parteien als zu gering angesehen, was damit zusammenhängt, daß die meisten Menschen eigene Handlungsalternativen zu optimistisch einschätzen. Zwar gibt es Versuche, das Prozeßrisiko durch eine rationale Bewertung zu analysieren.[591] Doch auch hier müssen schlußendlich die Erfolgsaussichten im Prozeß geschätzt werden.

---

[586] BGH GRUR 1962, 294 „Hafendrehkran".

[587] *Raden*, in: Gottwald, AKR-Handbuch, 5.2.6., S. 5; Busse/*Keukenschrijver*, PatG § 143 Rn. 237.

[588] *Chrocziel*, FS Preu, S. 192 f.; *Raden*, GRUR 1998, 446.

[589] Wohl auch deshalb ergab eine US-amerikanische Untersuchung, bei der über einhundert Patentanwälte befragt wurden, daß die meisten Bedenken hinsichtlich der Verwendung von Mediation bestehen, wenn es um die Gültigkeit eines Patents geht. Kaum Bedenken bestanden bei Streitigkeiten im Zusammenhang mit Patentverletzungen und Schadensersatz; siehe *Quinn*, Marquette Intellectual Property Law Review 3 (1999), 96 f.

[590] Siehe unten S. 175.

[591] Siehe *Eidenmüller*, ZZP 113 (2000), 5 ff.

Bei Patentsachen, bei denen es zu einer Verknüpfung von rechtlichen und technischen Fragen kommt[592] und Bestand, Durchsetzung und Bewertung des Schutzrechts in hohem Maße von Beurteilungskriterien abhängen, denen ein gewisses subjektives Moment zu eigen ist,[593] wird es häufig Unsicherheiten bei der Bewertung der Erfolgsaussichten vor Gericht geben. Hinzu kommt, daß ein Aussteigen aus einem Verletzungsprozeß praktisch kaum möglich ist, da dies zwangsläufig vom Gericht als Schuldeingeständnis gewertet wird und somit die gesamten Kosten zu übernehmen sind.[594] Statistisch gesehen, werden in Deutschland bei Patentstreitigkeiten der 1. Instanz 46,5 % der Klagen ganz oder in einem nicht ganz unerheblichen Umfang abgewiesen.[595] In der 2. Instanz sind es noch 43,3 %. Wollen die Parteien das Risiko vermeiden, das mit dem ungewissen Ausgang eines Gerichtsverfahrens verbunden ist, kann es sich daher aus wirtschaftlicher Sicht empfehlen, vor der Klage eine Einigung im Zuge eines Mediationsverfahren anzustreben. Hier haben die Parteien einen größeren Einfluß auf das Ergebnis.

(7) Dauer des Verfahrens

Soll eine langjährige Auseinandersetzung vermieden werden, weil z.B. die wirtschaftliche Situation des Unternehmens angespannt ist und man schnell Rechtssicherheit bekommen möchte, kann sich ein Mediationsverfahren anbieten. So ergibt sich etwa die lange Verfahrensdauer bei Patentstreitigkeiten vor deutschen Gerichten meist daraus, daß der Verletzungsprozeß bis zur Klärung der Nichtigkeits- bzw. Teilnichtigkeitsfrage durch das BPatG ausgesetzt wird.[596] In einem Mediationsverfahren kann die Klärung verschiedener Fragen und somit mehrere Rechtsstreitigkeiten in einem Verfahren zusammengefaßt werden. Das Verfahren selbst – also ohne die Vor- und Nachbereitung – dauert dann wenige Tage bis ungefähr eine Woche. Selbst komplexe Wirtschaftsstreitigkeiten, in denen es um sehr hohe Streitwerte geht, dauern in der Regel zwei bis drei Tage.[597] Auch wenn das Mediationsverfahren erfolglos ist, wird folglich wenig Zeit verloren.

---

[592] Siehe etwa das Problem der Bestimmung des Schutzbereichs eines Patents; vgl. *Osterrieth*, Patentrecht, Rn. 205.

[593] Vgl. *Raden*, GRUR 1998, 445.

[594] So *Rebel*, S. 199.

[595] *Rebel*, S. 197 f.

[596] So *Rebel*, S. 205.

[597] *Bühring-Uhle*, Arbitration and Mediation, S. 284.

Dahingegen kann es gegen ein Mediationverfahren sprechen, daß ein Bedürfnis nach einstweiligem Rechtsschutz besteht. Hier wird im Regelfall die Mediation nicht dem Sicherungsbedürfnis des Antragstellers entsprechen können, da kein vorläufig vollstreckbarer Titel erwirkt werden kann.[598]

(8) Verfahrenskosten

Zu den am häufigsten genannten Vorteilen der Mediation gehört der Umstand, daß es sich um ein sehr kostengünstiges Verfahren handelt.[599] Besonders bei hohen Streitwerten, wenn die Prozeßkosten entsprechend hoch sind, sollte ein Mediationsverfahren in Betracht gezogen werden.[600] Wie mehrere Kostenvergleiche zeigen, handelt es sich um eine kostengünstige Alternative zu staatlichen oder privaten Gerichten.[601] Selbst wenn ein Mediationsverfahren scheitert, halten sich die negativen Folgen in Grenzen, da meist die Erkenntnisse, die im Rahmen der Mediation erarbeitet werden, den Parteien auch im nachfolgenden Schieds- oder Gerichtsverfahren bei der schnelleren Streitbeilegung helfen. Die Rechtsanwaltskosten erhöhen sich bei einer gescheiterten Mediation wenn überhaupt, nur geringfügig, weil dadurch die Vergleichsgebühr entfällt, und die Geschäfts- und Prozeßgebühren angerechnet werden (vgl. § 118 II S. 1 BRAGO). Das Kostenrisiko für die Parteien ist folglich bei der Mediation vergleichsweise gering.[602]

b) Subjektive Eignungskriterien

Neben den objektiven Eignungskriterien stellt sich die Frage, welches Ziel die Parteien haben und welche Prioritäten hinsichtlich der objektiven Kriterien vorhanden sind. Da die Mediation von den Parteien ein hohes Maß an Eigeninitiative verlangt, kann je nach Zielsetzung der Parteien die Mediation geeignet oder ungeeignet sein.

(1) Rechtfertigungsbedürfnis

Unter bestimmten Umständen kann es sein, daß die Parteien ein emotionales Bedürfnis nach Rechtfertigung haben.[603] So kann es etwa sein, daß ein Erfinder

---

[598] *Duve*, in: Henssler/Koch, § 4 Rn. 42 f.

[599] *Breidenbach*, Mediation, S. 115.

[600] *Blackman/McNeill*, American University Law Review 47 (1998), 1710.

[601] Siehe die exemplarischen Kostenberechnungen bei *Wagner*, BB 1997, 53 ff.; *Enders*, in: Gottwald, AKR-Handbuch, 2.1.4., S. 13 ff.; *Eidenmüller*, in: Breidenbach, Konsensuale Streitbeilegung, S. 97 ff.; *Lenz/Mueller*, S. 146 ff.

[602] Im Vergleich hierzu siehe das Kostenrisiko bei Verletzungsverfahren; *Rebel*, S. 199 f.

[603] *Sander*, in: Gottwald, AKR-Handbuch, 4.5., S. 6.

es als Kränkung empfindet, wenn ihm der Vorwurf gemacht wird, er hätte die Erfindung nicht selbst entwickelt. Genauso kann es für ein Unternehmen in seiner Branche rufschädigend sein und zu Umsatzeinbußen führen, wenn technische Leistungen in Frage gestellt werden. Daher kann hier ein besonderes Bedürfnis nach einer formellen Klärung des Sachverhalts bestehen. Wollen die Parteien aber festgestellt haben, ob ein Verhalten widerrechtlich war oder nicht, ist die Mediation eher ungeeignet. Zwar ist als Mediationsergebnis eine öffentliche Entschuldigung einer Partei denkbar, jedoch wird dadurch den Beteiligten viel abverlangt, da man meist eine geringe Bereitschaft vorfindet, Fehler öffentlich einzugestehen. Nur wenige Parteien werden sich deshalb auf eine solche Vereinbarung einlassen. Daher ist in solchen Fällen die Mediation eher ungeeignet, den Parteien bei der Verwirklichung ihrer Vorstellung von der Streitbeilegung zu helfen.[604] Gleiches gilt, wenn die Parteien durch einen Präzedenzfall eine mittelbare Bindungswirkung erzielen wollen. Auch hier ist ein Mediationsvergleich nicht geeignet.[605] Es ist jedoch auch denkbar, daß die Parteien selbst an einer konsensualen Problemlösung interessiert sind, aber z.B. Interessen Dritter[606] zu einer Formalisierung des Verfahrens zwingen.

(2) Schaffung einer Argumentationsgrundlage

Geht es den Parteien nicht darum, eine formelle Klärung des Streits zu erzielen, sondern soll vielmehr die Bewertung der Situation durch einen Dritten eine bessere Einschätzung der eigenen Position vermitteln, so ist den Parteien eher zu einem Schlichtungsverfahren zu raten. Soll lediglich eine breitere Argumentationsgrundlage für folgende Verhandlungen geschaffen werden, ist auch ein Mediationsverfahren denkbar, bei dem der Mediator die eigene Bewertung des Falles sehr stark in den Prozeß mit einfließen läßt.[607] Geeignet sind hier auch hybride Verfahren wie z.B. die private Vergleichskonferenz.[608]

(3) Kontrolle über das Verhandlungsergebnis

Mediation bietet sich auch dort an, wo es den Parteien besonders daran liegt, die Kontrolle über das Verfahren und somit auch über das Verhandlungsergebnis zu behalten. Dies fordert zwar mehr Eigeninitiative, gibt aber auch die Möglichkeit, über die Art und Weise der Beilegung des Konflikts zu entscheiden. Dahingegen

---

[604] Vgl. *Duve,* in: Henssler/Koch, § 4 Rn. 44 ff.

[605] *Duve,* in: Henssler/Koch, § 4 Rn. 36 ff.; *Hager,* Konflikt und Konsens, S. 56 ff.

[606] Z.B. Mutterunternehmen, Aktionäre, Versicherungen, etc.

[607] Vgl. oben S. 81.

[608] Vgl. oben S. 88.

wird vor allem bei Verfahren vor staatlichen Gerichten die Konfliktbeilegung weitgehend an eine andere Entscheidungsinstanz delegiert.[609]

(4) Interesse an Vertraulichkeit

Haben die Parteien gerade kein Interesse an der Öffentlichkeit des Verfahrens, wollen eventuell die Erwirkung eines Präzedenzfalles verhindern[610] oder haben – wie bei Patentsachen meist der Fall – ein besonderes Bedürfnis nach Schutz von Geschäftsgeheimnissen, dann kann sich die Mediation für die Erreichung der Parteiziele anbieten. Je nach Wunsch der Parteien kann ein hohes Maß an Vertraulichkeit gewährleistet werden.[611] Es bieten aber auch andere außergerichtliche Verfahren wie etwa die Schiedsgerichtsbarkeit eine Vertraulichkeit des Verfahrens. Im Unterschied zur Schiedsgerichtsbarkeit, wo das Maß an Vertraulichkeit teilweise auch überbewertet wird,[612] kann in der Mediation aber unter Umständen sogar auf die Offenlegung von vertraulichen Informationen gegenüber der anderen Partei verzichtet werden.[613] Dies ist dadurch möglich, daß dem Mediator in Einzelgesprächen die entsprechenden Informationen mitgeteilt werden können, ohne daß dieser die Informationen an die andere Partei weitergeben darf. Der Mediator kann aber trotzdem mit diesem Zusatzwissen die Parteien zu einem fairen Ergebnis führen.

c) Hindernisse einer konsensualen Streitbeilegung

Es mag sich nach den hier aufgeführten objektiven und subjektiven Kriterien ein Mediationsverfahren bei bestimmten Patentstreitigkeiten besonders eignen. Es wird sich allerdings in diesen Fällen fast immer auch anbieten, auf dem Wege bilateraler Verhandlungen zu einer Einigung über den Streitgegenstand zu kommen. Nicht selten wird dies den Parteien auch gelingen.[614] Es stellt sich daher die Frage, welche qualitative Verbesserung vom Einsatz eines Mediators zu erwarten ist.

---

[609] *Duve*, in: Henssler/Koch, § 4 Rn. 69.

[610] Vgl. oben S. 122.

[611] Siehe hierzu die Ausführungen weiter unten S. 137 ff.

[612] Vgl. *Plant*, Intellectual Property Disputes, S. 42 ff.; *Prütting*, in: FS Böckstiegel, S. 630 ff.; *Geiben*, S. 1 ff. Siehe auch oben Fn. 275.

[613] Diese Möglichkeit bietet sich im Schiedsrecht nur im Rahmen eines Geheimverfahrens. Die Zulässigkeit eines solchen Verfahrens ist jedoch umstritten und wird auch von den Befürwortern als ultima ratio angesehen; siehe *Geiben*, S. 50 ff.

[614] Siehe Ausführungen zur außergerichtlichen Einigung oben Fn. 159.

Es gibt eine Reihe von Faktoren, die Barrieren bei der konsensualen Streitbeilegung darstellen. Diese Hindernisse begegnen den Beteiligten in den meisten Verhandlungen. Sie sind der Grund dafür, daß auch in den Fällen, in denen sich eine gütliche Einigung zwischen den Parteien geradezu anbietet, entweder keine Einigung erreicht werden kann oder nur ein suboptimales Ergebnis erzielt wird, was gerade bei längerfristigen Vertragsbeziehungen Auslöser für weitere Auseinandersetzungen sein kann. Zwar ist es auch im Rahmen von bilateralen Verhandlungen möglich, störende Faktoren auszuschalten,[615] dies gestaltet sich aber ungleich schwieriger als bei der Mediation, weil alle Beteiligten parteiisch sind und insofern das gegenseitige Mißtrauen die Handlungsmöglichkeiten stark einschränken kann. Ebenso sind natürlich viele Konstellationen denkbar, bei denen auch ein Mediator an Grenzen stößt.

Im folgenden sollen verschiedene Einigungsbarrieren kurz dargestellt werden.[616] Es soll dabei zwischen strukturellen Einigungsbarrieren und Wahrnehmungs- und Bewertungsbarrieren unterschieden werden.

(1) Wahrnehmungs- und Bewertungsbarrieren

Es gibt eine Reihe von Faktoren, die eine Einigung zwischen den Parteien zum Teil erheblich erschweren können und ihren Ursprung in der Art und Weise haben, wie die Außenwelt durch den Menschen wahrgenommen wird und wie er seine Umwelt bewertet. Zu den auffälligsten psychologischen Phänomenen gehört dabei, daß Streitparteien dazu tendieren, ihre eigene Position zu überschätzen. Empirische Untersuchungen haben sogar ergeben, daß sich der Effekt der überoptimistischen Selbsteinschätzung verstärkt, wenn die Parteien mit komplexen Fragen – wie sie gerade bei Patentstreitigkeiten häufig vorkommen – konfrontiert werden.[617] Aus dieser Fehleinschätzung der eigenen Position ergibt sich zwischen den Parteien eine abweichende Sicht der Rechts- und Sachlage bzw. eine abweichende Einschätzung der Rechtsfolgen, die sich aus dem Scheitern der Verhandlungen ergeben. Dadurch wird die Möglichkeit, eine außergerichtliche Lösung zu finden, erschwert.[618] In dieser Situation hat der Mediator mehr Handlungsoptionen als die Parteien in bilateralen Verhandlungen, weil er etwa durch die Analyse der Lösungsoptionen oder eine neutrale Bewertung der Stärken und Schwächen der jeweiligen Argumente die Fehlein-

---

[615] Vgl. hierzu das Konzept von *Ury/Fisher*, siehe oben S. 56 ff.

[616] Eine ausführliche Darstellung findet sich bei *Arrow*, Barriers to conflict resolution, 1995; *Montada/Kals*, Mediation, S. 203 ff.

[617] Siehe *Kahnemann/Tversky*, in: Arrow, S. 45 f.

[618] Vgl. *Sander*, in: Gottwald, AKR-Handbuch, 4.5., S. 17 ff.

schätzung der Parteien korrigieren kann.[619] Zwar wäre dies im Grunde die Aufgabe der Anwälte, diese zeigen jedoch hinsichtlich einer solchen Analyse eine gewisse Abneigung, was noch weiter unten darzustellen ist.

Ein weiterer Wahrnehmungs- und Bewertungsmechanismus, der sich einigungshindernd auf bilaterale Verhandlungen auswirkt, ist das Phänomen der reaktiven Abwertung.[620] Kompromißvorschläge werden unabhängig von ihrem Inhalt unterschiedlich bewertet, je nachdem, ob sie vom Verhandlungspartner oder von einem neutralen Dritten stammen. Hierin liegt das große Potential der Mediation gegenüber bilateralen Verhandlungen, weil durch den neutralen Dritten Vorschläge gemacht werden können, ohne daß diese gleich auf erhebliche Vorbehalte der Verhandlungsparteien stoßen.[621]

Im Zusammenhang mit Einigungsbarrieren, die auf Wahrnehmungs- und Bewertungsmechanismen der Verhandlungsparteien beruhen, sind auch kulturelle Faktoren zu sehen, die gerade bei Patentstreitigkeiten, bei denen internationale Bezüge fast die Regel darstellen,[622] eine überaus wichtige Rolle spielen. Sie stellen ein signifikantes Hindernis für die effektive Kommunikation zwischen den Parteien dar, weil sie die Wahrscheinlichkeit von Mißverständnissen deutlich erhöhen, so daß mehr Zeit und Aufwand notwendig ist, um die Probleme, Positionen und Interessen dem Verhandlungspartner darzulegen.[623] Bei rechtlich und technisch schwierigen Sachverhalten werden die Verhandlungspartner oftmals bereits auf der inhaltlichen Ebene überfordert sein, so daß interpersonelle Faktoren kaum Berücksichtigung finden können. Ein Mediator, der sich auf den Kommunikationsprozeß zwischen den Parteien konzentrieren kann, wird daher eher in der Lage sein, auf kulturelle Unterschiede einzugehen, um so Mißverständnisse zu verhindern. Durch Bestimmung eines Mediators einer bestimmten Nationalität können die Verhandlungen zusätzlich positiv beeinflußt werden.

---

[619] Vgl. *Corman Aaron*, Negotiation Journal 11 (1995), 124 f.; *Bühring-Uhle*, Arbitration and Mediation, S. 294 ff.; *Duve*, Mediation, S. 143 ff.

[620] *Eidenmüller*, in: Henssler/Koch, § 2 Rn. 11. Hier ist wohl auch das Phänomen der sich selbsterfüllenden Prophezeiung einzuordnen.

[621] Vgl. hierzu oben S. 66 ff.

[622] Vgl. oben S. 16.

[623] *Bühring-Uhle*, Arbitration and Mediation, S. 11 ff., 242 f.; *Plant*, Intellectual Property Disputes, S. 28 f.

(2) Strukturelle Einigungsbarrieren

Bei den strukturellen Einigungsbarrieren geht es um den Kontext, in dem eine Verhandlung stattfindet, und die Umstände, die dabei die Verhandlungen erschweren.[624] Hier sind vor allem Kommunikationsstörungen, Machtungleichgewicht, strategisches Verhalten der Parteien und die Beteiligung mehrerer Konfliktparteien bzw. die Beteiligung von Parteivertretern zu nennen. Eine Störung der Kommunikation zwischen den Parteien ist wohl am häufigsten als Einigungshindernis zu beobachten. Kommt es zu Auseinandersetzungen, so wird hierdurch meist die Kommunikation zwischen den Streitenden beeinträchtigt. Je weniger Kommunikation jedoch zwischen den Parteien stattfindet, um so unwahrscheinlicher wird es, daß es den Streitenden gelingt, die Differenzen aus der Welt zu schaffen bzw. eine adäquate Streitregelung zu treffen. Vielmehr entstehen durch die Kommunikationsarmut meist weitere Mißverständnisse, die eine gütliche Einigung weiter erschweren.[625] Auch die Ersatzkommunikation über die Rechtsanwälte ist mit Problemen verbunden, die oftmals einer Einigung nicht zuträglich sind. Sieht man nun Verhandlungen als einen Kommunikations- und Lernprozeß zwischen den Parteien an, so muß es die Aufgabe eines vermittelnden Dritten sein, diesen Prozeß für die Parteien zu erleichtern und zu fördern.[626] Diese Aufgabe versucht ein Mediator für die Parteien zu erfüllen.

Neben Kommunikationsstörungen kann auch die Existenz von deutlichen Kräfteunterschieden zwischen den Streitenden eine außergerichtliche Einigung blockieren.[627] Dieser Aspekt von Verhandlungen, der als sog. Verhandlungsmacht bezeichnet wird, kann sich in den unterschiedlichsten Formen zeigen.[628] Z.B groß gegen klein, reich gegen arm, gebildet gegen ungebildet oder aggressiv gegen passiv. Ein solches Ungleichgewicht kann man häufig bei grenzüberschreitenden und interkulturellen Streitigkeiten beobachten. Macht – definiert man sie als die Möglichkeit, andere zu beeinflussen oder zu steuern[629] – setzt sich aber aus verschiedenen Elementen zusammen.[630] Daher ist es oftmals schwierig, ein Ungleichgewicht der Machtverhältnisse eindeutig zu diagnostizie-

---

[624] *Mnookin/Ross*, in: Arrow, S. 19.

[625] *Duve*, Mediation, S. 160 f.

[626] *Holtwick-Mainzer*, S. 76.

[627] Siehe hierzu oben Fn. 405.

[628] *Plant*, Intellectual Property Disputes, S. 92.

[629] *Davis/Salem*, Mediation Quarterly 6 (1984), 18.

[630] Zu den Elementen von Verhandlungsmacht *Breidenbach*, Mediation, S. 101 ff.; *Hager*, Konflikt und Konsens, S. 72 ff.; *Bühring-Uhle*, Arbitration and Mediation, S. 228 ff.

ren. So kann es zwar sein, daß bei einer Auseinandersetzung um ein Schutzrecht der weltweit operierende Konzern einem kleinen, mittelständischen Unternehmen gegenübersteht. Jedoch besagt dies allein noch nichts darüber, ob vielleicht das kleinere Unternehmen die älteren Rechte, die besseren Rechtsanwälte oder einfach nur den Willen hat, sich nicht dem Druck zu beugen. Macht hat so viele Facetten, daß es sinnvoller erscheint, statt von Verhandlungsmacht von dem Drohpotential der Parteien zu sprechen. Dabei soll unter Drohpotential nicht nur das Äußern von Drohungen, sondern auch die Möglichkeit, Drohungen umzusetzen, verstanden werden. Damit werden die Aspekte ausgeblendet, die den Begriff der Verhandlungsmacht schwer greifbar machen.

Über die Auswirkungen von Drohmöglichkeiten innerhalb von Verhandlungen bietet das *trucking game*,[631] ein bekanntes experimentelles Spiel aus der Sozialpsychologie, sehr aufschlußreiche Befunde. Aus dem Versuch, der von *Deutsch* und *Krauss*[632] durchgeführt wurde, ließen sich mehrere Erkenntnisse gewinnen. So zeigt sich, daß die Existenz von Drohmöglichkeiten für die Gruppe zu einem insgesamt schlechteren Ergebnis führt, weil die Verfügung über Drohmöglichkeiten tendenziell bewirkt, daß von diesen Möglichkeiten auch Gebrauch gemacht wird. Dies wiederum ruft Abwehrreaktionen bei der Gegenpartei hervor. Andererseits zeigt das *trucking game*, daß der Verzicht auf den Gebrauch von Drohpotential als Schwäche ausgelegt wird und es sich für die Parteien deshalb trotz der dadurch entstehenden zusätzlichen Kosten als richtig darstellen kann, Drohungen auch wahr zu machen.[633] Auch wenn die Ergebnisse des Experiments auf Grund der Künstlichkeit der experimentellen Situation angezweifelt werden, kann man feststellen, daß Verhandlungspartner

---

[631] Die in dem Experiment beschriebene Situation stellt sich folgendermaßen dar: Die Versuchspersonen A und B sollen mit einem imaginären LKW von einem bestimmten Startpunkt aus (S_A bzw. S_B) ein Ziel (Z_A bzw. Z_B) erreichen. Dabei stehen ihnen nur eine begrenzte Anzahl von Wegen zur Verfügung. Der deutlich kürzeste Weg, der sowohl von A als auch von B befahren werden kann, ist ein einspuriges Teilstück. Treffen sich A und B auf diesem Teilstück, muß entweder einer der beiden zurückfahren oder beide stecken fest. A und B haben zwar beide ihre eigene Ausweichroute, diese ist aber deutlich länger. Da Gewinn und Verlust der beiden LKW-Fahrer aber davon abhängt, in welcher Zeit sie ihr Ziel erreichen, ist die Alternativroute deutlich ungünstiger, da hier der Fahrer sogar Verlust macht. Treffen sich jedoch A und B auf dem einspurigen Teilstück, so ist auch dies mit einem Zeitverlust und folglich auch mit einem materiellen Verlust verbunden.

[632] *Deutsch/Krauss*, Journal of Abnormal and Social Psychology, Vol. 61 (1961), 181 ff.; siehe hierzu auch *Deutsch*, The Resolution of Conflict, S. 124 ff., 215 ff.

[633] *Fischer/Wiswede*, Sozialpsychologie, S. 607 ff.; *Rubin/Pruitt/Kim*, Social Conflict, S. 60 ff.;

sich in dem Dilemma befinden, entweder von ihrer Stärke Gebrauch zu machen und somit eine Eskalation des Konflikts zu riskieren oder auf ihr Drohpotential zu verzichten, was wiederum als Verhandlungsschwäche vom Gegenüber mißverstanden werden kann. Diese Situation, die eine Einigung zwischen den Streitenden erschwert, kann durch das Hinzuziehen eines Mediators entschärft werden,[634] weil ein Teil der Interaktion über den neutralen Dritten stattfinden kann. Dadurch können unmittelbare Drohungen vermieden, aber dennoch die Bedeutung bzw. die Dringlichkeit der Streitlösung den Parteien deutlich gemacht werden. Jedoch werden auch bei der Mediation die Fälle die schwierigsten sein, bei denen ein deutliches Ungleichgewicht der Kräfte vorhanden ist.[635]

Eine weitere Gefahr von bilateralen Verhandlungen besteht darin, daß die Möglichkeiten, durch ein gemeinsames kooperatives Verhalten der Beteiligten eine Wertschöpfung zu erzielen, oft durch strategische Überlegungen überlagert werden, die ein kompetitives Verhalten fördern. Das in vielen Beiträgen beschriebene Verhandlungsdilemma[636] beinhaltet folgende Überlegung der Beteiligten: Verhält sich mein Gegenüber kooperativ, indem er etwa Informationen über seine Firmeninteressen oder seine Handlungsoptionen preisgibt, kann ich unter Umständen durch unkooperatives Taktieren meinen eigenen Gewinn maximieren. Entscheidet sich auch mein Gegenüber dafür, die Situation zu nutzen, um den größtmöglichen Gewinn zu erzielen, so ist es ohnehin am besten, sich für einen unkooperativen Verhandlungsstil zu entscheiden. In beiden Fällen ist folglich die kompetitive Strategie die dominante Strategie. Oft wird es hier nur mit Hilfe eines Dritten möglich sein, das Mißtrauen zwischen

---

634 *„The power imbalance issue is not solved and shelved. It must be addressed in every mediation. Fortunately, mediation, perhaps more than any other means of dispute resolution, is well equipped to handle power imbalances."* *Davis/Salem*, Mediation Quarterly, 6 (1984), 25.

635 *Kressel/Pruitt*, in: Kressel/Pruitt, S. 404 f.

636 Beim Verhandlungsdilemma, das von *Lax* und *Sebenius* (*Lax/Sebenius*, S. 29 ff.) in Anspielung auf das Gefangenendilemma (erstmals beschrieben bei *Luce/Raiffa*, Games and decisions, 1957) entsprechend benannt wurde, können die Parteien zwar miteinander reden, sie tun es aber nicht aus Angst, Informationen preiszugeben, die einen strategischen Nachteil begründen könnten. Dadurch sind sie - wie beim Gefangenendilemma - nicht in der Lage, einen gemeinsamen Mehrwert zu schaffen. Einzelgespräche mit dem Mediator stellen eine Möglichkeit dar, dieses Dilemma zu überwinden. Vgl. *Duve*, Mediation, S. 309; *Eidenmüller*, in: Breidenbach/Henssler, S. 49 ff.

den Verhandlungspartnern abzubauen und die Möglichkeit von Kooperationsgewinnen deutlich zu machen.[637]

Problematisch bei Verhandlungen, aber auch beim Mediationsverfahren, ist die Beteiligung von mehreren Personen. Dabei sind hier drei verschiedene Konstellationen gemeint: Es sind mehr als zwei Parteien an der Auseinandersetzung beteiligt, ohne daß diese unmittelbar miteinander verbunden wären. Die Parteien sind durch Mitarbeiter vertreten. Die Parteien sind durch Rechtsanwälte vertreten.

Bei Wirtschaftsauseinandersetzungen ist durch das hohe Maß an Spezialisierung die Beteiligung von mehreren Personen geradezu die Regel. Je mehr Personen jedoch an einem Prozeß beteiligt sind, um so mehr Interessen und Befindlichkeiten spielen eine Rolle und beeinflussen das Verfahren. Hieraus können sich zusätzliche Schwierigkeiten für eine einvernehmliche Konfliktlösung ergeben. Sind mehrere Parteien an der Auseinandersetzung beteiligt, so gestaltet es sich selbst bei der Durchführung eines Mediationsverfahren schwierig, eine Einigung der Parteien hinsichtlich der Verfahrensregeln und des Verfahrensablaufs zu erreichen. Ungleich schwerer müssen sich direkte Verhandlungen zwischen mehreren Parteien darstellen, wenn diese nicht durch einen neutralen Dritten moderiert werden. Mehrparteien-Streitigkeiten eignen sich auf Grund ihrer Komplexität auch nicht unbedingt für die Schiedsgerichtsbarkeit. Hingegen ergeben sich für die Mediation prinzipiell keine Unterschiede.[638] Aber natürlich wird auch hier eine Einigung aller Parteien deutlich erschwert.[639]

Sind Organisationen oder Unternehmen an Verhandlungen beteiligt, wie dies bei Patentstreitigkeiten meist der Fall sein wird, so kommt es häufig vor, daß sich auch die Repräsentanten eines Unternehmens hinsichtlich des gemeinsamen Vorgehens nicht einig sind. Je größer die Konflikte sind, die innerhalb einer Gruppe selbst bestehen (intrapersonelle Konflikte[640]), um so schwieriger gestalten sich bilaterale Verhandlungen. Hinzu kommt – dies belegen eine Reihe von umfangreichen Untersuchungen[641] –, daß Repräsentanten die Interessen ihrer Auftraggeber unflexibel vertreten, wenn sie Rechenschaft ablegen müssen und sich unsicher fühlen, weil sie mit Mißtrauen und Überwachung durch andere rechnen müssen. Je höher der Status des Parteivertreters, desto freier

---

637 *Eidenmüller*, in: Henssler/Koch, § 2 Rn. 6 f.

638 Siehe zu *multi-party disputes*, *Brown/Marriott*, ADR, Rn. 7-122 ff.

639 Vgl. *Duve*, Mediation, S. 158.

640 Siehe Fn. 469.

641 Siehe hierzu *Montada/Kals*, Mediation, S. 76 m.w.N.

kann dieser als Verhandlungsführer agieren. Die Situation, daß nur Repräsentanten der obersten Führungsebenen an den Verhandlungen beteiligt sind, wird man allerdings in der Wirklichkeit nicht immer antreffen und wohl auch nicht erzwingen können. Sind die Verhandlungsteilnehmer nicht mit der Kompetenz ausgestattet, einen Vergleich zu schließen oder sind ihnen bestimmte Zielvorgaben mitgegeben worden, so kann sich dies als Barriere hinsichtlich einer Einigung erweisen.[642] Dies gilt jedoch nicht nur für bilaterale Verhandlungen, sondern grundsätzlich auch für die Mediation. Der Mediator als neutrale Person hat jedoch mehr Spielraum, um auf die Beteiligung von hochrangigen Repräsentanten hinzuwirken, falls dies erforderlich ist. Wo ihm dies aber nicht gelingt, entstehen ähnliche Schwierigkeiten wie bei bilateralen Verhandlungen. Denn je niedriger ein Repräsentant in der Unternehmenshierarchie steht, um so weniger weiß er um die Interessen, Prioritäten und die verfolgte Unternehmensstrategie Bescheid.[643] Dieses Wissen ist jedoch für eine erfolgreiche Mediation entscheidend, da die wirklichen Interessen und Bedürfnisse für die Problemlösung entscheidend sind.

Die gleichen Schwierigkeiten wie gerade beschrieben, ergeben sich bei der Beteiligung von Rechtsanwälten. Hier können divergierende Vorstellungen und Interessen in bezug auf die geeignete Form der Konfliktlösung bestehen, die ihren Ursprung in einer abweichenden persönlichen oder professionellen Einstellung haben. Teils beruht dies auf unterschiedlichen finanziellen Interessen.[644]

Divergieren die Interessen der verschiedenen Verfahrensbeteiligten so, daß eine Einigung deutlich erschwert wird, kann dies auch den Erfolg eines Mediationsverfahrens beeinträchtigen. Im Gegensatz zu bilateralen Verhandlungen ist es

---

[642] Das Vorliegen dieser Voraussetzungen wird man z.B bei Verhandlungen mit traditionellen japanischen Firmen nicht erwarten können, da hier eine strenge Hierarchie gegeben ist und die meisten Entscheidungen nicht ohne Zustimmung der Vorgesetzten ergehen dürfen. Man kommt hier also nicht umhin, daß eine Verhandlungslösung zunächst mit den Vorgesetzten abgestimmt werden muß; *Plant*, Intellectual Property Disputes, S. 88 Fn. 60. Die fehlende Verantwortlichkeit ist allerdings auch ein Instrument, das von Verhandlungsteilnehmern bewußt eingesetzt wird. Während man sich selbst interessiert an einer Problemlösung zeigt und auch eine Bereitschaft zu Zugeständnissen signalisiert, kann die Partei in der Sache vollkommen unflexibel sein, indem sie sich auf die angeblich fehlende Zustimmung von höherer Stelle beruft. Vgl. *Montada/Kals*, Mediation, S. 76; *Goldberg/Sander/Rogers*, S. 69 ff.

[643] *Bühring-Uhle*, Arbitration and Mediation, S. 272.

[644] *Eidenmüller*, in: Henssler/Koch, § 2 Rn. 13 f.; *Mackie* in: WIPO Conference on Mediation, Genf 1996, S. 32 f.; *Schöpflin*, JA 2000, 164.

mit Hilfe des Mediators aber eher möglich, die einzelnen Interessen zu erkennen und diejenigen, die mit der eigentlichen Auseinandersetzung nichts zu tun haben, zu isolieren, so daß sie keine Einigungsbarriere mehr darstellen.

d) Zusammenfassung

Trotz der verschiedenen Eignungskriterien setzt Mediation - so wie auch die Schiedsgerichtsbarkeit[645] oder andere außergerichtliche Verfahren - voraus, daß sich die Parteien vor oder nach Entstehung der Streitigkeit darüber einigen, den Konflikt nicht vor einem staatlichen Gericht auszutragen. Die Einigungsbereitschaft ist jedoch meist gering, wenn erst einmal der Streitfall eingetreten ist.[646] Daher wird Mediation in erster Linie dann eine realistische Alternative sein, wenn vertragliche Beziehungen zwischen den Parteien bestehen und diese von einer gewissen Dauer sind. Damit eignen sich insbesondere Auseinandersetzungen aus Lizenzverträgen für die Mediation, soweit es sich um Langzeitverträge handelt. Dies gilt vor allem dann, wenn der Güteraustausch zwischen den Beteiligten sich nicht lediglich auf die Entrichtung der Lizenzgebühr und der Gewährung einer Lizenz beschränkt. Muß zum Beispiel zusätzliches Know-how zwischen den Parteien ausgetauscht werden, oder soll das Produkt zum Nutzen beider Parteien weiterentwickelt werden, so ist der wirtschaftliche Erfolg von der Kooperation der Beteiligten abhängig. Entsprechend groß ist somit der Zugewinn, den die Parteien durch Kooperation erzielen können und entsprechend gut sind die Möglichkeiten, ein erfolgreiches Mediationsverfahren durchzuführen.[647] Hinzu kommt, daß sich die Parteien bereits vor Entstehung des Streitfalls in Form einer Vertragsklausel auf die Durchführung eines Mediationsverfahrens einigen können, was einfacher ist, als wenn sich die Beteiligten nach Ausbruch des Konflikts verständigen müssen. Fehlt es jedoch an einer solchen Mediationsklausel und kommt es zum absichtlichen Vertragsbruch, so ist freilich ein Mediationsverfahren auch in diesen Fällen eher unwahrscheinlich.

Obwohl bei Vereinbarungen hinsichtlich der Übertragung von Patentrechten vertragliche Beziehungen zwischen den Parteien bestehen, sind diese doch meist nicht langfristiger Natur, so daß von einer geringeren Bereitschaft auszugehen ist, sich auf ein Mediationsverfahren zu einigen. Andererseits bietet es sich auch gerade hier an, eine Mediationsklausel in den Vertrag aufzunehmen. Doch auch ohne eine solche Klausel wird sich hier ein Mediationsverfahren dann anbieten,

---

[645] Siehe oben S. 46.

[646] *Schäfer*, Mitteilungen der deutschen Patentanwälte 2001, 110.

[647] Siehe oben S. 114.

wenn das Vertragsverhältnis sehr komplex ist, wie dies etwa bei Firmenübernahmen der Fall sein dürfte. Sind die Auswirkungen einzelner Streitpunkte auf den Gesamtvertrag entsprechend weitreichend, also wird etwa die Firmenübernahme durch ein Patent, das sich als nichtig herausstellt, ganz in Frage gestellt, und müßte eine komplizierte Rückabwicklung des Vertrags erfolgen, dann kann bei einem solchen polyzentrischen Konflikt Mediation das geeignete Verfahren sein.[648] Durch kreative Lösungen und kooperatives Handeln ist es dort eher möglich, eine für beide Seiten zufriedenstellende Lösung zu finden.

Bei Arbeits-, Forschungs- und Entwicklungsverträgen bestehen langfristige Beziehungen, die meist auch für die Zukunft Bestand haben sollen. Deshalb ist allen Parteien daran gelegen, das Verhältnis dauerhaft zu befrieden. Da bei Arbeitnehmererfindungen bereits außergerichtliche Vorverfahren existieren,[649] dürfte insbesondere bei Forschungs- und Entwicklungsverträgen Potential für die Mediation bestehen.[650]

Ist der Streitgegenstand eine Schutzrechtsverletzung, und bestehen zwischen den Streitparteien keinerlei vertragliche Beziehungen, so mag Mediation als Verfahren zwar für solche Fälle durchaus geeignet sein, doch die geringe Einigungsbereitschaft der Parteien macht bereits den Einstieg in die Mediation eher unwahrscheinlich.[651] Gleiches gilt, wenn es um die Wirksamkeit des Schutzrechts geht, weil die Frage nach der Wirksamkeit fast immer im Zusammenhang mit dem Vorwurf einer Schutzrechtsverletzung steht.[652] Gerade bei Schutzrechtsverletzungsverfahren ist allerdings der Schutzumfang des Klageschutzrechts der zentrale Streitpunkt vor Gericht. Durch die Verknüpfung rechtlicher und technischer Fragen gehört aber gerade dies zu den schwierigsten Problemen des Patentrechts.[653] Im Einzelfall kann deshalb die Entscheidung vor Gericht von Anfang an so ungewiß sein, daß die Parteien sich auf Grund des Prozeßrisikos auf ein Mediationsverfahren einlassen. Dies gilt z.B. dann, wenn der Beklagte in einem Patentnichtigkeitsverfahren befürchten muß, daß er sein Patent nur im eingeschränkten Umfang verteidigen kann. Es müssen aber sicherlich noch weitere Kriterien hinzukommen, damit sich die Parteien für die

---

[648] Vgl. oben S. 116 f.

[649] Siehe oben S. 35 f.

[650] Vgl. *Schäfer*, Mitteilungen der deutschen Patentanwälte 2001, 110.

[651] *Schäfer*, Mitteilungen der deutschen Patentanwälte 2001, 110.

[652] Vgl. oben S. 109 f.

[653] Benkard/*Ullmann*, PatG, § 14 Rn. 6.

Mediation entscheiden und sich nicht im Wege des üblichen außergerichtlichen Vergleichs einigen.

Es kann ohnehin davon ausgegangen werden, daß in den meisten Fällen gescheiterte bilaterale Verhandlungen zwischen den Parteien den Ausgangspunkt für eine Mediation darstellen. Zwar wäre es sinnvoll, auf Verhandlungen zu verzichten, wenn diese die Gefahr einer weiteren Konflikteskalation mit sich bringen. Wird jedoch die Möglichkeit für eine Einigung durch die Parteien überhaupt gesehen, werden sich die Parteien zunächst für bilaterale Verhandlungen entscheiden, weil in der Regel immer erst der Weg beschritten wird, der mit dem geringsten organisatorischen und finanziellen Aufwand verbunden ist. Deshalb liegt es – soweit keine Mediationsklausel zwischen den Parteien getroffen wurde – nicht nahe, einen neutralen Dritten einzuschalten. Eine dritte Partei wird dann eingeschaltet, wenn von einer oder mehreren Seiten eine Lösung des Konflikts gewünscht wird, Verhandlungen zwischen den Parteien jedoch zu keinem Ergebnis führen.

An erster Stelle stehen also zunächst die Verhandlungen zwischen den Streitparteien und deren Vertreter. Hier kritisiert *Lionnet*[654] zu Recht, daß durch die *ADR*-Literatur oftmals der Eindruck vermittelt werde, die Parteien seien nicht selbst in der Lage, ihre Angelegenheiten zu klären, und sie seien scheinbar nur von unfähigen Beratern umgeben. Selbstverständlich erfolgt etwa bei der unterschiedlichen Interpretation von Vertragsklauseln durch die Vertragsparteien eine Betrachtung der tatsächlichen und rechtlichen Situation durch die Parteien, die unter Umständen auch von Juristen unterstützt wird. Dies bildet vermutlich sehr oft die Grundlage für eine außergerichtliche Einigung zwischen den Parteien. Die Bedeutung und Qualität von bilateralen Verhandlungen soll allerdings auch nicht in Abrede gestellt werden. Es wurde aber dargestellt,[655] daß es eine Reihe von Hindernissen gibt, die durch bilaterale Verhandlungen nur ungleich schwerer umgangen werden können. Möchten die Parteien also die Chance einer zusätzlichen Wertschöpfung nutzen,[656] die Situation dauerhaft befrieden und es nicht auf eine gerichtliche Auseinandersetzung ankommen lassen, sollten sie auch die Möglichkeit eines Mediationsverfahrens in Betracht ziehen.

Zusammenfassend kann man sagen, daß Mediation sich bei vielen Auseinandersetzungen um Patentsachen eignen würde. In den meisten Fällen wird jedoch

---

[654] *Lionnet*, Journal of International Arbitration 1987, 73; *ders.*, in: Nicklisch, S. 547.

[655] Siehe oben S. 123 ff.

[656] *Eidenmüller*, Wirtschaftsmediation, S. 6 f.

erst dann eine neutrale dritte Person zu Hilfe gerufen, wenn die Parteien sich vor einer Aufgabe sehen, die sie selbst nicht bewältigen können. Daher wird nach gescheiterten Verhandlungen meist ein Schiedsrichter oder ein staatlicher Richter hinzugezogen, weil dieser den Streit entscheidet, nachdem die Beteiligten selbst den Streit nicht beilegen konnten. Daß ein Mediator bei der Konfliktlösung helfen kann, dürfte daher nur dort in Betracht gezogen werden, wo wenigstens eine Seite am Anfang den Willen zur Kooperation zeigt. Schwachpunkt der Mediation – so wie bei der Schiedsgerichtsbarkeit auch – dürfte jedoch sein, daß sich die Parteien zunächst auf ein solches Verfahren verständigen müssen. Daher dürften die Hauptanwendungsfelder für Mediation bei Patentstreitigkeiten dort liegen, wo auch bereits internationale Schiedsgerichtsverfahren stattfinden. Dies wäre vor allem bei Streitigkeiten um Lizenzen und bei Know-how-Verträgen.[657] Sollte die Akzeptanz der Mediation zunehmen, dürfte sogar mit einem breiteren Anwendungsbereich als bei der Schiedsgerichtsbarkeit zu rechnen sein, weil die Risiken für die Parteien nicht nur hinsichtlich der Kosten und der Dauer des Verfahrens wesentlich geringer sind.

II. Verfahrensgrundsatz der Vertraulichkeit

Entscheiden sich die Parteien für ein Mediationsverfahren, so hängt die Akzeptanz der Mediation als Streitschlichtungsverfahren letztlich von der Akzeptanz des Ergebnisses ab. Die höchste Akzeptanz werden die Ergebnisse genießen, die von den Konfliktparteien als fair angesehen werden. Garant für ein faires Ergebnis ist wiederum ein faires Verfahren,[658] das wesentliche Verfahrensgrundsätze berücksichtigt.

Der Verfahrensgrundsatz der Vertraulichkeit[659] hat bei Patentauseinandersetzungen einen besonderen Stellenwert.[660] Vertragsbeziehungen im Bereich des geistigen Eigentums werden in der Wirtschaftswelt wohl am sorgfältigsten behütet.[661] Da z.B. Know-how nur so lange einen zusätzlichen Wert besitzt, wie es geheim bleibt, versuchen die Parteien bei Geschäften, in denen es um Geschäftsgeheimnisse geht, durch Geheimhaltungspflichten Vertraulichkeit zu

---

[657] Siehe Statistik der ICC bei *Werner*, Journal of World Intellectual Property 1998, Vol. 1 No. 5, 849; außervertragliche Schiedsgerichtsverfahren sind demnach die Ausnahme.

[658] *Hager*, Konflikt und Konsens, S. 122.

[659] Zu den anderen Verfahrensgrundsätzen der Mediation siehe oben S. 78.

[660] Vgl. oben S. 8 f., 36, 123.

[661] *Frost*, S. 204.

gewährleisten.[662] Die Beteiligten einer Streitigkeit aus dem Bereich der geistigen Schutzrechte legen folglich meist großen Wert auf die Geheimhaltung.[663] Eine Untersuchung der *London Business School* im Auftrag des *London Court of International Arbitration* bestätigt die Bedeutung der Vertraulichkeit und der Nichtöffentlichkeit für die außergerichtliche Streitbeilegung. Sie kam zu dem Ergebnis, daß die Vertraulichkeit und Nichtöffentlichkeit des Verfahrens als einer der weitaus bedeutendsten Vorteile angesehen wird.[664] Trotz des hohen Stellenwerts, den die Vertraulichkeit innerhalb der außergerichtlichen Verfahren einnimmt, setzen sich nur wenige Beiträge mit den genauen Umständen auseinander, unter denen die Vertraulichkeit auch tatsächlich gewährleistet werden kann. Gerade die internationale Schiedsgerichtsbarkeit zeigt jedoch, daß die Vertraulichkeit nicht unter allen Umständen gesichert ist.[665]

Im folgenden soll zunächst auf Begriff und Funktion der Vertraulichkeit eingegangen werden. Anschließend wird geprüft, wie die Vertraulichkeit geschützt werden kann, und inwiefern eine Gerichtsfestigkeit gegeben ist. Da wir bei Patentstreitigkeiten nicht nur Bezüge zum Zivilrecht, sondern häufig auch zum Verwaltungsrecht[666] und zum Strafrecht[667] haben, soll im einzelnen untersucht werden, unter welchen Umständen der Schutz von vertraulichen Informationen gegeben ist.

1. Begriff und Funktion der Vertraulichkeit in der Mediation

Vertraulichkeit in der Mediation ist zunächst mit der Erwartung verbunden, daß der Mediator Stillschweigen gegenüber Dritten über die im Mediationsverfahren erlangten Informationen bewahrt. Nur im Rahmen des Mediationsverfahrens selbst soll er die Informationen bei der Unterstützung der Lösungsfindung verwenden dürfen. Außerhalb des Verfahrens ist er zur absoluten Vertraulichkeit verpflichtet. Dies gilt auch, falls Einzelgespräche durchgeführt werden. Die in das Gespräch einbezogene Partei darf vom Mediator absolutes Stillschweigen gegenüber der anderen Partei erwarten, solange sie dem Mediator nicht die Offenlegung von Informationen ausdrücklich genehmigt hat. Im Verhältnis der

---

[662] Vgl. *Henn*, Patentlizenzvertrag, S. 186.

[663] Vgl. *Gurry*, in: WIPO Conference on Mediation, S. 37 ff.; *Plant*, Intellectual Property Disputes, S. 93; *Stumpf*, RIW 1973, 295.

[664] Vgl. *Prütting*, in: FS Böckstiegel, S. 629.

[665] Vgl. *Prütting*, in: FS Böckstiegel, S. 630 f.; *Geiben*, S. 4 ff.

[666] Z.B. öffentlich-rechtliches Patenterteilungsverfahren und kartellrechtliche Bezüge bei Lizenzverträgen.

[667] Siehe § 142 PatG.

Parteien zueinander wird ebenfalls die gegenseitige Geheimhaltung von vertraulichen Informationen erwartet. Wichtig ist vor allem, daß auf eine Nutzung der Informationen im Rahmen eines etwaigen Gerichtsverfahrens verzichtet wird.[668]

Der Grundsatz der Vertraulichkeit hat insofern für die Mediation eine zentrale Funktion als der Erfolg der Mediation entscheidend davon abhängt, ob die Parteien in der Lage sind, ihre regelungsbedürftigen Interessen, deren Priorisierung und die damit in Zusammenhang stehenden Informationen offen mitzuteilen.[669] Nur dadurch, daß diese Informationen in das Mediationsverfahren einfließen, ist es möglich, eine Wertschöpfung für die Parteien zu erzielen. Zudem kann nur durch eine offene Kommunikation eine gemeinsame Überzeugung geschaffen werden, die Grundlage einer als gerecht empfundenen Lösung sein kann.[670] Da es aber im Gegensatz zum Gerichtsprozeß und dem Schiedsgerichtsverfahren in der Mediation keine Zwangsmittel gibt, mit denen die Preisgabe von Informationen erzwungen werden könnte, kann nur die Vereinbarung der Vertraulichkeit die Parteien darin fördern, Informationen in einem nicht bindenden Verfahren bekanntzugeben. Es müssen folglich Konditionen geschaffen werden, die eine Offenlegung von Informationen fördern. Vertraulichkeit – also die Versicherung, daß die Preisgabe von Informationen keine Konsequenzen außerhalb des Mediationsverfahrens haben wird, sich also nicht auf die Rechtspositionen auswirkt – schafft diese Bedingungen.[671] Es gehört damit zur größten Verantwortung des Mediators, die Vertraulichkeit zu gewährleisten.[672]

Vom Grundsatz der Vertraulichkeit in der Mediation ist wiederum das Vertrauen selbst abzugrenzen. Zwar ist ein gewisses Maß an gegenseitigem Vertrauen ebenfalls Voraussetzung für eine befriedigende Konfliktlösung,[673] jedoch entsteht die Vertraulichkeit aus der Regel, daß Informationen nicht an Unberechtigte weitergegeben werden. Es steht das Interesse im Mittelpunkt, daß die Beteiligten beim Scheitern der Mediation und beim anschließenden Gerichtsver-

---

[668] *Hartmann*, in: Schlieffen/Haft, § 27 Rn. 5.

[669] *Eidenmüller*, Wirtschaftsmediation, S. 24; *Hartmann*, in: Schlieffen/Haft, § 27 Rn. 2.

[670] *Groth/v. Bubnoff*, NJW 2001, 338. Vgl. auch oben S. 57 f.

[671] *Gurry*, in: WIPO Conference on Mediation, S. 38.

[672] *Plant*, Intellectual Property Disputes, S. 86; *Blessing*, in: WIPO Conference on rules for institutional arbitration and mediation, S. 122.

[673] Siehe *Rubin/Pruitt/Kim*, Social Conflict, S. 211 f.; *Fischer/Wiswede*, Sozialpsychologie, S. 614 f.

fahren nicht schlechter gestellt werden, als wenn sie nie an einem Mediationsverfahren teilgenommen hätten. Vertraulichkeit ist also eine Verhaltensregel, die von den Beteiligten am Mediationsverfahren einzuhalten ist. Vertrauen kann man statt dessen als generalisierte Erwartung beschreiben, daß der Interaktionspartner sich an explizit vereinbarte Regeln oder implizit vorausgesetzte Verhaltensnormen auch tatsächlich gebunden fühlt.[674] Vertrauen und Vertraulichkeit stehen somit nur insofern in bezug zueinander, als auf der Einhaltung der Vertraulichkeit wiederum das Vertrauen zwischen den Parteien teilweise aufbaut.[675]

2. Schutz der Vertraulichkeit

Unter den Schutz der Vertraulichkeit fallen nicht pauschal alle Inhalte des Mediationsverfahrens.[676] Vielmehr können nur die Informationen der Vertraulichkeit zwischen den Parteien unterliegen, an denen die Parteien ein berechtigtes und erkennbares Interesse haben. Dies gilt aber auch nur, soweit die Informationen der anderen Partei nicht ohnehin bekannt sind oder von dieser auf anderem, legalem Wege beschafft werden können.[677] Lediglich bei Einzelgesprächen mit dem Mediator gelten weitergehende Vertraulichkeitsanforderungen.[678]

Beim Schutz der Vertraulichkeit kann man zwischen gesetzlichen und vertraglichen Bestimmungen unterscheiden:

a) Gesetzliche Bestimmungen

Nach einer gesetzlichen Bestimmung, die die Vertraulichkeit zwischen den Parteien regeln würde, sucht man vergebens. Auch aus Gewohnheitsrecht oder aus immanenten Pflichten aus der Mediationsvereinbarung läßt sich eine solche Pflicht nur schwerlich ableiten. Hingegen gibt es für Mediatoren teilweise über vertragliche Bestimmungen hinaus die Verpflichtung zur Vertraulichkeit. Dies ist jedoch vom beruflichen Hintergrund des Mediators abhängig.

Unter den bei Patentstreitigkeiten relevanten Berufsgruppen sind es zunächst die Rechtsanwälte, die durch das Berufsrecht zur Verschwiegenheit verpflichtet

---

[674] *Fischer/Wiswede*, Sozialpsychologie, S. 614 f. Vgl. auch *Köbler*, Juristisches Wörterbuch, S. 540; *Luhmann*, Vertrauen, S. 28.

[675] *Plant*, Intellectual Property Disputes, S. 98.

[676] So aber *Groth/v. Bubnoff*, NJW 2001, 339.

[677] *Gurry*, in: WIPO Conference on Mediation, S. 44.

[678] *Hartmann*, in: Schlieffen/Haft, § 27 Rn. 6.

sind. Gem. § 43a II BRAO ist der Rechtsanwalt zur Verschwiegenheit verpflichtet, soweit er Information *in Ausübung seines Berufes* erhalten hat und die Tatsachen nicht offenkundig sind oder ihrer Bedeutung nach einer Geheimhaltung bedürfen.[679] Auch wenn der Rechtsanwalt als Mediator tätig wird, unterliegt er nach § 18 BORA[680] den Regeln des Berufsrechts. Damit hat er die Pflicht zur Geheimhaltung aller im Zusammenhang mit der Mediation erlangten Informationen und Erkenntnisse.[681] Dies gilt auch gegenüber den Rechtsanwälten der Parteien, wenn diese nicht am Mediationsverfahren teilnehmen. Eine Entbindung von der Verschwiegenheitspflicht kann nur durch alle beteiligten Parteien gemeinsam erfolgen.[682] Eingeschränkt ist die Verschwiegenheitspflicht nur durch § 138 StGB.

Im Wortlaut nahezu identisch mit § 43a II BRAO ist § 39a II PatAnwO, der auch Patentanwälte zur Verschwiegenheit verpflichtet, wenn diese Informationen oder Erkenntnisse im Rahmen der Ausübung ihres Berufes erlangen.[683] Der berufliche Wirkungskreis, in denen der Patentanwalt beratend und vertretend tätig sein darf, umfaßt, anders als der des Rechtsanwalts, nicht alle Rechtsangelegenheiten (§ 3 I BRAO), sondern nur die in §§ 3, 4, 100 PatAnwO näher bezeichneten.[684] Anders als bei der Berufsordnung der Rechtsanwälte gibt es in der Berufsordnung der Patentanwälte keine dem § 18 BORA entsprechende Regelung, welche die Tätigkeit des Patentanwalts als Vermittler, Schlichter und Mediator durch das Berufsrecht der Patentanwälte erfassen würde. Dies könnte dafür sprechen, daß die Mediationstätigkeit nicht zum Berufsfeld des Patentanwalts gehört,[685] und insofern auch nicht die Verschwiegenheitspflicht des § 39a II PatAnwO Anwendung findet, weil dort nur Informationen und Erkenntnisse erfaßt werden, die in Ausübung des Berufs des Patentanwalts erlangt werden. Der Wortlaut von § 3 PatAnwO könnte diese Annahme zunächst stützen, weil nur Beratungs- und Vertretungstätigkeiten des Patentanwalts in den Grenzen der

---

[679] Nähere Regelungen stehen in § 2 Berufsordnung der Rechtsanwälte (BORA).

[680] Vgl. oben S. 65.

[681] *Henssler*, in: Henssler/Koch, § 3 Rn. 29 f.; *Hartmann*, in: Schlieffen/Haft, § 27 Rn. 10; Hartung/*Holl.*, Anwaltliche Berufsordnung, § 18 Rn. 34 ff.

[682] Zur Frage inwieweit sich eine Partei dem Vorwurf der Beweisvereitelung aussetzt, wenn sie einseitig ihre Zustimmung zur Entbindung des Mediators von der Verschwiegenheitspflicht verweigert, siehe *Geiben*, S. 261 f.

[683] Die Grundpflicht zur Verschwiegenheit wird in § 2 BerufsO der Patentanwälte näher geregelt.

[684] *Feuerich*, PatAnwO, § 3 Rn. 1.

[685] So vertreten von *Hartmann*, in: Schlieffen/Haft, § 27 Rn. 51.

PatAnwO erwähnt werden. Wie aber oben dargestellt, ist der Mediator gerade kein Parteivertreter, der sich für einzelne Interessen der Parteien einsetzt.[686] Er soll auch nicht primär in beratender Funktion tätig werden.[687]

Der Umstand, daß die Mediatorentätigkeit in § 18 BORA ausdrücklich erfaßt ist, kann jedoch nicht im Umkehrschluß bedeuten, daß die Mediatorentätigkeit aus dem Berufsfeld der Patentanwälte ausgeschlossen ist, da § 18 BORA ebensowenig allein geeignet ist, die Mediation als Tätigkeitsfeld des Rechtsanwalts zu begründen. Bei den Berufsordnungen der Rechts- und Patentanwälte handelt es sich gem. § 59b BRAO und § 52b PatAnwO um Satzungen, die durch Bundesrechtsanwaltskammer[688] bzw. Patenanwaltskammer[689] erlassen werden dürfen. Sie stehen somit vom Rang unterhalb der BRAO und PatAnwO als Gesetze im formellen Sinn. Sowohl § 59b BRAO als auch § 52b PatAnwO – die Normen sind im wesentlichen wortgleich – sehen lediglich vor, daß durch die Berufsordnungen nähere Regelungen zu den beruflichen Rechten und Pflichten getroffen werden können. Folglich kann eine Berufsordnung keine Regelung treffen, die nicht generell von der entsprechenden Anwaltsordnung gedeckt ist. Bejaht man also die Mediatorentätigkeit als Teil des Berufsbildes der Rechtsanwälte – was von niemandem bestritten wird – spricht vieles dafür, diese Tätigkeit auch bei Patentanwälten zum Berufsfeld zu zählen, da sowohl § 3 I BRAO als auch § 3 I PatAnwO dem Wortlaut nach den Wirkungskreis von Rechts- und Patentanwälten in der Beratung und Vertretung sehen. § 3 BRAO und § 3 PatAnwO sind folglich dahingehend auszulegen, daß die Beratungs- und Vertretungstätigkeit auch die Tätigkeit als Mediator umfaßt. Hierfür spricht auch, daß im Ausschuß der Satzungsversammlung der Bundesrechtsanwaltskammer umstritten war, ob es einer Regelung in Form von § 18 BORA überhaupt bedürfe. Es wurde argumentiert, dieses nicht neue anwaltliche Tätigkeitsfeld der außergerichtlichen Streitbeilegung sei schon bisher ohne Berufsregel ausgekommen. Die Einführung von § 18 BORA kann im Ergebnis darauf zurückgeführt werden, daß die Anwaltschaft sich von den konkurrierenden Berufen absetzen wollte.[690]

Entgegen der Meinung von *Hartmann*[691] ist auf Grund der eindeutigen Parallelen zwischen BRAO und PatAnwO davon auszugehen, daß Mediation

---

686 Vgl. oben S. 76.

687 Vgl. oben S. 78.

688 Vgl. §§ 191a ff. BRAO.

689 Vgl. § 82 II Nr. 1 PatAnwO.

690 Siehe Hartung/*Holl*, Anwaltliche Berufsordnung, § 18 Rn. 20 ff.

691 Ohne nähere Begründung, *Hartmann*, in: Schlieffen/Haft, § 27 Rn. 51.

generell zum Berufsfeld der Patentanwälte gehört. Folglich besteht auch für Patentanwälte gem. § 39a II PatAnwO eine gesetzliche Pflicht zur Verschwiegenheit, wenn sie als Mediatoren tätig werden. Damit ist das Vertrauensverhältnis zwischen Mediator und den Streitbeteiligten über die Strafbestimmung des § 203 I Nr. 3 StGB hinaus geschützt, indem die Verschwiegenheitspflicht auf alles ausgedehnt ist, was dem Patentanwalt in Ausübung seines Berufes bekannt geworden ist. § 2 I Berufsordnung der Patentanwälte stellt zusätzlich klar, daß diese Pflicht auch nach Beendigung des Verhältnisses fortbesteht.[692] Zu beachten ist jedoch, daß der Patenanwalt gem. § 3 II, III PatAnwO nur bei Angelegenheiten tätig werden darf, die mit gewerblichen Schutzrechten zusammenhängen. Besorgt der Patentanwalt allerdings als Mediator fremde Rechtsangelegenheiten i.S.d. Art. 1 § 1 RBerG außerhalb des in der PatAnwO abgegrenzten Kompetenzbereichs, übt er keine erlaubnisfreie Berufstätigkeit nach Art. 1 § 3 Nr. 2 RBerG aus, sondern verstößt gegen Art. 1 § 1 RBerG.[693] Ein solcher Verstoß führt zur Nichtigkeit des Geschäftsbesorgungsvertrags.[694] Dies hat allerdings keine Auswirkungen auf die gesetzliche Verschwiegenheitspflicht, da diese in erster Linie dem Schutz des Mandanten dient. Auch bei nichtigem Vertrag hat der Mediator die Informationen in Ausübung seines Berufes erhalten. Die Pflicht kann jedoch bei straf- oder berufsrechtlichen Verfahren gegen den Patentanwalt entfallen.[695]

Werden Rechtsanwälte oder Patentanwälte als Mediatoren tätig, ist die Vertraulichkeit, unabhängig von vertraglichen Vereinbarungen, durch Gesetz umfassend geschützt. Für zahlreiche Berufsgruppen fehlen spezialgesetzliche Verschwiegenheitspflichten, und sie fallen auch nicht unter den Täterkreis des § 203 StGB.[696] Je nachdem wie vertraulich die Informationen einzustufen sind, die im Rahmen des Mediationsverfahrens offenbart werden, sollten die Parteien überlegen, ob ihnen die vertraglichen Vertraulichkeitsvereinbarungen genügen, wenn sie beispielsweise einen Ingenieur, Betriebswirt, Unternehmensberater oder Wirtschaftsprüfer als Mediator wählen.[697]

---

692 *Feuerich*, PatAnwO, § 39a Rn. 3.

693 *Feuerich*, PatAnwO, § 3 Rn. 1.

694 BGHZ 37, 258; NJW 1962, 2010.

695 BGHSt 1, 366; KG JR 1985, 161 f.

696 Vgl. *Hartmann*, in: Schlieffen/Haft, § 27 Rn. 13 ff.

697 Bei der Tätigkeit dieser Berufsgruppen als Mediatoren liegt zusätzlich ein Verstoß gegen das Rechtsberatungsgesetz nahe. Zur Problematik, wenn „Nichtjuristen" als Mediatoren tätig werden, siehe *Heß/Sharma*, in: Schlieffen/Haft, § 26 Rn. 36 ff.

b) Vertragliche Vertraulichkeitsvereinbarungen

Neben den gesetzlichen Verschwiegenheitspflichten empfiehlt es sich, in dem Mediatorvertrag eine ausdrückliche Regelung der Verschwiegenheitspflichten zu treffen. Wichtig ist vor allem, daß zwischen den Parteien eine Vertraulichkeitsabrede getroffen wird, da diese im Regelfall keine gesetzliche Pflicht der Verschwiegenheit trifft.[698] Daß die Parteien dadurch, daß sie sich des Mediationsverfahrens bedienen, gleichzeitig ihre Übereinstimmung mit den tragenden Grundsätzen der Mediation erklären, folglich also regelmäßig eine stillschweigende Vereinbarung der Vertraulichkeit vorliegt, erscheint fragwürdig.[699] Zum einen handelt es sich bei der Vertraulichkeit um keinen absoluten Grundsatz der Mediation, was am Beispiel der Umweltmediation, aber auch an Beispielen aus der Wirtschaftsmediation[700] zu sehen ist. Da es im Gesellschaftsrecht spezialgesetzliche Regelungen gibt, welche die Parteien sogar verpflichten, Dritte zu informieren,[701] kann nicht selbstverständlich von einer stillschweigenden Vereinbarung zwischen den Parteien ausgegangen werden. Der Aspekt der Vertraulichkeit sollte daher vor Beginn des eigentlichen Mediationsverfahren geklärt und vertraglich geregelt werden.

Soweit der Mediator nicht bereits durch eine standes- oder berufsrechtliche Verschwiegenheitspflicht gebunden ist, könnte sich eine solche Pflicht ohne explizite Regelung aus dem Mediatorvertrag ergeben, wenn man ihn als entgeltlichen Geschäftsbesorgungsvertrag mit Dienstvertragscharakter qualifiziert.[702] Nach der Rechtsprechung des *BGH* stellt die Verschwiegenheitspflicht eine „selbstverständliche Nebenpflicht" des Geschäftsbesorgers dar.[703] Dadurch wäre der Mediator verpflichtet, Betriebs- und Geschäftsgeheimnisse sowie andere geheimhaltungsbedürftige Tatsachen der Geschäftsherren (Mediationsparteien) vertraulich zu behandeln.[704] Hieraus ergibt sich jedoch nicht, daß der Mediator nicht im Rahmen eines etwaigen Zivilprozesses zwischen den Parteien als Zeuge aussagen muß (vgl. §§ 380, 390 ZPO) bzw. dessen Aussagen bei der Gerichtsentscheidung nicht berücksichtigt werden

---

[698] Wenn die Streitparteien in einem Arbeitsverhältnis zueinander stehen, kann ausnahmsweise § 17 UWG einschlägig sein.

[699] So vertreten von *Hartmann*, in: Schlieffen/Haft, § 27 Rn. 20.

[700] Siehe *Duve*, in: Henssler/Koch, § 4 Rn. 38 ff.

[701] Z.B. § 131 AktG. Zu den verschiedenen Informationspflichten siehe *Geiben*, S. 35 ff.

[702] So *Eidenmüller*, in: Breidenbach, Konsensuale Streitbeilegung, S. 71; *Hacke*, ADR-Vertrag, S. 88; *Koch*, in: Henssler/Koch, § 8 Rn. 14.

[703] BGHZ 27, 241 (246).

[704] Staudinger/*Martinek*, § 675 Rn. A 90.

dürfen. Es ginge zu weit, dem Mediatorvertrag eine stillschweigende prozeßvertragliche Regelung zu entnehmen, wonach die Parteien generell darauf verzichten, den Mediator als Zeugen zu benennen.

Eine Vertraulichkeitsabrede in einer Mediationsvereinbarung oder einem Mediatorvertrag wird normalerweise ein allgemeines Stillschweigen über Angelegenheiten der Mediation vorsehen. Außerdem wird der Mediator dazu verpflichtet, den Inhalt von Einzelgesprächen vertraulich zu behandeln und die Parteien verpflichten sich, den Mediator nicht als Zeugen in einem nachfolgenden Gerichtsverfahren zu benennen. Sinnvollerweise sollte die Vertraulichkeitsabrede dahingehend eingeschränkt werden, daß sie sich nicht auf Tatsachen bezieht, die auch ohne Mediationsverfahren beweisbar gewesen wären. Nur so verhindert man, daß eine Partei die Vertraulichkeit zu ihren Gunsten ausnutzt. Neben solchen Tatsachen sollte auch die Einigung, die im Mediationsverfahren zwischen den Parteien erzielt wird, unter Umständen von der Vertraulichkeit ausgenommen werden.[705] Um alle Beteiligten zur Vertraulichkeit zu verpflichten, sollten auch die Personen, die nicht als Parteien am Mediationsverfahren beteiligt sind (Berater, Sachverständige etc.), eine eigene Vertraulichkeitsverpflichtung unterschreiben, bevor sie am Verfahren teilnehmen dürfen.[706]

Weil bei Patentstreitigkeiten häufig Kapital- oder Personengesellschaften beteiligt sind, ist weiter zu berücksichtigen, daß trotz einer Vertraulichkeitsabrede zwischen den Parteien spezialgesetzliche Regelungen bestehen, nach denen die Parteien verpflichtet sind, Dritte zu informieren. § 131 AktG gibt beispielsweise dem Aktionär ein umfassendes Auskunftsrecht, das nicht einfach abgedungen werden kann. Nach § 150 ff. AktG i.V.m. §§ 242, 264 HGB muß zudem jährlich ein Bericht über Geschäftsverlauf und Lage der Gesellschaft abgegeben werden, in dem auch über wichtige Rechtsstreitigkeiten berichtet werden muß.[707] Weitere umfassende Informationspflichten ergeben sich für offene Handelsgesellschaften aus § 118 HGB und für Kommanditgesellschaften aus § 166 HGB. Zu beachten sind auch Verflechtungen von Gesellschaften in einem Konzern oder die Beherrschung einer Tochtergesellschaft durch eine Muttergesellschaft, da hier die Gesellschaftsverträge im Regelfall weitergehende Einsichts- und Auskunftsrechte in den Geschäftsablauf und in Geschäftsunterla-

---

705 *Eidenmüller*, in: Breidenbach, Konsensuale Streitbeilegung, S. 66 f. Weitere mögliche Regelungen hinsichtlich der Vertraulichkeit finden sich bei *Hartmann*, in: Schlieffen/Haft, § 27 Rn. 23 ff.

706 *Gurry*, in: WIPO Conference on Mediation, S. 45. Vgl. Art. 15 der WIPO Mediation Rules.

707 *Geiben*, S. 35 f.

gen beinhalten.[708] Aber auch andere vertragliche Bindungen können eine Informationspflicht für eine Partei gegenüber Dritten begründen. Ist etwa Gegenstand des Mediationsverfahren die Gültigkeit eines Schutzrechts, so wird der Patentinhaber - soweit er Lizenzen auf das Patent erteilt hat - dazu verpflichtet sein, die Lizenznehmer über das Verhandlungsergebnis zu informieren, falls diese hiervon mit betroffen sind.[709]

Die verschiedenen Informationspflichten, die für die Parteien bestehen können, schränken die Wirksamkeit von Vertraulichkeitsabreden im Rahmen der Mediationsvereinbarung ein. Dies bezieht sich jedoch primär auf die Vertraulichkeit unter dem Aspekt der Nichtöffentlichkeit. Daß Auskunftspflichten bestehen, bedeutet jedoch nicht, daß die Informationen, die im Rahmen dieser Verpflichtung gegeben werden müssen, auch im Rahmen eines Gerichtsverfahrens verwendet werden dürfen. Zumindest im Zivilprozeß dürften entsprechende Beweisverzichtsvereinbarungen zwischen den Parteien weiter wirksam sein. Die Vertraulichkeit unter dem Gesichtspunkt, daß Informationen nicht im Prozeß gegen einen verwendet werden dürfen, ist somit durch Auskunftspflichten aus dem Gesellschaftsrecht nicht unmittelbar gefährdet.[710]

3. Gerichtsfestigkeit der Schutzinstrumente

Vertraulichkeitsvereinbarungen haben meist das Ziel, den Sachvortrag und die Beweismittel für ein etwaiges Gerichtsverfahren zu beschränken. Im folgenden soll überprüft werden, inwieweit solche Vereinbarungen in Deutschland prozeßrechtlich Bestand haben.[711]

a) Beweismittelbeschränkungen

Inwieweit eine Vereinbarung zwischen den Parteien hinsichtlich einer effektiven Vortrags- und Beweismittelbeschränkung möglich ist, beurteilt sich für den Zivilprozeß anders als für den Verwaltungs- und Strafprozeß.

---

[708] Vgl. zu den verschiedenen Informationspflichten *Geiben*, S. 35 ff.

[709] Vgl. *Plant*, Intellectual Property Disputes, S. 44.

[710] Ebenso *Hartmann*, in: Schlieffen/Haft, § 27 Rn. 29.

[711] Zu den Beweismittelbeschränkungen und Zeugnisverweigerungsrechten in England und USA siehe *Brown/Marriott*, ADR, Rn. 22-001 ff.; *Harvard Law Review*-Notiz, Protecting Confidentiality in Mediation, Harvard Law Review 98 (1984) 441-459; *Hager*, Konflikt und Konsens, S. 117 ff. Speziell zu einer Entscheidung des *United States Court of Appeals for the Circuit* in einer Patentstreitigkeit, in der eine dritte Partei Einblick in die Unterlagen eines *mini-trial*-Verfahrens verlangte, an dem sie selbst nicht beteiligt war, siehe *Gurry*, in: WIPO Conference on Mediation, S. 49 f.

(1) Zivilprozeß

Nach h.M. können die Parteien Regelungen darüber treffen, daß im Prozeß auf bestimmte Beweismittel und Sachvorträge verzichtet wird.[712] Die diesbezügliche Dispositionsfreiheit läßt sich aus §§ 138 III sowie 288 ff. ZPO ableiten.[713] Hinter diesen Regelungen steht die prozessuale Verhandlungsmaxime sowie das materiellrechtliche Prinzip der Privatautonomie. Dogmatisch sind solche Verträge als Beweisverzichtsvereinbarungen anzusehen.[714] Grundsätzlich ist es durch solche Vereinbarungen zulässig, auf das Angriffsmittel eines bestimmten Sachvortrages oder die Benennung bestimmter Beweismittel wie Zeugen-, Sachverständigen- oder Urkundenbeweise, zu verzichten.[715] Ein solcher Prozeßvertrag wirkt jedoch nicht unmittelbar gestaltend auf die Prozeßrechtslage. Die Parteien müssen Verstöße gegen die Vertraulichkeitsvereinbarung durch Einrede geltend machen, was dazu führt, daß der jeweilige Sachvortrag oder das Beweisangebot unzulässig ist.[716] Die Vertraulichkeitsvereinbarung ist aber ebenfalls Einwendungen und Einreden durch die Parteien ausgesetzt.[717]

Vertraulichkeitsabreden, die eine Beweismittelbeschränkung vorsehen, sind aber mit gewissen Problemen verbunden, da sie zu einer „Flucht in die Mediation"[718] bzw. zu einem Beweismittelverbrauch führen können. So sehen beispielsweise Art. 7 II *ICC ADR Rules*, Art. 20 *UNCITRAL*-Schlichtungsordnung sowie Art. 17 *WIPO Mediation Rules* vor, daß keine Beweise aus dem Verfahren in einem Folgefahren verwendet werden dürfen. Dies gilt sogar dann, wenn sich das Folgeverfahren auf eine andere Streitigkeit bezieht als das Schlichtungsverfahren (Art. 20 *UNCITRAL*- Schlichtungsordnung). Eine solche Vereinbarung bedeutet für die Parteien eine erhebliche Einschränkung, da die Parteien Gefahr laufen, sich selbst der Möglichkeiten für die Betreibung ihrer Ansprüche zu berauben. Gerade bei Streitigkeiten, in denen technische Fragen im Vordergrund

---

[712] Umfassend hierzu *Wagner*, S. 608 ff. Vgl. auch *Hartmann*, in: Schlieffen/Haft, § 27 Rn. 32 ff.; *Eidenmüller*, in: Breidenbach, Konsensuale Streitbeilegung, S. 67 ff.

[713] Freilich findet die Dispositionsfreiheit dort ihre Grenzen, wo z.B. die Parteien betrügerisch zu Lasten eines Dritten zusammenwirken; vgl. *Wagner*, S. 628 ff.

[714] *Walter*, ZZP 103 (1990), 167 Fn. 93.

[715] Daher ist die Annahme, eine Beschränkung von Zeugenaussagen privater Personen in einem staatlichen Verfahren könne nicht herbeigeführt werden, nicht richtig; so aber *Prütting*, in: FS Böckstiegel, S. 637.

[716] Zöller/*Greger*, Vor § 128 Rn. 33; MünchKommZPO-*Lüke*, Einl. Rn. 289, Vor § 253 Rn. 13; Stein/Jonas/*Leipold*, Vor § 128 Rn. 247.

[717] Stein/Jonas/*Leipold*, Vor § 128 Rn. 247.

[718] *Eidenmüller*, Wirtschaftsmediation, S. 26; *Hartmann*, in: Schlieffen/Haft, § 27 Rn. 27.

stehen, entstehen zusätzliche Schwierigkeiten, wenn Sachverständige, die in das Mediationsverfahren eingebunden wurden, durch Prozeßvertrag zwischen den Parteien nicht mehr als Sachverständige im Zivilprozeß angehört werden können (vgl. Art. 15 *WIPO Mediation Rules*). In sehr speziellen technischen Bereichen wird es unter Umständen weltweit nur eine begrenzte Anzahl von Experten geben, die zur Verfügung stehen. Viele Experten können bereits aus Konkurrenzgründen nicht herangezogen werden. Wenn nun die Parteien auch die anderen Positionen, wie etwa die des Mediators und der Parteianwälte, mit Fachleuten besetzen möchten, bleiben event. nur wenige Experten übrig, die im Rahmen eines Gerichtsverfahrens noch als Sachverständige Verwendung finden könnten.[719] Solche Umstände müssen von den Parteien und deren Vertreter bedacht werden, bevor eine Mediationsvereinbarung getroffen wird, die einen generellen Beweismittelverzicht enthält.

Wie bereits dargestellt, können nur die Informationen der Vertraulichkeit zwischen den Parteien unterliegen, an denen die Parteien ein berechtigtes und erkennbares Interesse haben und nur, soweit die Informationen der anderen Partei nicht ohnehin bekannt sind oder von dieser auf anderem, legalen Weg beschafft werden können.[720] In der Praxis wird sich dies jedoch als problematisch erweisen, weil es im Einzelfall schwierig nachzuweisen ist, ob nun Informationen nur durch die Mitteilung der Gegenpartei im Rahmen des Mediationsverfahrens erlangt werden konnten. Zudem unterliegt es im hohen Maße einer subjektiven Wertung, ob eine Partei ein berechtigtes und erkennbares Interesse an der Geheimhaltung bestimmter Informationen hat. Eine denkbare Vorgehensweise wäre hier, daß die Parteien im Rahmen des Mediationsverfahrens ausdrücklich erwähnen, wenn Informationen vertraulich zu behandeln sind. Die andere Partei kann dann hiergegen Einspruch erheben, wenn sie einen nicht hinnehmbaren Beweismittelverbrauch befürchtet. Aber auch ein solches Vorgehen erweist sich als problematisch. Zum einen müssen die Informationen meist erst offenbart werden, bevor die andere Partei beurteilen kann, ob sie die Informationen nicht auch auf anderem Wege hätte beschaffen können. Weiter wird die Partei unter Umständen Informationen in der jeweiligen Situation überhaupt nicht richtig einschätzen können, was dazu führen würde, daß sie entweder jedem Wunsch der anderen Partei nach Vertraulichkeit zunächst widersprechen wird oder im anderen Falle Gefahr läuft, ihre berechtigten Ansprüche zu gefährden, falls es zum Gerichtsverfahren kommt.

---

[719] Vgl. *Glossner*, in: FS Bülow, S. 71.

[720] Sieh oben S. 137.

Neben diesen Aspekten der Vertraulichkeit wird es im Einzelfall schwierig sein, die vereinbarte Vertraulichkeit im einzelnen nachweisen zu können. Hierfür müßten entsprechende Protokolle vom Mediationsverfahren angefertigt werden. Es ist folglich nicht sinnvoll, ganz auf eine Protokollierung zu verzichten. Die Protokolle sollten jedoch nur beim Mediator aufbewahrt werden, um eine missbräuchliche Verwendung zu verhindern. Allerdings wird hierdurch der Mediator wiederum mit in das Gerichtsverfahren einbezogen, was man aber gerade vermeiden möchte.

(2) Verwaltungsprozeß und -verfahren

Für den Verwaltungsprozeß gilt nach § 86 I S. 1 VwGO der Untersuchungsgrundsatz (Amtsermittlungsgrundsatz, Offizialmaxime). Gleiches gilt gem. § 87 I S. 1 PatG bei Verfahren vor dem Patentgericht und – im Falle, daß die Kartellbehörde eine Verfügung gegen wettbewerbswidrige Lizenzvereinbarungen erlassen hat (vgl. §§ 32; 17 I GWB) – gem. § 70 I GWB für das Kartellbeschwerdeverfahren vor dem Oberlandesgericht[721] (§ 63 I und IV GWB). Die Gerichte sind hier folglich nicht an das Vorbringen und die Beweisanträge der Parteien gebunden. Somit haben Prozeßverträge ebenfalls keine Wirkung. Aus dem Amtsermittlungsgrundsatz ergibt sich sogar das Gebot der vollständigen und objektiven Sachaufklärung und das Verbot der Auswahl und Selektion von Beweismitteln.[722]

Für Verfahren beim Bundespatentamt gilt ebenfalls nicht der Beibringungs-, sondern der Untersuchungsgrundsatz. Gem. § 46 I PatG hat das Patentamt die Befugnis, Zeugen, Sachverständige und Beteiligte sogar eidlich zu vernehmen, und verfügt damit über ein charakteristisches Mittel richterlicher Sachaufklärung.[723]

Auch die Kartellbehörden sind mit weitergehenden Kompetenzen bzgl. der Sachverhaltsermittlung ausgestattet. Die Kartellbehörden haben nach § 59 I Nr. 1 und 2 GWB ein Auskunftsrecht, das ihnen die Befugnis gibt, von Unternehmen und Unternehmensvereinigungen Auskunft und Herausgabe von Unterlagen zu verlangen sowie geschäftliche Unterlagen einzusehen. Unternehmensräume können durchsucht (§ 59 III und IV GWB) und Beweismittel beschlagnahmt werden (§ 58 I GWB). In dem justizförmig ausgestalteten formellen

---

[721] Trotz Zuständigkeit des OLG handelt es sich der Sache nach um ein Verwaltungsstreitverfahren; vgl. *Emmerich*, Kartellrecht, S. 367.

[722] BVerwG NVwZ 1990, 878; *Hartmann*, in: Schlieffen/Haft, § 27 Rn. 36.

[723] *Bernhardt/Krasser*, S. 286.

Verwaltungsverfahren[724] können die Kartellbehörden gem. § 57 I GWB alle Ermittlungen führen und alle Beweise erheben, die erforderlich sind. Selbst die Beeidigung von Zeugen ist möglich (§ 57 VI GWB). Damit haben die Behörden grundsätzlich dieselben Rechte und Pflichten, die die Staatsanwaltschaft bei der Verfolgung von Straftaten hat (§ 46 II OWiG).[725]

Vertraulichkeitsvereinbarungen, welche die Parteien auch unter Einschluß des Mediators getroffen haben, sind damit für die Verwaltungsgerichte und die genannten Verwaltungsbehörden unbeachtlich. Es kann somit Zugriff auf in der Mediation vorgelegte Urkunden genommen werden, und die Beteiligten der Mediation können als Zeugen vernommen werden. Dem entgegen stehen lediglich gesetzliche Zeugnis- und Auskunftsverweigerungsrechte.[726]

(3) Strafprozeß

Im Strafprozeß gilt wie im Verwaltungsprozeß der Grundsatz der Erforschung der materiellen Wahrheit (§§ 160, 244 II StPO).[727] Das Gericht erstreckt gem. § 244 II StPO die Beweisaufnahme von Amts wegen auf alle entscheidungserheblichen Tatsachen und Beweismittel. Damit sind auch im Strafprozeß Vertraulichkeitsvereinbarungen zwischen den Beteiligten unbedeutend, soweit keine Zeugnisverweigerungsrechte existieren.[728]

b) Zeugnisverweigerungsrechte

Während in den USA Zeugnisverweigerungsrechte vergleichsweise restriktiv gehandhabt werden, gehen in Deutschland und Europa die Zeugnisverweigerungsrechte teils recht weit.[729] Trotz dieser Tendenz muß hier zwischen den verschiedenen Verfahren unterschieden werden.

---

[724] Siehe BGHZ 43, 307 (314 f.); BGH NJW 1983, 1911; *Emmerich*, Kartellrecht, S. 365.

[725] *Emmerich*, Kartellrecht, 363.

[726] Hierzu unten S. 147.

[727] *Kleinknecht/Meyer-Goßner*, Einl. Rn. 10.

[728] Die strafrechtliche Verfolgung von Patentverletzungen nach § 142 PatG ist ohnehin seit langem praktisch fast bedeutungslos. In den letzten sechzig Jahren ist keine höchstrichterliche Entscheidung in einer Patentstrafsache bekanntgeworden. Auch die Wahrscheinlichkeit, z.B. durch den unberechtigten Vorwurf des Prozeßbetrugs in ein Strafverfahren verwickelt zu werden, dürfte gering sein, weil die Staatsanwaltschaft zunächst ermittelt, bevor sie Anklage erhebt. Siehe *Bernhardt/Krasser*, S. 669.

[729] Vgl. *Schack*, Int. Zivilverfahrensrecht, Rn. 689 ff.

(1) Zivilprozeß

Die zivilprozessualen Zeugnisverweigerungsrechte sind in den §§ 383 bis 389 ZPO im wesentlichen abschließend geregelt.[730] Für den Mediator kann sich aus § 383 I Nr. 6 ZPO ein Zeugnisverweigerungsrecht aus persönlichem Grund ergeben. Danach können Personen das Zeugnis verweigern, wenn ihnen kraft ihres Amtes, Standes oder Gewerbes Tatsachen anvertraut sind, deren Geheimhaltung durch ihre Natur oder durch gesetzliche Vorschriften geboten ist.

Da es für Anwälte und Patentanwälte gesetzliche Verschwiegenheitspflichten gibt,[731] haben diese folglich nach § 384 I Nr. 6 ZPO ein Zeugnisverweigerungsrecht im Zivilprozeß, wenn sie als Mediatoren tätig geworden sind.[732] Auch für andere Personenkreise kann sich vor allem aus § 203 StGB ein Zeugnisverweigerungsrecht ergeben, soweit ihnen Tatsachen in Ausübung ihrer in § 203 StGB genannten Tätigkeiten anvertraut wurden oder bekannt geworden sind.[733] Allerdings ergibt sich aus § 383 ZPO keine Schweigepflicht, so daß Zeugenaussagen auch unter Verstoß gegen § 203 StGB keinem Verwertungsverbot im gerichtlichen Verfahren unterliegen.[734] Daher sollten die Parteien zusätzlich prozeßvertragliche Regelungen hinsichtlich des Mediators treffen.[735]

Für andere Berufsgruppen – hier dürften bei Patentstreitigkeiten vor allem die technischen und kaufmännischen Berufe von Interesse sein – könnte sich ein Zeugnisverweigerungsrecht dann ergeben, wenn sie als Co-Mediatoren eines nach § 203 StGB zur Verschwiegenheit verpflichteten Mediators tätig werden. Dies gilt jedoch nur, wenn der Co-Mediator als Angestellter oder sonstiger Gehilfe des Mediators tätig wird.[736] Werden Personen technischer oder kaufmännischer Berufsgruppen bei Patentstreitigkeiten als Mediatoren selbständig tätig, könnte sich ein Zeugnisverweigerungsrecht allenfalls *kraft ihres Amtes, Standes oder Gewerbes* aus *der Natur der anvertrauten Tatsachen* (§ 383 I Nr. 6 ZPO) ergeben. Betreibt eine Person einer technischen oder kaufmännischen Berufsgruppe folglich ein Gewerbe, in dem sie ihre Dienstleistungen als Mediator anbietet, könnte sich auf Grund der besonderen Funktion

---

[730] Baumbach/Lauterbach/Albers/*Hartmann*, Einf. § 383 ff. Rn. 1.

[731] Siehe oben S. 137 ff.

[732] *Prütting*, in: FS Böckstiegel, S. 638.

[733] Vgl. *Groth/v. Bubnoff*, NJW 2001, 339 f.; MünchKommZPO-*Damrau*, § 383 Rn. 37. Zum Täterkreis von § 203 StGB, vgl. *Eisele*, in: Schlieffen/Haft, § 30 Rn. 7.

[734] Stein/Jonas/*Berger*, § 383 Rn. 24; *Wagner*, NJW 2001, 1398.

[735] Vgl. *Wagner*, NJW 2001, 1398 ff.

[736] MünchKommZPO-*Damrau*, § 383 Rn. 34.

der Vertraulichkeit für die Streitbeilegung[737] ein Zeugnisverweigerungsrecht kraft Natur der Sache ergeben. Dem begegnen jedoch verfassungsrechtliche Bedenken,[738] da es durch eine weite Auslegung von § 383 I Nr. 6 ZPO zu einer Einschränkung der grundsätzlich geltenden, umfassenden Zeugnispflicht im gerichtlichen Verfahren kommt.[739] Das Rechtsstaatsprinzip zieht dem Grenzen.[740] Der unbestimmte Gesetzesbegriff, der hinter einem Zeugnisverweigerungsrecht kraft Natur der Sache steht, wird deshalb dahingehend konkretisiert, daß es der Verkehrssitte und den berechtigten Erwartungen der Parteien entsprechen muß, daß die mitgeteilten Informationen geheimzuhalten sind.[741] Da die Vertraulichkeit einen festen Bestandteil der Mediation darstellt, der zu Beginn des Mediationsverfahrens durch den Mediator in der Regel zusätzlich betont wird, entspricht die Schweigepflicht des Mediators nach überwiegender Ansicht der Verkehrssitte.[742] Demgegenüber verlangen *Groth/v. Bubnoff* als weiteres Kriterium, daß sich die Tätigkeit des Mediators als einheitliches Berufsbild darstellen müßte.[743] Auf Grund der unterschiedlichen Professionen, der unterschiedlichen Zielsetzungen in der Mediation[744] sowie der uneinheitlichen Ausbildung in diesem Bereich dürfte danach die Tätigkeit als Mediator allein nicht genügen, um ein Zeugnisverweigerungsrecht kraft Natur der Sache zu begründen.[745] Dem ist aber nicht zu folgen, da das Kriterium eines einheitlichen Berufsbildes von *Groth/v. Bubnoff* aus der Rechtsprechung des BVerfG abgeleitet ist, die sich allerdings auf das Zeugnisverweigerungsrecht nach § 53 I Nr. 3 StPO bezieht.[746] Auf Grund des besonderen Bedürfnisses nach einer wirksamen Strafverfolgung,[747] dem öffentlichen Interesse an einer vollständigen

---

[737] Siehe oben S. 135 f.

[738] Siehe MünchKommZPO-*Damrau*, § 383 Rn. 31; *Groth/v. Bubnoff*, NJW 2001, 340.

[739] Siehe Pflicht zum Erscheinen, §§ 380 ZPO; Pflicht zur wahrheitsgemäßen Aussage, §§ 390 ff. ZPO.

[740] Vgl. BVerfGE 33, 367 (382 f.).

[741] Stein/Jonas/*Berger*, § 383 Rn. 91; MünchKommZPO-*Damrau*, § 383 Rn. 39.

[742] Siehe *Hartmann*, in: Schlieffen/Haft, § 27 Rn. 46; *Eidenmüller*, Wirtschaftsmediation, S. 25; *Mähler/Mähler*, ZKM 2001, 7; *Hacke*, ADR-Vertrag, S. 259 f.

[743] So *Groth/v. Bubnoff*, NJW 2001, 340, die darin eine verfassungskonforme Auslegung von § 383 I Nr. 6 ZPO sehen.

[744] Vgl. oben S. 79 ff.

[745] So *Groth/v. Bubnoff*, NJW 2001, 340.

[746] Siehe BVerfGE 33, 367 (383); 38, 312 (321).

[747] BVerfGE 19, 342 (347); 20, 45 (49); 20, 144 (147).

Wahrheitsermittlung im Strafprozeß[748] und dem Auftrag eines rechtsstaatlichen Gemeinwesens, schwere Straftaten aufzuklären,[749] können die durch das BVerfG erarbeiteten Kriterien nicht ohne weiteres auf das zivilprozessuale Zeugnisverweigerungsrecht übertragen werden. Im Ergebnis kann man somit davon ausgehen, daß der Mediator grundsätzlich in den Anwendungsbereich des § 383 I Nr. 6 ZPO einbezogen ist.

Die Vertraulichkeit des Mediators ist somit im Zivilprozeß gewährleistet, soweit er von seinem Zeugnisverweigerungsrecht Gebrauch macht. Hierzu ist er entweder durch Berufsrecht oder meist durch den Mediatorvertrag verpflichtet.[750] Hinsichtlich der Mediationsparteien ist die Vertraulichkeit vor Gericht in einem viel geringeren Umfang geschützt. Soweit der Zivilprozeß zwischen den Beteiligten der Mediation stattfindet, kann zwar der Beweis durch Parteivernehmung angetreten werden (§ 445 I ZPO), die Vernehmung kann jedoch durch den betroffenen Prozeßbeteiligten verweigert werden (§ 446 ZPO). Soweit die Parteien einen Prozeßvertrag geschlossen haben, kann eine Einrede durch die Prozeßbeteiligten gegen einen Sachvortrag erfolgen.[751] Problematisch wird es allerdings, wenn eine der Parteien von einem außenstehenden Dritten als Zeuge benannt wird. Die Partei kann sich dann nur gem. § 384 Nr. 3 ZPO auf ein Zeugnisverweigerungsrecht zum Schutz von Betriebsgeheimnissen berufen. Dieses Recht gilt jedoch nur für eigene Geheimnisse und Geschäftsgeheimnisse Dritter, denen gegenüber der Zeuge kraft Gesetzes oder kraft Vertrages zur Geheimhaltung verpflichtet ist. Geschäftsgeheimnisse einer der Prozeßparteien werden allerdings nicht erfaßt,[752] so daß die Mediationspartei als Zeuge aussagepflichtig ist, soweit es Geschäftsgeheimnisse der anderen Partei betrifft. Ein vertraglich vereinbarter Geheimnisschutz zugunsten einer Prozeßpartei berechtigt somit nicht zur Zeugnisverweigerung nach § 384 Nr. 3 ZPO.[753]

Die Risiken, die sich aus dieser Aussagepflicht der Mediationspartei im Prozeß mit Dritten ergeben, dürften jedoch gering sein. Die Prozeßpartei muß zunächst Kenntnis davon haben, daß ein Mediationsverfahren stattgefunden hat, an dem ihr Prozeßgegner beteiligt war. Um einen ausreichend bestimmten Beweisantrag stellen zu können, müßte sie weiter hinreichende Informationen über den Inhalt

---

748 BVerfGE 32, 373 (381).

749 BVerfGE 29, 183 (194).

750 Siehe oben S. 137 ff.

751 Siehe oben S. 144 f.

752 Vgl. MünchKommZPO-*Damrau*, § 384 Rn. 13; Zöller/*Greger*, § 384 Rn. 7.

753 *Hacke*, ADR-Vertrag, S. 267.

des Mediationsverfahrens haben. Beides ist eher unwahrscheinlich. Entsprechende Beweisanträge dürften daher meist als Versuch eines Ausforschungsbeweises unzulässig sein.[754]

(2) Verwaltungsprozeß und -verfahren

Durch den Regelungsverweis in § 98 VwGO gelten auch hier die §§ 383, 384 ZPO. Diese Normen sind im Verwaltungsprozeß entsprechend anwendbar.[755] Es ergeben sich folglich die gleichen Zeugnisverweigerungsrechte wie im Zivilprozeß. Dies gilt auch für die Zeugenvernehmung durch die Prüfungsstelle des Bundespatentamts.[756]

Die nach § 59 V GWB zur Auskunft verpflichteten Unternehmen und Vereinigungen von Unternehmen können die Auskunft auf solche Fragen verweigern, deren Beantwortung sie selbst oder Angehörige, die in § 383 Abs. 1 Nr. 1 bis 3 ZPO bezeichnet sind, der Gefahr strafgerichtlicher Verfolgung oder eines Verfahrens nach dem Gesetz über Ordnungswidrigkeiten aussetzen würde. Eine Mediationspartei kann folglich im Kartellverfahren nicht auf ein Auskunftsverweigerungsrecht wegen etwaiger Preisgabe von Betriebs- und Geschäftsgeheimnissen bestehen.[757] Dahingegen kann und muß der Mediator, den keine Auskunftspflicht nach § 59 GWB trifft, von seinem Auskunftsverweigerungsrecht Gebrauch machen, das sich aus der sinngemäßen Anwendung von §§ 383, 384 ZPO ergibt (siehe § 57 II GWB).

(3) Strafprozeß

Die strafprozessualen Zeugnisverweigerungsrechte sind in §§ 52 ff StPO geregelt. Die in § 53 genannten Personen müssen auch im Strafprozeß keine Informationen preisgeben. Damit genießt z.B. der als Mediator tätig werdende Anwalt und Patentanwalt einen besonderen Schutz.[758]

---

[754] Vgl. *Hacke*, ADR-Vertrag, S. 267.

[755] Baumbach/Lauterbach/Albers/*Hartmann*, § 383 Rn. 22 und § 384 Rn. 11.

[756] *Schulte*, PatG, § 46 Rn. 31.

[757] Immenga/Mestäcker/*Klaue*, § 59 Rn. 36.

[758] Siehe hierzu *Eisele*, in: Schlieffen/Haft, § 30 Rn. 53 ff.; *Hartmann*, in: Schlieffen/Haft, § 27 Rn. 49ff., der allerdings fälschlicherweise die Mediation aus dem Berufsfeld des Patentanwalts ausschließt (siehe hierzu oben S. 138 ff.) und daher ein Zeugnisverweigerungsrecht nach § 53 I Nr. 3 StPO verneint.

III. Der Mediator

Der Erfolg eines Mediationsverfahrens hängt ganz wesentlich von der Person des Mediators ab. Neben den Pflichten – die im folgenden kurz darzustellen sind – bleibt ein weiter Spielraum für die individuellen Fähigkeiten und Kenntnisse des Mediators. Diesbezüglich sind bei Patentstreitigkeiten bestimmte Anforderungen zu stellen.

1. Pflichten des Mediators

Die Pflichten des Mediators bestimmen sich zunächst nach dem Mediatorvertrag, also dem Vertrag, den die Parteien mit dem Mediator abschließen. Hier wird eine Leistungsbeschreibung festgelegt, die durch Mediationsvereinbarung – dem Vertrag zwischen den Parteien – sowie durch Berufsrecht bzw. Berufsbild des Mediators ergänzt wird. Die allgemeinen Verfahrensgrundsätze, die sich für die Mediation gebildet haben,[759] erweitern den Pflichtenkatalog des Mediators.[760]

Stellt sich der Mediatorvertrag in einer einfachen Form als Geschäftsbesorgungsvertrag mit Dienstvertragscharakter dar,[761] so sind die auftragsrechtlichen Vorschriften anzuwenden (§ 675 I BGB). Folglich ist der Mediator, der die Geschäftsbesorgung öffentlich angeboten hat, dazu verpflichtet, die Ablehnung dem Auftraggeber unverzüglich mitzuteilen (§ 663 BGB).[762] Aus § 664 II BGB analog ergibt sich, daß der Mediator im Zweifel höchstpersönlich verpflichtet ist und folglich seine Leistung nicht delegieren bzw. sich vertreten lassen darf.[763] Weiter ergibt sich aus §§ 675, 665 BGB für den Mediator die Pflicht, Weisungen der Parteien, die einvernehmlich erfolgen, zu befolgen. Oft werden die Parteien dem Mediator allerdings freies Ermessen bei der Gestaltung des Verfahrens einräumen, womit ein Weisungsrecht der Konfliktparteien konkludent abbedungen sein dürfte.[764]

---

[759] Siehe oben S. 76 ff.

[760] *Heß/Sharma*, in: Schlieffen/Haft, § 26 Rn. 29 ff.

[761] Siehe oben Fn. 702.

[762] Gleiches ergibt sich für den als Mediator tätig werdenden Patentanwalt aus § 40 PatAnwO.

[763] Sofern die analoge Anwendung von § 664 abgelehnt wird, kommt man durch Heranziehung von § 613 BGB oder durch Vertragsauslegung zu einem vergleichbaren Ergebnis; Erman/*Ehmann*, BGB § 664 Rn. 3 ff.

[764] *Hacke*, ADR-Vertrag, S. 160 ff.; *Heß/Sharma*, in: Schlieffen/Haft, § 26 Rn. 30.

Auch der berufliche Hintergrund des Mediators kann mit spezifischen Pflichten verbunden sein.[765] Von dem rechtskundigen Mediator wird die Überprüfung der Rechtswirksamkeit einer gefundenen Vereinbarung regelmäßig erwartet.[766] Soweit die Parteien im Mediationsverfahren durch einen Rechtsanwalt vertreten sind, dürfte für den rechtskundigen Mediator allerdings keine Pflicht bestehen, bisher übersehene rechtliche Aspekte von sich aus in das Verfahren einzuführen.[767] Die Mediationstätigkeit des Notars schließt jedoch gem. § 17 I BeurkG die Informations-, Beratungs- und Prüfungspflicht ein.[768] Aus § 356 StGB, § 39a IV PatAnwO sowie § 43a IV BRAO ergibt sich für Rechts- und Patentanwälte das Verbot, widerstreitende Interessen wahrzunehmen. Demnach darf der als Mediator tätige Anwalt nach der gescheiterten Mediation nicht eine Partei im gerichtlichen Verfahren vertreten.[769]

Ergänzend zu den Vereinbarungen zwischen den Parteien ergeben sich generelle Pflichten des Mediators aus den Verfahrensgrundsätzen der Mediation[770]. Der Mediator muß sich neutral bzw. unparteiisch[771] verhalten,[772] er hat die Parteien bei der Sachverhaltsaufklärung zu unterstützen und den Austausch der jeweiligen Interessenstandpunkte zu ermöglichen. Er muß sich um die Auffindung interessengerechter Einigungsoptionen bemühen, muß aber auch die Beteiligten darüber aufklären, falls diese sich mit einer Vereinbarung deutlich schlechter stellen würden als bei einem event. Gerichtsverfahren.[773] Weiter müssen Grundsätze der prozessualen Waffengleichheit durch den Mediator beachtet werden.[774]

---

[765] Vgl. oben die Verschwiegenheitspflicht des Anwalts und Patentanwalts, S. 137 ff.

[766] *Heß/Sharma*, in: Schlieffen/Haft, § 26 Rn. 30; OLG Hamm v. 20.10.1998, MDR 1999, 836 („Der Mediator ist verpflichtet, [...] beide Parteien über ihre jeweiligen Rechte und Pflichten umfassend zu informieren [..].“). Dies hält *Eidenmüller* (Wirtschaftsmediation, S. 37) für zu weitgehend.

[767] *Eidenmüller*, Wirtschaftsmediation, S. 36.

[768] *Heß/Sharma*, in: Schlieffen/Haft, § 26 Rn. 31.

[769] Ausführlich zu § 356 StGB, *Eisele*, in: Schlieffen/Haft, § 30 Rn. 34 ff.; ansonsten *Feuerich*, PatAnwO, § 39a Rn. 9 ff.

[770] Siehe oben S. 76 ff.

[771] Vgl. oben Fn. 399.

[772] Eine entsprechende Pflicht läßt sich auch aus dem Verbot der Wahrnehmung widerstreitender Interessen entnehmen (vgl. § 356 StGB, § 39a IV PatAnwO, § 43a IV BRAO).

[773] *Eidenmüller*, Wirtschaftsmediation, S. 37 ff.

[774] *Heß/Sharma*, in: Schlieffen/Haft, § 26 Rn. 32; *Wagner*, S. 446. Sicher gelten im Vergleich zum Gerichts- und Schiedsgerichtsverfahren andere Maßstäbe hinsichtlich der Verfahrens-

2. Fähigkeiten und Kenntnisse des Mediators

Ein wesentlicher Vorteil der Mediation besteht darin, daß die Parteien einen Mediator wählen können, der den gewünschten Anforderungen entspricht.[775] Damit stellt sich zugleich aber die Frage, welche Anforderungen an einen Mediator bei einer Patentstreitigkeit zu stellen sind.[776]

a) Technische, wirtschaftliche und rechtliche Expertise

Auseinandersetzungen im gewerblichen Rechtsschutz verlangen von den Beteiligten oft ein tiefgehendes Verständnis vom Recht, aber auch wirtschaftlichen Sachverstand. Dazukommen muß noch die Fähigkeit, mit einer schwierigen technischen Materie umgehen zu können.[777] Daher stellt sich hier selbstverständlich die Frage, welche Anforderungen der Mediator hinsichtlich technischer, wirtschaftlicher und rechtlicher Kompetenz zu erfüllen hat. Während von den Gerichten oder der anwaltlichen Vertretung wie selbstverständlich erwartet wird, daß diese detaillierte Kenntnisse des vom Streitgegenstand betroffenen Sachgebiets haben, wird ein solches Maß an Sachverstand beim Mediator nicht in dieser Eindeutigkeit verlangt.

Für eine umfassende technische und wirtschaftliche Expertise des Mediators spricht, daß das Verständnis für die Auseinandersetzung erleichtert wird, wenn der Mediator den technischen und wirtschaftlichen Hintergrund des Konflikts voll erfaßt. Er kann hierdurch wiederum die richtigen Fragen an die Parteien stellen. So kann er schneller die wahren Interessen, die sich hinter den Streitpositionen verbergen, offenlegen. Dadurch wird das Verfahren schneller sowie effizienter und damit im Ergebnis auch weniger kostenintensiv. Wählen die Parteien einen ausgewiesenen Experten als Mediator, kann dies unter Umständen die Hinzuziehung von weiteren Sachverständigen ersparen, was sich wiederum positiv auf die Gesamtkosten der Auseinandersetzung auswirkt.[778]

---

grundsätze. Dies ist damit begründbar, daß z.B. die Gewährung rechtlichen Gehörs vor Gericht der Gewährleistung einer gerechten Entscheidung dient. Dahingegen kommt der Unparteilichkeit des Mediators und der gleichmäßigen Beteiligung der Streitparteien im Mediationsverfahren allein die Bedeutung zu, daß eine Umgebung geschaffen wird, die sich vergleichsfördernd auswirkt; vgl. *Walter*, ZZP 103 (1990), 161; *Eidenmüller*, Wirtschaftsmediation, S. 39.

[775] Vgl. oben zur Schiedsgerichtsbarkeit, S. 49.

[776] Vgl. hierzu *Shaw*, in: WIPO Conference on Mediation, S. 85 ff.; *Plant*, Intellectual Property Disputes, S. 84 f.

[777] *Plant*, Intellectual Property Disputes, S. 17 f.; *Frost*, S. 200 ff.

[778] Vgl. *Preibisch*, Außergerichtliche Vorverfahren, S. 111 f.

Daß ein Minimum an Sachverstand beim Mediator auch hinsichtlich technischer oder wirtschaftlicher Fragen vorhanden sein muß, ist sicherlich allgemeiner Konsens, da es dem Mediator zumindest möglich sein muß, den Vorträgen der Parteien zu folgen. Müßte der Mediator permanent Rückfragen für das eigene Verständnis stellen, würde dies sicherlich das Verfahren unnötig belasten, und das Vertrauen der Parteien ginge verloren. Gegen zuviel Expertise könnte man jedoch einwenden, daß hierdurch die Gefahr der Betriebsblindheit in einem bestimmten Sachgebiet besteht. Branchenexperten, die in technischen oder branchentypischen Konflikten aktiv werden, begegnen dem Konfliktgegenstand mit einer gewissen Voreingenommenheit. Gerade auf Grund der besonderen professionellen Erfahrungen dürften einem solchen Mediator bereits in einem frühen Stadium eine mögliche Lösung des Konflikts vorschweben. Er dürfte insgesamt zu einer umfassenden Beurteilung des Sachverhalts neigen. Dies birgt die Gefahr, daß der Mediator nicht nur seinen Lösungsvorschlag vorträgt, sondern aktiv für ihn wirbt. Soweit ihm Druckmittel zur Verfügung stehen, wird er dahin tendieren, diese auch einzusetzen, um seinen Vorschlag umzusetzen.[779] Dadurch werden die Möglichkeiten, andere Lösungsoptionen zu generieren, erheblich eingeschränkt, so daß die Wahrscheinlichkeit, daß mit der Streitlösung für alle Parteien ein Mehrwert erzielt wird, schwindet. Dem Vorwurf der Voreingenommenheit des fachlich spezialisierten Mediators kann jedoch entgegnet werden, daß es gerade kennzeichnend für die Qualität eines Mediators ist, ob es dieser vermag, selbstkritisch die Vor- und Nachteile sowie die Konsequenzen seiner Vorschläge zu überblicken und den Parteien ausgewogen darzustellen. Dies gilt wohl ebenso für den fachfremden Mediator, der auf Grund seiner Unkenntnis einer bestimmten Branche unter Umständen sogar mit viel größeren Vorbehalten belastet ist. Ob ein branchenfremder oder technisch unkundiger Mediator automatisch mehr und bessere Lösungsoptionen mit den Parteien zusammen entwickeln kann, darf man daher mehr als bezweifeln.

Bei allem Für und Wider hinsichtlich der Anforderungen an die technische und wirtschaftliche Kompetenz des Mediators ist es vor allem wichtig, daß den Bedürfnissen der streitenden Parteien Rechnung getragen wird. Wenn es nun innerhalb der Auseinandersetzung das wichtigste Ziel ist, überhaupt wieder eine normale Kommunikation zwischen den Parteien zu erreichen, damit die Parteien die technischen Aspekte der Auseinandersetzung selbst klären können, so kommt es nicht auf den technischen, sondern auf den psychologischen Sachverstand des Mediators an.[780] Wird vom neutralen Dritten erwartet, daß er

---

[779] Vgl. *Duve*, in: Henssler/Koch, § 4 Rn. 15 f.; *Hacke*, ADR-Vertrag, S. 150.

[780] *Plant*, Intellectual Property Disputes, S. 85.

eine Gesamtlösung für den Konflikt entwickelt oder gar Teilaspekte des Streits entscheidet, so muß man vom neutralen Dritten eine umfassende Kompetenz in technischer, wirtschaftlicher und rechtlicher Hinsicht erwarten.[781] Es hängt somit von den Bedürfnissen und Wünschen der Parteien ab, ob sich der Mediator für einen eher moderierenden oder eher bewertenden Mediationsstil entscheidet.[782] Je nachdem muß eine entsprechende technische und wirtschaftliche Expertise vom Mediator erwartet werden.[783]

Auch bei der juristischen Sachkompetenz des Mediators besteht keine Einigkeit darüber, ob sich diese nur positiv auf das Verfahren auswirkt.[784] Freilich steht es hier ebenso im Ermessen der Parteien, ob diese sich einen rechtskundigen Mediator wünschen. Es wird allerdings angeführt, daß ein anwaltlicher Mediator zu einer verrechtlichten Sichtweise des Konflikts tendieren wird, wodurch den Parteien wiederum das eigentliche Potential der Mediation verloren gehen kann. Daher kann es sich empfehlen, statt einem Anwalt einen Branchenfachmann mit Produktkenntnissen als Mediator zu wählen.[785]

Für den Anwalt als Mediator spricht wiederum, daß eine Verhandlungslösung, die am Ende des Mediationsverfahrens steht, wenn möglich, auch im Einklang mit der Rechtsordnung stehen sollte. Zwar wird in der Regel eine Überprüfung durch die anwaltliche Vertretung der Parteien erfolgen. Sollten jedoch Nachverhandlungen notwendig werden, weil die ursprüngliche Einigung rechtlich nicht haltbar ist, kann dies das gesamte Mediationsergebnis gefährden. Häufig werden die Parteien ohnehin mit Anwalt an den Mediationsverhandlungen teilnehmen. In diesem Fall sollte das Risiko geringer sein, daß sich das Verhandlungsergebnis als rechtswidrig entpuppt. Der nichtanwaltliche Mediator ist in diesem Fall allerdings darauf angewiesen, daß die anwaltlichen Parteivertreter am Verfahren

---

[781] Vgl. hierzu das Vorverfahren des ArbEG (oben S. 35 f.). Hier bestimmt § 30 III ArbEG, daß die Beisitzer aus den Reihen der Mitglieder des Patentamts besondere Erfahrung auf dem Gebiet der Technik haben sollen, auf das sich die Erfindung bzw. der technische Verbesserungsvorschlag bezieht. Die Möglichkeit, die Schiedsstelle um zwei weitere Beisitzer aus Kreisen der Arbeitgeber und der Arbeitnehmer zu erweitern (§ 30 IV ArbEG), bezweckt die Zuziehung von Personen mit besonderer Sachkunde in wirtschaftlichen und arbeitsrechtlichen Fragen.

[782] Vgl. oben S. 81.

[783] *Duve*, Mediation, S. 393 f.

[784] Vgl. *Bernhardt/Winograd*, in: Schlieffen/Haft, § 23 Rn. 50 ff.; *Hacke*, S. 151.

[785] Vgl. hierzu die kritische Würdigung des „Technikers als Schiedsrichter", die hier teilweise übertragbar ist; *Laschet*, in: Heidelberger Kolloquium Technologie und Recht 1983, S. 267 f.; *Schwab/Walter*, S. 5 Fn. 30 m.w.N.

teilnehmen. Je mehr Personen jedoch an den Verhandlungen beteiligt sind, um so schwieriger kann es werden, eine Einigung zwischen den Parteien zu erzielen. Die Beteiligung von Parteivertretern kann sogar eine Einigungsbarriere darstellen.[786] Der anwaltliche Mediator kann hingegen das Verfahren auch mit den Parteien alleine führen, was in bestimmten Phasen des Mediationsverfahrens ein erheblicher Vorteil sein kann.

Juristischer Sachverstand ist aber auch dann von Bedeutung, wenn die Alternative zur Mediation eine gerichtliche Auseinandersetzung ist. Hier muß der Mediator die Erfolgsaussichten im Gerichtsverfahren mit den Parteien erörtern können, um die Verhandlungsalternative für die Parteien aufzeigen zu können.[787] Eine solche Prozeßrisikoanalyse hat als Mediationsinstrument den Vorteil, daß ihre Verwendung den Mediator nicht in die Gefahr bringt, dem Vorwurf der Parteilichkeit ausgesetzt zu sein.[788] Voraussetzung einer entsprechenden Analyse ist jedoch, daß der Mediator über entsprechende Kenntnisse der Rechtspraxis verfügt, da er nur so die Prozeßrisiken abschätzen kann.

Ist der Mediator kein Patent- oder Rechtsanwalt, stößt er auch schnell an die Grenzen des Rechtsberatungsgesetzes.[789] Damit hat er ein deutlich eingeschränktes Handlungsfeld. Zudem genießen die Parteien bei ihm keinen Versicherungsschutz. In Haftungsfällen[790] sind sie damit nicht vergleichbar gegen Schäden abgesichert. Für die Parteien empfiehlt es sich somit in den meisten Fällen, einen Anwalt als Mediator zu wählen. Besonders prädestiniert für die Tätigkeit als Mediator bei Patentstreitigkeiten ist mit Sicherheit der Patentanwalt, da er technische und rechtliche Expertise in das Verfahren einbringen kann. Sollte es aber z.B. im Rahmen von Lizenzstreitigkeiten lediglich um Auseinandersetzungen bei der Vertragsauslegung gehen, kann es je nach Spezialisierung des Anwalts sogar besser sein, einen Rechtsanwalt als Mediator heranzuziehen.

Eine einfache Möglichkeit, möglichst viel Sachverstand in technischer, wirtschaftlicher und rechtlicher Hinsicht in das Verfahren einzubringen, ist die Wahl eines Mediatorenteams. Gerade wenn es wie bei Patentstreitigkeiten um komplexe technische Sachverhalte geht, kann es von Vorteil sein, einen Co-Mediator mit einzubeziehen. Dieser kann sich dann zum Beispiel auf die

---

[786] Vgl. oben S. 130.

[787] Vgl. oben S. 59.

[788] *Eidenmüller*, ZZP 113 (2000), 22.

[789] Siehe hierzu *Heß/Sharma*, in: Schlieffen/Haft, § 26 Rn. 36 ff.

[790] Siehe zur Haftung des Mediators, *Prütting*, in: Schlieffen/Haft, § 31 Rn. 1 ff.

technischen Fragestellungen konzentrieren, während der andere Mediator sich in erster Linie um die Kommunikation zwischen den Parteien kümmert.[791] Die Parteien sollten jedoch bei der Auswahl des Co-Mediators sehr sorgsam vorgehen, da ein nicht funktionierendes Mediatorenteam das Verfahren zusätzlich behindern kann.[792] Eventuell sollte sogar die Wahl des Co-Mediators dem Mediator selbst überlassen werden.

In einer patentrechtlichen Auseinandersetzung zwischen *IBM* und *Fujitsu*, bei der es um einen Streitwert i.H.v. USD 250 Millionen ging, hat man sich erfolgreich für eine Co-Mediation durch einen Juristen und einen Ingenieur mit Geschäftsführungserfahrung entschieden. Statt der Co-Mediation mit einem Techniker könnte der Mediator jedoch auch Sachverständige hinzuziehen, die ihn in Einzelpunkten unterstützen.[793] Doch auch wenn im Einzelfall viele Aspekte für eine Co-Mediation sprechen mögen, wird hier die Entscheidung häufig von der Höhe der zusätzlich anfallenden Kosten abhängig sein.

b) Verhandlungsführung

Die Fähigkeiten des Mediators in der Verhandlungsführung sind entscheidend für den Erfolg des Mediationsverfahrens. Dies gilt vor allem dann, wenn der Mediator einen moderierenden Mediationsstil wählt, sich also auf den Kommunikationsprozeß konzentriert und keine eigene Beurteilung zu den Problempunkten abgibt.[794] Teils wird die Verhandlungsführung als Kunst gesehen, die man – wenn überhaupt – nur durch viel Erfahrung erlernen kann.[795] Es gibt jedoch für den Mediator zahlreiche Techniken und Werkzeuge, deren Verwendung sich in einem gewissen Maß auch erlernen läßt. Jedoch ist gerade bei Patentstreitigkeiten ein gehöriges Maß an Erfahrung unverzichtbar, da der Mediator zumeist mit Parteien arbeitet, die über umfangreiche Verhandlungserfahrung verfügen. Zwar ist es für den Mediator sehr viel schwieriger, den Parteien zu helfen, wenn diese in der Verhandlungsführung relativ unerfahren sind.[796] Bei erfahrenen Parteien besteht aber zugleich ein größeres Risiko, daß diese sich manipulativer Techniken bedienen.

---

[791] *Bühring-Uhle*, Arbitration and Mediation, S. 299.

[792] *Plant*, Intellectual Property Disputes, S. 85. *Brown/Marriott*, ADR, Rn. 7-080 ff.

[793] *Duve*, Mediation, S. 396 f.

[794] *Duve*, Mediation, S. 398.

[795] Vgl. oben S. 53.

[796] Dies zeigt eine Untersuchung zur Mediation im Arbeitsrecht, *Hiltrop*, in: Kressel/Pruitt, S. 258.

Eine weitere Herausforderung an die Fähigkeiten des Mediators stellt eine hohe Konfliktkomplexität – wie wir sie gerade bei Patentstreitigkeiten häufig finden – dar. Der ursprüngliche Konflikt hat sich auf Bereiche der Beziehung erstreckt, über die im Grunde kein Dissens zwischen den Parteien besteht. Es entsteht ein Problemgeflecht, das oftmals nur sehr schwer zu durchdringen ist.[797] Paradoxerweise reagiert aber der Mensch auf eine Komplexitätszunahme gerade in der Konfliktsituation mit einer Komplexitätsreduktion. Komplexere Zusammenhänge können durch die Beteiligten nur beschränkt verarbeitet werden, weshalb sich die Tendenz zeigt, die Anzahl der Elemente, die wir wahrnehmen, zu verringern und die Zusammenhänge zu vereinfachen.[798] Um ein umfassendes Verhandlungsergebnis zu erzielen, muß nun der Mediator in der Lage sein das Verfahren derart zu strukturieren, daß die Fülle an Informationen für die Beteiligten noch bewältigt werden kann.[799] Der Streit zwischen den Beteiligten läßt sich nur dann effektiv bearbeiten, wenn alle Aspekte der Auseinandersetzung bekannt sind und der Mediator um die Zusammenhänge zwischen den einzelnen Problemfeldern weiß. Das Mediationsverfahren – das unten noch darzustellen ist – hat mit seinen verschiedenen Phasen bereits eine wichtige Funktion bei der Strukturierung des Gesamtkonflikts in Teilkonflikte. Die Phasen müssen jedoch durch den Mediator ausgefüllt werden, indem er ein Gesamtkonzept der individuellen Konfliktbewältigung verfolgt. Für diese Aufgabe der Strukturierung und Visualisierung von komplexen Zusammenhängen werden für den Mediator gerade computergestützte Systeme immer wichtiger werden.[800]

Soweit die Parteien hierzu nicht selbst in der Lage sind, muß der Mediator auch den Umgang mit positiven und negativen Emotionen beherrschen, um für ein produktives Verhandlungsklima zu sorgen. Die wohl am häufigsten auftretende Emotion ist die Empörung bzw. der Ärger über andere. Die Empörung über andere setzt sich aus verschiedenen Aspekten zusammen. Der Mediator sollte die Fähigkeit besitzen, durch Reflexion der unterschiedlichen subjektiven

---

[797] Vgl. oben S. 101 ff.

[798] *Glasl*, Konfliktmanagement, S. 198 f.; *Haft*, Verhandlung, S. 77 ff. Die Tendenz beim Menschen zur kognitiven Komplexitätsreduktion führt gleichzeitig zu einer Eskalation des Konflikts, weil es zu einer radikalen Vereinfachung in der Wahrnehmung der Beteiligten kommt.

[799] Siehe hierzu *Haft*, Verhandlung, S. 69 ff.

[800] Sehr interessant sind hier die Ansätze von *Vester* in der Biokybernetik, der ein computergestütztes Verfahren zur Komplexitätsbewältigung bei Umweltproblemen entwickelt hat; siehe *Vester*, S. 157 ff. Auch für den juristischen Bereich gibt es inzwischen Programme, die bei der Strukturierung von Informationen helfen; siehe http://www.normfall.de (letzter Zugriff: 13.2.2004).

Aspekte von Empörung, steuernd und dämpfend auf die Emotionen einzuwirken. Zunächst läßt sich die Norm, gegen die verstoßen wurde, kritisch reflektieren. So kann man die Frage aufbringen, inwiefern die Norm gut begründet ist, ihre Geltung allgemein anerkannt oder ihre Durchsetzung mit typischen unerwünschten Nebeneffekten verbunden ist. Dann läßt sich durch eine Betrachtung der persönlichen Betroffenheit durch die wahrgenommene Normverletzung oftmals der zu erwartende Schaden für eine Partei relativieren, was zu einer Entspannung der Situation führen kann. Ein weiterer wichtiger Aspekt der Empörung über andere ist die Frage der Verantwortlichkeit. Meist wird davon ausgegangen, daß vorsätzlich gehandelt wurde. In diesen Fällen ist die Empörung besonders groß. Kann der Mediator durch Reflexion nachweisen, daß die eine Partei keine Verantwortlichkeit trägt oder nicht in böser Absicht gehandelt hat, reduziert dies die Intensität der Empörung. Schließlich können im Einzelfall Gründe für die Rechtfertigung eines bestimmten Verhaltens vorliegen. Werden diese von der Gegenpartei geglaubt und akzeptiert, können sie die Empörung und Schuldvorwürfe mildern.[801] So kann der Mediator bewerkstelligen, daß die Interessen der Parteien im Vordergrund stehen.[802]

Insgesamt muß der Mediator bei der Gesprächsführung auf viele Dinge achten. Eine zentrale Funktion hat etwa die Fähigkeit des Mediators, den Beteiligten dabei zu helfen, daß sie ihr Gesicht wahren können.[803] Nur so wird es zu einer Einigung kommen, die von allen akzeptiert wird. Weiter muß er in der Lage sein, unter Umständen den Kommunikationsprozeß zu verlangsamen, um so die Möglichkeit anzubieten, daß die Konfliktpartner ihre Prämissen reflektieren können, mit der Konsequenz, daß sie ihre Sicht der Dinge erweitern.[804] Dies wird ergänzt durch die Fähigkeit des aktiven Zuhörens, d.h. einer ergebnisoffenen Fragetechnik, die dadurch erfolgt, daß das Verstandene zusammengefaßt wird, ohne hierbei eine Wertung abzugeben.[805] Auch das sog. *Reframing* (to reframe = umrahmen) – in der Sache geht es darum, durch Umdeutung einer

---

801 *Montada/Kals*, Mediation, S. 144 ff.

802 Vgl. *Haft*, in: FS Söllner, S. 394; *Plant*, Intellectual Property Disputes, S. 89. Vgl. auch oben S. 57.

803 Dieser Eindruck wurde im Rahmen einer Studie bestätigt; *Carnevale/Lim/McLaughlin*, in: Kressel/Pruitt, S. 237 f.; vgl. *Rubin/Pruitt/Kim*, Social Conflict, S. 211.

804 *Dörrenbächer*, in: Schlieffen/Haft, § 14 Rn. 18.

805 *Schäfer*, Mitteilungen der deutschen Patentanwälte 2001, 111; *Haft*, Verhandlung, S. 140 f.

Situation einen Perspektivwechsel bei den Beteiligten zu bewirken[806] – sollte der Mediator beherrschen.

Zwar hat der Mediator nur eine dienende Funktion, so daß seine Rolle, Pflichten und Kompetenzen schlußendlich durch die Parteien bestimmt werden.[807] Dort, wo die Parteien jedoch unbestimmt sind, bieten sich für den Mediator Räume, in denen er Taktiken und Techniken einsetzen sollte, die den Parteien bei der Lösungsfindung helfen.[808] Arbeitet der Mediator hauptsächlich mit beiden Parteien zusammen, sind diesbezüglich sicherlich höhere Anforderungen an den Mediator zu stellen, als wenn das Mediationsverfahren weitgehend aus Einzelgesprächen besteht, die der neutrale Dritte jeweils mit den Parteien führt. Einzelgespräche werden zum Teil als unverwechselbares Element aller *ADR*-Verfahren angesehen.[809] Der Wert, den Einzelgespräche für die Dynamik der Lösungsfindung haben, wurde auch bereits durch Untersuchungen aufgezeigt.[810] Gleichzeitig wurde aber auch gezeigt, daß Einzelgespräche nicht das Allzweckmittel bei allen Formen von Auseinandersetzungen sind. Bei großen räumlichen Distanzen zwischen den Geschäftssitzen der Parteien mag es sich bei den Einzelsitzungen durchaus um ein probates Mittel handeln. Teils dürften jedoch viele Mediatoren diesen vermeintlich leichteren Weg wählen, da sie nicht die Verhandlungsführung in der Gruppe beherrschen. Dabei können auch hier sehr schwierige Situationen entstehen, wenn etwa der Mediator, nach einem Einzelgespräch mit der einen Partei, sich anschließend mit der anderen Seite trifft. Es wird sich im Einzelfall für den Mediator als eine tückische Herausforderung herausstellen, nicht indirekt Informationen über das vorangegangene Gespräch preiszugeben, da natürlich das Gegenüber versuchen wird, aus jeder

[806] Siehe hierzu ausführlich *Spangenberg*, MDR 1997, 425 ff.; *Hager*, Konflikt und Konsens, S. 77 f.

[807] *Duve*, Mediation, S. 264 f. Siehe oben S. 152 ff.

[808] Zu den Techniken und Taktiken der Streitbeilegung siehe *Carnevale/Lim/McLaughlin*, in: Kressel/Pruitt, S. 227 ff.; *Carnevale/Conlon*, in: Kressel/Pruitt, S. 344 ff.; *Schäfer*, Mitteilungen der deutschen Patentanwälte 2001, 111. Zwar bezogen auf mediative Techniken von Richtern und deren Akzeptanz, allerdings auf den Mediator teilweise übertragbar, siehe *Wall/Rude*, in: Kressel/Pruitt, S. 190 ff.

[809] Siehe z.B. *Blessing*, in: WIPO Conference on rules for institutional arbitration and mediation, S. 121. Vgl. oben S. 83 f.

[810] *Kressel/Pruitt*, in: Kressel/Pruitt, S. 415. Auch die Auswertung der obligatorischen Streitschlichtung in Argentinien (siehe hierzu oben Fn. 153) hat ergeben, daß bei den Verfahren eine höhere Einigungsquote zu verzeichnen war, bei denen der neutrale Dritte Einzelsitzungen mit den Parteien durchgeführt hat; vgl. *Sievers*, S. 164.

Äußerung Rückschlüsse zu ziehen.[811] Da hier selbst ein Schweigen auf eine Frage der Partei Hinweise geben kann, muß der Mediator auch bei Einzelgesprächen die Situation insoweit beherrschen, daß er weder eine Seite anlügen muß, noch unbeabsichtigt Parteiverrat begeht.

c) Persönliche Integrität

Die persönliche Integrität des Mediators ist wesentliche Voraussetzung dafür, daß die Parteien ihm vertrauen und sich auf das Mediationsverfahren einlassen.[812] Gerade bei einer hohen Komplexität der Auseinandersetzung ist das Vertrauen der Parteien besonders wichtig. Dies zeigt *Luhmann* in einem Beispiel zum Thema Vertrauen und Komplexität[813]:

„Ein gutes Beispiel hierfür bietet eine Schilderung der Beziehungen zwischen Kongreßmitgliedern und Verwaltungsangehörigen bei der Vorbereitung des amerikanischen Bundeshaushaltes. Die Wirklichkeit der Staatsverwaltung ist viel zu komplex, als daß Kongreßmitglieder sie überblicken und bewerten könnten. Sie kommen ohne Vertrauen in die persönliche Aufrichtigkeit der die Details beherrschenden Verwaltungsangehörigen nicht aus. Die Abgeordneten kontrollieren daher praktisch nicht die Fakten, sondern nur ihr Vertrauen, und nur mittelbar dadurch die Fakten. Und sie reagieren in dieser Zwangslage auf das leiseste Zeichen einer Unredlichkeit mit emotionaler Schärfe durch Vertrauensentzug und andere Sanktionen."

Je mehr Aufgaben der Komplexitätsbewältigung folglich der Mediator für die Parteien übernimmt, um so mehr muß er über jeglichen Vorwurf der Parteilichkeit, Inkompetenz etc. erhaben sein. Auch wenn die persönliche Integrität im wesentlichen Ergebnis der fachlichen Eignung und der Persönlichkeit des Mediators ist, so sind freilich auch eine Reihe von ethischen Grundsätzen[814] durch den Mediator zu beachten, damit er das Vertrauen der Parteien nicht verliert. Für den Aufbau und den Erhalt von Vertrauen muß der Mediator die Prinzipien der formalen Verfahrensgerechtigkeit und Faktoren der erlebten Verfahrensgerechtigkeit kennen.[815] Diese spiegeln sich großteils in den Verfahrensgrundsätzen, die für die Mediation formuliert werden.[816]

---

[811] *Plant*, Intellectual Property Disputes, S. 87.

[812] *Duve*, Mediation, S. 399.

[813] *Luhmann*, Vertrauen, S. 36.

[814] Siehe zu den ethischen Grundsätzen *Goldberg/Shaw/Mackie*, in: WIPO Conference on Mediation, S. 95 ff.; *Menkel-Meadow*, South Texas Law Review 38 (1997), 453 f.

[815] *Lind/Tyler*, S. 13

[816] Siehe oben S. 76 ff.

IV. Ablauf der Mediation

1. Einstieg in die Mediation

Wie bei der Schiedsgerichtsbarkeit[817] haben die Parteien zunächst die Wahl, ob sie sich für eine „Gelegenheitsmediation“ (*Ad-hoc* Mediation) oder für eines der zahlreichen institutionellen Angebote von Organisationen wie z.B. der WIPO entscheiden.

a) *Ad-hoc* Mediation

Bei der *Ad-hoc* Mediation, also in den Fällen, in denen ein Mediationsverfahren ohne die organisatorische Unterstützung einer auf Streitbeilegung spezialisierten Organisation stattfindet, kann wiederum danach unterschieden werden, ob die Parteien vor oder nach Entstehung der Auseinandersetzung die Durchführung eines Mediationsverfahrens vereinbaren, bzw. ob die Mediation während eines laufenden Gerichtsverfahrens initiiert wird.

(1) Vereinbarung eines Mediationsverfahrens vor Streitentstehung

Der beste Einstieg in ein Mediationsverfahren ist wohl, wenn bereits vor Ausbruch der Auseinandersetzung eine detaillierte Mediationsvereinbarung zwischen den Beteiligten getroffen wird, da dies den größten strukturierenden Effekt für die Streitbeilegung hat.[818] Mediationsvereinbarungen lassen sich hierbei als Vereinbarungen zwischen den Konfliktparteien über die Durchführung einer Mediation hinsichtlich eines bestimmten Konfliktgegenstandes im Konfliktfall definieren. Sie bilden den Weg in die Mediation und stellen zugleich die Verfahrensgrundsätze fest.[819] Da die Mediation allein kein

---

[817] Vgl. die Unterscheidung zwischen Gelegenheitsschiedsgericht und „ständigem“ Schiedsgericht oben S. 44.

[818] Vgl. oben S. 131 f. Bedenken hinsichtlich eines Einstiegs in die Mediation durch eine vorher vereinbarte Mediationsklausel, die mit der Gefahr begründet werden, daß zu diesem Zeitpunkt noch keine bilateralen Verhandlungen geführt wurden bzw. gescheitert sind (siehe Diskussionsbeitrag *Robert Badinter*, in: WIPO Conference on Mediation, Genf 1996, S. 28.), können schwer nachvollzogen werden. Auch wenn sich die Parteien scheinbar selbst einer „Instanz“ (bilaterale Verhandlungen – Mediation – Gericht) berauben, so handelt es sich doch bei Mediation um nichts anderes als eine strukturierte und moderierte Form der Verhandlung. Einigungsmöglichkeiten werden folglich auch dann genutzt, wenn vorher keine bilateralen Verhandlungen stattgefunden haben.

[819] Wird eine selbständige Mediationsvereinbarung getroffen, so spricht man von einer Mediationsabrede. Bildet sie eine Vertragsklausel, so spricht man von einer Mediationsklausel. Die Mediationsvereinbarung ist vom Mediatorvertrag zu unterscheiden, auch wenn in der

Erfolgsgarant für eine schnelle und kostengünstige Streitbeilegung außerhalb der Gerichte ist, müssen auch hier entsprechende Rahmenbedingungen vertraglich vereinbart werden, damit ein solches Verfahren Erfolg haben kann.[820]

Bei der Mediationsvereinbarung handelt es sich, soweit sie materiellrechtliche Vereinbarungen in der Form enthält, daß die Grundregeln der durch den Mediator unterstützten Verhandlung festgelegt werden, um ein Dauerschuldverhältnis mit einem atypischen Inhalt (§ 305 BGB). Soweit sich der Geschäftswille der Parteien auch auf die prozessualen Befugnisse wie die Erhebung einer Klage oder die Verwendung bestimmter Beweismittel in einem nachfolgenden Prozeß bezieht, enthält die Mediationsvereinbarung gleichzeitig prozeßvertragliche Abreden.[821]

Aus der Mediationsvereinbarung ergibt sich eine Reihe von allgemeinen Fragen. Z.B. ob sich aus der Mediationsvereinbarung ein Anspruch auf Durchführung eines Mediationsverfahrens ergibt, ob ein solcher Anspruch durchsetzbar ist, welche Wirkung das Verfahren auf die Verjährung hat oder inwiefern während eines laufenden Mediationsverfahrens staatlicher Rechtsschutz in Anspruch genommen werden kann.[822] Für den Bereich des Patentrechts stellt sich etwa die Frage, inwiefern sich das obligatorische Verfahren der Schiedsstelle für Arbeitnehmererfindungen[823] auf die Zulässigkeit eines dilatorischen Klageverzichts – der, ausgenommen bei expliziter Regelung der Klagebefugnis, im Zweifel der Mediationsvereinbarung zu entnehmen ist – auswirkt. Weiter ergeben sich kollisionsrechtliche Fragestellungen hinsichtlich der Mediationsvereinbarung in internationalen Fällen.[824]

Praxis meist die Mediationsvereinbarung Grundlage für den Mediatorvertrag sein wird. Siehe *Eidenmüller*, in: Breidenbach, Konsensuale Streitbeilegung, S. 51 f.

[820] *Arnold*, in: Atlas/Huber/Trachte-Huber, S. 248.

[821] *Eidenmüller*, in: Breidenbach, Konsensuale Streitbeilegung, S. 52 f.

[822] Siehe zu diesen Fragekreisen ausführlich *Walter*, ZZP 103 (1990), 159 ff. (allerdings zu übertragbaren Fragen der Schlichtung); *Heß/Sharma*, in: Schlieffen/Haft, § 26 Rn. 55 ff.; *Eidenmüller*, in: Breidenbach, Konsensuale Streitbeilegung, S. 54 ff.; *Wagner*, S. 439 ff.; *Köpe*, in: Beiträge zu Grenzfragen des Prozeßrechts, S. 76 ff.

[823] Vgl. oben S. 35.

[824] Bei Mediationsklauseln in Lizenzverträgen könnte sich auch die Frage nach der kartellrechtlichen Zulässigkeit einer solchen Vereinbarung stellen. Nachdem allerdings in Abreden über die Einsetzung von Schiedsgerichten keine spürbare Beschränkung des Lizenznehmers im Geschäftsverkehr gesehen wird (siehe *Emmerich*, Kartellrecht, S. 143), dürften erst recht Mediationsklauseln kartellrechtlich unbedenklich sein.

Die Frage, ob durch ein obligatorisches Vorverfahren wie dem Verfahren vor der Schiedsstelle für Arbeitnehmererfindungen dilatorische Klageverzichte auf privatautonomer Grundlage gesperrt werden, muß dann mit ja beantwortet werden, wenn es Ziel des Gesetzgebers war, ein gesetzliches Schlichtungsmonopol zu schaffen.[825] Dies ist z.B. bei dem obligatorischen Vorverfahren gem. der bundesgesetzlichen Öffnungsklausel § 15a EGZPO nicht der Fall, da hier der Gedanke im Vordergrund steht, die außergerichtliche Streitbeilegung insgesamt zu stärken und die Gerichte zu entlasten. Anders wird dies jedoch für den Schlichtungsausschuß zur Beilegung von Streitigkeiten zwischen Ausbilder und Auszubildenden (§ 111 II ArbGG) beurteilt,[826] da hier das besondere Abhängigkeitsverhältnis zwischen Ausbilder und Auszubildenden durch den Gesetzgeber berücksichtigt wurde.[827] Obwohl wir bei den von §§ 28 ff. ArbEG erfaßten Streitfällen zwischen Arbeitgeber und Arbeitnehmer ebenfalls ein Abhängigkeitsverhältnis haben, ergibt sich hieraus nicht, daß privatautonom vereinbarte, dilatorische Klageverzichte gesperrt wären. Dies ergibt sich etwa aus § 37 II Nr. 4 ArbEG, wonach die Parteien auch ganz von der Anrufung der Schiedsstelle absehen können. Damit beansprucht hier der Gesetzgeber nicht wie bei § 111 II ArbGG ein Schlichtungsmonopol. Ein dilatorischer Klageverzicht ist somit in diesen Fällen wirksam.

In internationalen Fällen, wie sie häufig bei Patentstreitigkeiten anzutreffen sind, richtet sich bei den materiellrechtlichen Abreden der Mediationsvereinbarung die Wirksamkeit und Wirkung nach den kollisionsrechtlichen Regeln für Schuldverträge. Damit sind Art. 27 ff. EGBGB und Art. 11 EGBGB anwendbar, wonach sich die Wirksamkeit und Wirkung der materiellrechtlichen Abrede nach dem von den Parteien gewählten Recht richtet (Art. 27 I EGBGB).[828] Dahingegen handelt es sich bei Zulässigkeit und Wirkungen von prozeßvertraglichen Abreden in der Mediationsvereinbarung (z.B. ein dilatorischer Klageverzicht oder beweismittelbeschränkende Vereinbarungen) um Verfahrensfragen, die sich nach dem Recht des Staates beurteilen, dessen Gerichte sich mit dem Vertrag befassen.[829] Der prozeßvertragliche Teil der Mediationsverein-

---

[825] *Eidenmüller*, in: Breidenbach, Konsensuale Streitbeilegung, S. 61.

[826] Siehe *Prütting*, in: FS Hanau 1999, S. 745.

[827] Siehe zum Verfahren nach § 111 II ArbGG, *Albrecht*, S. 54 f.

[828] Ohne Rechtswahlklausel kann in der Wahl eines bestimmten Mediationsortes im Zweifel bereits eine konkludente Rechtswahl des Ortsrechts als Statut der materiellrechtlichen Abreden gesehen werden; *Eidenmüller*, in: Breidenbach, Konsensuale Streitbeilegung, S. 88.

[829] *Heß/Sharma*, in: Schlieffen/Haft, § 26 Rn. 62; *Eidenmüller*, in: Breidenbach, Konsensuale Streitbeilegung, S. 89.

barung richtet sich somit nach der *lex fori.*[830] Damit ist trotz eines vereinbarten dilatorischen Klageverzichts in der Mediationsvereinbarung keineswegs garantiert, daß das Mediationsverfahren nicht durch ein parallel laufendes Gerichtsverfahren gestört wird. Ebensowenig ist gewährleistet, daß eine Vortrags- oder Beweismittelbeschränkung von einem mit der Sache befaßten ausländischen Gericht berücksichtigt wird. Nachdem durch das New Yorker UN-Übereinkommen[831] (Art. 2 III) nahezu weltweit garantiert ist, daß ein Schiedsverfahren nicht durch ein paralleles Verfahren gestört werden darf, handelt es sich um die sicherste Methode, die Mediation mit einem Schiedsverfahren zu verbinden. Im anschließenden Schiedsgerichtsverfahren dürfte auch eher mit einer Honorierung von zwischen den Streitparteien vereinbarten Vortrags- oder Beweismittelbeschränkungen zu rechnen sein.[832]

(2) Vereinbarung eines Mediationsverfahrens nach Streitentstehung

Der Vorschlag, ein Mediationsverfahren zu vereinbaren, kann im Grunde jederzeit erfolgen.[833] Soll aber eine Mediationsvereinbarung erst nach Entstehung der Auseinandersetzungen erfolgen, ist der Konflikt häufig bereits soweit eskaliert, daß sich die Parteien nicht selten über nichts mehr oder nur nach langwierigen Verhandlungen, die mit zusätzlichen Kosten verbunden sind, einigen können.[834] Die Auswahl des Mediators und die Regelung der Vertraulichkeit können so bereits erhebliche Hürden auf dem Weg zum Mediationsverfahren darstellen.[835]

Andererseits könnte man aus dem Umstand, daß sich die Parteien trotz widriger Umstände für ein Mediationsverfahren entscheiden, schließen, daß Vorteile gesehen werden und sich die Parteien ein solches Verfahren entsprechend wünschen. Mediationsverfahren sind in der Regel gerade dann am erfolgreichsten, wenn nicht nur eine Partei, sondern beide Parteien einem solchen Verfahren

---

[830] Siehe hierzu oben S. 23.

[831] New Yorker UN-Übereinkommen über die Anerkennung und Vollstreckung ausländischer Schiedssprüche v. 10.6.1958, BGBl. 1961 II, S. 121.

[832] *Eidenmüller*, in: Breidenbach, Konsensuale Streitbeilegung, S. 91 f.

[833] *Plant*, Intellectual Property Disputes, S. 79.

[834] *Eidenmüller*, in: Breidenbach, Konsensuale Streitbeilegung, S. 51.

[835] Es ist jedoch davon auszugehen, daß sich auch hier die Schwierigkeiten mit der zunehmenden Erfahrenheit der Parteien im Umgang mit Mediation verringern, auch wenn sie nie ganz verschwinden mögen. Vgl. *Plant*, Intellectual Property Disputes, S. 78.

vorziehen.[836] Gelegentlich wird jedoch aus den vorausgegangenen Auseinandersetzungen und zusätzlichen zähen Verhandlungen um die Mediationsvereinbarung eine ablehnende bzw. unempfängliche Haltung einer Partei gegenüber der Mediation resultieren. Eine amerikanische Studie, bei der 255 Mitglieder der *Society of Professionals in Dispute Resolution* (SPIDR) befragt wurden, ergab, daß bei einer solchen Situation die Mediation ungleich seltener zu einem Erfolg führt.[837]

Sollte nach Ausbruch des Konflikts ein Mediationsverfahren in Betracht kommen, ist den Parteien zu empfehlen, sich auf eines der institutionellen Angebote oder wenigstens auf deren Mediationsordnung zu verständigen, um so zusätzliche Auseinandersetzungen um die Mediationsvereinbarung zu vermeiden. Besser ist es jedoch, wenn bereits vor Entstehung des Streits Regelungen zwischen den Beteiligten getroffen werden.[838]

(3) Mediation beim schwebenden Verfahren

Wurde bereits Klage erhoben und erst anschließend eine Vereinbarung zur Durchführung einer Mediation getroffen, so ergibt sich hieraus keine Unzulässigkeit der Klage. Anders stellt sich die Situation lediglich dann dar, wenn die Klagbarkeit in diesem Fall ausdrücklich ausgeschlossen wurde. Ansonsten wird man jedoch in einer solchen Mediationsvereinbarung eher die Pflicht sehen, nach § 251 S. 1 ZPO einen Antrag auf Ruhen des Verfahrens zu stellen.[839] § 251 ZPO gilt auch für das Gericht, falls dieses gem. dem neu eingeführten § 278 V ZPO eine außergerichtliche Streitschlichtung vorschlägt, und dieser Vorschlag von den Parteien angenommen wird.[840]

---

[836] Dies ist zumindest das Ergebnis einer Untersuchung im Arbeitrecht; siehe *Kressel/Pruitt*, in: Kressel/Pruitt, S. 403.

[837] *Carnevale/Lim/McLaughlin*, in: Kressel/Pruitt, S. 228.

[838] Vgl. die Problematik bei der Schiedsgerichtsbarkeit oben S. 44.

[839] *Eidenmüller*, in: Breidenbach, Konsensuale Streitbeilegung, S. 56. Entsprechendes dürfte gem. § 173 VwGO für die Nichtigkeitsklage gelten; siehe *Kopp/Schenke*, VwGO, § 94 Rn. 1.

[840] Siehe Baumbach/Lauterbach/Albers/*Hartmann*, § 278 Rn. 36 ff.; *Foerste*, NJW 2001, 3105. Zur integrierten Drittschlichtung („*court annexed ADR*") in Frankreich und England, siehe *Stürner*, in: Breidenbach, Konsensuale Streitbeilegung, S. 17 f.; *Brown/Marriott*, ADR, Rn. 3-027 ff. Zu den Ansätzen im deutschen Recht vor Einführung von § 278 V ZPO, siehe *Duve*, Mediation, S. 442 ff. und S. 448 ff. Vgl. auch *Gottwald*, AnwBl 2000, 265 ff.; *Prütting*, AnwBl 2000, 273 ff.

b) Institutionelle Angebote für Mediation

Neben der Möglichkeit, daß die Streitparteien das Mediationsverfahren selbst organisieren, gibt es eine Reihe von institutionellen Anbietern von Mediationsverfahren. Die Vorteile solcher Angebote bestehen darin, daß die institutionellen Anbieter von Mediation versuchen, die Qualifikation der Mediatoren zu sichern und eine Verfahrensordnung zur Verfügung stellen, innerhalb derer die Parteien das Verfahren individuell gestalten können. Es besteht damit ein formeller Rahmen, der sonst im Streitfall verhandelt und vereinbart werden müßte. Weiter erfolgt eine Qualitätskontrolle durch die verwaltungstechnische Begleitung des Mediationsverfahrens mit geschulten Kräften der Institution und durch die nachträgliche Kontrolle über das Feedback der Nutzer.[841] Auch kann bei Wahrnehmung eines institutionellen Angebots im Falle eines Scheiterns der Mediation fast nahtlos in ein anderes Verfahren – wie zum Beispiel das Schiedsgerichtsverfahren – gewechselt werden.[842] Bevor die Parteien jedoch auf eines der institutionellen Angebote zurückgreifen, sollten sie sich Klarheit über die Unterschiede bei der Gebührenberechnung verschaffen.[843]

Die Frage, ob die ad-hoc Mediation sinnvoller ist als die institutionellen Angebote von Mediation, ist sicherlich nicht von solcher Relevanz. Schon beim viel formaleren Schiedsverfahren stellt sich die Situation so dar, daß im Bereich des gewerblichen Rechtsschutzes beide Wege begehbar sind.[844] Dennoch sollen kurz einige wichtige internationale Anbieter mit ihren Verfahrensordnungen dargestellt werden.

(1) WIPO-Arbitration and Mediation Center

Das *WIPO Arbitration and Mediation Center* ist weltweit die einzige Schlichtungsinstitution einer internationalen Organisation, die sich auf die internationale Schlichtung von Streitigkeiten im Bereich des geistigen Eigentums spezialisiert hat. Die Gründung des Schieds- und Mediationszentrums wurde 1993 beschlossen, und es nahm 1994 seine Arbeit auf. Die *WIPO* folgte damit einem zunehmenden Interesse an außergerichtlicher Streitbeilegung.[845]

---

[841] Vgl. *Frost*, S. 203.

[842] *Blessing*, in: WIPO Conference on rules for institutional arbitration and mediation, S. 122 f.

[843] *Plant*, Intellectual Property Disputes, S. 84.

[844] Zur Entscheidung zwischen „Ad-Hoc-Arbitration" und „Administered Arbitration", *Plant*, Intellectual Property Disputes, S. 51.

[845] *Wittenzellner*, Mitteilungen der deutschen Patentanwälte 1995, 147; *Schäfer*, BB Beilage 5, 1996, 20.

Inzwischen bietet die *WIPO* einen großen Pool an potentiellen Mediatoren bzw. neutralen Personen an, die über die ganze Welt verteilt sind. Für die WIPO spricht hier, daß die Kandidaten sehr sorgsam ausgesucht werden und detaillierte Informationen über jeden Kandidaten zu bekommen sind, so daß der jeweils geeignetste für eine bestimmte Auseinandersetzung nach den vorgegebenen Kriterien gesucht werden kann.[846] Trotz dieser günstigen Grundvoraussetzungen wurde jedoch bereits oben festgestellt, daß die Anzahl der durchgeführten Mediationsverfahren sehr gering ist.[847]

Vereinbaren die Parteien ein Mediationsverfahren unter den Regeln der WIPO-Mediationsordnung[848], so entscheiden sie sich für einen formellen Rahmen, der jedoch in weiten Teilen durch die Parteien flexibel gestaltet werden kann. Das Verfahren beginnt zunächst mit einem Antrag auf Durchführung des Verfahrens bei der WIPO (Art. 3 WMO). Nach Entrichtung einer Registrierungsgebühr (Art. 21 WMO) ernennt die WIPO in Abstimmung mit den Parteien einen geeigneten Mediator, wenn die Parteien sich nicht bereits bzgl. eines Mediators geeinigt haben (Art. 6 WMO).[849] Der Mediator stellt dann einen Zeitplan für die Vorlage der den Streitfall darlegenden Schriftsätze auf (Art. 12 WMO). Wie bei vielen anderen Mediationsregeln auch, ist bei den WIPO-Regeln ausdrücklich die Durchführung von Einzelgesprächen des Mediators mit den Parteien vorgesehen (Art. 11 WMO) und die Sicherung der Vertraulichkeit nimmt einen hohen Stellenwert ein (Art. 14 ff. WMO).[850] Zeichnet sich ein Scheitern der

---

[846] *Plant*, Intellectual Property Disputes, S. 84; *Schäfer*, BB Beilage 5, 1996, 22.

[847] Siehe oben S. 32.

[848] Hier abgekürzt mit WMO.

[849] Wird die Mediation mit der Unterstützung eines institutionellen Anbieters durchgeführt, ist denkbar, daß statt dem Mediator die Mediationsinstitution alleiniger Vertragspartner der Streitparteien ist. Dies liegt vor allem in dem Fall nahe, in dem die Institution für die Parteien den Mediator bestimmt (vgl. *Eidenmüller*, in: Breidenbach, Konsensuale Streitbeilegung, S. 71). Nachdem allerdings z.B. die Höhe des Honorars zwischen den Parteien und dem Mediator vereinbart werden kann (siehe Art. 22 (b) WMO), dürfte auch hier der Mediatorvertrag zwischen den Parteien und dem Mediator direkt bestehen.

[850] Fraglich ist jedoch, ob Art. 14 WMO, wonach durch die Parteien oder den Mediator keinerlei Aufzeichnungen von den Mediationssitzungen gemacht werden dürfen, mit dem Berufsrecht z.B. der Patent- und Rechtsanwälte vereinbar ist. Nach § 44 I PatAnwO und § 50 I BRAO müssen Anwälte Handakten anlegen. Unter den Begriff der Handakte fallen regelmäßig auch Gesprächsnotizen (BGH, NJW 1990, 511; *Henssler/Prütting*, BRAO § 50 Rn. 21), so daß der anwaltliche Mediator die Mediationssitzungen zumindest grob zu protokollieren hat (*Henssler*, in: Henssler/Koch, § 3 Rn. 32). Dies gilt auch für die Einzelsitzungen mit den Parteien. Problematisch ist nun, daß gem. § 667 BGB ein Herausgabeanspruch und gem. § 666 BGB ein Anspruch auf Einsichtnahme des Auftraggebers besteht

Verhandlungen ab, kann der Mediator den Parteien auch die Durchführung eines Schiedsgutachtens, Schiedsgerichtverfahrens oder einer *Last-offer-Arbitration* vorschlagen (Art. 13 (b) WMO). Die Kosten der Mediation werden vorbehaltlich einer abweichenden Parteivereinbarung von den Parteien zu gleichen Teilen getragen (Art. 24 WMO). Die Registrierungsgebühr ist streitwertabhängig und liegt zwischen 500 und 10 000 USD. Das Stundenhonorar für den Mediator liegt zwischen 300 bis 600 USD.

(2) *AAA* Mediation

Die *American Arbitration Association* (*AAA*) wurde bereits im Jahre 1926 gegründet.[851] Es handelt sich um eine nationale, private und gemeinnützige Organisation zur Schlichtung von Streitigkeiten und zur Förderung alternativer Streitschlichtungsmechanismen. Neben dem Hauptsitz in New York unterhält die *AAA* zahlreiche regionale Büros mit über 600 Mitarbeitern. Gemessen an den von ihr betreuten Fällen ist die *AAA* die größte Schiedsorganisation der Welt, auch wenn ihr Schwerpunkt auf der nationalen Streitbeilegung liegt.[852]

Neben der Schiedsgerichtsbarkeit bietet die *AAA* die Betreuung von Mediationsverfahren an. Hierfür hat sie verschiedene Verfahrensordnungen für unterschiedliche Bereiche entwickelt. Die *Commercial Mediation Rules* der *AAA* sind weitgehend inhaltsgleich mit der Verfahrensordnung der *WIPO*. Darüber hinaus regelt die Verfahrensordnung der *AAA* aber auch den Austausch eines Mediators durch die *AAA*, bei dem der Verdacht der Befangenheit besteht (M-5) und sieht eine Beratung in technischen Fragen durch den Mediator vor, falls dies von den Parteien gewünscht wird (M-10).

(3) ICC

Die *International Chamber of Commerce* in Paris ist eine der bedeutendsten internationalen Organisationen im Bereich der außergerichtlichen Streitbeilegung. Die Internationale Handelkammer (*ICC*) betreibt seit über 60 Jahren Schlichtung in internationalen Handelsstreitigkeiten.[853]

Im Jahre 2001 wurden die seit 1988 geltenden *ICC Rules of Optional Conciliation* durch die modernisierten *ICC ADR Rules* ersetzt. *ICC ADR* muß jedoch von

---

(*Feuerich*, PatAnwO, § 44 Rn. 5). Um nicht in Konflikt mit den Verschwiegenheitsregeln des Berufsrechts zu kommen, sollte daher der anwaltliche Mediator für die Einzelsitzungen separate Handakten führen.

851 *Hay*, in: Breidenbach, Konsensuale Streitbeilegung, S. 52.

852 *Frost*, S. 229.

853 *Bühring-Uhle*, Arbitration and Mediation, S. 344.

der *ICC arbitration* unterschieden werden, für die es eigene Regeln gibt. Die *ICC ADR Rules* regeln damit vor allem das Mediationsverfahren der ICC. Auch wenn das Regelwerk hybride Verfahren[854] erfaßt, unterscheidet es sich nicht wesentlich von den Verfahrensordnungen der anderen Organisationen. Eine Besonderheit der *ICC Rules of Optional Conciliation*, die als einziges Regelwerk einer bedeutenden *ADR*-Organisation nicht die Auswahl des Mediators durch die Parteien vorsah (Art. 4),[855] ist jetzt durch die *ICC ADR Rules* an die anderen Verfahrensordnungen angeglichen worden. Die vorherige starre Regelung mag einer der Gründe dafür gewesen sein, daß die Verfahrensordnung der *ICC* selten verwendet wurde.[856]

2. Mediationsverfahren

Da es sich bei der Mediation um ein informelles Verfahren handelt, gibt es im Grunde keinen fest vorgeschriebenen Ablauf.[857] Dennoch haben sich auf Grund von wissenschaftlichen Erkenntnissen und Erfahrung Phasen und Phasenabläufe der Mediation gebildet, die in zahlreichen Beiträgen ausführlich beschrieben sind.[858] Auf Grund dieser Tatsache sowie des Umstandes, daß wesentliche Elemente des Mediationsverfahrens bereits beim kooperativen Verhandeln[859] und der Mediation[860] beschrieben wurden, soll das Mediationsverfahren nur kurz dargestellt werden.

a) Vorbereitung der Mediation

In einem ersten Schritt muß sich der Mediator über das Konfliktfeld informieren, um sich eine erste Orientierung zu verschaffen. Wichtig dabei ist zunächst nur, daß der Mediator sich die entsprechende Fachkenntnis zum Konfliktfeld aneignet und sich z.B. bei miteinander verbundenen Unternehmen über die Organisationsstruktur Klarheit verschafft. In dieser Phase sollten erste Vorge-

---

[854] Siehe oben S. 85 ff.

[855] Siehe *Blessing*, in: WIPO Conference on rules for institutional arbitration and mediation, S. 121; *Walter*, ZZP 103 (1990), 157.

[856] Siehe oben S. 33.

[857] *Duve*, Mediation, S. 84.

[858] Siehe die ausführlichen Darstellungen bei *Montada/Kals*, Mediation, S. 179 ff.; *Kessen/Troja*, in: Schlieffen/Haft, § 16 Rn. 4 ff.; *Brown/Marriott*, ADR, Rn. 8-005 ff.; *Folberg/Taylor*, S. 38 ff. Vgl. auch *Alexander*, Wirtschaftsmediation, S. 79 ff.; *Risse*, NJW 2000, 1614 ff.

[859] Siehe oben S. 56 ff.

[860] Siehe oben S. 76 ff.

spräche mit den Konfliktparteien stattfinden.[861] Dieses separate Aufnahmegespräch vor der eigentlichen Mediation ermöglicht es dem Mediator, den Parteien erste Impulse in Richtung einer Lösungsfindung zu geben sowie sich beim Zusammentreffen der Parteien voll auf die Verhandlungen konzentrieren zu können. Gerade wenn die Parteien ihre Standorte in unterschiedlichen Ländern haben, gilt es, das Aufnahmegespräch so zu organisieren, daß anschließend die Zeit in den gemeinsam stattfindenden Sitzungen effizient genutzt werden kann.[862]

Es sollte bei den Vorgesprächen z.B. geklärt werden, ob neben den eigentlichen Konfliktparteien auch andere von der Auseinandersetzung betroffen sind, und ob diese Betroffenen in das Mediationsverfahren integriert werden sollen. Dies ist eine Entscheidung der Konfliktparteien, auf die der Mediator gegebenenfalls hinwirken sollte.[863] Bestehen etwa Rechte Dritter an dem Schutzrecht, so kann es unter Umständen zwingend sein, diese Parteien mit einzubeziehen. Ebenso kann es sinnvoll sein, die Lizenznehmer eines umstrittenen Patents am Verfahren zu beteiligen.

Bevor die Konfliktparteien in der Mediation aufeinandertreffen, sollte sich der Mediator jedoch auch mit der Umgebung und dem Kontext der Verhandlungen beschäftigen. Durch Beeinflussung der äußerlichen Rahmenbedingungen kann der Mediator nicht unerheblichen Einfluß auf die Verhandlungen nehmen.[864] Der Problemlösungsprozeß wird effizienter und kreativer, wenn eine gute Stimmung der Beteiligten, eine angenehme Umgebung, aber auch ein Angebot von Getränken etc. gegeben ist. Solche Bedingungen fördern ein altruistisches Handeln der Beteiligten, was man auf eine Reduzierung der egozentrischen Verengung auf die eigenen Bedürfnisse zurückführen kann.[865] Es sollten also auch „Äußerlichkeiten" berücksichtigt werden.

b) Benennung und Analyse der Probleme

In einem ersten Schritt sollte in dieser Phase der Versuch unternommen werden, die bestehenden Probleme[866] zu artikulieren. Hierdurch kann den Parteien die

---

[861] *Montada/Kals*, Mediation, S. 180.

[862] *Anderson*, Tex. Intellectual Property Law Journal, Vol. 3, No. 23, 1994, 28.

[863] *Montada/Kals*, Mediation, S. 181 f.

[864] Vgl. *Haft*, Verhandlung, S. 127 ff.

[865] *Bierhoff*, Psychologische Rundschau 33 (1982), 289 ff.

[866] Man kann hier zwischen verschiedenen Problemtypen unterscheiden: (1.) Es wird eine Differenz zwischen dem Ist-Zustand und dem Soll-Zustand wahrgenommen, wobei der Ist-Zustand als störend oder belastend empfunden wird, man den Soll-Zustand aber nicht ohne

Bedeutung der Auseinandersetzung verdeutlicht werden. Daß ein Problem nicht nur für einen selbst, sondern auch von der anderen Partei als belastend empfunden wird, kann zu einer Veränderung der Perspektive führen. Es ist jedoch bei Geschäftsverhandlungen nicht damit zu rechnen, daß die Beteiligten alle Wünsche, Hoffnungen, Ziele, aber auch Verluste, Belastungen und Nachteile, die mit dem Problem verbunden sind, offenlegen.[867] Es ist z.B. unwahrscheinlich, daß eine Partei die existenzbedrohenden Auswirkungen eines Konflikts offenbart, wenn sie die Befürchtung haben muß, daß diese Information von der Gegenseite als Mittel der Verhandlungsmacht verwendet wird. Hier sollte der Mediator Einzelsitzungen mit den Parteien durchführen, um so die Problemartikulation der Parteien zu erleichtern.[868]

In einem weiteren Schritt sind die Bedingungen zu analysieren, die zur Entstehung und Aufrechterhaltung der Probleme beitragen. Hieran sollte sich eine Analyse der Barrieren und Schwierigkeiten der Problembehebung anschließen. Es sollte auch geklärt werden, welche Gewinne durch den Konflikt erhofft und erzielt werden. Konflikte werden zum Teil auch initiiert, aufrechterhalten oder verschärft, weil sich eine Partei einen Gewinn oder eine bestimmte Lösung davon verspricht.[869]

c) Konfliktanalyse

Die Konfliktanalyse stellt eine entscheidende Phase im Mediationsverfahren dar. Sie entspricht weitgehend dem Vorgehen beim kooperativen Verhandeln, nach dem die Interessen, die sich hinter den Positionen verbergen, ergründet werden sollen.[870] Hierfür ist es zunächst erforderlich, die Tiefenstruktur des Konflikts zu erfassen. Die Tiefenstruktur beinhaltet die unvereinbaren Anliegen der Parteien, die jedoch nicht immer geäußert werden. Diese Anliegen sind den Parteien nicht immer klar, und sie sind sich dessen oft nicht bewußt. Hier muß der Mediator den Parteien zunächst dabei helfen, sich ihrer Anliegen bewußt zu werden. Erst

---

das Überwinden gewisser Barrieren erreichen kann. (2.) Es besteht Unzufriedenheit über den Ist-Zustand, gleichzeitig bestehen keine bestimmten Vorstellungen, wie der Soll-Zustand beschaffen sein soll. (3.) Von einem Problem kann man auch dann reden, wenn der Ist-Zustand dem Soll-Zustand entspricht, dieser Zustand jedoch durch Umstände bedroht oder durch andere gefährdet ist. Siehe hierzu *Montada/Kals*, Mediation, S. 69 f.

867 *Montada/Kals*, Mediation, S. 188 ff.

868 Siehe *Anderson*, Tex. Intellectual Property Law Journal, Vol. 3, No. 23, 1994, 26; *Eidenmüller,* in: Breidenbach/Henssler, S. 52. Vgl. auch oben S. 84 f.

869 *Montada/Kals*, Mediation, S. 190 f.

870 Siehe oben S. 57.

wenn dies geschehen ist, kann der Mediator versuchen, auf eine Offenlegung der Anliegen auch gegenüber der Gegenseite hinzuwirken. Dieser Schritt, der durch taktische und persönliche Motive der Parteien erheblich erschwert wird, soll dazu führen, daß durch das Akzeptieren der Anliegen der Gegenseite die eigenen Anliegen unter Umständen relativiert werden. Erreicht der Mediator dieses Ziel, ist mit einem konstruktiveren Verhandlungsklima zwischen den Parteien zu rechnen.[871]

d) Bearbeitung der Konflikte und Probleme

Bei der Bearbeitung der Konflikte und Probleme geht es zunächst darum, Lösungsoptionen zu generieren, die die wichtigsten Anliegen der Parteien enthalten. Zur Generierung kreativer Lösungsoptionen stehen aus der Kreativitätsforschung verschiedene Techniken zur Verfügung, auf die hier zurückgegriffen werden kann. Diese Phase wird auch häufig als Brainstormingphase bezeichnet. Hier ist hinsichtlich der Brainstormingtechnik zu differenzieren: Beim „klassischen" Brainstorming handelt es sich um eine Assoziationstechnik, die dabei behilflich sein soll, innerhalb kürzester Zeit möglichst viele unterschiedliche Ideen für die Problemlösung zu sammeln. Es handelt sich um eine der bekanntesten und dominierenden Kreativitätstechniken. Der positive Effekt dieser Technik ist aber durchaus umstritten. So ist nicht nachgewiesen, ob durch Brainstorming erzielte Gruppenleistungen tatsächlich den Einzelleistungen überlegen sind. So stellt sich die Frage, ob die Kreativität tatsächlich erhöht, oder nur der Gesamtstandard gesenkt wird, mit dem Ergebnis, daß zwar mehr Ideen entwickelt werden, diese aber qualitativ minderwertig sind. Aus dieser Kritik haben sich eine Reihe von Modifikationen der Brainstormingtechnik entwickelt, die ein Mediator ebenfalls kennen sollte.[872] Zudem muß er beachten, daß die meisten Kreativitätstechniken ein hohes Maß an Motivation der Beteiligten und eine positive Gruppenatmosphäre erfordern. Diese Voraussetzungen werden nur selten bereits zu Beginn vorliegen. Es ist somit zunächst die Aufgabe des Mediators, den Konflikt soweit mit den Beteiligten zu bearbeiten, daß die kreative Generierung von Konfliktlösungen ermöglicht wird.

Im Verlaufe einer Auseinandersetzung kann es zu einer Verengung der Perspektive auf einzelne Anliegen kommen. In diesem Abschnitt ist es die Aufgabe des Mediators, den Konflikt zu relativieren, indem den Beteiligten das ganze Spektrum ihrer Anliegen bewußt gemacht wird. Dies öffnet den Blick für konstruktive Lösungen. Unter Umständen sollten an dieser Stelle auch Anliegen

---

[871] Siehe *Montada/Kals*, Mediation, S. 192 ff.; *Glasl*, Konfliktmanagement, S. 95 ff.

[872] Vgl. *Montada/Kals*, Mediation, S. 171 ff.

von Dritten in die Lösungsfindung mit einbezogen werden.[873] Wichtig ist auch, daß der Mediator gemeinsam mit den Parteien nach zusätzlichen Ressourcen zur Erfüllung von Forderungen und Zielen bzw. nach Möglichkeiten von Kosteneinsparungen sucht. So können event. Lösungsoptionen gefunden werden, die einen Mehrwert für alle Beteiligten bringen.

Erst wenn verschiedene Lösungsoptionen entwickelt werden konnten, sollte mit der Bewertung der Optionen begonnen werden. Hierbei sollte zunächst nach den positiven, aber auch negativen Nebeneffekten, die bei der Umsetzung einer bestimmten Lösung zu erwarten sind, gefragt werden. Rechtliche Aspekte sowie die technische oder ökonomische Machbarkeit einer Lösung sollten erörtert werden. Hierbei sollten die Bewertungskriterien und ihre Rangfolge durch die Parteien diskutiert werden. Bei komplexen Fällen sollte der Prozeß der Lösungsfindung mit der Durchführung einer Entscheidungsanalyse unterstützt werden.[874]

e) Mediationsergebnis

Nachdem mehrere Lösungsalternativen entwickelt wurden, muß eine weitere Eingrenzung der Optionen erfolgen, und schlußendlich müssen sich die Beteiligten für eine Lösung entscheiden. Zum Abschluß wird man die Einigung schriftlich festhalten.[875] Hier kann es sich unter Umständen auch anbieten, die Begleitung und Überprüfung der Lösungsimplementierung durch den Mediator zu vereinbaren.[876]

3. Sicherung des Mediationsergebnisses

Kommt es im Rahmen des Mediationsverfahrens zu einer Einigung zwischen den Konfliktparteien, so wird in den meisten Fällen ein materiellrechtlicher Vergleich i.S.v. § 779 I BGB vorliegen, da hierdurch *der Streit oder die Ungewißheit der Parteien über ein Rechtsverhältnis im Wege gegenseitigen Nachgebens*[877] *beseitigt wird.*[878] Schwebt bereits ein gerichtliches Streitverfahren über dem Mediationsgegenstand, so ist es den Parteien möglich, das

---

[873] *Montada/Kals*, Mediation, S. 212 f.

[874] Vgl. *Corman Aaron*, Negotiation Journal, 11 (1995), 124; *Bühring-Uhle*, Arbitration and Mediation, S. 294 ff.

[875] Siehe hierzu gleich die Ausführungen unter C.IV.3.

[876] *Montada/Kals*, Mediation, S. 217.

[877] Hier ist die Rechtsprechung sehr großzügig und läßt bereits ganz geringe Zugeständnisse einer Partei genügen; vgl. BGHZ 39, 60 (62 f.).

[878] *Lörcher*, in: Schlieffen/Haft, § 28 Rn. 1; *Eidenmüller*, Wirtschaftsmediation, S. 43.

Mediationsergebnis in die Form eines Prozeßvergleichs zu bringen, um so einen Vollstreckungstitel zu erhalten (§ 794 I Nr. 1 ZPO). Beim außergerichtlichen Vergleich stellt sich jedoch regelmäßig die Frage, wie eine solche Einigung in eine rechtlich verbindliche und gegebenenfalls auch vollstreckbare Form gebracht werden kann. Hierfür sollen zunächst Wirksamkeitsvoraussetzungen und anschließend Möglichkeiten der Durchsetzung untersucht werden.

a) Wirksamkeit des Mediationsvergleichs

Die Wirksamkeit eines Mediationsvergleichs ist nur dann gegeben, wenn das Rechtsverhältnis der Dispositionsbefugnis der Parteien unterliegt. Die Grenzen der Dispositionsfreiheit sind generell recht weit gezogen. Stehen dem Vergleich jedoch z.B. zwingende Rechtssätze entgegen, so ist er unwirksam. Nicht nur in dieser Hinsicht spielt das geschriebene Recht bei der Wirtschaftsmediation eine wesentliche Rolle.[879]

Es wurde bereits oben der privatautonome Rahmen für Entscheidungen der Parteien bei Patentstreitigkeiten dargestellt.[880] Ist allerdings bereits ein Verfahren vor dem Bundespatentgericht oder dem Bundespatentamt anhängig, ist die Vergleichsfreiheit der Parteien in der Mediation unter Umständen weiter eingeschränkt. Zwar kann der Kläger in jeder Lage des Verfahrens bis zum Erlaß der Berufungsentscheidung eine Nichtigkeitsklage (§ 81 PatG) mit der Wirkung zurücknehmen,[881] daß das Verfahren nicht von Amts wegen fortgesetzt werden kann,[882] und ein bereits ergangenes, noch nicht rechtskräftiges Urteil nach § 269 III ZPO wirkungslos wird. Gleiches gilt für sonstige Patentstreitigkeiten (§§ 139 ff. PatG). Dieses Prinzip gilt jedoch nicht im Einspruchsverfahren vor dem Patentamt (§ 59 PatG), weil hier die sog. Offizialmaxime gilt, nach der das Verfahren von Amts wegen weitergeführt und mit einem Beschluß beendet werden muß. Daß der Einspruch zwischenzeitlich zurückgenommen wurde, hat nach § 61 I S. 1 PatG keinen Einfluß auf das Verfahren, sondern beendet nur die Verfahrensbeteiligung des Einsprechenden.[883]

---

879 Vgl. *Risse*, BB Beilage 9, 1999, 1 ff.

880 Siehe oben S. 118 f.

881 BGH GRUR 64, 18 „Konditioniereinrichtung"; BGH GRUR 93, 895 „Hartschaumplatten"; *Schulte*, PatG, § 81 Rn. 166.

882 BGH GRUR 1953, 382 (386); RGZ 150, 280 (282).

883 *Schulte*, PatG, § 61 Rn. 21. Daher empfiehlt *Rebel* (*Rebel*, S. 193 f.) als Vergleichsstrategie, zunächst nur Einspruch mit dem zweitbesten Material einzulegen und erst nach Scheitern der Verhandlungen das bessere Material nachzureichen.

Hinsichtlich der materiellen Wirksamkeit des Vergleichs gelten die allgemeinen Nichtigkeitsgründe.[884] Neben den willensbezogenen Nichtigkeitsgründen[885] gibt es noch die geschäftsbezogenen Nichtigkeitstatbestände[886] wie den Verstoß gegen ein gesetzliches Verbot (§ 134 BGB), den Verstoß gegen die guten Sitten (§ 138 BGB) sowie den Verstoß gegen Formvorschriften (§§ 125 ff. BGB).[887]

Ein Verstoß gegen § 138 BGB käme z.B. dann in Betracht, wenn beide Parteien vom Mangel der Rechtsbeständigkeit des Streitpatents überzeugt sind, es aber – zum Nachteil Dritter – trotzdem bestehen lassen.[888] Vorstellbar wäre auch ein Wuchergeschäft (§ 138 II BGB), bei dem z.B. der Lizenzgeber die Zwangslage, die Unerfahrenheit, den Mangel an Urteilsvermögen oder die erhebliche Willensschwäche des Lizenznehmers beim Vergleich ausnutzt. Der Mediator wird jedoch bei einem starken Machtungleichgewicht zwischen den Verhandlungsparteien korrigierend eingreifen bzw. die Verhandlungen abbrechen, da hier zumindest eine Partei nicht eigenverantwortlich Entscheidungen treffen kann.[889] Ein Mediationsergebnis, das ein Wuchergeschäft darstellt, ist somit unwahrscheinlich.

Hinsichtlich des Verstoßes gegen ein gesetzliches Verbot dürften vor allem die kartellrechtlichen Vorschriften zu beachten sein.[890] Das Kartellrecht – als

---

[884] Zum anwendbaren materiellen Recht in internationalen Fällen, siehe *Eidenmüller*, Wirtschaftsmediation, S. 59 ff.; *Heß/Sharma*, in: Schlieffen/Haft, § 26 Rn. 67 f.

[885] Hierzu gehört die fehlende Geschäftsfähigkeit (bzw. Einwilligung), die fehlende Bevollmächtigung und die gem. § 142 BGB zur Nichtigkeit führenden Anfechtungsgründe.

[886] Vgl. hierzu *Henn*, Patentlizenzvertrag, S. 140 f.; *Stumpf*, Lizenzvertrag, Anm. 46, 51-53; Benkard/*Ullmann*, PatG, § 15 Rn. 44 ff, 92 f; *Haver/Mailänder*, S. 65, 91; RGZ 140, 185.

[887] Auch ein Irrtum über die Vergleichsgrundlage gem. § 779 I BGB kann zur Unwirksamkeit des Vergleichs führen, wenn etwa die streitenden Parteien irrtümlich vom Bestand eines Patents ausgehen. Hierbei handelt es sich jedoch nicht um einen Nichtigkeitsgrund, sondern um einen Sonderfall des Wegfalls der Geschäftsgrundlage. Zwar kann dies zur Unwirksamkeit des Vergleichs führen, kann aber unter Umständen auch nur einen Anpassungsanspruch begründen. Ein Vergleich kann weiter dann materiellrechtlich unwirksam sein, wenn er unter einer auflösenden Bedingung geschlossen wurde und diese eintritt oder wenn der Vergleich – wie häufig – widerruflich geschlossen war und der Widerruf oder der Rücktritt erklärt wurde. Vgl. *Gottwald*, in: Breidenbach, Konsensuale Streitbeilegung, S. 33.

[888] Vgl. zur Lizenzierung eines erschlichenen Patents, RGZ 140, 185.

[889] Vgl. oben S. 78.

[890] Dies mag damit zusammenhängen, daß die gewerblichen Schutzrechte in gewissem Sinn die Wettbewerbsfreiheit einschränken, und daher seitens des Gesetzgebers versucht wird, den Einsatz des Schutzrechts zur Durchsetzung von Wettbewerbsbeschränkungen zu verhindern, die über die durch das PatG und die anderen einschlägigen Gesetze gezogenen Grenzen

öffentliches Recht – untersteht nicht der Parteidisposition.[891] Kommt es daher zu einer Einigung zwischen den Parteien in der Mediation, dürfen das Lizenzkartellrecht des GWB und das europäische Kartellrecht nicht unberücksichtigt bleiben,[892] wobei in der Praxis die Regelungen des GWB gegenüber dem europäischen Kartellrecht von untergeordneter Bedeutung sind.[893] Nach europäischem Kartellrecht gelten im Zusammenhang mit Patentlizenzverträgen Vereinbarungen als bedenklich: Klauseln, durch die das Schutzrecht auf gemeinfreie Produkte erstreckt werden soll, Wettbewerbsverbote, Verpflichtungen, den Lizenzgegenstand nur zusammen mit anderen Produkten zu verkaufen, Berechnung der Lizenzgebühren nach dem ganzen, zusammengesetzten Produkt, wenn nur Teile geschützt sind, Produktions- und Vertriebsverbote für das patentfreie Ausland sowie Nichtangriffsklauseln.[894] In Anbetracht der gängigsten Vergleiche, die speziell bei patentamtlichen und patentgerichtlichen Verfahren zu beobachten sind,[895] dürften bei Mediationsvergleichen vor allem Nichtangriffsklauseln und die Bildung von Gemeinschaftsunternehmen aus kartellrechtlicher Sicht problematisch sein.

Bei Nichtangriffsklauseln handelt es sich um Vereinbarungen, wonach sich der Lizenznehmer oder Erwerber eines Patents dazu verpflichtet, Angriffe auf das Schutzrecht zu unterlassen.[896] Ist die Gültigkeit eines Patents umstritten, und einigen sich die Parteien im Rahmen des Mediationsverfahrens darauf, daß z.B. der Patentinhaber der anderen Partei eine Lizenz zu günstigen Konditionen erteilt, so wird dies voraussichtlich nur getan, um weitere Angriffe auf das Patent zu verhindern. Eine Nichtangriffspflicht wird häufig dem Wunsch einer Mediationspartei entsprechen. Eine Nichtangriffsklausel, die Bestandteil eines im Vergleichswege zustande gekommenen Lizenzvertrages ist, stellt mehr als eine beiläufige Nebenabrede dar. Es handelt sich vielmehr um eine synallagma-

---

hinausgehen. Siehe *Hubmann/Götting*, § 6 V; *Emmerich*, Kartellrecht, S. 140 f.; BGHZ 46, 365 (373 ff.) „Schweißbolzen"; BGHZ 51, 263 (266) „Silobehälter".

891 *Henn*, Patentlizenzvertrag, S. 220.

892 Siehe hierzu die kartellrechtlichen Sonderbestimmungen §§ 17, 18 GWB sowie die EG-Verordnung Nr. 240/96 der Kommission vom 31.1.1996 (TechTraVO) Abl. Nr. L 31/2 (1996).

893 So jedenfalls *Osterrieth*, Patentrecht, Rn. 195 ff.; *Emmerich*, Kartellrecht, S. 140.

894 *Emmerich*, Kartellrecht, S. 416. Siehe ausführlich zum EWG-Lizenzkartellrecht, *Henn*, Patentlizenzvertrag, S. 239 ff.

895 Siehe hierzu *Rebel*, S. 194.

896 *Emmerich*, Kartellrecht, S. 150. Mit Angriff ist in erster Linie der Einspruch (§ 59 PatG), die Beschwerde (§ 73 PatG) und die Nichtigkeitsklage (§§ 22, 81 PatG) gemeint.

tische Hauptpflicht, ohne deren Übernahme ein Vertrag nicht zustande kommen kann.[897] Eine solche Vereinbarung[898] ist gem. § 17 II Nr. 3 GWB nach deutschem Recht weitgehend unbedenklich.[899] Im Gegensatz zum deutschen Kartellrecht werden Nichtangriffsklauseln im europäischen Kartellrecht grundsätzlich als Einschränkung des Wettbewerbs und damit als Verstoß gegen Art. 81 I EWG-Vertrag angesehen.[900] Dies geht indirekt aus Art. 4 II b TechTraVO[901] hervor, wonach eine Freistellung von Nichtangriffsklauseln nur durch Anmeldung bei der EU-Kommission erreicht werden kann.[902] Eine Nichtangriffspflicht des Lizenznehmers im Rahmen eines Mediationsvergleichs, der sich nicht nur im Inland (siehe § 130 II GWB), sondern im EWG-Bereich auswirkt, ist folglich aber erst dann unzulässig, wenn die Kommission widerspricht. Fraglich ist nun, wann eine Freistellung durch die Kommission zu erwarten ist. Aus der Stellungnahme der Kommission zur Rechtssache 65/86 des EuGH[903] geht hervor, daß diese eine Nichtangriffsklausel mit Art. 81 I EWG-Vertrag für vereinbar hält, wenn die Nichtangriffspflicht Gegenstand eines Prozeßvergleichs ist und keine verbotenen wettbewerbsbeschränkenden

---

[897] So *v. Maltzahn*, in: FS Gamm, S. 613 f.; BPatG GRUR int. 1997, 631 (633 f.).

[898] Teilweise wird eine grundsätzliche Nichtangriffspflicht für den Lizenznehmer gesehen, wenn diesem zugemutet werden kann, am Vertrag festzuhalten. Eine ausdrückliche Vereinbarung ist dann nicht mehr erforderlich; so *Bernhardt/Krasser*, S. 703; *Kraßer/Schmid*, GRUR Int. 1982, 333. Auch beim Vergleich wird die Nichtangriffspflicht als dem Wesen des Vergleichs immanente Vertragspflicht angesehen, die sogar ohne ausdrückliche Vereinbarung besteht; *v. Maltzahn*, in: FS Gamm, S. 613 f.

[899] Vgl. BGH GRUR 1989, 39 „Flächenentlüftung"; BGH GRUR 1991, 748 (751 f.) „Zeigerwerk"; *Wagner*, S. 104 ff. Nach h.M. sind Nichtangriffsklauseln jedoch sittenwidrig, wenn die Vertragsparteien bei Vertragsschluß die Nichtigkeit des Patents positiv kennen; vgl. BGHZ 10, 22 (26 f.); BGH MDR 1969, 552. Nach anderer Ansicht sollen bereits ernstzunehmende Zweifel an der Wirksamkeit des Schutzrechtes genügen; siehe *Emmerich*, Kartellrecht, S. 150 f. Andere Lizenznehmerbeschränkungen wie z.B. das Verbot der Gefährdung der lizenzierten Schutzrechte durch eigene Forschung und Entwicklung, sowie gegenseitige Nichtangriffspflichten sind auch nach deutschem Recht unzulässig; siehe *Henn*, Patentlizenzvertrag, S. 238; *Emmerich*, Kartellrecht, S. 150.

[900] Vgl. *Bernhardt/Krasser*, S. 718 ff.; *Sack*, in: FS Fikentscher, S. 760 ff.; *Anderman*, S. 123 ff. Dies gilt auch nach US-Antitrust-Law; siehe *Henn*, Patentlizenzvertrag, S. 207 f.

[901] Siehe oben Fn. 892.

[902] Siehe *Henn*, Patentlizenzvertrag, S. 253 f. Vor Einführung der TechTraVO waren Nichtangriffsklauseln generell nicht freistellungsfähig; siehe *Busse/Keukenschrijver/Schwendy*, PatG § 81 Rn. 91.

[903] Siehe EuGH, Urt. v. 27.9.1988 in der Rechtssache 65/86 „Nichtangriffsklausel", GRUR Int. 1989, 56 (57).

Verpflichtungen des zum Nichtangriff verpflichteten Lizenznehmers enthält, wenn sich ferner die Nichtangriffsabrede nur auf Schutzrechte über die streitbefangene Erfindung bezieht, und wenn diese Schutzrechte schließlich nicht offensichtlich vernichtbar sind bzw. zumindest ernsthafte Zweifel an ihrer Vernichtbarkeit bestehen. Der EuGH hatte allerdings ein solches „Vergleichsprivileg" abgelehnt.[904] Dies geschah jedoch auf Grundlage der Patentlizenz-Gruppenfreistellungsordnung, die 1996 durch die TechTraVO[905] ersetzt wurde. Die Patentlizenz-Gruppenfreistellungsordnung führte noch die Nichtangriffsvereinbarungen unter den sog. „schwarzen" Klauseln auf, die verboten und nicht freistellungsfähig sind. Der EuGH begründete seine Ablehnung eines „Vergleichsprivilegs" damit, daß Art. 81 I EWG-Vertrag bei der Untersagung bestimmter Vereinbarungen nicht zwischen Vereinbarungen, die zur Beendigung eines Rechtsstreits geschlossen werden, und sonstigen Vereinbarungen unterscheide.

Aus der Stellungnahme der Kommission kann man entnehmen, daß beim Prozeßvergleich, unter den oben genannten Voraussetzungen, mit einer Freistellung einer Nichtangriffsklausel zu rechnen wäre. Dies erscheint richtig, da eine Nichtangriffklausel nur dann eine wettbewerbsbeschränkende Wirkung haben kann, wenn das dahinterstehende Schutzrecht tatsächlich ungültig ist.[906] Sollte jedoch ein Schutzrecht keinen Bestand haben, bzw. bestehen diesbezüglich zumindest erhebliche Zweifel, so würden nationale Gerichte selbstverständlich keinen Vergleich protokollieren, der eine Nichtangriffspflicht hinsichtlich eines offensichtlich vernichtbaren Schutzrechts vorsieht.[907] Diese Begründung ist jedoch nicht auf den außergerichtlichen Vergleich übertragbar, weil hier die staatliche Kontrollinstanz in Form eines Gerichts fehlt, und so eher ein Vergleich denkbar ist, der eine Nichtangriffspflicht für ein in seinem Bestand eher zweifelhaftes Patent vorsieht. Dennoch nimmt das BPatG in seiner Entscheidung vom 26.3.1996[908] auch im Falle des außergerichtlichen Vergleichs eine Sonderstellung an. Auch wenn das BPatG mit seiner Entscheidung der wachsenden Bedeutung der außergerichtlichen Streitschlichtung Rechnung

---

[904] Vgl. Busse/*Keukenschrijver/Schwendy*, PatG § 81 Rn. 93. Der EuGH hatte aber eine Vereinbarkeit von Nichtangriffsvereinbarungen mit Art. 81 I EWG-Vertrag für die Fälle gesehen, in denen eine Lizenz kostenlos erteilt wird und für gebührenpflichtige Lizenzverträge, wenn diese sich allerdings auf ein technisch überholtes Verfahren beziehen.

[905] Siehe oben Fn. 892.

[906] So auch *Sack*, in: FS Fikentscher, S. 742 ff.

[907] Vgl. BPatG GRUR int. 1997, 631.

[908] BPatG GRUR int. 1997, 631 ff.

tragen will, ist damit nicht sicher, daß auch die Kommission eine Privilegierung des außergerichtlichen Vergleichs mitträgt. Auf Grund ihrer Stellungnahme, die sich explizit nur auf den Prozeßvergleich bezieht, sowie der wohl eher restriktiven Handhabung bei der Freistellung von Wettbewerbsbeschränkungen[909] ist dies jedoch eher zu bezweifeln. Die Mediationsparteien, die eine Nichtangriffspflicht vereinbaren, sollten daher, um sich Gewißheit zu verschaffen, die Nichtangriffsklausel bei der Kommission anmelden, soweit der Mediationsvergleich nicht nur im Inland, sondern auch im EWG-Bereich Wirkung entfaltet.

Weitere Fallgruppen, die – sollten sie das Ergebnis einer Mediation sein – aus kartellrechtlicher Sicht problematisch sein können, ist die Verpflichtung zum Patentaustausch sowie die Bildung von Gemeinschaftsunternehmen. Oftmals wird die Gründung eines Gemeinschaftsunternehmens zwischen den vormals verstrittenen Mediationsparteien, z.B. in Form eines *Joint Ventures*, als Idealfall eines Mediationsergebnisses dargestellt, bei dem beide Parteien einen Kooperationsgewinn erzielen können.[910] Eine den Lizenznehmer beschränkende Bindung ist nach § 17 II Nr. 2 GWB erlaubt, wenn sie zum Erfahrungsaustausch oder zur Gewährung von nicht ausschließlichen Lizenzen auf Verbesserungs- oder Anwendungserfindungen verpflichten und der gleichartigen Verpflichtung des Lizenzgebers entsprechen.[911] Problematisch ist der Patentaustausch aber dann, wenn dieser kraft seiner Struktur und seiner gemeinsamen Zielsetzung den Charakter einer Patentgemeinschaft (Patentpool, *Joint Venture*) annimmt.[912] Unter Patentgemeinschaften versteht man Zusammenschlüsse von Schutzrechtsinhabern zwecks Vergemeinschaftung des Patentbesitzes.[913] Solche Zusammenschlüsse haben ohne Rücksicht auf die im Einzelfall gewählte Rechtsform gem. § 1 GWB Kartellcharakter. Ein Beispiel hierfür ist, wenn ein Gemeinschaftsunternehmen durch Rechtsübertragung Lizenzgeber für die Gemeinschaftsmitglieder würde und gleichzeitig Mengenbeschränkungen und Preisbindungen vorgesehen wären.[914] Auch internationale Patentpools mit Heimatschutz für die einzelnen Mitglieder[915] und gegenseitige Wettbewerbsverbote in Verbindung

---

[909] Vgl. *Sack*, in: FS Fikentscher, S. 760 f.

[910] Z.B. *Ponschab/Dendorfer*, in: Schlieffen/Haft, § 39 Rn. 55.

[911] Vgl. *Henn*, Patentlizenzvertrag, S. 235.

[912] *Henn*, Patentlizenzvertrag, S. 236.

[913] *Emmerich*, Kartellrecht, S. 142.

[914] BKartA Tätigkeitsbericht 1970, S. 92.

[915] BKartA Tätigkeitsbericht 1971, S. 96 f.

mit Patentgemeinschaften[916] wurden verboten. Nach europäischem Recht sind gem. Art. 5 II TechTraVO[917] die Lizenzerteilung durch Mutterunternehmen an ein Gemeinschaftsunternehmen sowie wechselseitige Lizenzen zwischen Konkurrenten (sog. Überkreuzlizenzen) erlaubt.[918] Voraussetzung ist jedoch, daß im Falle eines Gemeinschaftsunternehmens dessen Marktanteil bei einer Herstellungslizenz 20% und bei einer Herstellungs- und Vertriebslizenz 10% nicht übersteigt (Art. 5 II Nr. 1 TechTraVO). Wechselseitige Lizenzen sind hingegen nur zulässig, wenn die Vertragspartner keinen Gebietsbeschränkungen unterworfen sind (Art. 5 II Nr. 2 TechTraVO). Die Gruppenfreistellung findet jedoch auf Patentgemeinschaften keine Anwendung (Art. 5 I Nr. 1 TechTraVO), so daß hier nur eine Einzelfreistellung gem. Art. 81 III EWG-Vertrag in Betracht kommt. Beim Mediationsvergleich, der die Gründung eines Gemeinschaftsunternehmens zum Gegenstand hat, ist somit äußerste Sorgfalt geboten, daß die Grenze zur Bildung einer Patentgemeinschaft nicht überschritten wird.[919]

Einen weiteren Nichtigkeitsgrund stellt der Verstoß gegen Formvorschriften (§§ 125 ff. BGB) dar. Eine Formvorschrift, die für Vergleiche bei Patentstreitigkeiten relevant ist, wäre z.B. im Kartellrecht die Formvorschrift aus § 34 GWB a.F. gewesen, die jedoch weitgehend entfallen ist.[920] Seitdem folgt die Schriftform indirekt aus dem Antragsverfahren gem. § 17 III GWB, soweit die Voraussetzungen dieser Vorschrift vorliegen.[921] Weitere gesetzliche Formerfordernisse können sich bei einem Vergleich, der einen Lizenzvertrag mit deutschen Partnern zum Gegenstand hat, nach dem Außenwirtschaftsgesetz ergeben.[922] Sollte die Übertragung eines nationalen Patents bzw. einer nationalen Patentanmeldung Gegenstand des Mediationsvergleichs sein, so bedarf es im Gegensatz zur Übertragung einer europäischen Patentanmeldung (siehe Art. 72 EPÜ) keiner besonderen Form.[923] Ansonsten werden die Formerfordernisse stets dadurch gewahrt, daß die am Abschlußort geltenden Formvorschriften beachtet werden (vgl. Art. 11 I HS. 2 EGBGB).

---

[916] BKartA Tätigkeitsbericht 1977, S. 90; 1978, S. 100.

[917] Siehe oben Fn. 892.

[918] *Emmerich*, Kartellrecht, S. 416; *Jung*, EuZW 1993, 691.

[919] Vgl. *Henn*, Patentlizenzvertrag, S. 236.

[920] Vgl. *Emmerich*, Kartellrecht, S. 113 ff.

[921] *Henn*, Patentlizenzvertrag, S. 225.

[922] Vgl. *Stumpf*, Lizenzvertrag, Anm. 47, 435.

[923] Busse/*Keukenschrijver*, PatG § 15 Rn. 31.

b) Durchsetzbarkeit des Mediationsvergleichs

Mündet das Mediationsverfahren in eine von den Parteien einvernehmlich getragene rechtswirksame Entscheidung, so hat diese den Charakter einer privatrechtlichen Vereinbarung, die zwar schuldrechtliche Ansprüche begründet, jedoch keine Rechtskraft entfaltet. Die Parteien sind somit gezwungen, ein staatliches Gericht anzurufen, um eine vollstreckbare Entscheidung zu erlangen.[924] Die Umsetzung des Mediationsergebnisses dürfte zwar unproblematischer sein als bei Verfahren, in denen der Streit durch eine dritte Person entschieden wird.[925] Sind die Parteien erst dazu bereit, sich zu einigen, dürfte mit einer hohen Kooperationsbereitschaft zu rechnen sein. In vielen Fällen wird trotzdem eine Partei auf die Absicherung des Mediationsvergleichs bestehen.[926] Dies ist auch grundsätzlich ratsam. Denn obwohl theoretisch am Ende der Mediation eine Einigung stehen sollte, die von allen Parteien mitgetragen wird, ist nicht sichergestellt, daß nicht zu einem späteren Zeitpunkt – z.B. bei langfristigen Verträgen – gegen die Vereinbarung verstoßen wird bzw. wegen komplizierten oder unklaren vertraglichen Absprachen der Vertrag nicht erfüllt wird. Andererseits kann z.B. die Forderung nach einem vollstreckungsfähigen Titel Mißtrauen zwischen den Parteien erzeugen und damit das Mediationsverfahren belasten. Aus diesem Grunde mag es auf den ersten Blick sinnvoller sein, durch eine geschickte Vertragsgestaltung, die event. gegenseitige Sicherheiten vorsieht, etwaige Erfüllungsunsicherheiten zu reduzieren.[927] Das Risiko und die zeitliche Belastung, die Erfüllung des Mediationsvergleichs unter Umständen in einem Prozeß im Ausland einklagen zu müssen, werden jedoch die meisten Parteien nicht eingehen wollen, so daß oftmals sogar beide Parteien auf die Ausgestaltung des Mediationsvergleichs als Vollstreckungstitel bestehen werden.[928] Dies ist auch erforderlich, da die Möglichkeiten, das Mediationsergebnis abzusichern, auch von der Bereitschaft der gegnerischen Partei abhängen.[929]

Bei der Sicherung der Vollstreckbarkeit gibt es mehrere Möglichkeiten. Bei der Wahl zwischen den bestehenden Möglichkeiten dürften vor allem die Höhe der Kosten, die international eröffneten Vollstreckungsmöglichkeiten und die

---

[924] *Lörcher*, DB 1999, 789.

[925] Vgl. *Walter*, ZZP 103 (1990), 167.

[926] Vgl. *Werner*, Journal of World Intellectual Property 1998, Vol. 1 No. 5, 857.

[927] Siehe hierzu *Lörcher*, in: Schlieffen/Haft, § 28 Rn. 18.

[928] *Eidenmüller*, in: Breidenbach, Konsensuale Streitbeilegung, S. 80.

[929] Vgl. *Walter*, ZZP 103 (1990), 168.

Behandlung von materiellrechtlichen Einwänden gegen die Vergleichsregelung als Entscheidungsgründe eine Rolle spielen.[930]

(1) Der Anwaltsvergleich

Beim Anwaltsvergleich handelt es sich für die Parteien um eine schnelle und kostengünstige Möglichkeit, einen Vollstreckungstitel zu erlangen.[931] Voraussetzung gem. § 796a I ZPO ist, daß sich der Schuldner in dem Vergleich der sofortigen Zwangsvollstreckung unterworfen hat, und der Vergleich unter Angabe des Tages seines Zustandekommens beim zuständigen Amtsgericht oder einem zuständigen Notar (§ 796c I ZPO) niedergelegt wurde. Der Vergleich muß hierbei von Rechtsanwälten im Namen und mit Vollmacht der von ihnen vertretenen Parteien abgeschlossen werden. Handlungsfähig gem. § 796a I ZPO sind nur Rechtsanwälte. Ein Vergleich unter Einschaltung von Patentanwälten hat somit nicht dieselbe Wirkung.[932]

Um einen Vollstreckungstitel zu erlangen (§ 794 I Nr. 4b ZPO), muß der Anwaltsvergleich entweder durch Beschluß des zuständigen Gerichts (§ 796b ZPO) oder durch einen zuständigen Notar (§ 796c ZPO) für vollstreckbar erklärt werden. Gem. § 796a III ZPO ist die Vollstreckbarerklärung abzulehnen, wenn der Vergleich unwirksam ist oder eine Anerkennung gegen die öffentliche Ordnung verstoßen würde. Wurde der Vergleich durch das zuständige Gericht für vollstreckbar erklärt, sind Einwände, die im Rahmen einer Vollstreckungsgegenklage gegen die materiellrechtliche Wirksamkeit des Vergleichs vorgebracht werden, gem. § 767 II ZPO präkludiert, wenn die Einwände bereits im Vollstreckbarerklärungsverfahren vorlagen. Dies ändert sich, wenn der Anwaltsvergleich durch einen Notar für vollstreckbar erklärt wurde (§ 797 VI, IV ZPO).[933]

Gem. § 796a II ZPO kann jedoch kein Vollstreckungstitel aus einem Anwaltsvergleich erlangt werden, der auf die Abgabe einer Willenserklärung gerichtet ist. Ansprüche auf Abgabe einer Willenserklärung sollen von der Zwangsvollstreckungsunterwerfung ausgeschlossen sein.[934] Damit kann es z.B. nicht

---

[930] *Eidenmüller*, in: Breidenbach, Konsensuale Streitbeilegung, S. 81.

[931] Zu weiteren Vor-, aber auch Nachteilen des Anwaltsvergleichs, siehe *Nerlich*, MDR 1997, 418.

[932] Busse/*Keukenschrijver*, PatG § 143 Rn. 235; *Raden*, in: Gottwald, AKR-Handbuch, 5.2.6., S. 12.

[933] *Eidenmüller*, in: Breidenbach, Konsensuale Streitbeilegung, S. 83.

[934] MünchKommZPO-*Wolfsteiner*, § 794 Rn. 225.

Gegenstand eines Anwaltsvergleichs sein, daß ein Patentinhaber auf sein Patent zumindest teilweise verzichtet (§ 20 I Nr. 1 PatG), da es sich beim Verzicht um eine einseitige Willenserklärung handelt,[935] die nur der materiell berechtigte, in der Rolle eingetragene, wahre Patentinhaber abgeben kann.[936]

Auch die internationale Vollstreckbarkeit eines Anwaltsvergleichs ist sehr eingeschränkt bzw. nicht gegeben. Da es sich beim vollstreckbaren Anwaltsvergleich nicht um eine öffentliche Urkunde i.S.v. Art. 50 EuGVÜ handelt, weil er vom Gericht oder vom Notar für vollstreckbar erklärt werden muß, ist diese Vorschrift nicht anwendbar.[937] Auch der gerichtliche oder notarielle Beschluß über die Vollstreckbarerklärung des Anwaltsvergleichs bietet keine Möglichkeit, den Vergleich wenigstens im Anwendungsbereich des EuGVÜ vollstrecken zu können, weil es sich hierbei um keine Entscheidung i.S.v. Art. 25 EuGVÜ handelt. Art. 25 EuGVÜ erfaßt nur Sachentscheidungen.[938] Beim Beschluß über die Vollstreckbarerklärung liegt eine solche Sachentscheidung allerdings nicht vor, auch wenn es die Verpflichtung gibt, die Voraussetzungen des § 796a zu prüfen.[939] Damit handelt es sich beim Anwaltsvergleich, zumindest in internationalen Fällen, nicht um ein geeignetes Mittel, um einen Mediationsvergleich wirksam durchzusetzen. Bei nationalen Fällen handelt es sich zwar um ein kostengünstiges Verfahren, das jedoch nicht hilft, wenn es um den Bestand des Schutzrechts geht.

(2) Die notarielle Urkunde

Ist ein Notar als Mediator tätig geworden, bietet es sich an, den Mediationsvergleich durch eine vollstreckbare, notarielle Urkunde (§ 794 I Nr. 5 ZPO) abzusichern. Ebenso liegt es nahe, daß, wenn der Mediationsvergleich Regelungen zum Inhalt hat, die beurkundet werden müssen, die Konfliktparteien sich in der zu erstellenden Urkunde wegen der begründeten Ansprüche auch gleich der sofortigen Zwangsvollstreckung unterwerfen. Allerdings darf, wie beim Anwaltsvergleich auch, die notarielle Urkunde nicht auf Abgabe einer Willenserklärung gerichtet sein.[940] Hinsichtlich der Titelfreizügigkeit hat die notarielle

---

[935] BPatG GRUR 1965, 143; BPatG GRUR 1989, 340.

[936] Busse/*Schwendy*, PatG § 20 Rn. 15.

[937] Vgl. MünchKommZPO-*Gottwald*, EuGVÜ Art. 50 Rn. 10; *Eidenmüller*, in: Breidenbach, Konsensuale Streitbeilegung, S. 81 Fn. 139; *Schlosser*, EuGVÜ, Art. 50 Rn. 2. A.A. *Schütze*, DZWir 1993, 136.

[938] Thomas/Putzo/*Hüßtege*, Art. 25 EuGVÜ Rn. 1.

[939] *Eidenmüller*, in: Breidenbach, Konsensuale Streitbeilegung, S. 81 f.

[940] Siehe hierzu oben S. 184.

Urkunde gegenüber dem Anwaltsvergleich jedoch Vorteile, weil sie als öffentliche Urkunde[941] im Anwendungsbereich des EuGVÜ auf Antrag in einem anderen Vertragsstaat für vollstreckbar erklärt werden kann (Art. 50 EuGVÜ).[942]

(3) Der Vergleich vor einer anerkannten Gütestelle

Ein Vollstreckungstitel für das Mediationsergebnis kann bei Patentstreitigkeiten ferner dann erlangt werden, wenn das Mediationsverfahren vor einer Einigungsstelle für Wettbewerbssachen[943] stattgefunden hat, und dort ein Vergleich abgeschlossen wurde (§ 794 I Nr. 1 ZPO), weil es sich bei den Einigungsstellen um Gütestellen i.S.v. § 794 ZPO handelt.[944] Jedoch dürfte auf Grund der Beschränkung der sachlichen Zuständigkeit auf Rechtsstreitigkeiten, bei denen ein Anspruch aus dem UWG geltend gemacht wird (§ 27a I UWG), diese Möglichkeit bei Patentstreitigkeiten nur selten in Betracht kommen.[945]

(4) Der Schiedsspruch mit vereinbartem Wortlaut

Hinsichtlich der Titelfreizügigkeit zeigen sich schnell deutliche Vorteile bei der Vereinbarung eines Schiedsspruchs mit vereinbartem Wortlaut. Dieser hat gem. § 1053 II S. 2 ZPO dieselbe Wirkung wie jeder andere Schiedsspruch. Obwohl also diese Art von Schiedsspruch keine Sachentscheidung des Schiedsgerichts zum Inhalt hat, ist nahezu unumstritten, daß der Schiedsspruch mit vereinbartem Wortlaut grundsätzlich durch das New Yorker UN-Übereinkommen[946] erfaßt und somit praktisch weltweit vollstreckbar ist,[947] wenn er in vollstreckbarer Form formuliert wurde.[948]

---

[941] Siehe MünchKommZPO-*Schreiber*, § 415 Rn. 15.

[942] *Stürner*, in: Breidenbach, Konsensuale Streitbeilegung, S. 25; *Eidenmüller*, in: Breidenbach, Konsensuale Streitbeilegung, S. 81.

[943] Siehe zur Einigungsstelle oben S. 37 f.

[944] Pastor/Ahrens/*Probandt*, § 20 Rn. 40. Dahingegen handelt es sich bei der Schiedsstelle für Arbeitnehmererfindungen nicht um eine anerkannte Gütestelle i.S.v. § 794 I Nr. 1 ZPO, weil die Schiedsstelle nicht durch eine Landesjustizverwaltung eingerichtet oder anerkannt ist. Folglich ist der Einigungsvorschlag der Schiedsstelle auch kein Vollstreckungstitel i.S.d. § 794 ZPO; siehe *Bartenbach/Volz*, ArbEG § 34 Rn. 13.

[945] Vgl. zur sachlichen Zuständigkeit der Einigungsstellen nach § 27a UWG oben S. 37 f.

[946] New Yorker Übereinkommen über die Anerkennung und Vollstreckung ausländischer Schiedssprüche vom 10.6.1958, BGBl. 1961 II, 121.

[947] *Gottwald*, in: Breidenbach, Konsensuale Streitbeilegung, S. 34 f.; *König*, Mitteilungen der deutschen Patentanwälte 1999, 354; *Eidenmüller*, in: Breidenbach, Konsensuale Streitbeilegung, S. 81.

[948] Siehe *Berger*, RIW 2001, 16 f.; MünchKommZPO-*Münch*, § 1053 Rn. 14.

Voraussetzung für den Schiedsspruch mit vereinbartem Wortlaut ist, daß die Parteien einen Vergleich mit Prozeßbezug vereinbaren.[949] Während am Ende eines Mediationsverfahrens meist eine Einigung und ein gegenseitiges Nachgeben i.S.v. § 779 BGB vorliegen wird,[950] ist die Voraussetzung des Prozeßbezugs problematischer. Dieser muß in persönlicher, sachlicher und zeitlicher Hinsicht gegeben sein.

Ein persönlicher Prozeßbezug ist nur bei den Prozeßparteien i.S.v. § 1044 S. 2 Var. 1 ZPO gegeben. Dritte können folglich nicht ohne weiteres in den Vergleich miteinbezogen werden. Dritte müssen somit der Schiedsvereinbarung explizit beitreten, damit eine Drittbindung entsteht.[951]

Der sachliche Prozeßbezug setzt eine Berührung des Streitgegenstandes, wie er einleitend gem. § 1044 S. 2 Var. 2 ZPO bezeichnet wurde oder sich später ergibt (§ 1046 II, III ZPO), voraus. Die Parteien können jedoch in Form eines sog. Gesamtschiedsvergleichs sachlich auch Punkte erfassen, welche bislang nicht Streitgegenstand des Schiedsverfahrens oder Gegenstand der Schiedsbindung (§ 1029 I ZPO) waren. Eine solche Erweiterung wäre gem. § 1031 VI ZPO formlos möglich. Der Schiedsvergleich muß aber zumindest teilweise auch der Beilegung des Rechtsstreits dienen.[952]

Weitaus problematischer ist die dritte Voraussetzung: der Prozeßbezug in zeitlicher Hinsicht. Meist wird am Ende des Mediationsverfahrens das Mediationsergebnis stehen, u.U. wurde hierüber bereits ein materiellrechtlicher Vergleich geschlossen, und nun soll der Vergleich mit einem Schiedsspruch mit vereinbartem Wortlaut in eine leicht vollstreckbare Form gebracht werden. Hierfür wird der Mediator von den Parteien als Schiedsrichter bestellt (§ 1035 I ZPO), der den Mediationsvergleich als Schiedsspruch mit vereinbartem Wortlaut festhalten soll. § 1053 I ZPO erfordert allerdings nach seinem Wortlaut, daß sich die Parteien *„während des schiedsrichterlichen Verfahrens über die Streitigkeit“* (S. 1)[953] vergleichen, und „*es* (das Schiedsgericht) *den Vergleich in der Form eines Schiedsspruchs mit vereinbartem Wortlaut*“ (S. 2) festhält. Demnach wäre es notwendig, daß ein Schiedsverfahren zum Zeitpunkt des Vergleichsschlusses anhängig, und das Schiedsgericht bereits konstituiert

---

[949] Vgl. MünchKommZPO-*Münch*, § 1053 Rn. 4.

[950] Siehe oben S. 175.

[951] MünchKommZPO-*Münch*, § 1053 Rn. 5; Musielak/*Voigt*, ZPO, § 1053 Rn. 5.

[952] MünchKommZPO-*Münch*, § 1053 Rn. 7.

[953] Vgl. Art. 30 *UNCITRAL*-Modellgesetz über die internationale Handelsschiedsgerichtsbarkeit: „*...during arbitral proceedings*“.

ist.[954] Haben sich die Parteien allerdings bereits vor dem Schiedsverfahren im Rahmen des Mediationsverfahrens geeinigt, so würden sie sich nicht während des Schiedsgerichtsverfahrens vergleichen, wie dies § 1053 I S. 1 ZPO seinem Wortlaut nach verlangt.[955] Weiter wäre zweifelhaft, inwiefern noch eine Streitigkeit i.S.v. § 1053 I S. 1 ZPO besteht, die der zum Schiedsrichter ernannte Mediator entscheiden könnte (siehe § 1029 I ZPO), wenn bereits eine Einigung der Parteien vorliegt.[956]

Eine solche am Wortlaut orientierte Auslegung des § 1053 I ZPO wird teils für zu formalistisch gehalten. Sie würde dem *„Geist der flexiblen Anpassung an praktische Bedürfnisse, welcher das Schiedsrecht trägt"*, nicht gerecht.[957] Dem ist jedoch entgegenzuhalten, daß der Schiedsspruch insofern eine Sonderstellung hat, da das Schiedsgericht eine Tätigkeit ausübt, der normalerweise hoheitlicher Charakter zukommt. Immerhin steht der Schiedsspruch mit vereinbartem Wortlaut nach § 1055 ZPO einem rechtskräftigen Urteil gleich und erlangt folglich materielle Rechtskraftwirkung. Er hat damit sogar eine stärkere Wirkung als der vor einem staatlichen Gericht geschlossene Vergleich.[958] Daher ist auch das Schiedsgerichtsverfahren durch eine Reihe von Mindestvoraussetzungen, die gleichzeitig verfahrensmäßige Garantien für die Beteiligten darstellen, in der ZPO geregelt und justizförmig gestaltet. Hieraus resultiert die Anerkennung des Schiedsgerichts als privates Gericht und daraus folgt wiederum die Privilegierung des Schiedsspruchs mit vereinbartem Wortlaut.[959] Eine formale Auslegung des § 1053 I ZPO nach dem Wortlaut widerspricht folglich nicht dem Sinn und Zweck des Schiedsrechts. Im Ergebnis darf somit bei einem dem Mediationsverfahren nachgeschalteten Schiedsgerichtsverfahren zumindest nicht bereits zu Beginn des Schiedsverfahrens ein rechtlich bindender Vergleich zwischen den Parteien vorliegen.[960] Dies heißt wiederum aber auch, daß nach Vereinbarung eines Schiedsgerichts der Schiedsrichter auf Grund kontradiktorischen Verfahrens durch Schiedsspruch die Streitigkeit zu

---

[954] Siehe MünchKommZPO-*Münch*, § 1053 Rn. 6. Zu § 1044a ZPO a.F., *Walter*, ZZP 103 (1990), 168.

[955] Ebenso *Grziwotz*, MDR 2001, 306; *Berger*, RIW 2001, 16.

[956] Vgl. *Lörcher*, in: Schlieffen/Haft, § 28 Rn. 30; *Berger*, RIW 2001, 16 f.; *Newmark/Hill*, Arbitration International 16 (2000), 83 f.

[957] So *Eidenmüller*, Wirtschaftsmediation, S. 49; ähnlich Musielak/*Voigt*, ZPO, § 1053 Rn. 3.

[958] Siehe *Grziwotz*, MDR 2001, 306; Zöller/*Geimer*, § 1053 Rn. 6; Musielak/*Voigt*, ZPO, § 1053 Rn. 12.

[959] Vgl. *Lörcher*, in: Schlieffen/Haft, § 28 Rn. 30 f.

[960] So auch bei Auslegung nach dem Wortlaut, *Eidenmüller*, Wirtschaftsmediation, S. 49.

entscheiden hat, wenn plötzlich eine Partei keinen Vergleich mehr möchte.[961] In diesem Fall müßte ein vollständiges Schiedsverfahren mit Schriftsätzen und Beweiserhebung durchgeführt werden. Das Risiko, daß die Parteien möglicherweise unverhofft ein kontradiktorisches Schiedsverfahren durchführen müssen, ist natürlich weitaus größer, wenn das Mediationsverfahren in das Schiedsverfahren integriert, und das Schiedsverfahren nicht nur nachgeschaltet ist.[962] Ganz unproblematisch ist jedoch auch das nachgeschaltete Schiedsverfahren diesbezüglich nicht. Denkbar wäre etwa der Fall, daß nach Einleitung des Schiedsverfahrens festgestellt wird, daß der Schiedsvergleich gegen die öffentliche Ordnung verstößt. In diesem Fall darf der Schiedsrichter gem. § 1053 I S. 2 ZPO den Vergleich nicht in der Form eines Schiedsspruchs mit vereinbartem Wortlaut festhalten. Versagt das Schiedsgericht den Vergleichsspruch, muß jedoch das Schiedsgerichtsverfahren fortgeführt werden.[963] Wird der Schiedsspruch z.B. durch Aufhebungsantrag unwirksam, muß auch in diesem Fall im Zweifel ein erneutes Schiedsgerichtverfahren durchgeführt werden (siehe § 1059 IV, V ZPO).

Entscheiden sich die Parteien dafür, das Mediationsergebnis in Form eines Schiedsspruchs mit vereinbartem Wortlaut festzuhalten, so ist weiterhin zu beachten, daß mit Vereinbarung des Schiedsgerichtsverfahrens Mindestvoraussetzungen des Schiedsrechts, Formerfordernisse[964] sowie zwingende Verfahrensgrundsätze der Gleichbehandlung sowie der Gewährung rechtlichen Gehörs (§ 1042 I ZPO) zu beachten sind, da ansonsten der Schiedsspruch aufzuheben (§ 1059 II ZPO) bzw. die Vollstreckbarerklärung zu versagen ist (§ 1060 II S. 1 ZPO). So ist etwa der Vorschlag, kurz vor Abfassung des Vergleichs den Mediator zum Schiedsrichter zu machen,[965] dann problematisch, wenn man davon ausgeht, daß bei einer fehlerhaften Besetzung des Schiedsgerichts der Schiedsvergleich unzulässig ist, da sich in diesem Fall das Schiedsgericht nicht

---

[961] Vgl. *Lörcher*, in: Schlieffen/Haft, § 28 Rn. 38 ff. Nur die Parteien gemeinsam (§ 1056 II Nr. 2 ZPO) oder der Kläger (§ 1056 II Nr. 1 ZPO) – vorausgesetzt der Beklagte widerspricht nicht auf Grund berechtigter Interessen (§ 1056 II Nr. 1b ZPO) – können das Schiedsverfahren beenden, ohne daß ein Schiedsspruch ergeht (§ 1056 I ZPO).

[962] Siehe zum Mediationsverfahren im Schiedsverfahren, *Eidenmüller*, Wirtschaftsmediation, S. 51 f.

[963] Vgl. MünchKommZPO-*Münch*, § 1053 Rn. 17.

[964] So gelten z.B nach § 1053 II S. 1 ZPO für den Schiedsspruch mit vereinbartem Wortlaut dieselben Formerfordernisse wie für den Schiedsspruch.

[965] Siehe *Walter*, ZZP 103 (1990), 168.

wirksam konstituiert hat.[966] Jedoch wurde zumindest in dem Fall ein Schiedsvergleich als wirksam angesehen, in dem ein mit drei Schiedsrichtern besetztes Schiedsgericht tätig wurde, bei dem eine Schiedsrichterstelle fehlerhaft besetzt war, und die Parteien in Kenntnis der Unwirksamkeit des Schiedsrichtervertrags den Schiedsvergleich abgeschlossen hatten.[967] Ob natürlich auch bei der Besetzung des Schiedsgerichts mit einem Schiedsrichter – wie im Falle des der Mediation nachgeschalteten Schiedsgerichtsverfahrens – im Abschluß eines Schiedsvergleichs die wirksame Billigung eines fehlerhaft gebildeten Schiedsgerichts gesehen werden kann, darf dahingestellt werden. Nach deutschem Recht mag es zwar die Möglichkeit geben, eine Mediationsklausel einfach zur Schiedsklausel umzudeklarieren und aus dem Mediator einen Schiedsrichter zu machen, damit man einen vollstreckungsfähigen Titel nach § 1053 IV ZPO erhält.[968] Im internationalen Bereich dürften jedoch die Unterschiede zwischen Mediation und Schiedsgericht nicht ohne weiteres überbrückbar sein.[969]

Neben der Beachtung von Verfahrensgrundsätzen und Formvorschriften des Schiedsrechts ist weiter zu beachten, daß der Schiedsvergleich einer inhaltlichen Kontrolle durch den Schiedsrichter (§ 1053 I S. 2 ZPO) unterliegt. Nachzuprüfen ist vordringlich die materielle Gültigkeit, beschränkt auf Verstöße gegen die öffentlichen Ordnung (*ordre public*). Hiermit sind jedoch alle von Amts wegen zu beachtenden Aufhebungsgründe des § 1059 II Nr. 2 ZPO gemeint, also auch die mangelnde Schiedsfähigkeit des Streitgegenstandes gem. § 1030 ZPO.[970] Es wäre somit im Grunde bereits durch den Schiedsrichter die Schiedsfähigkeit von Patentstreitigkeiten zu prüfen, d.h. ob und in welchem Umfang das deutsche Patentrecht eine Materie darstellt, für die sich der Staat die ausschließliche gerichtliche Zuständigkeit vorbehalten hat. Spätestens vor Gericht – im Falles

---

[966] Vgl. *Baur*, Der schiedsrichterliche Vergleich, S. 15.

[967] BGHZ 55, 313.

[968] So *Walter*, ZZP 103 (1990), 168.

[969] Vgl. *Gottwald*, in: Breidenbach, Konsensuale Streitbeilegung, S. 42 f.; *Schlosser*, Intern. Schiedsgerichtsbarkeit, Rn. 931; *Sanders*, The Work of *UNCITRAL*, S. 50. Gegenüber dem Schiedsverfahren des *Common Law* weisen das deutsche Recht, aber auch andere kontinentaleuropäische Rechtsordnungen die Besonderheit auf, daß dem Schiedsrichter zusätzlich die Aufgabe des Schlichters zugewiesen wird. In anderen Ländern – wie z.B. England – steht man Vermittlungsbemühungen des Schiedsrichters kritischer gegenüber; vgl. *Nicklisch*, RIW 1998, 169; *Berger*, RIW 2001, 17; *Mankowski*, ZZP 114 (2001), 42.

[970] MünchKommZPO-*Münch*, § 1053 Rn. 12; *Schwab/Walter*, S. 242; *Grziwotz*, MDR 2001, 307. Das Prüfungsrecht des Schiedsrichters geht wohl über dies hinaus, weil der *ordre public* Begriff des § 1059 II Nr. 2b ZPO ein engerer als der des § 1053 I S. 2 ZPO ist; so *Mankowski*, ZZP 114 (2001), 75.

eines Aufhebungsantrags oder der Vollstreckbarerklärung – würde die Schiedsfähigkeit geprüft werden (siehe §§ 1060 II, 1059 II Nr. 2a ZPO).[971]

Nach § 1030 I ZPO sind Patentstreitigkeiten dann schiedsfähig, wenn sie vermögensrechtliche Ansprüche (§ 1030 I 1 ZPO) oder vergleichsfähige, nicht vermögensrechtliche Ansprüche (§ 1030 I 2 ZPO) betreffen. Die Schiedsfähigkeit darf weiter nicht nach § 1030 III ZPO durch gesetzliche Vorschriften außerhalb der ZPO eingeschränkt sein. Die gewerblichen Schutzrechte sind Immaterialgüterrechte, d.h. Vermögensrechte an verselbständigten, verkehrsfähigen geistigen Gütern. Sie dienen vor allem der Befriedigung der Vermögensinteressen des Schaffenden, indem sie ihm den wirtschaftlichen Wert des geschützten Gutes sichern.[972] Damit sind fast alle sich aus einer patentrechtlichen Streitigkeit ergebenden Ansprüche vermögensrechtlicher Art und damit vermögensrechtliche Ansprüche i.S.v. § 1030 I 1 ZPO.[973] Hierzu gehören insbesondere Ansprüche aus Lizenzverträgen[974] wie Zahlungs-, Schadensersatz-, Bereicherungs- und negatorische Ansprüche, wie z.B. auf Unterlassung der Schutzrechtsverletzung.[975]

Patentverletzungsstreitigkeiten sind einer schiedsrichterlichen Streiterledigung ohne weiteres zugänglich. Fraglich ist jedoch, ob sich aus § 1030 III ZPO eine Einschränkung der Schiedsfähigkeit bei Patentnichtigkeitsstreitigkeiten ergibt. Dafür müßten entsprechende einschränkende Vorschriften im Patentrecht

---

[971] Die folgenden Ausführungen zur Schiedsfähigkeit von deutschen Patenten lassen sich auch auf das europäische Patent insoweit übertragen, als es sich hierbei um ein Bündelpatent handelt, das nach seiner Erteilung in die beantragten nationalen Patente zerfällt. Diese wiederum unterliegen der nationalen Gesetzgebung und Rechtsprechung der Vertragsstaaten, Art. 2 II EPÜ. Die Schiedsfähigkeit ist somit für Deutschland nach nationalem Recht zu beurteilen. Vgl. *Frost*, S. 89 f.

[972] *Hubmann/Götting*, § 5 I 3.

[973] Vgl. *Schwab/Walter*, S. 36 f.

[974] Vgl. BGHZ 65, 59.

[975] Zöller/*Geimer*, § 1030 Rn. 14; *Raden*, BB Beilage 9, 1999, 18. Persönlichkeitsrechtliche Ansprüche, wie z.B. das Recht des Erfinders auf Nennung als Erfinder, haben häufig einen vermögensrechtlichen Aspekt, wenn z.B. das Persönlichkeitsrecht zur Begründung auf Geld gerichteter Schadensersatzansprüche eingesetzt wird. Ebenfalls einen vermögensrechtlichen Anspruch kann die behauptete Verletzung der Erfinderehre darstellen, wenn sie mit der Beeinträchtigung der beruflichen Stellung und des wirtschaftlichen Fortkommens begründet wird. Streitigkeiten werden hier also in der Regel gem. § 1030 I 1 ZPO schiedsfähig sein. Vgl. *Frost*, S. 42 f.

bestehen. Im Gesetzentwurf der Bundesregierung zum Schiedsverfahrensgesetz[976] wird die Schiedsfähigkeit abgelehnt,

„[...] *wenn der Gesetzgeber besondere Gerichte für bestimmte Streitigkeiten wie die Klage auf Nichtigerklärung oder Zurücknahme von Patenten eingerichtet hat. Diese Verfahren betreffen Rechte, die kraft Verwaltungsakt erteilt worden sind und die deshalb nicht der Disposition der Beteiligten unterliegen. Über diese Rechte ist deshalb durch richterliches Gestaltungsurteil, das nicht nur zwischen den Parteien, sondern gegenüber jedermann wirkt, zu entscheiden.*“

Die Kommission zur Neuordnung des Schiedsverfahrensrechts stellte in ihrem Bericht statt dessen fest, daß eine ausschließliche Zuständigkeitsregel – wie beispielsweise bei Klagen auf Nichtigkeit oder Zurücknahme von Patenten – sich nur auf die Zuständigkeit unter den staatlichen Gerichten bezieht und nichts darüber besagt, ob der Rechtsstreit auch von den Schiedsgerichten entschieden werden kann.[977] Für die Ansicht der Kommission spricht freilich, daß in anderen Bereichen aus der ausschließlichen Zuständigkeit bestimmter staatlicher Gerichte nicht zwangsläufig die Schiedsunfähigkeit folgt.[978] Entscheidender ist jedoch, daß der Patentinhaber sein Patent veräußern oder übertragen und jederzeit zum Erlöschen bringen kann, wenn er etwa seinen ausdrücklichen Verzicht erklärt (§ 20 I Nr. 1 PatG). Es erscheint daher folgerichtig, dem Patentinhaber auch das Recht zuzubilligen, eine Nichtigkeitsstreitigkeit von einem Schiedsgericht entscheiden zu lassen. Es ist dem Patentinhaber in einem staatlichen Verfahren unbenommen, seinen Patentanspruch vergleichsweise zu beschränken. Das Patentgericht ist dann im Nichtigkeitsverfahren an diese Beschränkung gebunden.[979] Hieraus könnte man schließen, daß der Patentinhaber auch einem Schiedsgericht die Entscheidung übertragen darf, ob das Patent nichtig ist.[980]

Obwohl vieles für die uneingeschränkte Schiedsfähigkeit von Patentstreitigkeiten spricht, ist nach verbreiteter Ansicht eine Schiedsvereinbarung, die eine Klage auf Nichtigerklärung von Patenten, auf Zurücknahme von Patenten und

---

[976] BT-Drs. 13/5274, S. 34 f.

[977] Bericht der Kommission zur Neuordnung des Schiedsverfahrensrechts, herausgegeben vom Bundesministerium der Justiz, Februar 1994, S. 92.

[978] Siehe z.B. § 95 GWB. Dennoch ist die Schiedsfähigkeit von kartellrechtlichen Streitigkeiten unbestritten; vgl. *Schwab/Walter*, S. 37; MünchKommZPO-*Münch*, § 1030 Rn. 19.

[979] BGH GRUR 1962, 294 (295 f.) „Hafendrehkran“.

[980] *Schlosser*, Intern. Schiedsgerichtsbarkeit, Rn. 317; *Schweyer*, GRUR Int. 1983, 156.

auf Erteilung von Zwangslizenzen[981] zum Gegenstand hat, unzulässig und unwirksam.[982] Hinsichtlich der Schiedsfähigkeit von Patentnichtigkeitsklagen nach deutschem Recht bleibt damit eine gewisse Unsicherheit bestehen.[983] Doch auch wenn man die uneingeschränkte objektive Schiedsfähigkeit nach deutschem Recht bejaht, ist die internationale Durchsetzbarkeit nicht gesichert, da es zahlreiche Staaten gibt, in denen die Schiedsfähigkeit hinsichtlich Patentstreitigkeiten deutlich restriktiver gehandhabt wird.[984] Auch wenn es Staaten wie die USA und die Schweiz gibt,[985] wo alle Patentstreitigkeiten auch schiedsfähig sind, findet bei anderen Staaten die Schiedsfähigkeit zumindest dort ihre Grenze, wo es bei der Streitigkeit hauptsächlich um die Wirksamkeit des Schutzrechts geht.[986]

Die Wirkung eines Schiedsspruchs mit vereinbartem Wortlaut ist – gem. § 1053 II S. 2 ZPO wie bei jedem anderen Schiedsspruch – nach § 1055 ZPO die eines rechtskräftigen gerichtlichen Urteils. Diese Vorschrift besagt, daß der gleiche Streitgegenstand zwischen den Parteien grundsätzlich weder durch staatliche Gerichte noch private Schiedsgerichte erneut entschieden werden kann.[987] Bei Streitigkeiten im Zusammenhang mit Patenten, die Vertrags- oder Schutzrechtsverletzungen betreffen, bereitet diese Regelung keine Probleme. Schwierig ist auch hier – soweit man die objektive Schiedsfähigkeit bejaht – § 1055 ZPO hinsichtlich Schiedssprüchen über die Nichtigkeit von Patenten. Denkbar ist im Grunde nur eine reine Wirkung *inter partes*. D.h., die schiedsrichterliche Entscheidung über die Nichtigkeitsgründe eines Patents wird auf die Parteien

---

[981] Im Bereich der Zwangslizenz sieht allerdings die EuratomV ein Schiedsverfahren vor. Siehe Busse/*Keukenschrijver*, PatG § 143 Rn. 88.

[982] Siehe BGH BB 1984, 561; MünchKommZPO-*Münch*, § 1030 Rn. 18; *Schwab*, in: FS Henckel, S. 813 f.; *Thomas*/Putzo, § 1030 Rn. 6; Baumbach/Lauterbach/*Albers*, § 1030 Rn. 8; *Lörcher/Lörcher/Lörcher*, Rn. 42; *König*, Mitteilungen der deutschen Patentanwälte 1999, 350. A.A. mit ausführlicher Begründung *Frost*, S. 43 ff.; *Berger*, RIW 2001, 12; *Schwab/Walter*, S. 39; *Pfaff*, in: FS Nagel 1987, S. 289 ff.; *Barber*, S. 160 f.

[983] So auch *Berger*, RIW 2001, 12.

[984] Hierzu zählen z.B. einige lateinamerikanische Länder sowie Südkorea, Südafrika und Israel. Siehe den Report der *ICC* abgedruckt bei *Werner*, Journal of World Intellectual Property 1998, Vol. 1 No. 5, 850. Vgl. auch *Plant*, Intellectual Property Disputes, S. 32 ff.; *Schlosser*, Intern. Schiedsgerichtsbarkeit, Rn. 317. Siehe oben S. 51.

[985] Siehe *Werner*, Journal of World Intellectual Property 1998, Vol. 1 No. 5, 854; *Frost*, S. 184 ff.; *Barber*, S. 75 ff., 138; *Schweyer*, GRUR Int. 1983, 150. Siehe auch oben Fn. 181.

[986] Z.B. Frankreich, Irland. Siehe *Barber*, S. 122; *Werner*, Journal of World Intellectual Property 1998, Vol. 1 No. 5, 852. Vgl. auch *Plant*, Intellectual Property Disputes, S. 35 f.

[987] *Frost*, S. 57.

des Schiedsverfahrens begrenzt. Rechtstechnisch kann dies entweder durch die Annahme einer Lizenz, durch die Begrenzung der Gestaltungswirkung des Nichtigkeitsschiedsspruchs auf die Schiedsparteien oder durch die Feststellung, daß der unterliegende Patentinhaber sein Ausschließlichkeitsrecht der anderen Partei nicht entgegenhalten kann, umgesetzt werden.[988] Ebenso könnte das Schiedsurteil die Partei zur Abgabe von Erklärungen oder Einwilligungen verurteilen. Eine solche Erklärung kann dann Grundlage für die Löschung des Patents aus dem amtlichen Register sein (§ 20 I Nr. 1 PatG).[989] Ein solches Schiedsurteil hat somit nur mittelbar eine Wirkung *erga omnes*, da die Verpflichtung zur Abgabe einer solchen Erklärung zunächst nur zwischen den Parteien wirkt. Problematisch ist jedoch diese Vorgehensweise, wenn die Verfügungsbefugnis durch Nießbrauchs- oder Pfandrechte Dritter eingeschränkt ist, also dingliche Rechte an dem Patent bestehen. Da Dritte beim Schiedsgerichtsverfahren nicht wie bei einem staatlichen Gerichtsverfahren die gleichwertige Möglichkeit haben – etwa als Nebenintervenient (§ 66 ZPO) – dem Verfahren beizutreten,[990] dürfte eine *erga omnes* Wirkung aus Gründen des Drittschutzes abzulehnen sein.[991]

(5) Zusammenfassung

Man kann zusammenfassen, daß am Schiedsspruch mit vereinbartem Wortlaut durch die Diskussion um die Vor- und Nachteile der Mediation großes Interesse gezeigt wird. Dies kann darauf zurückgeführt werden, daß durch ihn ein Nachteil der Mediation – daß diese nämlich teils auf die freiwillige Befolgung des erreichten Ergebnisses angewiesen ist bzw. die vertraglichen Ansprüche aus dem Mediationsvergleich jeweils erst gerichtlich durchzusetzen sind – ausgeglichen werden kann. Der Schiedsspruch mit vereinbartem Wortlaut liegt

---

[988] *Frost*, S. 61.

[989] Obwohl ein Schiedsspruch die Wirkung eines rechtskräftigen gerichtlichen Urteils hat, setzt die Anwendung des § 894 I ZPO auf den Schiedsspruch eine rechtskräftige Vollstreckbarerklärung voraus; MünchKommZPO-*Schilken*, § 894 Rn. 9.

[990] Siehe Busse/*Keukenschrijver/Schwendy*, PatG § 81 Rn. 119 ff. Hiergegen könnte man einwenden, daß es gem. § 1042 IV ZPO im Ermessen des Schiedsrichters liegt, die Nebenintervention Dritter zuzulassen. Jedoch wird dies im wesentlichen davon abhängen, ob die Parteien keine gegenteiligen Vereinbarungen getroffen haben. Doch selbst wenn man von der Durchsetzbarkeit der Nebenintervention ausgeht, muß berücksichtigt werden, daß die Nebenintervenienten nicht einem unabhängigen Gericht gegenüberstehen, sondern die Schiedsrichter durch die Prozeßparteien bestimmt wurden. Man kann daher nicht davon ausgehen, daß die Drittinteressen ebenso Berücksichtigung finden.

[991] Siehe hierzu ausführlich *Frost*, S. 68 ff.

nun genau an der Schnittstelle der auf Freiwilligkeit aufbauenden *ADR*-Verfahren und der mit einem bindenden und vollstreckbaren Schiedsspruch abschließenden Schiedsverfahren.[992] Damit ist der Schiedsspruch nach § 1053 ZPO derzeit wohl die beste Möglichkeit für die Mediationsparteien einer Patentstreitigkeit, das Mediationsergebnis in eine vollstreckungsfähige Form zu bringen, denn gerade bei grenzüberschreitenden Auseinandersetzungen werden die Vorteile der internationalen Schiedsgerichtsbarkeit als anerkannte Streitbeilegungsform besonders deutlich.[993] Dies zeigt sich insbesondere im Vergleich zum Anwaltsvergleich oder der notariellen Urkunde.

Es wurde allerdings oben teilweise deutlich, daß die Rechtsfigur des Schiedsspruchs nach § 1053 ZPO nicht für die Mediation, sondern für die Schiedsgerichtsbarkeit geschaffen wurde.[994] Es mag im Falle, daß ein Mediationsvergleich durch einen Schiedsspruch gem. § 1053 ZPO abgesichert wird, zu weit gehen, von einem Verfahrensmißbrauch zu sprechen.[995] Die weitreichende Rechtswirkung, aber auch die Sonderstellung im Verhältnis zu anderen Vollstreckungstiteln[996] zeigen jedoch, daß der Gesetzgeber beim Schiedsspruch mit vereinbartem Wortlaut nicht unbedingt die Regelung reiner Gefälligkeitsschiedssprüche im Sinn hatte. Daher muß auch von den Parteien die Einhaltung schiedsverfahrensrechtlicher Grundprinzipien verlangt werden. Dies gilt vor allem dann, wenn der Schiedsspruch auch im Ausland vollstreckbar sein soll.[997]

Die Kombination des Mediationsverfahren mit einem Schiedsverfahren, um die Vorteile der internationalen Vollstreckbarkeit zu erzielen, entspricht damit nicht dem Interesse der Beteiligten.[998] Damit der Schiedsspruch wirksam ist, werden die Parteien zur Einhaltung formaler Voraussetzungen der Schiedsgerichtsbarkeit gezwungen. Dabei entscheiden sich die Parteien häufig gerade deshalb für die Einleitung eines Mediationsverfahrens, um sich von den formalen Zwängen des Schiedsverfahrens zu befreien.[999] Neben den zusätzlichen Kosten, die unter

---

[992] *Berger*, RIW 2001, 16.

[993] Siehe oben S. 186.

[994] Vgl. oben S. 187 f.

[995] Diesen Verdacht äußert jedoch *Grziwotz*, MDR 2001, 307 f.

[996] So kann z.B. durch den Schiedsspruch mit vereinbartem Wortlaut sogar die notarielle Beurkundung ersetzt werden (§ 1053 III ZPO).

[997] Siehe hierzu *Lörcher*, BB Beilage 12, 2000, 2 ff.

[998] So *Eidenmüller*, in: Breidenbach, Konsensuale Streitbeilegung, S. 97.

[999] So *Berger*, RIW 2001, 16 f.

Umständen ein nachgeschaltetes Schiedsgerichtsverfahren verursacht,[1000] laufen die Parteien aber auch Gefahr, daß sie in ein kontradiktorisches Verfahren gezogen werden, obwohl sie nur die Vollstreckbarkeit des Mediationsvergleichs erreichen wollen. Die Durchsetzung des Mediationsvergleichs im Wege eines Schiedsspruchs mit vereinbartem Wortlaut kann daher nicht als optimale Lösung für die Parteien angesehen werden, auch wenn es im internationalen Bereich derzeit keine vergleichbare Alternative gibt.

c) Überlegungen hinsichtlich eines internationalen Mediationsübereinkommens

Wie oben gezeigt wurde, sind die Möglichkeiten hinsichtlich der Durchsetzung eines Mediationsvergleichs nicht optimal, da sie entweder in ihrer Wirkung national begrenzt sind oder zur Nachschaltung eines Schiedsgerichtsverfahrens zwingen. Auf Grund der wachsenden Bedeutung von Schlichtung und Mediation im internationalen Bereich wurde daher vorgeschlagen, für ein isoliertes Mediationsverfahren im internationalen Rahmen gewisse Grundregeln zu etablieren und die Durchsetzbarkeit von Mediationsvergleichen zu sichern. Hierfür wurde bereits die Schaffung eines internationalen Mediations- bzw. Schlichtungsübereinkommens[1001] angeregt, das, ähnlich der *New York Convention*[1002], auch die internationale Vollstreckbarkeit von Mediationsvergleichen gewährleisten soll.[1003] Auch eine Arbeitsgruppe der *UNCITRAL* hat sich bis vor kurzem mit diesem Thema auseinandergesetzt. Im folgenden soll daher der Nutzen einer internationalen Vereinheitlichung und die Möglichkeiten, die sich

---

[1000] Für den Fall, daß in einer anderen Rechtsordnung, in der das Mediationsergebnis durchgesetzt werden soll, die Ernennung des Mediators zum Schiedsrichter einen Verstoß gegen die *ordre public* darstellt, müßte ein zusätzlicher Schiedsrichter benannt werden, der natürlich weitere Kosten verursacht. Siehe zur Vergütung eines Schiedsrichters, *Hacke*, ADR-Vertrag, S. 296.

[1001] Die folgenden Ausführungen beziehen sich ebenso auf die Schlichtung, auch wenn diese nicht mehr ausdrücklich genannt wird.

[1002] New Yorker UN-Übereinkommen über die Anerkennung und Vollstreckung ausländischer Schiedssprüche v. 10.6.1958, BGBl. 1961 II, S. 121.

[1003] Siehe *Glossner*, in: FS Bülow, S. 69 ff.; *ders.*, International Business Lawyer 1983, Vol. 11, 151 ff.; *ders.*, in: ICCA Congress Series No. 1, S. 218 ff.; *Eidenmüller*, in: Breidenbach, Konsensuale Streitbeilegung, S. 96 f.; *Gottwald*, in: Breidenbach, Konsensuale Streitbeilegung, S. 43. Siehe auch den Diskussionsbeitrag von *Tang Houzhi*, in: WIPO (Hrsg.), WIPO Conference on Mediation – Geneva, March 29, 1996, Genf 1996, S. 83 f. Siehe auch *Sanders*, The Work of UNCITRAL, S. 80 f., der jedoch statt eines Abkommens ein Modellgesetz fordert.

hierzu bieten, ausgehend von der Diskussion bei der *UNCITRAL* untersucht werden.

(1) Regelungsbedarf

Bei der Frage, ob es überhaupt einen internationalen Regelungsbedarf für die Mediation gibt, kann man zunächst zwischen verschiedenen Regelungsbereichen unterscheiden. Bei der Arbeitsgruppe der *UNCITRAL* standen verschiedene Aspekte hinsichtlich der Notwendigkeit und Form einer Rechtsvereinheitlichung zur Diskussion,[1004] auf die bereits in bezug auf das deutsche Recht im Rahmen dieser Arbeit eingegangen wurde. Diskussionspunkte einer Rechtsvereinheitlichung waren z.B. die Möglichkeiten zur Sicherung der Vertraulichkeit des Mediationsverfahrens, durch Beweisverwertungsverbote und Aussageverweigerungsrechte des Mediators vor staatlichen oder privaten Gerichten.[1005] Im Zusammenhang mit der Vertraulichkeit ist auch die Frage nach der Rolle des Mediators in Folgeverfahren zu sehen, also inwiefern der Mediator als Schiedsrichter[1006], Parteivertreter oder Berater[1007] tätig werden darf. Weitere Gegenstände der Diskussion um eine Vereinheitlichung nationalen Rechts waren der Ausschluß bzw. die Aussetzung paralleler Gerichtsverfahren durch eine Mediationsvereinbarung, die Auswirkungen der Mediation in bezug auf die Verjährung,[1008] die Möglichkeit zur Durchführung von Einzelgesprächen durch den Mediator[1009] sowie die Festlegung von Verhaltensrichtlinien für den neutralen Dritten. Ein Punkt der Diskussion, der bei allen Bemühungen um eine Rechtsangleichung als zentral angesehen werden muß, war die internationale Anerkennung von Mediationsvergleichen und deren Vollstreckbarkeit.

Nicht bei allen erwähnten Punkten besteht die gleiche Notwendigkeit hinsichtlich einer einheitlichen Regelung. Die Beweismittelbeschränkungen, die aus einem Mediationsverfahren folgen sollten, sowie die Anerkennung eines zivilprozessualen Zeugnisverweigerungsrechts des Mediators dürften Bereiche sein, in denen es sich lohnt, über eine Rechtsangleichung nachzudenken. Die Vertraulichkeit ist sehr wichtig für das Mediationsverfahren.[1010] Gleichzeitig

---

[1004] Vgl. *UNCITRAL* Working Group II (Arbitration and Conciliation), A/CN.9/WG.II/WP.108 (14.1.2000), S. 6 ff.

[1005] Vgl. oben S. 143 ff.

[1006] Vgl. oben S. 88 ff.

[1007] Vgl. oben S. 78.

[1008] Siehe zum deutschen Recht *Heß/Sharma*, in: Schlieffen/Haft, § 26 Rn. 55 ff.

[1009] Vgl. oben S. 83.

[1010] Siehe oben S. 134 ff.

gibt es hinsichtlich der Anerkennung von Beweismittelbeschränkungen und Zeugnisverweigerungsrechten deutliche nationale Unterschiede.[1011] Dahingegen ist etwa eine Regelung über den Ausschluß bzw. die Aussetzung von parallelen Gerichtsverfahren nicht notwendig, da die Parteien, die ja freiwillig am Mediationsverfahren teilnehmen, nicht gleichzeitig ein Gerichtsverfahren vorantreiben werden, wenn sich dies negativ auf die Mediationsverhandlungen auswirken wird. Auch die Festlegung von Verhaltensrichtlinien für den neutralen Dritten scheinen nicht notwendig, da der neutrale Dritte nicht die Entscheidungsgewalt eines Schiedsrichters hat. Die Parteien sind folglich nicht im gleichen Maße schutzbedürftig.[1012] Die Regelung von Mindestrechten, wie dies bei der Schiedsgerichtsbarkeit notwendig ist, könnte man daher auch den Parteien überlassen.

Am sinnvollsten erscheint – daher soll sich hierauf auch das Hauptaugenmerk richten – eine Rechtsangleichung hinsichtlich der Anerkennung und Vollstreckung von Mediationsvergleichen bei internationalen Wirtschaftsstreitigkeiten. Wie oben dargestellt, ist derzeit im außereuropäischen Raum der Schiedsspruch mit vereinbartem Wortlaut die einzige Möglichkeit, den Mediationsvergleich wirksam international abzusichern.[1013] Allerdings werden die Parteien dadurch gleichzeitig in ein Verfahren gedrängt, das nicht notwendig wäre und zu Komplikationen führen kann.[1014] Weiter spricht für eine internationale Regelung die Vielzahl der unterschiedlichen nationalen Konzepte im Umgang mit Mediationsvergleichen. Häufig gibt es keine besonderen nationalen Bestimmungen, so daß Mediationsvergleiche, wie andere Verträge auch, zunächst vor Gericht durchgesetzt werden müssen. Aber gerade die Aussicht, zusätzlich Geld und Zeit im Rahmen eines Gerichts- oder Schiedsgerichtsverfahrens investieren zu müssen, um die getroffene Vereinbarung durchzusetzen,[1015] verringert die Attraktivität der Mediation. Zwischenzeitlich ist jedoch die Durchsetzbarkeit von Mediationsvergleichen in einigen Ländern durch den Gesetzgeber vereinfacht worden, so daß unter Umständen auch auf eine internationale Regelung verzichtet werden könnte. Häufig ist jedoch die vereinfachte Durchsetzbarkeit – wie etwa beim deutschen Anwaltsvergleich[1016] – mit einer

---

[1011] Vgl. *Schack*, Int. Zivilverfahrensrecht, Rn. 686 ff. Immerhin wird auch in Deutschland die Zulässigkeit von Beweismittelbeschränkungen teils bestritten.

[1012] Vgl. oben Fn. 774.

[1013] Vgl. oben S. 186 ff.

[1014] Vgl. oben S. 194 f.

[1015] Zu den damit verbundenen Problemen siehe oben S. 18 ff.

[1016] Siehe oben S. 184 f.

Hinterlegung des Vergleichs bei Gericht verbunden oder das Mediationsverfahren muß bei einer bestimmten Einrichtung – wie z.B. bei den anerkannten Gütestellen[1017] – durchgeführt werden.[1018] D.h., daß in diesen Fällen ausländische Mediationsvergleiche nicht ohne weiteres vollstreckt werden können, da sie die formalen Voraussetzungen zunächst nicht erfüllen werden.[1019]

Auch innerhalb der Arbeitsgruppe für Schiedsgerichtsbarkeit und Schlichtung/Mediation der *UNCITRAL* wurde von vielen Praktikern die Ansicht vertreten, daß die Attraktivität der Mediation stark zunehmen würde, wenn eine Einigung zwischen den Parteien, die im Rahmen eines solchen Verfahrens erzielt wurde, hinsichtlich der internationalen Vollstreckbarkeit genauso behandelt würde wie ein Schiedsspruch.[1020] Für diese Annahme spricht die Wirkung, die das New Yorker UN-Übereinkommen für die Entwicklung der internationalen Schiedsgerichtsbarkeit hatte.[1021] Die Kernpunkte dieses Übereinkommens sind ja gerade die Anerkennung und Vollstreckbarkeit von ausländischen Schiedssprüchen. Erkennt man an, daß sich die Parteien in einer privatautonomen Entscheidung der privaten Schiedsgerichtsbarkeit unterwerfen können, mit der Folge, daß der Schiedsspruch materielle Rechtskraft erlangt und in den meisten Staaten anerkannt wird, so spricht vieles dafür, auch die privatautonome Entscheidung im Rahmen eines Mediationsverfahrens anzuerkennen. Konsequenz hieraus wäre, daß ein Vergleich, der zwischen den Parteien geschlossen wird, auch im Ausland anerkannt wird und ohne weiteres für vollstreckbar erklärt werden kann. Angesichts der wachsenden Bedeutung der außergerichtlichen Streitbeilegung dürfte der Bedarf hinsichtlich einer internationalen Regelung der Vollstreckbarkeit gegeben sein.

[1017] Siehe oben S. 186.

[1018] Zu den verschiedenen Möglichkeiten der Durchsetzung eines Mediationsvergleichs in verschiedenen Ländern siehe *UNCITRAL* Working Group on Arbitration, A/CN.9/WG.II/WP.110 (22.9.2000), S. 38 f.

[1019] Zu den Vorteilen bzw. der Notwendigkeit sowie den Problemen einer internationalen Vollstreckbarkeit von Mediationsvergleichen, siehe *UNCITRAL* Working Group II (Arbitration and Conciliation), A/CN.9/468 (10.4.2000), S. 9 f.

[1020] Siehe *UNCITRAL* Working Group II (Arbitration and Conciliation), A/CN.9/WG.II/WP.108 (14.1.2000), S. 9.

[1021] Vgl. *Schwab/Walter*, S. 412 f.

(2) Regelungsformen

Es bieten sich drei Regelungsformen an,[1022] die im folgenden untersucht werden sollen.

(a) Verfahrensordnung

Eine Möglichkeit der Rechtsharmonisierung wäre eine internationale Verfahrensordnung, wie sie die *UNCITRAL* z.B. mit ihren *Conciliation Rules* bereits erlassen hat.[1023] Auch andere Institutionen haben entsprechende Schlichtungs- bzw- Mediationsordnungen erstellt.[1024] Verfahrensordnungen werden allerdings nur wirksam, wenn die Parteien ihre Anwendung vereinbaren. Sie sollen es den Parteien auch ohne Zuhilfenahme von institutionellen Angeboten ermöglichen, Rechtsstreitigkeiten außergerichtlich zu erledigen. Damit sollen sie allgemein die außergerichtliche Streitbeilegung fördern. Verfahrensordnungen sind damit Vertragsvorlagen, die auf die Bedürfnisse der Parteien zugeschnitten sind und somit nicht geeignet, ohne Änderungen in nationales Recht übernommen zu werden. Auch wenn z.B. die *UNCITRAL Conciliation Rules* immer wieder als Vorlage für die Arbeitsgruppe der *UNCITRAL* dienten, die sich mit den Möglichkeiten einer Rechtsangleichung beschäftigte,[1025] dürfte die Wirkung einer Verfahrensordnung hinsichtlich einer Rechtsharmonisierung dennoch gering sein.

(b) Modellgesetz

Eine weitere Möglichkeit der Rechtsharmonisierung besteht darin, ein Modellgesetz zu entwerfen und zu hoffen, daß es bei gesetzgeberischen Reformen in den einzelnen Ländern berücksichtigt wird. Der Erfolg eines Modellgesetzes hängt folglich davon ab, inwieweit die Staaten es in ihr eigenes Recht rezipieren wollen. Ein Modellgesetz hat somit nur dann einen Harmonisierungseffekt, wenn es ohne wesentliche Änderungen übernommen wird.[1026]

[1022] Vgl. *UNCITRAL* Working Group on Arbitration, A/CN.9/468 (10.4.2000), S. 4.

[1023] Siehe zu den *UNCITRAL Conciliation Rules*, *Bühring-Uhle*, Arbitration and Mediation, S. 346 f.; *Walter*, ZZP 103 (1990), 155 ff.

[1024] Siehe hierzu oben S. 168 ff.

[1025] Vgl. *UNCITRAL* Working Group II (Arbitration and Conciliation), A/CN.9/WG.II/WP.108 (14.1.2000), S. 6 ff. Die *UNCITRAL Conciliation Rules* regeln allerdings nicht die Durchsetzbarkeit des Mediationsvergleichs. Die *UNCITRAL Conciliation Rules* konnten insofern hier auch nicht als Vorlage dienen. Dies gilt auch für all die Staaten, die sich bei der gesetzlichen Regelung der Schlichtung und Mediation an der Verfahrensordnung der *UNCITRAL* orientierten; siehe hierzu *Sanders*, The Work of UNCITRAL, S. 73 ff.

[1026] *Calavros*, S. 7.

Ein erfolgreiches Beispiel für ein Modellgesetz der *UNCITRAL* ist das *UNCITRAL*-Modellgesetz über die internationale Handelsschiedsgerichtsbarkeit.[1027] An diesem Modellgesetz haben sich viele Staaten bei der Reform ihres Schiedsrechts orientiert.[1028] Auch die Neuregelung des deutschen Schiedsrechts, die am 1. Januar 1998 in Kraft trat,[1029] orientiert sich an dem *UNCITRAL*-Modellgesetz über die internationale Handelsschiedsgerichtsbarkeit.[1030] Wie man aber am deutschen Beispiel sehen kann, hat es bei den meisten Staaten um die zehn Jahre gedauert, bis sie das nationale Schiedsrecht an das Modellgesetz der *UNCITRAL* angepaßt hatten. Viele Staaten, darunter auch bedeutende Industrienationen wie z.B. die USA, England und die Schweiz, haben jedoch das Modellgesetz nicht übernommen.[1031]

Im Gegensatz zu einem internationalen Übereinkommen ist es vergleichsweise einfach, ein Modellgesetz zu entwerfen und darauf hinzuarbeiten, daß dieses von den einzelnen Staaten freiwillig umgesetzt wird. Vielleicht hat sich auch deshalb die Arbeitsgruppe der *UNCITRAL* bei dem Bemühen um eine Rechtsangleichung auf dem Gebiet der Mediation für diese Form entschieden.[1032] Ein Modellgesetz hat natürlich Vorteile, wenn eine einheitliche Regelung bezweckt ist. Es kann als Richtlinie dienen, die bei der Umsetzung in das nationale Recht den nationalen Besonderheiten angepaßt werden kann. Dabei kann sogar in einzelnen Punkten auf eine konkrete Gesetzesformulierung verzichtet werden. Statt dessen formuliert man Ziele, die es zu erreichen gilt. Wie man aber am Modellgesetz der *UNCITRAL* über die internationale Handelsschiedsgerichtsbarkeit sehen kann, ist dies ein sehr langwieriger Prozeß, und die Unverbindlichkeit eines solchen Modellgesetzes geht zu Lasten einer effektiven Rechtsharmonisierung. Will man gerade die internationale Anerkennung und Vollstreckbarkeit von Mediationsvergleichen erreichen, erscheint ein Modellgesetz insofern als sehr schwaches Instrument der Rechtsvereinheitlichung, als es

---

1027 Angenommen von der Kommission der Vereinten Nationen für internationales Handelsrecht am 21. Juni 1985 und von der Vollversammlung der Vereinten Nationen mit Resolution vom 11.12.1985 allen Staaten zur Berücksichtigung bei der Neugestaltung ihrer nationalen Schiedsverfahrensrechte hinsichtlich der internationalen Handelsschiedsgerichtsbarkeit empfohlen.

1028 Siehe hierzu *Schwab/Walter*, S. 418.

1029 Gesetz zur Neuregelung des Schiedsverfahrensrecht vom 22.12.97, BGBl. 1997 I S. 3224.

1030 *Lörcher/Lörcher*, in: Büchner, S. 478 Rn. 7; *Schwab/Walter*, S. 412.

1031 Vgl. *Schwab/Walter*, S. 418.

1032 Siehe *Draft UNCITRAL Model Law on International Commercial Conciliation*, *UNCITRAL*, Report of the Working Group on Arbitration, A/CN.9/506 (21.12.2001), S. 42 ff.

weitgehend den Staaten überlassen wird, wie sie ein solches Ziel umsetzen. Natürlich müßte auch bei einem internationalen Übereinkommen jeder Staat zunächst beitreten, damit es Wirkung entfaltet. Allerdings ist mit dem Beitritt sogleich festgelegt, nach welchen Regeln die Durchsetzung von Mediationsvergleichen auch im Ausland möglich ist.

(c) Internationales Übereinkommen

Die stärkste Wirkung in bezug auf eine Rechtsangleichung hätte folglich ein multilaterales Übereinkommen, das die Anerkennung und Vollstreckung von Mediationsvergleichen zum Gegenstand hat. Während jedoch die Absicherung durch ein internationales Übereinkommen als großer Vorteil erscheinen mag, liegt der Nachteil eines solchen Abkommens darin, daß die Annahme durch eine hinreichende Anzahl von Ländern nicht in einem absehbaren Zeitraum zu erreichen ist. Betrachtet man beispielsweise die Entwicklung bei der Anerkennung und Vollstreckung ausländischer Schiedssprüche vom Genfer Protokoll vom 24.9.1923, das den ersten Versuch zur internationalen Regelung des Schiedsgerichtswesens darstellt, bis zum UN-Übereinkommen von New York, das am 7.6.1959 in Kraft getreten ist und mit ungefähr 120 Vertragsstaaten[1033] zwischenzeitlich die praktisch wichtigste zwischenstaatliche Vereinbarung darstellt, so war dies ein langer Weg.[1034] Dabei ist noch nicht einmal berücksichtigt, daß zahlreiche Staaten das Übereinkommen erst deutlich später ratifiziert haben.[1035] Allerdings kann man feststellen, daß die internationale Schiedsgerichtsbarkeit ihre Ausbreitung gerade dem Abschluß wichtiger internationaler Verträge verdankt, durch die die Anerkennung von Schiedsverträgen und insbesondere die Vollstreckung von Schiedssprüchen im internationalen Bereich geregelt worden ist.[1036] Jedoch muß man darauf hinweisen, daß das New Yorker UN-Übereinkommen auch ein Beispiel dafür ist, daß trotz der Angleichung des Rechts deutliche Divergenzen durch unterschiedliche Auslegung des Abkommens durch die Staaten entstehen können.[1037] Zumindest nach einer Studie des Generalsekretärs der Vereinten Nationen wird das New Yorker Abkommen in vielen Punkten von der Rechtsprechung der Vertragsstaaten nicht übereinstimmend interpretiert.[1038]

[1033] Siehe oben S. 50.

[1034] Zur Entwicklung der internationalen Verträge siehe *Schwab/Walter*, S. 413 ff.

[1035] Siehe hierzu *Schwab/Walter*, S. 438 ff.

[1036] *Schwab/Walter*, S. 413.

[1037] Siehe *Calavros*, S. 8.

[1038] Siehe UN-DOC. A/CN.9/207, UNCITRAL Yearbook 1981, S. 77 f.

Auch wenn mit einem multilateralen Übereinkommen keine umfassende Vereinheitlichung erreicht werden kann, so zeigt doch der Erfolg des New Yorker UN-Übereinkommens, daß diese Regelungsform am ehesten geeignet ist, die internationale Anerkennung und Vollstreckung von Mediationsvergleichen zu gewährleisten. Bereits 1981 hatte *Glossner* den Abschluß eines solchen Abkommens vorgeschlagen.[1039] 1982 legte er einen entsprechenden Konventionsentwurf bei einem Kongreß in Hamburg vor,[1040] der jedoch nicht die erhoffte Wirkung hatte. Erst zwanzig Jahre später beschäftigte sich die Arbeitgruppe der *UNCITRAL* auch mit der Frage der internationalen Vollstreckbarkeit von Mediationsvergleichen. Allerdings schlägt die *UNCITRAL* als Regelungsform ein Modellgesetz vor.[1041] Obwohl hier die Ansicht vertreten wird, daß ein internationales Übereinkommen eher geeignet ist, die Anerkennung und Vollstreckung von Mediationsvergleichen international zu erreichen, soll im folgenden ein möglicher Regelungsinhalt zunächst unabhängig von der Regelungsform diskutiert werden.

(3) Möglicher Regelungsinhalt hinsichtlich der Anerkennung und Durchsetzung von Mediationsvergleichen

Das Ziel einer internationalen Vollstreckbarkeit von Mediationsvergleichen kann auf unterschiedlichen Wegen erreicht werden. Die Arbeitsgruppe der *UNCITRAL* hat im Rahmen ihrer Diskussionen über den Entwurf eines Modellgesetzes verschiedene Regelungsmöglichkeiten diskutiert. Im Entwurf des Modellgesetzes wird mit Art. 15[1042] vorgeschlagen, daß ein Mediationsvergleich bindend und vollstreckungsfähig sein soll. Art. 15 überläßt es jedoch im einzelnen den Staaten, unter welchen Voraussetzungen die Vollstreckbarkeit erreicht werden kann. Würde eine solche Regelung Gegenstand eines internationalen Abkommens oder würde dieser Vorschlag in Form des Modellgesetzes durch die einzelnen Staaten rezipiert, würde dies gerade nicht die gewünschte Rechtsvereinheitlichung bedeuten. Zwar wäre dann ein Mediationsvergleich prinzipiell in den jeweiligen Ländern vollstreckbar, die Voraussetzungen, die für

---

1039 Siehe *Glossner*, in: FS Bülow, S. 69.

1040 Kongreß des *International Council for Commercial Arbitration*; siehe *Glossner*, in: ICCA Congress Series No. 1, S. 218 ff.

1041 Siehe *Draft UNCITRAL Model Law on International Commercial Conciliation*, *UNCITRAL*, Report of the Working Group on Arbitration, A/CN.9/506 (21.12.2001), S. 42 ff.

1042 Siehe Fn. 1041. **Art. 15 Enforceability of settlement agreement:** If the parties reach and sign an agreement settling a dispute, that settlement agreement is binding and enforceable … [*the enacting state inserts a description of the method of enforcing settlement agreements or refers to provisions governing such enforcement*].

die Vollstreckbarkeit erforderlich sind, würden sich aber weiterhin unterscheiden. Wie oben dargestellt, sind Mediationsvergleiche bereits heute in vielen Ländern vollstreckbar.[1043] Es wurde aber bereits gezeigt, daß meist die Möglichkeit der Vollstreckung z.B. mit einer Hinterlegung des Vergleich vor Gericht oder der Protokollierung durch bestimmte Stellen verbunden ist. Bedingungen also, die bei ausländischen Mediationsvergleichen in der Regel nicht erfüllt sein werden. Im Ergebnis würde somit für die Parteien die Unsicherheit bestehen bleiben, inwieweit sie den mühsam errungenen Vergleich tatsächlich schnell durchsetzen können. Der Vorschlag der *UNCITRAL* ist daher nicht geeignet, die gegenwärtige Situation hinsichtlich der Vollstreckung von ausländischen Mediationsvergleichen zu verbessern. Dafür wären schon weitere Regelungsvorschläge zur internationalen Vereinheitlichung der Vollstreckungsvoraussetzungen erforderlich.

Statt den einzelnen Staaten die Regelung der Voraussetzungen für die Vollstreckung von ausländischen Mediationsvergleichen zu überlassen, könnte auch international geregelt werden, daß ein Mediationsvergleich ohne die Erfüllung besonderer Bedingungen in die Form eines Schiedsspruchs mit vereinbartem Wortlaut gebracht werden kann. Hierdurch würde man die Vorteile, die sich aus dem New Yorker UN-Übereinkommen hinsichtlich der Vollstreckung von ausländischen Schiedssprüchen ergeben, nutzen. Dies ist – wie gezeigt – in Deutschland und in anderen Staaten bereits möglich und stellt wohl derzeit die effektivste Möglichkeit dar, einen Mediationsvergleich auch in anderen Ländern vollstrecken zu können.[1044] Es zeigten sich allerdings Probleme dahingehend, daß nicht in allen Ländern die Rolle des Mediators mit der des Schiedsrichters vereinbar ist, so daß den Parteien unter Umständen davon abzuraten ist, den Mediator auch als Schiedsrichter zu bestimmen.[1045] Ein weiteres Problem zeigte sich darin, daß meist zum Zeitpunkt, in dem das Schiedsgericht gebildet wird, die Parteien bereits eine Einigung erzielt haben, so daß der Vergleich nicht während des Schiedsgerichtsverfahrens zustande gekommen ist, was jedoch für einen wirksamen Schiedsspruch mit vereinbartem Wortlaut erforderlich wäre.[1046] Diese Probleme könnten durch entsprechende Änderungen leicht behoben werden, indem man etwa im Rahmen eines Abkommens regelt, daß der Mediator in einem anschließenden Schiedsgerichtsverfahren generell als Schiedsrichter benannt werden kann, und daß eine strenge zeitliche Koinzidenz

---

[1043] Vgl. oben S. 199.

[1044] Vgl. oben S. 186 ff.

[1045] Siehe oben S. 190.

[1046] Siehe oben S. 187 ff.

zwischen Vergleich und Schiedsgerichtsverfahren nicht mehr für den Schiedsspruch mit vereinbartem Wortlaut erforderlich ist. Doch auch wenn solche Regelungen getroffen würden, bliebe der Kritikpunkt an dieser Vorgehensweise, daß die Parteien eines informellen Verfahrens dadurch unnötigerweise in ein formelles Schiedsgerichtsverfahren gezwungen werden. Dies ist – wie oben dargestellt – mit einigen Risiken und Nachteilen verbunden.[1047] Daher kann auch diese Variante keine optimale Lösung darstellen.

Die soeben geschilderten Nachteile bei der Lösung mit dem Schiedsspruch mit vereinbartem Wortlaut könnten umgangen werden, wenn man einer Einigung, die im Rahmen eines Mediationsverfahrens erzielt wird, mit einem Schiedsspruch gesetzlich gleichsetzen würde. In *Bermuda* und den US-Staaten *Kalifornien*, *Oregon*, *Texas* findet man bereits solche gesetzlichen Bestimmungen.[1048] So könnte man die Vorteile des New Yorker UN-Übereinkommens nutzen, ohne daß die Parteien eine Schiedsvereinbarung treffen müßten. Ähnlich wie beim Schiedsspruch mit vereinbartem Wortlaut kann man jedoch auch hier die Frage aufwerfen, ob nicht die Unterschiede zwischen Mediation und Schiedsgerichtsbarkeit einer solchen Lösung entgegenstehen. Problematisch erscheint hierbei insbesondere das Zusammenspiel zwischen Vertragsrecht und Schiedsrecht. Unter Umständen sind die Aufhebungsgründe des § 1059 ZPO und die Nichtanerkennungsgründe in Art. V New Yorker UN-Übereinkommen[1049] nicht ausreichend, um Irrtum, Täuschung, Drohung und andere Unwirksamkeitsgründe für einen Vertrag wirksam zu handhaben. Soweit man es für das deutsche Recht betrachtet, dürfte dies jedoch nicht der Fall sein. Fälle der widerrechtlichen Drohung und der arglistigen Täuschung würden wohl einen Verstoß gegen die deutsche *ordre public* darstellen und damit einen Aufhebungsgrund gem. § 1059 I Nr. 2b ZPO bzw. einen Anerkennungsversagungsgrund gem. Art. V (2)b New Yorker UN-Übereinkommen darstellen.[1050] Andere Einwendungen gegen den Vergleich wären jedoch nicht mehr möglich. So wie beim Schiedsspruch mit vereinbartem Wortlaut auch, würde die Rechtskraft den Mediationsvergleich umfassend gegen Mängel schützen. Die Wirksamkeit würde nicht durch materielle Mängel tangiert, soweit diese nicht zugleich prozessuale Bezüge aufweisen würden.[1051] Eine Gleichstellung von

---

[1047] Vgl. oben S. 194 f.

[1048] Siehe *Sanders*, The Work of UNCITRAL, S. 75.

[1049] Vgl. auch Art. 34 und Art. 36 *UNCITRAL*-Modellgesetz.

[1050] Vgl. *Mankowski*, ZZP 114 (2001), 68.

[1051] MünchKommZPO-*Münch*, § 1053 Rn. 19. Anders wohl BGH ZIP 2000, 2270 (2271): Geltendmachung einer Anfechtung gem. 1059 II Nr. 1d ZPO. Auch *Eidenmüller* geht davon

Mediationsvergleich und Schiedsspruch würde somit zur Folge haben, daß z.B. eine Anfechtung nach § 119 I, II BGB nicht mehr möglich wäre. Die gleiche Wirkung hat aber bereits der Schiedsspruch mit vereinbartem Wortlaut. Zwar haben die Parteien beim Schiedsspruch nach § 1053 ZPO die Macht, ein Schiedsverfahren zu vereinbaren und einen Vergleich zu schließen. Sie haben aber nicht die Macht, das Schiedsgericht uneingeschränkt zu verpflichten.[1052] Vor Erlaß des Schiedsspruchs hat das Schiedsgericht zumindest eine Prüfungspflicht.[1053] Auch ein Mediationsvergleich sollte nicht ohne weiteres in Rechtskraft erwachsen. Bei einer Gleichstellung von Mediationsvergleich und Schiedsspruch wäre daher zu überlegen, an welche Bedingungen man diese Privilegierung knüpft. Vertretbar erscheint eine solche Privilegierung, wenn man z.B. eine Prüfungspflicht des Mediators hinsichtlich des materiellen Vergleichs verlangt. Dies würde jedoch wiederum in Konflikt mit den Verfahrensgrundsätzen der Mediation stehen, da der Mediator gerade nicht die Funktion eines Beraters einnehmen soll.[1054] Hierzu wäre er aber bei einer Prüfungskompetenz bzw. Prüfungspflicht grundsätzlich gehalten.[1055]

Alle drei vorgestellten Lösungsansätze können nicht vollkommen überzeugen. Die beiden Ansätze, die die Vorteile der Anerkennung der internationalen Schiedsgerichtsbarkeit durch das New Yorker UN-Übereinkommen nutzbar machen würden, sind – wie gezeigt – mit einigen Nachteilen bzw. Problemen

---

aus, daß entsprechende Einwände im Rahmen einer Vollstreckungsgegenklage bei einem Schiedsspruch mit vereinbartem Wortlaut nicht nach § 767 II präkludiert sind, sofern sie nicht gleichzeitig einen *ordre public* Verstoß begründen. Er begründet dies damit, daß diese Einwände weder den Erlaß noch die Vollstreckbarerklärung des Schiedsspruchs verhindern könnten – hier werden nur bestimmte Einwände berücksichtigt, §§ 1053 I S. 2, 1059 ZPO –, weshalb sie nicht nach § 767 II präkludiert sein könnten (*Eidenmüller*, in: Breidenbach, Konsensuale Streitbeilegung, S. 83). Allerdings dient § 767 II ZPO typischerweise der Absicherung der materiellen Rechtskraft. Gem. §§ 1053 II S. 2, 1055 ZPO erwächst ein Schiedsspruch mit vereinbartem Wortlaut genauso in Rechtskraft wie ein normaler Schiedsspruch. Damit sind Einwendungen gem. § 767 II ZPO präkludiert, wenn sie vor dem Antrag der Parteien auf Erlaß eines Schiedsspruchs mit vereinbartem Wortlaut vorlagen. Das ist Konsequenz aus der Gleichstellung gem. § 1053 II S. 2 ZPO.

1052 *Mankowski*, ZZP 114 (2001), 45.

1053 *Mankowski* sieht für das Schiedsgericht sogar ein ähnlich umfangreiches Prüfungsrecht wie bei § 796a III ZPO; vgl. *Mankowski*, ZZP 114 (2001), 56 ff.

1054 Vgl. oben S. 78.

1055 Ein weiteres Problem bei einer Gleichstellung von Mediationsvergleich und Schiedsspruch könnten z.B. Aufhebungsgründe darstellen, die ihre Ursache im Verhalten des Schiedsrichters haben. Sie sind nicht ohne weiteres auf den Mediator übertragbar, da für diesen weniger strenge Verfahrensgrundsätze gelten.

verbunden. Dies ergibt sich daraus, daß sich Schiedsgerichtsbarkeit und Mediation so voneinander unterscheiden, daß es zu Schwierigkeiten führt, wenn ein Mediationsvergleich von seiner Wirkung her einem Schiedsspruch gleichgesetzt werden soll. Andererseits macht eine Lösung, die auf der internationalen Anerkennung und Vollstreckbarkeit von Schiedssprüchen aufbaut auch nationale Alleingänge möglich. Es müßte also nicht auf die langwierige Ratifizierung eines internationalen Abkommens über die Vollstreckung von Mediationsvergleichen gewartet werden. Die vorgeschlagene Variante, daß der Vergleich zwischen den Parteien mit einem Schiedsspruch gleichgesetzt wird, könnte jedoch in anderen Staaten einen Nichtanerkennungsgrund darstellen, so daß man auch hier schlußendlich auf eine Rechtsvereinheitlichung angewiesen wäre. Gleiches gilt für die Lösung mit dem Schiedsspruch mit vereinbartem Wortlaut.

Der erste Lösungssatz, der eine Vollstreckbarkeit von Mediationsvergleichen ohne Zuhilfenahme des New Yorker UN-Übereinkommens vorsieht, ist den anderen Lösungsvorschlägen vorzuziehen. Dadurch werden von Anfang an Schwierigkeiten vermieden, die aus der Kombination mit dem Schiedsgerichtsverfahren entstehen. Jedoch müssen auch hier zusätzliche Kriterien für die Vollstreckbarkeit formuliert werden. So sollte ein solches Übereinkommen in seinem Anwendungsbereich eingegrenzt werden. Ein solches Mediationsübereinkommen sollte auf Handelsstreitigkeiten beschränkt sein, bzw. es sollten bestimmte Bereiche – wie etwa das Familienrecht – aus dem Anwendungsbereich ausgeschlossen werden. Weiter wäre zu überlegen, ob ein Abkommen auf ausländische Mediationsvergleiche – also Vergleiche die in dem Hoheitsgebiet eines anderen Staates als desjenigen zustande gekommen sind, in dem die Vollstreckung nachgesucht wird – beschränkt wird. Dadurch könnte vermieden werden, daß Schutzbestimmungen im nationalen Recht – wie z.B. bestimmte Formvorschriften –bei Streitigkeiten umgangen werden, die keine internationalen Bezüge haben. Für die Festlegung, ob es sich um einen ausländischen Mediationsvergleich handelt, könnte man auf den Ort abstellen, an dem die Mediation stattgefunden hat. Problematisch wären jedoch die Fälle, in denen das Mediationsverfahren in verschiedenen Staaten durchgeführt wurde. Hier könnte darauf abgestellt werden, welchem nationalen Recht sich die Parteien in dem Mediationsvergleich unterworfen haben. Es könnte jedoch ebenso auf die Unterscheidung zwischen ausländischen und inländischen Vergleichen verzichtet werden, wenn auch ein Übereinkommen entsprechende Schutzvorschriften beinhalten würde, so daß eine Umgehung nationaler Vorschriften nicht zu befürchten wäre. So müßte etwa verlangt werden, daß eine Einigung, die im Rahmen eines Mediationsverfahrens gefunden wurde, bestimmte Schriftformerfordernisse erfüllt. Z.B. sollte auch der neutrale Dritte den Vertrag unterzeichnen. Weiter müßte ein Mediationsvergleich eine Klausel enthalten, in der auf die Vollstreckbarkeit der Einigung hingewiesen wird, damit den Parteien bei Unterzeichnung des Vertrages das Risiko ihrer Zustimmung bewußt wird. Wie beim ausländischen Schiedsspruch auch, müßte zusätzlich eine öffentliche Beglaubigung (Legalisierung) des Mediationsvergleichs verlangt werden.[1056] Die Beglaubigung müßte dann dem Recht des Vollstreckungsstaates entsprechen (*lex fori*).[1057]

Neben den formalen Kriterien dürfte jedoch entscheidend sein, welche Gründe vorliegen müssen, damit die Vollstreckung versagt werden darf. Hier kann man sich weitgehend an den Aufhebungsgründen für ausländische Schiedssprüche gem. dem UN-Übereinkommen[1058] orientieren, die denen in § 1059 ZPO entsprechen. Folglich müßte – soweit sich dies nicht aus den Umständen ergibt – im Rahmen des Mediationsvergleichs bestimmt sein, welches nationale Recht maßgeblich ist.[1059] Weiter würde sich für den jeweiligen Vollstreckungsstaat die Möglichkeit der Versagung ergeben, wenn der Mediationsvergleich der öffentlichen Ordnung widerspricht oder der Streitgegenstand nicht Gegenstand eines Vergleichs sein kann.

1056 Vgl. Art. IV New Yorker UN-Übereinkommen.

1057 Vgl. *Schwab/Walter*, S. 566.

1058 Art. V New Yorker UN-Übereinkommen.

1059 Vgl. auch Art. 27 EGBGB.

D. Zusammenfassung

Nachdem sich die Arbeitsgruppe der *UNCITRAL* auf den Entwurf eines Modellgesetzes zur Regelung der Schlichtung und Mediation festgelegt hat, ist es äußerst unwahrscheinlich, daß es in den kommenden Jahren ein Übereinkommen über die Anerkennung und Vollstreckung von ausländischen Schlichtungs- und Mediationsvergleichen geben wird. Es bleibt daher abzuwarten, welche Wirkung das Modellgesetz der *UNCITRAL* hat. Bei dem zentralen Anliegen – der Durchsetzbarkeit von ausländischen Mediationsvergleichen – dürfte sich allerdings auf Grund des Modellgesetzes insgesamt wenig ändern. Bei der Arbeit der *UNCITRAL* handelt es sich jedoch nur um eine von vielen Versuchen, national wie auch international Rahmenbedingungen zu schaffen, die eine außergerichtliche Streitbeilegung begünstigen. Jedoch nicht alle hierbei verfolgten Ansätze sind im gleichen Maße für Patentrechtsstreitigkeiten relevant.[1060] Bei diesen Streitigkeiten dürften wirtschaftliche und rechtliche Erwägungen im Vordergrund stehen.[1061] Doch auch bei internationalen Wirtschaftsstreitigkeiten gibt es neben der Mediation eine Reihe von anderen Möglichkeiten der Streitlösung für die Parteien. Die größte Bedeutung hat dabei die internationale Schiedsgerichtsbarkeit und das Verhandeln zwischen den Parteien ohne Zuhilfenahme eines neutralen Dritten.[1062] Die Mediation steht also in einem Konkurrenzverhältnis mit vergleichsweise etablierten Formen der außergerichtlichen Streitbeilegung. Dies bedeutet allerdings nicht, daß sich die Verfahren gegenseitig ausschließen. Vielmehr gibt es – wie gezeigt – zahlreiche Berührungspunkte und Kombinationsmöglichkeiten zwischen den verschiedenen Streitbeilegungsformen.[1063] Deshalb fließen auch immer häufiger mediative Element in andere Verfahren mit ein. Dadurch verschwimmen allerdings zunehmend die Grenzen zwischen den verschiedenen Streitbeilegungsformen. Vor allem die Mediation verliert hierdurch an Profil. Es wurde jedoch gezeigt, daß trotz der unterschiedlichen Inhaltsfelder das Mediationsverfahren von anderen Verfahren abgegrenzt werden kann und auch abgrenzungswürdig ist.[1064]

Bei der Frage, welche Konflikte sich für die Mediation eignen, wurde festgestellt, daß sich Patentrechtsstreitigkeiten in vielen Fällen generell für ein Mediationsverfahren eigenen würden. Trotz der Tatsache, daß man bei

---

[1060] Siehe S. 6 ff.

[1061] Siehe S. 11 ff.

[1062] Siehe S. 27 ff.

[1063] Siehe S. 85 ff. u. 186 ff.

[1064] Siehe S. 65 ff.

Auseinandersetzungen nie die gleichen Umstände und die selben Personen mit den gleichen Bedürfnissen und Interessen vorfinden, konnten die charakteristischen Interessen, Hintergründe und Konflikte bei Patentrechtsstreitigkeiten herausgearbeitet werden. Es wurde allerdings auch deutlich, daß sich viele Patentrechtsstreitigkeiten zwar abstrakt für die Mediation eignen mögen oder Mediation sogar im einzelnen Fall die geeignetste Streitbeilegungsform darstellen mag, hieraus jedoch nicht folgt, daß sich die Parteien auch für dieses Verfahren entscheiden. Man kann feststellen, daß die Mediation – bis auf wenige Ausnahmen – dort Anwendung findet, wo vertragliche Beziehungen zwischen den Parteien bestehen und der Konfliktgegenstand hinreichend komplex ist. Dies sind vor allem Streitigkeiten, die aus langfristigen Forschungs- und Lizenzverträgen resultieren. Ebenso wie es nur wenige Fälle der außervertraglichen Schiedsgerichtsbarkeit gibt, beschränkt sich auch der Anwendungsbereich der Mediation vornehmlich auf vertragliche Verhältnisse.[1065]

Beim Verfahrensgrundsatz der Vertraulichkeit, der – wie gezeigt – von besonderer Bedeutung bei Patentrechtsstreitigkeiten ist, wurde dargelegt, daß diese entgegen anderer Darstellungen nicht unter allen Umständen gewahrt werden kann.[1066] Zwar ergab die Arbeit, daß die Mediation auch zum Berufsbild der Patentanwälte gehört, womit sich aus dem Berufsrecht ein besonderes Vertrauensverhältnis ergibt, das zugleich nach § 203 I Nr. 3 StGB strafrechtlich geschützt ist. Allerdings wurden auch die Grenzen der Vertraulichkeit aufgezeigt, wenn es etwa zum Verwaltungs- oder Strafverfahren kommt, Prozesse mit Dritten geführt werden oder Kapital- oder Personengesellschaften beteiligt sind. Dies gilt jedoch hauptsächlich in bezug auf die Vertraulichkeit zwischen den Parteien. Die Vertraulichkeit des Mediators ist zusätzlich durch Zeugnisverweigerungsrechte geschützt, wenn etwa ein Patentanwalt als Mediator tätig wird. Nicht zuletzt auch wegen der rechtlichen und technischen Kompetenz[1067], die ein Patentanwalt in das Verfahren einbringt, kann daher die Wahl eines Patentanwalts als Mediator empfohlen werden.

Bei der Frage, wie das Mediationsergebnis umgesetzt werden kann, zeigte sich, daß die Handlungsmöglichkeiten der Parteien unter bestimmten Umständen eingeschränkt sein können.[1068] So kann etwa das Einspruchsverfahren vor dem

---

[1065] Siehe S. 106 ff.

[1066] Siehe S. 134 ff.

[1067] Siehe S. 154 ff.

[1068] Siehe S. 176 ff.

Patentamt auch im Falle einer Einigung zwischen den Parteien nicht mehr durch den Einsprechenden beendet werden. Auch sind den sog. *win-win*-Lösungen insbesondere dann Grenzen gesetzt, wenn der Mehrwert für die Parteien zu Lasten des Wettbewerbs erzielt werden soll. Wie gezeigt, sind vor allem Nichtangriffsklauseln in Lizenzvereinbarungen und die Bildung von Gemeinschaftsunternehmen problematisch bzw. unzulässig.

Die Darstellung hinsichtlich der verschiedenen Möglichkeiten, einen Mediationsvergleich international durchzusetzen, zeigte, daß sich vor allem der Schiedsspruch mit vereinbartem Wortlaut bei internationalen Auseinandersetzungen eignet, um die Einigung abzusichern. Eine genauere Untersuchung des Schiedsspruchs mit vereinbartem Wortlaut ergab jedoch auch, daß sich aus der Kombination mit dem Mediationsverfahren zahlreiche Schwierigkeiten ergeben können, vor allem wenn die Vollstreckung des Schiedsspruchs im Ausland begehrt wird. Aber auch nach deutschem Recht ergab sich, daß der Schiedsspruch nach § 1053 ZPO keine reine Formalität am Ende des Mediationsverfahrens darstellt, sondern Grundsätze und Verfahrensvorschriften der Schiedsgerichtsbarkeit zu beachten sind.[1069] Die Erkenntnis, daß die Kombination von Mediation und Schiedsgerichtsbarkeit auf Grund ihrer Unterschiede nur in einem gewissen Umfang problemlos funktioniert, war Anlaß dafür, zu überlegen, inwiefern ein internationales Abkommen geeignet wäre, die derzeitige Situation zu verbessern.[1070] Zwar gäbe es hier – wie gezeigt – Möglichkeiten, jedoch wird die Notwendigkeit hierfür von der *UNCITRAL* nicht gesehen. Das Modellgesetz der *UNCITRAL*, das bisher nur als Entwurf vorliegt, dürfte jedoch Impulse für die nationale Gesetzgebung geben, so daß mit Spannung abzuwarten bleibt, welche gesetzlichen Änderungen in den einzelnen Staaten folgen werden.

[1069] Siehe S. 186 ff.

[1070] Siehe S. 196 ff.

Albrecht, Britta: Mediation im Arbeitsrecht, Frankfurt a.M. 2001.

Alexander, Nadja: Wirtschaftsmediation in Theorie und Praxis – Eine deutsch-australische Studie, Frankfurt a.M. 1999.

Anderman, Steven D.: EC Competition Law and Intellectual Property Rights, Oxford 1998.

Anderson, Margaret E.: Intellectual Property Mediations: Special Techniques For a Special Field, Texas Intellectual Property Law Journal,Vol. 3, No. 3, 1994, 23-32.

Arnold, Tom: Intellectual Property Disputes, in: Atlas, Nancy F. / Huber, Stephen K. / Trachte-Huber, Wendy E. (Hrsg.), Alternative Dispute Resolution – The Litigator's Handbook, Chicago 2000.

Arrow, Kenneth J. u.a. (Hrsg.): Barriers to Conflict Resolution, New York London 1995.

Aubert, Vilhelm: Interessenkonflikt und Wertkonflikt: Zwei Typen des Konflikts und der Konfliktlösung, in: Bühl, Walter L. (Hrsg.), Konflikt und Konfliktstrategie – Ansätze zu einer soziologischen Konflikttheorie, München 1972, S.178-205.

Balmer, Norman: Alternative Dispute Resolution in Patent Controversies, Risk: health, savety & environment 6 (1995), 145 ff.

Barber, Horst: Objektive Schiedsfähigkeit und *ordre public* in der internationalen Schiedsgerichtsbarkeit, Frankfurt a.M. 1994.

Bartenbach, Kurt: Zwischenbetriebliche Forschungs- und Entwicklungskooperation und das Recht der Arbeitnehmererfindung, Köln 1985.

Bartenbach, Kurt / Volz, Franz-Eugen: Arbeitnehmererfindungsgesetz – Kommentar zum Gesetz über Arbeitnehmererfindungen, 4. Aufl., Köln 2002.

Bauer, Miklós: Technologie-Transfer-Verträge – Struktur und typische Probleme, in: Nicklisch, Fritz (Hrsg.), Der komplexe Langzeitvertrag – Strukturen und Internationale Schiedsgerichtsbarkeit, Heidelberger Kolloquium Technologie und Recht 1986, Heidelberg 1987, S. 207-224.

Baumbach, Adolf / Hefermehl, Wolfgang: Wettbewerbsrecht (Kommentar), 22. Aufl., München 2001.

Baumbach, Adolf / Lauterbach, Wolfgang / Albers, Jan / Hartmann, Peter: Zivilprozeßordnung (Kommentar), 61. Aufl., München 2003.

Baur, Fritz: Der schiedsrichterliche Vergleich, München 1971.

Benda, Ernst: Richter im Rechtsstaat, in: Deutscher Richterbund (Hrsg.), Kurskorrekturen im Recht – Vorträge und Referate des Deutschen Richtertages 1979 in Essen, Köln 1980, S. 235-262.

Benkard, Georg / Bruchhausen, Karl: Patentgesetz Gebrauchsmustergesetz, 9. Aufl., München 1993.

Bercovitch, Jacob: International Dispute Mediation: A Comparative Empirical Analysis, in: Kressel, Kenneth / Pruitt, Dean G. (Hrsg.), Mediation Research – The Process and Effectiveness of Third-Party Intervention, San Francisco London 1989, S. 284-299.

Berger, Klaus Peter: Aufgaben und Grenzen der Parteiautonomie in der internationalen Wirtschaftsschiedsgerichtsbarkeit, RIW 1994, 12.

Berger, Klaus Peter: Das neue Schiedsverfahrensrecht in der Praxis – Analyse und aktuelle Entwicklung, RIW 2001, 7-20.

Bernhardt, Hanspeter / Winograd, Bianca: Die Zusammenarbeit von Rechtsanwälten und Psychologen, in: Schlieffen, Katharina Gräfin v. / Haft, Fritjof (Hrsg.), Handbuch Mediation, München 2002, § 23.

Bernhardt, Wolfgang (Begr.) / Krasser, Rudolf: Lehrbuch des Patentrechts, 4. Aufl., München 1986.

Bierbrauer, Günter: Interkulturelles Verhandeln, in: Schlieffen, Katharina Gräfin v. / Haft, Fritjof (Hrsg.), Handbuch Mediation, München 2002, § 11.

Bierhoff, Hans Werner: Determinanten hilfreichen Verhaltens, Psychologische Rundschau 33 (1982), 289-304.

Blackman, Scott H. / McNeill, Rebecca M. : Alternative Dispute Resolution in Commercial Intellectual Property Disputes, American University Law Review 47 (1998), 1709-1734.

Blake, Robert R. / Mouton, Jane S. : Verhaltenspsychologie im Betrieb, Düsseldorf Wien 1986.

Blankenburg, Erhard: Die Infrastruktur der Prozeßvermeidung in den Niederlanden, in: Gottwald, Walther / Strempel, Dieter (Hrsg.), Streitschlichtung, Köln 1995, S. 139-148.

Blankenburg, Erhard: Sekundäranalyse der Literatur zur außergerichtlichen Streitbeilegung, Europäisches Zentrum für Wirtschaftsforschung und Strategieberatung Prognos, Basel 1999.

Blessing, Marc: The mediation rules of WIPO and others: A ticket to paradise or into a better mousetrap?, in: WIPO (Hrsg.), WIPO Conference on rules for institutional arbitration and mediation – January 20, 1995, Genf 1995, S. 119-131.

Bono-Hörler, Caroline: Familienmediation im Bereiche von Ehetrennung und Ehescheidung – Eine interdisziplinäre Betrachtung unter besonderer Berücksichtigung der Rolle des Rechts und der Rechtsanwälte, Zürich, Univ., Diss. 1998.

Boulding, Kenneth E. : Organization and Conflict, Journal of Conflict Resolution, Vol. 1 (1957), 122-134.

Brändle, Dieter: Kann und darf Auslegung und Ermittlung des Schutzbereichs eines europäischen Patents in verschiedenen Ländern zu unterschiedlichen Ergebnissen führen, GRUR 1998, 854-857.

Breidenbach, Stephan: Mediation – Struktur, Chancen und Risiken von Vermittlung im Konflikt, Köln 1995.

Brinkhof, Jan J. : Die Schlichtung von Patentstreitigkeiten in Europa – Über Traum, Wirklichkeit und Vision, GRUR 2001, 600-604.

Brockhaus Enzyklopädie: Band 15, 20. Aufl., Leipzig Mannheim 1998.

Brown, Henry J. / Marriott, Arthur L. : ADR Principles and Practice, London 1999.

Büchner, Sebastian u.a. (Hrsg.) : Außergerichtliche Streitbeilegung, München 1998.

Bühl, Walter L. : Theorien sozialer Konflikte, Darmstadt 1976.

Bühring-Uhle, Christian: The IBM – Fujitsu arbitration: A landmark in innovative dispute resolution, The American Review of international Arbitration 2 (1991), 113-122.

Bühring-Uhle, Christian: Alternative Streitbeilegung in Handelsstreitigkeiten, in: Gottwald, Walther / Strempel, Dieter (Hrsg.), Streitschlichtung, Köln 1995, S. 59-74.

Bühring-Uhle, Christian: Das Harvard Negotiation Project, in: Gottwald, Walther / Strempel, Dieter (Hrsg.), Streitschlichtung, Köln 1995, S. 75-76.

Bühring-Uhle, Christian: Arbitration and Mediation in International Business – Designing Procedures for Effective Conflict Management, The Hague London Boston 1996.

Busse, Rudolf (Begr.) / Keukenschrijver, Alfred u.a. : Patentgesetz (Kommentar), Berlin New York 1999.

Calavros, Constantin: Das UNCITRAL-Modellgesetz über die internationale Handelsschiedsgerichtsbarkeit, Bielefeld 1988.

Carnevale, Peter J. D. / Colon, Donald E. u.a. : Experimental Research on the Strategic-Choice Model of Mediation, in: Kressel, Kenneth / Pruitt, Dean G. (Hrsg.), Mediation Research – The Process and Effectiveness of Third-Party Intervention, San Francisco London 1989, S. 344-367.

Carnevale, Peter J. D. / Lim, Rodney G. / McLaughlin, Mary E. : Contigent Mediator Behavior and Its Effectiveness, in: Kressel, Kenneth / Pruitt, Dean G. (Hrsg.), Mediation Research – The Process and Effectiveness of Third-Party Intervention, San Francisco London 1989, S. 213-240.

Chrocziel, Peter: Gewerbliche Schutzrechte als Gegenstand eines Schiedsverfahrens, in: Bohlig, Manfred u.a. (Hrsg.), Lohn der Leistung und Rechtssicherheit – Festschrift für Albert Preu zum 70. Geburtstag, München 1988, S. 177-198.

Chrocziel, Peter / v. Samson-Himmelstjerna, Friedrich: Mediation im Gewerblichen Rechtsschutz, in: Schlieffen, Katharina Gräfin v. / Haft, Fritjof (Hrsg.), Handbuch Mediation, München 2002, § 43.

Corman Aaron, Marjorie: The Value of Decision Analysis in Mediation Practise, Negotiation Journal 11 (1995), 123-133.

Coser, Lewis A. : The Functions of Social Conflict, London 1956.

Däbritz, Erich: Patente, München 1994.

Dahrendorf, Ralf: Gesellschaft und Demokratie in Deutschland, München 1965.

Davis, Albie M. / Salem, Richard A. : Dealing With Power Imbalances in the Mediation of Interpersonal Disputes, Mediation Quarterly 6 (1984), 17-26.

Deutsch, Morton / Krauss, Robert M. : The effect of threat upon interpersonal bargaining, Journal of Abnormal and Social Psychology, Vol. 61 (1961), 181-189.

Deutsch, Morton: The Resolution of Conflict, New Haven London 1973.

Dietl, Clara-Erika / Moss, Anneliese A. / Lorenz, Egon: Wörterbuch für Recht, Wirtschaft und Politik – Teil I Englisch-Deutsch, 4. Aufl., München 1987.

Diez, Hannelore / Krabbe, Heiner: Was ist Mediation? – Praktische Gebrauchsanleitung für ein außergerichtliches Vermittlungsverfahren, in: Heiner (Hrsg.), Scheidung ohne Richter – Neue Lösungen für Trennungskonflikte, Hamburg 1991, S. 109-131.

Dörrenbächer, Peter: Erfolgreiche Kommunikation, in: Schlieffen, Katharina Gräfin v. / Haft, Fritjof (Hrsg.), Handbuch Mediation, München 2002, § 14.

Duve, Christian: Mediation und Vergleich im Prozeß – Eine Darstellung am Beispiel des Special Master in den USA, Köln 1999.

Duve, Christian: Eignungskriterien für die Mediation, in: Henssler, Martin / Koch, Ludwig (Hrsg.), Mediation in der Anwaltspraxis, Bonn 2000, § 4.

Duve, Christian: Gerichtsverbundene Streitbeilegung in den USA, in: Gottwald, Walther u.a. (Hrsg.), Außergerichtliche Konfliktregelung für Rechtsanwälte und Notare (AKR-Handbuch), Neuwied Loseblattwerk Stand: April 2000, 3.3.3.3.

Duve, Christian / Zürn, Andreas: Gemeinsame Gespräche oder Einzelgespräche? – Vom Nutzen des Beichtstuhlverfahrens in der Mediation, ZKM 2001, 108-112.

Dybdahl, Lise: Europäisches Patentrecht, Köln 2000.

Egli, Urs: Vergleichsdruck im Zivilprozeß – Eine rechtstatsächliche Untersuchung, Diss. Univ. Zürich 1996.

Eidenmüller, Horst: Ökonomische und spieltheoretische Grundlagen von Verhandlung/Mediation, in: Breidenbach, Stephan / Henssler, Martin (Hrsg.), Mediation für Juristen, Köln 1997, S. 31-56.

Eidenmüller, Horst: Prozeßrisikoanalyse, ZZP 113 (2000), 5-23.

Eidenmüller, Horst: Verhandlungsmanagement durch Mediation, in: Henssler, Martin / Koch, Ludwig (Hrsg.), Mediation in der Anwaltspraxis, Bonn 2000, § 2.

Eidenmüller, Horst: Vertrags- und verfahrensrechtliche Grundfragen der Mediation: Möglichkeiten und Grenzen privatautonomen Konfliktmanagements, in: Breidenbach, Stephan u.a. (Hrsg.), Konsensuale Streitbeilegung: Akademisches Symposion zu Ehren von Peter F. Schlosser, Bielefeld 2001, S. 45-99.

Eidenmüller, Horst: Vertrags- und Verfahrensrecht der Wirtschaftsmediation, Köln 2001.

Eidenmüller, Horst: Hybride ADR-Verfahren bei internationalen Wirtschaftskonflikten, RIW 2002, 1-11.

Eidmann, Dorothee: Schlichtung: Zur Logik außergerichtlicher Konfliktregelung, Baden-Baden 1994.

Eisele, Jörg: Strafrecht und Strafprozeß, in: Schlieffen, Katharina Gräfin v. / Haft, Fritjof (Hrsg.), Handbuch Mediation, München 2002, § 30.

Eisenberg, Melvin Aron: Private ordering through negotiation: Dispute-settlement and rulemaking, Harvard Law Review 89 (1976), 637-681.

Emmerich, Volker: Kartellrecht, 9. Aufl., München 2001.

Enders, Horst-Reiner: Der Anwalt als Mediator und sein Vergütungsanspruch, in: Gottwald, Walther u.a. (Hrsg.), Außergerichtliche Konfliktregelung für Rechtsanwälte und Notare (AKR-Handbuch), Neuwied Loseblattwerk Stand: April 2000, 2.1.4.

Erman, Walter / Westermann, Harm Peter (Hrsg.) : Erman Bürgerliches Gesetzbuch, 10. Aufl., Köln 2000.

Ewig, Eugen: Mediation aus der Sicht der Anwaltschaft, BRAK-Mitt. 1996, 147-149.

Feuerich, Wilhelm: Patentanwaltsordnung, München 1997.

Fischer, Lorenz / Wiswede, Günter: Grundlagen der Sozialpsychologie, München Wien 1997.

Fischer-Zernin, Vincent / Junker, Abbo: Arbitration and Mediation: Synthesis or Antithesis?, Journal of International Arbitration 1988, 21-40.

Fisher, Roger / Ury, William: Getting to Yes: Negotiating Agreement Without Giving In, London 1983.

Foerste, Ulrich: Die Güteverhandlung im künftigen Zivilprozeß, NJW 2001, 3103-3105.

Folberg, Jay / Taylor, Alison: Mediation – A Comprehensive Guide to Resolving Conflicts Without Litigation, San Francisco 1984.

Frost, Ina Anne: Schiedsgerichtsbarkeit im Bereich des geistigen Eigentums nach deutschem und US-amerikanischem Schiedsrecht, München 2001.

Fuller, Lon L. : Mediation – Its Forms and Functions, Southern California Law Review 44 (1971), 305-339.

Galtung, Johan: Institutionalisierte Konfliktlösung – Ein theoretisches Paradigma, in: Bühl, Walter L. (Hrsg.), Konflikt und Konfliktstrategie – Ansätze zu einer soziologischen Konflikttheorie, München 1972, S. 113-176.

Gaul, Dieter / Burgmer, Christoph: Das Erstreckungsgesetz für den gewerblichen Rechtsschutz, GRUR 1992, 283-293.

Geiben, Jörg: Die Privatsphäre und Vertraulichkeit im Schiedsverfahren, Köln 2001.

Geimer, Reinhold / Schütze, Rolf A. : Europäisches Zivilverfahrensrecht – Kommentar zum EuGVÜ und zum Lugano-Übereinkommen, München 1997.

Geimer, Reinhold: Internationales Zivilprozeßrecht, 4. Aufl., Köln 2001.

Gessner, Volkmar: Recht und Konflikt, Tübingen 1976.

Glasl, Friedrich: Konfliktmanagement – Ein Handbuch für Führungskräfte, Beraterinnen und Berater, 6. Aufl., Stuttgart 1999.

Glenewinkel, Werner: Mediation als außergerichtliches Konfliktlösungsmodell: am Beispiel der Trennungs- und Scheidungsmediation in der BRD, Stuttgart 1999.

Glossner, Ottoarndt: Zur Vollstreckbarkeit von Schlichtungsergebnissen im internationalen Bereich, in: Böckstiegel, Karl-Heinz / Glossner, Ottoarndt (Hrsg.), Festschrift für Arthur Bülow, Köln 1981, S. 69-73.

Glossner, Ottoarndt: Enforcement of conciliation awards, in: Sanders, Pieter (ed.), ICCA Congress series no. 1 VIIth International Arbitration Congress Hamburg, June 7-11, 1982, New trends in the development of International Commercial Arbitration and the role of arbitral and other institutions, Deventer 1983, S. 218-220.

Glossner, Ottoarndt: Enforcement of Conciliation Settlements, International Business Lawyer 1983, Vol. 11, 151-154.

Goldberg, Stephen B. / Sander, Frank E.A. / Rogers, Nancy H. : Dispute Resolution – Negotiation, Mediation, and Other Processes, 2rd ed., Boston 1992.

Goldberg, Stephen / Shaw, Margaret / Mackie, Karl: Round Table: Ethical obligations and responsibilities of the mediator and mediator immunity, in: WIPO (Hrsg.), WIPO Conference on Mediation – Geneva, March 29, 1996, Genf 1996, S. 95-98.

Goldstein, Martin E. / Wilde, Heather: ADR: The Road Ahead for Intellectual Property Counsel, 1999 Greater New York Metro Edition, 57.

Gottwald, Peter: Der Schiedsvergleich und der Schiedsspruch mit vereinbartem Inhalt, in: Breidenbach, Stephan u.a. (Hrsg.), Konsensuale Streitbeilegung: Akademisches Symposion zu Ehren von Peter F. Schlosser, Bielefeld 2001, S. 31-43.

Gottwald, Walther: Streitbeilegung ohne Urteil, Tübingen 1981.

Gottwald, Walther: Modelle der freiwilligen Streitschlichtung unter besonderer Berücksichtigung der Mediation, WM 1998, 1257-1264.

Gottwald, Walther: Alternative Streitbeilegungsformen: Erprobungsspielräume für gerichtsverbundene Modellversuche, AnwBl 2000, 265-273.

Gottwald, Walther: Einleitung, in: Gottwald, Walther u.a. (Hrsg.), Außergerichtliche Konfliktregelung für Rechtsanwälte und Notare (AKR-Handbuch), Neuwied Loseblattwerk Stand: April 2000, 4.1.

Grabinski, Klaus: Kann und darf die Bestimmung des Schutzbereichs eines europäischen Patents in verschiedenen Ländern zu unterschiedlichen Ergebnissen führen?, GRUR 1998, 857-865.

Graumann, Carl F. : Einführung in eine Geschichte der Sozialpsychologie, in: Stroebe, Wolfgang / Hewstone, Miles / Stephenson, Geoffrey (Hrsg.), Sozialpsychologie – Eine Einführung, 4. Aufl., Berlin 2001, S. 3-24.

Green, Eric D. : International commercial dispute resolution: Courts, arbitration – Introduction, and Mediation, Boston University International Law Journal 15 (1997), 175-178.

Groth, Klaus-Martin / v. Bubnoff, Daniela: Gibt es „gerichtsfeste" Vertraulichkeit bei der Mediation?, NJW 2001, 338-342.

Grziwotz, Herbert: Mediationsvergleich – „Nachgeformter" Schiedsvergleich?, MDR 2001, 305-308.

Günther, Klaus / Hoffer, Heike: Mediation im Zivilrecht, insbesondere Wirtschaftsrecht, in: Henssler, Martin / Koch, Ludwig (Hrsg.), Mediation in der Anwaltspraxis, Bonn 2000, § 11.

Gurry, Francis: Confidentiality in Mediation, in: WIPO (Hrsg.), WIPO Conference on Mediation – Geneva, March 29, 1996, Genf 1996, S. 37-51.

Gurry, Francis: The Dispute Resolution Services of the World Intellectual Property Organization, Journal of International Economic Law (1999), 385-398.

Hacke, Andreas: Der ADR-Vertrag – Vertragsrecht und vertragliche Gestaltung der Mediation und anderer alternativer Konfliktlösungsverfahren, Heidelberg 2001.

Haft, Fritjof: Intuitives und rationales Verhandeln, BB Beilage 10, 1998, 15-19.

Haft, Fritjof: Mediation – ein Weg zur außergerichtlichen Konfliktbeilegung in Europa, in: Köbler, Gerhard u.a. (Hrsg.), Festschrift für Alfred Söllner, München 2000, S. 391-405.

Haft, Fritjof: Verhandlung und Mediation, 2. erw. Aufl., München 2000.

Haft, Fritjof: Verhandlung und Mediation, in: Schlieffen, Katharina Gräfin v. / Haft, Fritjof (Hrsg.), Handbuch Mediation, München 2002, § 2.

Haft, Fritjof: Intuitive und rationale Verhandlung, in: Schlieffen, Katharina Gräfin v. / Haft, Fritjof (Hrsg.), Handbuch Mediation, München 2002, § 8.

Hager, Günter: Konflikt und Konsens – Überlegungen zu Sinn, Erscheinung und Ordnung der alternativen Streitschlichtung, Tübingen 2001.

Hartmann, Christoph: Sicherung der Vertraulichkeit, in: Schlieffen, Katharina Gräfin v. / Haft, Fritjof (Hrsg.), Handbuch Mediation, München 2002, § 27.

Hartung, Wolfgang / Holl, Thomas: Anwaltliche Berufsordnung, 2. Aufl., München 2001.

Hase, Stephan: Die statistische Erfassung von Rechtsstreitigkeiten in Patent-, Gebrauchsmuster- und ANErf-Sachen in der BRD im Jahre 1991 – Ein weiterer Versuch, Mitteilungen der deutschen Patentanwälte 1993, 289-292.

Haver, Friedrich / Mailänder, Peter: Lizenzvergabe durch deutsche Unternehmen in das Ausland, Heidelberg 1967.

Haye, Peter: Zur konsensualen Streitbeilegung in Zivil- und Handelssachen in den USA, in: Breidenbach, Stephan u.a. (Hrsg.), Konsensuale Streitbeilegung: Akademisches Symposion zu Ehren von Peter F. Schlosser, Bielefeld 2001, S. 101-119.

Haynes, John M. / Haynes, Gretchen L. : Mediating Divorce: casebook of strategies for successful family negotiations, San Francisco London 1989.

Hegel, Georg Wilhelm Friedrich: Phänomenologie des Geistes, in: Glockner, Hermann (Hrsg.), Hegel sämtliche Werke, Band 2, Stuttgart 1927.

Hehn, Marcus: Entwicklung und Stand der Mediation – ein historischer Überblick, in: Schlieffen, Katharina Gräfin v. / Haft, Fritjof (Hrsg.), Handbuch Mediation, München 2002, § 6.

Henderson, Douglas A. : Mediation Success: An Empirical Analysis, Ohio State Journal on Dispute Resolution 11 (1996), 105-147.

Henn, Günter: Patent- und Know-how-Lizenzvertrag, 4. Aufl., Heidelberg 1999.

Henn, Günter: Schiedsverfahrensrecht, 3. Aufl., Heidelberg 2000.

Henssler, Martin: Anwaltliches Berufsrecht und Mediation, in: Henssler, Martin / Koch, Ludwig (Hrsg.), Mediation in der Anwaltspraxis, Bonn 2000, § 3.

Henssler, Martin / Koch, Ludwig (Hrsg.) : Mediation in der Anwaltspraxis, Bonn 2000.

Henssler, Martin / Prütting, Hanns: Bundesrechtsanwaltsordnung (Kommentar), München 1997.

Herrmann, Gerold: Conciliation as a new method of dispute settlement, in: Sanders, Pieter (Hrsg.), ICCA Congress series no. 1, New trends in the development of International Commercial Arbitration and the role of arbitral and other institutions, Antwerp 1983, S. 145-171.

Heß, Burkhard / Sharma, Daniel: Rechtsgrundlagen der Mediation, in: Schlieffen, Katharina Gräfin v. / Haft, Fritjof (Hrsg.), Handbuch Mediation, München 2002, § 26.

Hilber, Marc: Alternative Konfliktbeilegung: Early Neutral Evaluation und das selbstständige Beweisverfahren, BB Beilage 2, 2001, 22-30.

Hiltrop, Jean Marie: Factors Associated with Succesful Labor Mediation, in: Kressel, Kenneth / Pruitt, Dean G. (Hrsg.), Mediation Research – The Process and Effectiveness of Third-Party Intervention, San Francisco London 1989, S. 241-262.

v. Hoffmann, Bernd: Internationales Privatrecht, 7. Aufl., München 2002.

Holtwick-Mainzer, Andrea: Der übermächtige Dritte, Berlin 1985.

Horn, Norbert: Außergerichtliche Streitbeilegung bei internationalen Finanzgeschäften – Eine Bestandsaufnahme, Berger, Klaus Peter u.a. (Hrsg.), Festschrift für Otto Sandrock, Heidelberg 2000, S. 385-406.

Houzhi, Tang: The use of conciliation in arbitration, in: WIPO (Hrsg.), WIPO Conference on Mediation – Geneva, March 29, 1996, Genf 1996, S. 75-82.

Hubmann, Heinrich / Götting, Horst-Peter: Gewerblicher Rechtsschutz, 7. Aufl., München 2002.

Immenga, Ulrich / Mestmäcker, Ernst-Joachim u.a. : Gesetz gegen Wettbewerbsbeschränkungen – Kommentar, 3. Aufl., München 2001.

Jahn, Günther: Läßt sich die Inanspruchnahme des Schiedsmanns auf dem Gebiet der bürgerlichen Rechtsstreitigkeiten beleben?, Schiedsmannszeitung 1960, 103-107, Fortsetzung: 1960, 133-137; 1960, 167-170; 1961, 5-11; 1961, 24-29.

Jansen, Nicola: Die außergerichtliche obligatorische Streitschlichtung nach § 15 a EGZPO, St. Augustin 2001.

Jung, Christian: Die Verordnung (EWG) Nr. 151/93 – ein gefährlicher Weg zur Harmonisierung von Kartellaufsicht und Fusionskontrolle, EuZW 1993, 690-698.

Kahneman, Daniel / Tversky, Amos: Conflict resolution: A cognitive perspective, in: Arrow, Kenneth J. u.a. (Hrsg.), Barriers to Conflict Resolution, New York London 1995, S. 44-61.

Karrer, Pierre A. : Verfahren vor Schiedsgerichten und staatlichen Gerichten – Von falschen und wahren Freunden, Berger, Klaus Peter u.a. (Hrsg.), Festschrift für Otto Sandrock, Heidelberg 2000, S. 465-473.

Kegel, Gerhard / Schurig, Klaus: Internationales Privatrecht, 8. Aufl., München 2000.

Kessen, Stefan / Troja, Markus: Die Phasen und Schritte der Mediation als Kommunikationsprozess, in: Schlieffen, Katharina Gräfin v. / Haft, Fritjof (Hrsg.), Handbuch Mediation, München 2002, § 16.

Kleinknecht, Theodor / Meyer-Goßner, Lutz: Strafprozeßordnung, 46. Aufl., München 2003.

Klinger, Edgar W. / Bierbrauer, Günter: Sozialpsychologie des Verhandelns, in: Schlieffen, Katharina Gräfin v. / Haft, Fritjof (Hrsg.), Handbuch Mediation, München 2002, § 10.

Köbler, Gerhard: Juristisches Wörterbuch, 11. Aufl., München 2002.

Koch, Klaus-Friedrich: Konfliktmanagement und Rechtsanthropologie: Ein Modell und seine Anwendung in einer ethnologischen Vergleichsanalyse, in: Rehbinder, Manfred / Rebe, Bernd (Hrsg.), Industriegesellschaft und Recht, Band 12, Zugang zum Recht, S. 85-115.

Koch, Ludwig: Einführung, in: Henssler, Martin / Koch, Ludwig (Hrsg.), Mediation in der Anwaltspraxis, Bonn 2000, § 1.

Koch, Ludwig: Vertragsgestaltungen in der Mediation, in: Henssler, Martin / Koch, Ludwig (Hrsg.), Mediation in der Anwaltspraxis, Bonn 2000, § 8.

Köhler, Helmut: Das Einigungsverfahren nach § 27a UWG: Rechtstatsachen, Rechtsfragen, Rechtspolitik, WRP 1991, 617-625.

Kolb, Deborah M. : Labor Mediators, Managers, and Ombudsmen: Roles Mediators Play in Differnet Contexts, in: Kressel, Kenneth / Pruitt, Dean G. (Hrsg.), Mediation Research – The Process and Effectiveness of Third-Party Intervention, San Francisco London 1989, S. 91-114.

König, Reimar: Außergerichtliche Konfliktlösung und das neue Schiedsverfahrensrecht, Mitteilungen der deutschen Patentanwälte 1999, 347-362.

Köpe, Karoly Christian: Strukturelle und dogmatische Überlegungen zu Alternativen Streiterledigungsmethoden, in: Berti, Stephen / Habscheid, Walther (Hrsg.), Beiträge zu Grenzfragen des Prozeßrechts, Zürich 1991, S. 63-95.

Kopp, Ferdinand O. / Schenke, Wolf-Rüdiger: Verwaltungsgerichtsordnung, 13. Aufl., München 2003.

Kovach, Kimberlee K. : Mediation: principles and practice, St. Paul 1994.

Kracht, Stefan: Rolle und Aufgabe des Mediators – Prinzipien der Mediation, in: Schlieffen, Katharina Gräfin v. / Haft, Fritjof (Hrsg.), Handbuch Mediation, München 2002, § 15.

Krapp, Thea: Schlichtung, modifiziertes Schiedsverfahren, neutrale Bewertung und ihre Praxis an amerikanischen Gerichten, in: Gottwald, Walther / Strempel, Dieter (Hrsg.), Streitschlichtung, Köln 1995, S. 45-58.

Krapp, Thea: Zivilrechtliche Schlichtung an japanischen Gerichten, in: Gottwald, Walther / Strempel, Dieter (Hrsg.), Streitschlichtung, Köln 1995, S. 77-84.

Krapp, Thea: Schlichtung in der Republik China (Taiwan), in: Gottwald, Walther / Strempel, Dieter (Hrsg.), Streitschlichtung, Köln 1995, S. 85-94.

Kraßer, Rudolf / Schmid, Hans Dieter: Der Lizenzvertrag über technische Schutzrechte aus der Sicht des deutschen Zivilrechts, GRUR Int. 1982, 324-341.

Krauss, Robert M. / Deutsch, Morton: Communication in interpersonal bargaining, Journal of Personality and Social Psychology, Vol. 4 (1966), 572-577.

Kressel, Kenneth / Pruitt, Dean G. : Conclusion: A Research Perspective on the Mediation of Social Conflict, in: Kressel, Kenneth / Pruitt, Dean G. (Hrsg.), Mediation Research – The Process and Effectiveness of Third-Party Intervention, San Francisco London 1989, S. 394-435.

Kropholler, Jan: Europäisches Zivilprozeßrecht – Kommentar zu EuGVO und Lugano-Übereinkommen, 7. Aufl., Heidelberg 2002.

Kubis, Sebastian: Internationale Zuständigkeit bei Persönlichkeits- und Immaterialgüterrechtsverletzungen, Bielefeld 1999.

Lappe, Friedrich: Recht ohne Richter - gütliche Einigung, Schlichtung, Schiedsspruch, Rechtsbehelf, München 1993.

Laschet, Franz: Internationale Schiedsgerichtsbarkeit bei Bau- und Anlagenverträgen, in: Nicklisch, Fritz (Hrsg.), Bau- und Anlagenvertäge, Heidelberger Kolloquium Technologie und Recht 1983, Heidelberg 1984, S. 255-289.

Lax, Davis A. / Sebenius, James K. : The Manager as Negotiator, New York 1986.

Lenz, Christina / Mueller, Andreas: Businessmediation, Landsberg/Lech 1999.

Leonhard, Marc: Internationaler Industrieanlagenvertrag: Konfliktvermeidung und Konflikterledigung, BB Beilage 9, 1999, 13-17.

Lewicki, Roy J. / Hiam Alexander / Olander, Karen Wise: Verhandeln mit Strategie – Das große Handbuch der Verhandlungstechniken, St. Gallen Zürich 1998.

Lind, Allan E. / Tyler, Tom R. : The social psychology of procedural justice, New York London 1988.

Lionnet, Klaus: Arbitration and Mediation – Alternatives or Opposites?, Journal of International Arbitration 1987, 69-74.

Lionnet, Klaus: Schiedsgerichtsbarkeit und „Mediation“ – Alternativen oder Gegensätze?, in: Nicklisch, Fritz (Hrsg.), Der komplexe Langzeitvertrag –

Strukturen und Internationale Schiedsgerichtsbarkeit, Heidelberger Kolloquium Technologie und Recht 1986, Heidelberg 1987, S. 543-550.

Lörcher, Gino / Lörcher, Heike: Schiedsverfahren, in: Büchner, Sebastian u.a. (Hrsg.), Außergerichtliche Streitbeilegung, München 1998.

Lörcher, Gino: Mediation: Rechtskraft über Schiedsspruch mit vereinbartem Wortlaut, DB 1999, 789-790.

Lörcher, Gino: Schiedsspruch mit vereinbartem Wortlaut – Notizen zur Vollstreckbarkeit im Ausland, BB Beilage 12, 2000, 2-5.

Lörcher, Gino: Durchsetzbarkeit von Mediationsergebnissen, in: Schlieffen, Katharina Gräfin v. / Haft, Fritjof (Hrsg.), Handbuch Mediation, München 2002, § 28.

Lörcher, Gino / Lörcher, Heike/ Lörcher, Torsten: Das Schiedsverfahren – national/international – nach deutschem Recht, 2. Aufl., Heidelberg 2001.

Love, Lela B. : The Top Ten Reasons Why Mediators Should Not Evaluate, Florida State University Law Review 24 (1997), 937-948.

Luce, Robert Duncon / Raiffa, Howard: Games and decisions, New York 1957.

Luhmann, Niklas: Legitimation durch Verfahren, Neuwied Berlin 1969.

Luhmann, Niklas: Rechtssoziologie (Band 1), Reinbek 1972.

Luhmann, Niklas: Vertrauen – Ein Mechanismus der Reduktion sozialer Komplexität, 4. Aufl., Stuttgart 2000.

Lutz, Martin J. : Commentary - The mediation rules of WIPO and others: A ticket to paradise or into a better mousetrap?, in: WIPO Conference on rules for institutional arbitration and mediation January 20, 1995, Genf 1995, S. 133-135.

Maddux, Robert: Successful Negotiation, 2nd ed., London 1999.

Mähler, Gisela / Mähler, Hans-Georg: Zur Institutionalisierung von Mediation, in: Duss-von Werdt, Josef u.a. (Hrsg.), Mediation: Die andere Scheidung – Ein interdisziplinärer Überblick, Stuttgart 1995, S. 35-52.

Mähler, Gisela / Mähler, Hans-Georg: Missbrauch von in der Mediation erlangten Informationen, ZKM 2001, 4-10.

Maine, Henry Sumner: Das alte Recht – „Ancient Law“, Baden Baden 1997.

Frhr. v. Maltzahn, Falk: Zur rechtlichen Beurteilung von Nichtangriffsabreden über technische Schutzrechte, in: Erdmann, Willi u.a. (Hrsg.), Festschrift für Otto-Friedrich Frhr. v. Gamm, Köln 1990, S. 597-614.

Mankowski, Peter: Der Schiedsspruch mit vereinbartem Wortlaut, ZZP 114 (2001), 37-76.

Maunz, Stefan Jochen: Der außergerichtliche obligatorische Schlichtungsversuch gemäß § 15a EGZPO, Würzburg, Univ., Diss. 1999.

v. Meibom, Wolfgang / Pitz, Johann: Grenzüberschreitende Verfügungen im internationalen Patentverletzungsverfahren, Mitteilungen der deutschen Patentanwälte 1996, 181-190.

Menkel-Meadow, Carrie: Ethics in Alternative Dispute Resolution: New Issues, No Answers From the Adversary Conception of Lawyers' Responsibilities, South Texas Law Review 38 (1997), 407-454.

Menkel-Meadow, Carrie (Hrsg.) : Mediation – theory, policy, and practice, Aldershot 2001.

Mills, Jennifer: Alternative Dispute Resolution in International Intellectual Property Disputes, Ohio State Journal on Dispute Resolution 11 (1996), 227-239.

Mitchard, Paul: A summary of dispute resolution options, in: Martindale-Hubbell international arbitration and dispute resolution directory, New Providence 1998.

Mnookin, Robert H. / Ross, Lee: Introduction, in: Arrow, Kenneth J. u.a. (Hrsg.), Barriers to Conflict Resolution, New York London 1995, S. 44-61.

Möller, Klaus Peter / Reitzmann, Claudia: Mediation in Gesellschaft und Politik – Vermittlung in Konflikten, in: Köbler, Gerhard u.a. (Hrsg.), Festschrift für Alfred Söllner, München 2000, S. 783-808.

Montada, Leo / Kals, Elisabeth: Mediation – Lehrbuch für Psychologen und Juristen, Weinheim 2001.

Münchener Kommentar ZPO: Kommentar zur Zivilprozeßordnung, Lüke, Gerhard / Wax, Peter (Hrsg.), 2. Aufl., München 2000.

Musielak, Hans-Joachim (Hrsg.) : Kommentar zur Zivilprozessordnung, 3. Aufl., München 2002.

Myers, James J. : Why Conventional Arbitration is not Effective in Complex Long-Term Contracts, in: Nicklisch, Fritz (Hrsg.), Der komplexe Langzeitvertrag – Strukturen und Internationale Schiedsgerichtsbarkeit, Heidelberger Kolloquium Technologie und Recht 1986, Heidelberg 1987, S. 503-522.

Nader, Laura: Controlling Processes in the Practise of Law: Hierarchy and Pacification in the Movement to Re-Form Dispute Ideology, The Ohio State Journal on Dispute Resolution 9 (1993), 1-25.

Nerlich, Jörg: Außergerichtliche Streibeilegung mittels Anwaltsvergleichs, MDR 1997, 416-419.

Newmark, Christopher / Hill, Richard: Note: Can a Mediation Settlement become an Enforceable Arbitration Award?, Arbitration International, Vol. 16 (2000), 81-87.

Nicklisch, Fritz: Schiedsgerichtsverfahren mit integrierter Schlichtung – Positive Erfahrungen bei Langzeitprojekten, RIW 1998, 169-173.

Ochmann, Richard: Das schiedsrichterliche Verfahren unter Berücksichtigung der gewerblichen Schutzrechte und seine Vor- und Nachteile gegenüber dem staatlichen Gerichtsverfahren, GRUR 1993, 255-260.

Odom, Ernie: The Mediation Hearing: A Primer, in: Palenski, Joseph E. / Launer, Harold M., Mediation – Contexts and Challenges, Springfield 1986, S. 5-14.

Osterrieth, Christian: Patentrecht, München 2000.

Ott, Stephanie: Außergerichtliche Konfliktbeilegung in Zivilsachen – Der baden-württembergische Entwurf eines Gesetzes zur obligatorischen außergerichtlichen Streitschlichtung, Tübingen 2000.

Pagenberg, Jochen: Lizenzverträge, Köln 1985.

Pastor, Wilhelm L. (Begr.) / Ahrens, Hans-Jürgen (Hrsg.) : Der Wettbewerbsprozeß – Ein Praxishandbuch, 4. Aufl., Köln 1999.

Pfaff, Dieter: Grenzbewegungen der Schiedsfähigkeit – Patentnichtigkeit im Schiedsverfahren, in: Habscheid, Walther J. / Schwab, Karl Heinz (Hrsg.), Festschrift für Heinrich Nagel, Münster 1987.

Plant, David W. : Resolving International Intellectual Property Disputes, Paris 1999.

Pohle, R. : Anmerkung zu BGH Urteil v. 3.10.1957, MDR 1958, 86.

Ponschab, Reiner / Bauriedel, Hubert: Verhandlungsführung, in: Gottwald, Walther u.a. (Hrsg.), Außergerichtliche Konfliktregelung für Rechtsanwälte und Notare (AKR-Handbuch), Neuwied Loseblattwerk Stand: April 2000, 4.3.

Ponschab, Reiner / Dendorfer, Renate: ConflictManagementDesign im Unternehmen, in: Schlieffen, Katharina Gräfin v. / Haft, Fritjof (Hrsg.), Handbuch Mediation, München 2002, § 39.

Preibisch, Wolfgang: Außergerichtliche Vorverfahren in Streitigkeiten der Zivilgerichtsbarkeit, Berlin 1982.

Proksch, Roland: Geschichte der Mediation, in: Krabbe, Heiner (Hrsg.), Scheidung ohne Richter – Neue Lösungen für Trennungskonflikte, Hamburg 1991, S. 170-189.

Pruitt, Dean G. / Kressel, Kenneth: The Mediation of Social Conflict: An Introduction, Journal of Social Issues 1985, Vol. 41, No. 2, 1-10.

Prütting, Hans: Streitschlichtung und Mediation im Arbeitsrecht, in: Isenhardt, Udo / Preis, Ulrich (Hrsg.), Arbeitsrecht und Sozialpartnerschaft – Festschrift für Peter Hanau, Köln 1999, S. 743-753.

Prütting, Hanns: Richterliche Gestaltungsspielräume für alternative Streitbehandlung, AnwBl 2000, 273-278.

Prütting, Hanns: Vertraulichkeit in der Schiedsgerichtsbarkeit und in der Mediation, in: Briner, Robert u.a. (Hrsg.), Law of international business and dispute settlement in the 21st

century : liber amicorum Karl-Heinz Böckstiegel, Köln 2001, S. 629-639.

Prütting, Hanns: Haftung, in: Schlieffen, Katharina Gräfin v. / Haft, Fritjof (Hrsg.), Handbuch Mediation, München 2002, § 31.

Quinn, Eugene R. : Using alternative dispute resolution to resolve patent litigation: A survey of patent litigators, Marquette Intellectual Property Law Review 3 (1999), 77-116.

Raden, Lutz van: Außergerichtliche Konfliktregelung im gewerblichen Rechtsschutz, GRUR 1998, 444-449.

Raden, Lutz van: Außergerichtliche Konfliktregelung im gewerblichen Rechtsschutz, BB Beilage 9, 1999, 17-21.

Raden, Lutz van: Gewerblicher Rechtsschutz, in: Gottwald, Walther u.a. (Hrsg.), Außergerichtliche Konfliktregelung für Rechtsanwälte und Notare (AKR-Handbuch), Neuwied Loseblattwerk Stand: April 2000, 5.2.6.

Rapoport, Anatol: Kataklysmische und strategische Konfliktmodelle, in: Bühl, Walter L. (Hrsg.), Konflikt und Konfliktstrategie – Ansätze zu einer soziologischen Konflikttheorie, München 1972, S. 264-290.

Rebel, Dieter: Gewerbliche Schutzrechte, 3. Aufl., Köln 2001.

Rehbinder, Manfred: Rechtssoziologie, 4. Aufl., München 2000.

Riskin, Leonard L. : Understanding Mediators' Orientations, Strategies, and Techniques: A Grid for the Perplexed, Harvard Negotiation Law Review 1 (1996), 7-51.

Risse, Jörg: Die Rolle des Rechts in der Wirtschaftsmediation, BB Beilage 9, 1999, 1-7.

Risse, Jörg: Beilegung von Erbstreitigkeiten durch Mediationsverfahren, ZEV 1999, 205-210.

Risse, Jörg: Wirtschaftsmediation im nationalen und internationalen Handelsverkehr, WM 1999, 1864-1872.

Risse, Jörg: Wirtschaftsmediation, NJW 2000, 1614-1620.

Risse, Jörg: Neue Wege der Konfliktbewältigung: Last-Offer-Schiedsverfahren, High/Low-Arbitration und Michigan-Mediation, BB Beilage 2, 2001, 16-22.

Röhl, Klaus F. : Rechtspolitische und ideologische Hintergründe der Diskussion über Alternativen zur Justiz, in: Blankenburg, Erhard / Gottwald, Walther / Strempel, Dieter (Hrsg.), Alternativen in der Ziviljustiz – Berichte, Analysen, Perspektiven, Köln 1982, S. 15-27.

Röhl, Klaus F. : Rechtssoziologie, Köln 1987.

Rölike, Arndt / Schäfer, Hans-Bernd: Kosten-Nutzen-Analyse der Rechtsprechung unter besonderer Berücksichtigung der Vorschläge zur Kostensenkung in der Justiz, Gottwald, Walther u.a. (Hrsg.), Außergerichtliche Konfliktregelung für Rechtsanwälte und Notare (AKR-Handbuch), Neuwied Loseblattwerk Stand: April 2000, 2.1.3.

Rosenberg, Joshua D. / Folberg, Jay H. : Alternative Dispute Resolution: An Empirical Analysis, Stanford Law Review 46 (1994), 1487-1551.

Rubin, Jeffrey Z. / Pruitt, Dean G. / Kim, Sung Hee: Social Conflict – Escalation, Stalemate, and Settlement, 2nd ed., New York 1994.

Rüssel, Ulrike: Vorgerichtliche Güte- und Schlichtungsverfahren, in: Schlieffen, Katharina Gräfin v. / Haft, Fritjof (Hrsg.), Handbuch Mediation, München 2002, § 33.

Sack, Rolf: Zur Vereinbarkeit von vertraglichen und gesetzlichen Nichtangriffspflichten im gewerblichen Rechtsschutz mit Art. 85 und Art. 30, 36 EG-Vertrag, in: Großfeld, Bernhard u.a. (Hrsg.), Festschrift für Wolfgang Fikentscher, Tübingen 1998, S. 740-773.

Sander, Frank E.A. / Goldberg, Stephen B. : Fitting the Forum to the Fuss: A User Friendly Guide to Selecting an ADR Procedure, Negotiation Journal 10 (1994), 49-68.

Sander, Frank E.A. : Konflikt und Regelungsform, in: Gottwald, Walther u.a. (Hrsg.), Außergerichtliche Konfliktregelung für Rechtsanwälte und Notare (AKR-Handbuch), Neuwied Loseblattwerk Stand: April 2000, 4.5.

Sander, Frank E.A. / Duve, Christian: USA: Das Multi-Door Courthouse, in: Gottwald, Walther u.a. (Hrsg.), Außergerichtliche Konfliktregelung für Rechtsanwälte und Notare (AKR-Handbuch), Neuwied Loseblattwerk Stand: April 2000, 3.3.3.1.

Sanders, Pieter: The Links between Arbitration and Conciliation, in: Berger, Klaus Peter u.a. (Hrsg.), Festschrift für Otto Sandrock, Heidelberg 2000, S. 823-832.

Sanders, Pieter: The Work of UNCITRAL on Arbitration and Conciliation, The Hague 2001.

Schachner, Georg (Hrsg.) : Rechtsformularbuch für das Unternehmen, 3. Aufl., München 1995.

Schack, Haimo: Perspektiven eines weltweiten Annerkennungs- und Vollstreckungsübereinkommens, ZeuP 1993, 306-334.

Schack, Haimo: Internationales Zivilverfahrensrecht, 3. Aufl., München 2002.

Schade, Jürgen: Patent-Tabelle, 8. Aufl., Köln 2001.

Schäfer, Erik: Die Schlichtungs- und Schiedsgerichtsordnungen der World Intellectual Property Organization (WIPO/OMPI), BB Beilage 5, 1996, 10-22.

Schäfer, Erik: ADR – Alternative Dispute Resolution – Schiedsgerichtsbarkeit und Mediation im gewerblichen Rechtsschutz, Mitteilungen der deutschen Patentanwälte 2001, 109-119.

Schiffer, Jan K. : Mediative Elemente in modernen Schiedsverfahren, in: Gottwald, Walther u.a. (Hrsg.), Außergerichtliche Konfliktregelung für Rechtsanwälte und Notare (AKR-Handbuch), Neuwied Loseblattwerk Stand: April 2000, 2.2.3.1.

v. **Schlieffen, Katharina Gräfin:** Mediation im Rechtsstaat – Chancen einer neuen Konfliktordnung, in: Schlieffen, Katharina Gräfin v. / Haft, Fritjof (Hrsg.), Handbuch Mediation, München 2002, § 7.

Schlosser, Peter: Das Recht der internationalen privaten Schiedsgerichtsbarkeit, 2. Aufl., 1989 Tübingen.

Schlosser, Peter: EuGVÜ, München 1996.

Schöpflin, Martin: Verhandeln und Mediation, JA 2000, 157-164.

Schramm, Carl (Begr.) / Popp, Eugen u.a. (Bearb.) : Der Patentverletzungsprozeß, 4. Aufl., Köln 1999.

Schulte, Rainer: Patentgesetz mit Europäischem Patentübereinkommen (Kommentar), 6. Aufl., Köln 2001.

Schütze, Rolf A. : Internationalprivat- und prozeßrechtliche Probleme des notariell für vollstreckbar erklärten Anwaltsvergleichs, DZWir 1993, 133-136.

Schütze, Rolf A. : Alternative Streitschlichtung – Zur Übertragbarkeit ausländischer Erfahrungen, ZVglRWiss 97 (1998), 117-123.

Schwab, Karl Heinz: Wandlungen der Schiedsfähigkeit, in: Gerhardt, Walter u.a. (Hrsg.), Festschrift für Wolfram Henckel, Berlin New York 1995, S. 801-816.

Schwab, Karl Heinz / Walter, Gerhard: Schiedsgerichtsbarkeit, 6. Aufl., München 2000.

Schweyer, Barbara: Zuständigkeit internationaler Schiedsgerichte zur Entscheidung über Fragen der Nichtigkeit und Verletzung von Patenten, GRUR Int. 1983, 149-156.

Seelmann, Kurt: Rechtsphilosophie, 2. Aufl., München 2001.

Shailor, Jonathan G. : Empowerment in dispute mediation – A critical analysis of communication, London 1994.

Shaw, Margaret: The selection of the mediator, in: WIPO (Hrsg.), WIPO Conference on Mediation – Geneva, March 29, 1996, Genf 1996, S. 85-89.

Sievers, Nadja: Mediation als alternative Konfliktlösungsmöglichkeit auch in Deutschland? – Eine rechtsvergleichende Untersuchung am Beispiel der argentinischen *mediación previa*, Frankfurt a.M. 2001.

Simmel, Georg: Der Streit, in: Bühl, Walter L. (Hrsg.), Konflikt und Konfliktstrategie – Ansätze zu einer soziologischen Konflikttheorie, München 1972, S. 65-112.

Spangenberg, Ernst: Reframing im Rechtsalltag, MDR 1997, 425-428.

Speer, Heino (Bearb.) : Deutsches Rechtswörterbuch – Wörterbuch der älteren deutschen Rechtssprache, Heidelberger Akademie der Wissenschaften (Hrsg.), Band 9, Weimar 1992-1996.

Stadler, Astrid: Der Schutz des Unternehmensgeheimnisses im deutschen und U.S.-amerikanischen Zivilprozeß und im Rechtshilfeverfahren, Tübingen 1989.

Stadler, Astrid: Obligatorische Streitschlichtung zur Entlastung der Zivilgerichtsbarkeit – Möglichkeiten und Grenzen, in: Justizministerium

Baden-Württemberg (Hrsg.), Außergerichtliche Schlichtung - eine Chance zur Entlastung der Zivilgerichtsbarkeit? - Bericht über das Symposium am 4. und 5. Dezember 1997 in Triberg, Stuttgart 1998, S. 24 ff.

Stauder, Dieter: Patent- und Gebrauchsmusterverletzungsverfahren in der Bundesrepublik Deutschland, Großbritannien, Frankreich und Italien, Köln 1989.

Staudinger, J.v. : Kommentar zum BGB, §§ 652-704, 13. Bearb., Berlin 1995.

Stein, Friedrich / Jonas, Martin: Kommentar zur Zivilprozeßordnung,

Bd. 2, 21. Aufl., Tübingen 1994,

Bd. 4/2, 21. Aufl., Tübingen 1999.

Stix, Christel: Gerichtliche und außergerichtliche Durchsetzung ziviler Rechtsansprüche – Rechtlicher Vergleich und ökonomische Analyse, Wiesbaden 1992.

Stock, Johannes: Filterwirkung außergerichtlicher Konfliktbeilegung, in: Gottwald, Walther / Strempel, Dieter (Hrsg.), Streitschlichtung, Köln 1995, S. 113-138.

Stock, Johannes / Wolff, Heimfrid / Thünte, Petra-Ida: Strukturanalyse der Rechtspflege, Köln 1996.

Strempel, Dieter: Überblick: Rechtspflege in Deutschland, in: Gottwald, Walther u.a. (Hrsg.), Außergerichtliche Konfliktregelung für Rechtsanwälte und Notare (AKR-Handbuch), Neuwied Loseblattwerk Stand: April 2000, 2.1.1.

Strempel, Dieter: Rechtspolitische Aspekte der Mediation, in: Schlieffen, Katharina Gräfin v. / Haft, Fritjof (Hrsg.), Handbuch Mediation, München 2002, § 4.

Stumpf, Herbert: Schiedsgerichtsbarkeit und Verträge über wissenschaftliche, technische und Erfindungsarbeiten, insbesondere Verträge über den Gebrauch von Erfindungen, Know-how etc., RIW 1973, 292-296.

Stumpf, Herbert: Vor- und Nachteile des Verfahrens vor Schiedsgerichten gegenüber dem Verfahren vor ordentlichen Gerichten, in: Böckstiegel, Karl-Heinz / Glosssner, Ottoarndt (Hrsg.), Festschrift für Arthur Bülow, Köln 1981, S. 217-227.

Stumpf, Herbert: Der Lizenzvertrag, 7. Aufl., Heidelberg 1998.

Stürner, Rolf: Formen der konsensualen Prozessbeendigung in den europäischen Zivilprozessrechten, in: Breidenbach, Stephan u.a. (Hrsg.), Konsensuale Streitbeilegung: Akademisches Symposion zu Ehren von Peter F. Schlosser, Bielefeld 2001, S. 6-30.

Summer, Janice E. : Mini-Trial, in: Greenspan, Amy L. (Hrsg.), Handbook of Alternative Dispute Resolution, Texas 1990, S. 83-100.

Teubener, Herbert: Lizenzvergabe als Alternative zur Eigeninvestition des Industriebetriebs, Göttingen 1999.

Thomas, Heinz / Putzo, Hans : Zivilprozessordnung, 24. Aufl., München 2002.

Thompson, Roderick / Sacksteder, Michael: Judicial strategies for resolving intellectual property cases without trial, Journal of World Intellectual Property 1998, Vol. 1 No. 4, 643-655.

Tidwell, Alan C. : Conflict resolved? – a critical assessment of conflict resolution, London New York 1998.

Touval, Saadia / Zartman, I. William: Mediation in International Conflicts, in: Kressel, Kenneth / Pruitt, Dean G. (Hrsg.), Mediation Research – The Process and Effectiveness of Third-Party Intervention, San Francisco London 1989, S. 115-137.

Ury, William: Getting Past No – Negotiating with difficult people, New York 1991.

Vester, Frederic: Die Kunst vernetzt zu denken – Ideen und Werkzeuge für einen neuen Umgang mit Komplexität, Stuttgart 1999.

Wagner, Gerhard: Prozeßverträge, Tübingen 1998.

Wagner, Gerhard: Sicherung der Vertraulichkeit von Mediationsverfahren durch Vertrag, NJW 2001, 1398-1400.

Wagner, Klaus-R. : Alternative Streitvermeidung: Notarielle Beurkundung, Betreuung und Schlichtung, BB 1997, 53-59.

Wagner, Volkmar: Mediationsklauseln in Allgemeinen Geschäftsbedingungen, BB Beilage 2, 2001, 30-32.

Wall, James A. / Rude, Dale E. : Judicial Mediation of Settlement Negotiations, in: Kressel, Kenneth / Pruitt, Dean G. (Hrsg.), Mediation Research – The Process and Effectiveness of Third-Party Intervention, San Francisco London 1989, S. 190-212.

Walter, Gerhard: Dogmatik der unterschiedlichen Verfahren zur Streitbeilegung, ZZP 103 (1990), 141-170.

Wasilewski, Rainer: Streitverhütung durch Rechtsanwälte – empirische Untersuchung von Umfang, Struktur u. Bedingungen außergerichtlicher Beilegung zivilrechtlicher Streitigkeiten durch Rechtsanwälte, Köln 1990.

Wassermann, Rudolf: Neue Streitkultur?, NJW 1998, 1685-1686.

Weber, Max: Wirtschaft und Gesellschaft, 5. Aufl., Tübingen 1972.

Weick, Günter: Vorbeugung und Beilegung von Konflikten in internationalen Verträgen, in: Horn, Norbert u.a. (Hrsg.), Europäisches Rechtsdenken in Geschichte und Gegenwart – Festschrift für Helmut Coing, Band 2, München 1982, S. 543-564.

Weigand, Frank-Bernd: Alternative Streiterledigung – „Alternative Dispute Resolution" auch in Deutschland?, BB 1996, 2106-2110.

Weigel, Arnulf: Gerichtsbarkeit, internationale Zuständigkeit und Territorialitäts-Prinzip im deutschen gewerblichen Rechtsschutz, Bielefeld 1973.

Weinschenk, Fritz: Anwaltskosten in den USA, RIW 1990, 435-440.

Weisbach, Christian-Rainer: Professionelle Gesprächsführung, 5. Aufl., München 2001.

Weiß, Werner: Schlichtung von Streitigkeiten im Gerichtsverfahren und außerhalb des Gerichtsverfahrens – Chancen zur Entlastung der Gerichte, in: Diederichsen, Uwe u.a. (Hrsg.), Festschrift für Walter Rolland, Köln 1999.

Werner, Jacques: Intellectual property disputes and Arbitration – A comment on a recent ICC report, The Journal of World Intellectual Property 1998, Vol. 1 No. 5, 841-886.

White, James J. : The Pros and Cons of „Getting to Yes", Journal of Legal Education 34 (1984), 115-117.

Winkler, Karsten: Gewerblicher Rechtsschutz, in: Büchner, Sebastian u.a., Außergerichtliche Streitbeilegung, München 1998, S. 1-76.

Wittenzellner, Ursula: Einrichtung eines Schiedszentrums bei der WIPO – Alternative für die Beilegung von Streitigkeiten im Bereich des gewerblichen Rechtsschutzes?, Mitteilungen der deutschen Patentanwälte 1995, 147-153.

Wittschier, Bernd M. : Konfliktzünder Zeit – Wirtschaftsmediation in der Praxis, Wiesbaden 2000.

Wollschläger, Christian: Exploring Gobal Landscapes of Litigation Rates, in: Brand, Jürgen / Strempel, Dieter (Hrsg.), Soziologie des Rechts – Festschrift für Erhard Blankenburg, Baden-Baden 1998, S. 577-588.

Zimmer, Gerald: Außergerichtliche Streitbeilegung in Deutschland – Eine Bestandsaufnahme im Lichte US-amerikanischer Erfahrungen, Frankfurt a.M. 2001.

Zippelius, Reinhold: Rechtsphilosophie, 3. Aufl., München 1994.

Zöller, Richard (Begr.) / Geimer, Reinhold u.a. (Bearb.) : Zivilprozeßordnung, 23. Aufl., Köln 2002.

Kolibri 360 GmbH
Ferdinand-Jühlke-Straße 7
99095 Erfurt, Deutschland
produktsicherheit@kolibri360.de

Druck:
CPI Druckdienstleistungen GmbH
im Auftrag der
Kolibri 360 GmbH
Ferdinand-Jühlke-Str. 7
99095 Erfurt